教师教育系列教材

心理学导论
(第2版)

张 朝　林丰勋　编　著

清华大学出版社
北京

内 容 简 介

公共心理学是体现师范教育的一门专业基础课程，承担着培养教师教育类专业学生教育科学素质的使命，对培养未来合格的中等学校教师师范素质具有非常重要的意义。本书在面向教师教育类专业特色的同时，兼顾学生未来职业的需要，在加强思想性和科学性的基础上，更加突出专业性、应用性、职业性和可操作性。本书共分15章，以普通心理学内容为主，包含了教育心理学、发展心理学和健康心理学等内容。根据教育部考试中心制定的《中小学教师资格考试标准及大纲》，本书增加了学习理论、学习策略、学习迁移等教育心理学内容，并将心理学基本理论与教育教学实践紧密地结合起来，将学科最新发展成果引入到教材中，既能完成公共课"心理学"教学大纲的要求，又能覆盖教师资格证考试大纲中全部心理类知识点，有助于教师教育类专业学生更好地备考。

在内容组织形式上，各章内容涵盖知识要点、正文、阅读资料、复习思考题及教师资格证考试真题等。在正文的编写中，本书尽可能遵循少而精的原则，对未尽之意采用阅读资料、附录的形式进行补充。补充资料和附录的内容多样，既有心理学小测验和心理学动态介绍，也有对所学理论的应用示例。这样既拓展了学习者的知识视野，又增加了趣味性和实用性，使本书的可读性更强。

本书适合教师教育类专业学生作为公共课心理学教材，亦可作为成人高等教育的教材，还可以作为教师继续教育用书和其他对心理学感兴趣者的自学教材。

本书封面贴有清华大学出版社防伪标签，无标签者不得销售。
版权所有，侵权必究。举报：010-62782989，beiqinquan@tup.tsinghua.edu.cn。

图书在版编目(CIP)数据

心理学导论/张朝，林丰勋编著. —2版. —北京：清华大学出版社，2017（2024.2 重印）
(教师教育系列教材)
ISBN 978-7-302-47442-5

Ⅰ．①心… Ⅱ．①张… ②林… Ⅲ．①心理学—师范大学—教材 Ⅳ．①B84

中国版本图书馆 CIP 数据核字(2017)第 134770 号

责任编辑：李春明　陈立静
封面设计：刘孝琼
责任校对：周剑云
责任印制：杨　艳

出版发行：清华大学出版社
网　　址：https://www.tup.com.cn，https://www.wqxuetang.com
地　　址：北京清华大学学研大厦A座　　邮　编：100084
社 总 机：010-83470000　　邮　购：010-62786544
投稿与读者服务：010-62776969，c-service@tup.tsinghua.edu.cn
质量反馈：010-62772015，zhiliang@tup.tsinghua.edu.cn
课件下载：https://www.tup.com.cn，010-62791865

印 装 者：三河市龙大印装有限公司
经　　销：全国新华书店
开　　本：185mm×260mm　　印　张：23.75　　字　数：574千字
版　　次：2008年5月第1版　2017年8月第2版　印　次：2024年2月第10次印刷
定　　价：60.00元

产品编号：072277-04

新 版 前 言

经过一年多夜以继日的努力，《心理学导论》第 2 版终于以新的面貌和广大读者见面了，这是在总结多年心理学公共课教学与研究工作的基础上，面对心理学迅速发展，深刻认识心理学知识在整个高等院校教师教育类专业中的特殊地位，在分析借鉴国内外一系列心理学教材的基础上修订完成的。在此，我们愿意将修订工作中的一些想法与大家共享。

《心理学导论》第 1 版于 2008 年正式出版发行。10 年来，这本教材受到了广大读者的喜爱，在教师教育类专业的本专科生教学中发挥了重要的作用。但是，在过去 10 年中，心理学的发展非常迅猛。随着我国经济的发展和人民文化生活水平的提高，心理学在社会生活中的地位也越来越重要，对心理学的需要与日俱增。近几年来，教师教育类专业的学生又迎来了一次大的变革和挑战——教育部规定，自 2015 年起，全国所有教师教育类专业的学生将不再直接颁发教师资格证书，要想取得教师资格证书必须通过全国的统一考试。心理学公共课教学如何适应新形势又一次摆上了议事日程。教材建设是课程建设的核心内容。修订教材是时代的要求，也是学科建设和人才培养的要求。近年来，我们深深地感受到这种迫切的要求，因而进行了教材修订工作。

在着手修订工作之时，我们一直在思考两个问题：一是心理学公共课在高等院校教师教育类专业课程体系中应处于什么样的地位，它在教师教育类专业人才培养中应担负怎样的责任；二是我们应该站在什么样的高度来修订教材。

心理学公共课是高等院校教师教育类专业的一门重要的必修课程。心理学公共课教材建设要体现两个目标：一是本学科的科学性和专业性。《心理学导论》从科学角度阐述人的心理现象，充分体现心理学是一门科学的知识体系，通过科学概念的阐述，澄清人们对心理学的误解与偏见，体现它的科学性。《心理学导论》通过介绍人的心理现象的基础知识，使学生能够准确地了解心理学的基本概念和基本原理，正确掌握心理学的基本理论和研究方法，体现它的专业性。在科学性与专业性的前提下，反映当代心理学发展的新趋势、新成果，充分体现心理科学发展的新思想，为学生进一步学习心理学及其他教育类学科夯实基础。二是本学科的应用性和职业性。本教材作为教师教育类专业学生的教材，要为教师教育类专业学生将来的职业活动服务，要促进教师专业化发展与职业素质培养。本教材注重心理学理论与教育教学、生活实践的结合，注重选择与人的成长密切相关的典型事例，运用心理学基本原理进行分析，以提高学生思考与解决实际问题的能力。

教材内容决定着教材的生命。我们在保持和发扬原教材优点的基础上，力争将《心理学导论》修订成一部站在时代前沿的教材，既重视理论知识又强调实际应用，既重视科学性又强调便于教学。为此，我们在以下三个方面做出了不懈努力：

1. 在教材的内容上，突出科学性、专业性、师范性和应用性。我们在教材的内容和结构上做了较大的调整和突破，既保留了原来的知识体系和框架，又增加了反映学科最新发展水平的内容，还加强了教师教育职业发展所需的应用性内容，以引导学生学以致用。在保持原有体系和框架的基础上，适当压缩普通心理学的内容，扩充对学生学习难度较大的教育心理学内容，增加学习理论、学习策略、学习迁移等内容，注重提高心理学与教育教学活动密切相关问题的分析和解决能力的培养。既保证完成高等院校教师教育类专业心理学公共课教学大纲的要求，又能覆盖教师资格证考试大纲中心理学的知识点，有助于学生更好地学习，体现了科学性、专业性、师范性与应用性的有机结合。

2. 在教材的组织方式上，强调实用性和综合性。我们在教材组织方式上狠下功夫，尽量将普通心理学与教育心理学、发展心理学、健康心理学等学科内容有机地整合，力求将心理学基本概念、基本理论紧密地与学生成长成才、教育教学实践结合起来，将教育教学实践的典型事例及分析融入原有的框架体系中，力争教师在有限的课时内，能有效地完成教学任务，帮助学生更好地备考教师资格证。各章内容涵盖知识要点、正文、阅读资料、复习思考题及教师资格证考试真题再现等，对正文未尽之意采用阅读资料、附录的形式进行补充。教材建设包括主教材、配套电子资料库、习题试题库及答案、网络教学平台等内容的立体化教材。

3. 在教材的文字编撰上，力求准确性、逻辑性和简明性。我们对文字编撰的通顺、精练、流畅和可读性提出了更高的要求。在内容阐述上，尤其在心理学概念和心理学原理方面给予科学的解释上，做到深入浅出、逻辑清晰；在语言陈述上，追求简洁明了、通俗易懂；在体例架构上，体现学术为本、详略有序。这些都为加强学生对心理学基本概念和基本原理的理解，扩大心理学知识领域，以及提高运用心理学理论分析与解决问题的能力提供了有效帮助。初稿出来后，我们请已学过心理学公共课、将要开设此课程的学生以及任课教师通读了全部章节的内容，认真听取他们的意见和建议，并反复打磨修改，以提高教材质量。总之，这一切工作的目的都是为了有助于学生更有效地学习，有助于教师更加得心应手地使用该教材。

编写一部好教材是一件非常艰难的工作，正如一块玉石要经过多年的雕刻才能成为一件珍宝一样，一部教材也只有经过精心修订，才能成为师生共同喜爱的教材。每经过一次修订，就是教材的一次新生、一次提炼、一次升华，我们希望这次修订能使教材提升到一个新的高度和水平。

本书在编写过程中，参考了国内外许多同类教材和相关文献，以求博采众家之长。在此谨向有关专家、学者表示深深的谢意。本次修订工作，得到了清华大学出版社领导和编辑的支持，他们认真、细致的工作态度为本书的出版做了大量工作，在此对他们表示诚挚的感谢。同时，在这里还要对参加本书修订工作的所有同事以及对本书提供帮助的所有人表示由衷的感谢。

本书具体编写分工如下：张朝副教授(山东理工大学)、张道祥教授(滨州学院)编写了第1、3、9章；于宗富副教授(山东理工大学)、孙宏伟教授(潍坊医学院)编写了第2、7章；林丰勋教授(济南大学)、陈一平副教授(山东理工大学)、马元广讲师(滨州学院)编写了第4、8章；张朝副教授(山东理工大学)、李树军教授(临沂大学)、程巍教授(滨州学院)编写了第5、6章；于宗富副教授(山东理工大学)、李天思教授(潍坊学院)、李颖讲师(张店第八中学)编写了第10、11、12章；于宗富副教授(山东理工大学)、丁俊兰讲师(滨州学院)编写了第15章；林丰勋教授(济南大学)、张朝副教授(山东理工大学)编写了第13、14章及附录。最后，由于宗富、张道祥、孙宏伟对部分章节统稿，由张朝、林丰勋负责全书的统稿。

  希望本书的修订工作能够尽善尽美。但是，结果与愿望之间总会存在一定距离，再加上心理学内容非常广泛，虽然我们在教材的体例框架、具体内容选择，以及撰写风格上竭尽心力，但仍难免有诸多缺失和疏漏之处，敬请读者和同仁们赐教，以利于本教材的进一步提高和完善。

编　者

第 1 版前言

本书是为师范院校学生编写的公共课心理学教材，亦可作为成人高等教育的教材，还可以作为教师继续教育用书和其他对心理学感兴趣者的自学教材。

公共心理学是体现师范教育特点的一门教育专业基础课程，承担着培养师范类学生教育科学素质的使命，对培养未来合格的中等学校教师师范素质具有非常重要的意义。然而，目前综合性大学师范类公共心理学具有新的特点，怎样才能体现该课程在高等师范人才培养中的作用，这是公共课心理学这门课程所面临的新挑战。本书力图建立适合综合性大学自身特色的高等师范教育的心理学体系、结构和内容。

《心理学导论》，顾名思义，即心理学的入门书，专为初学心理学的学生编写。作为一本教材，应该做到深入浅出地、系统地阐述心理学的基本知识、基本理论和较新的研究成果，把实用性的、可操作性的内容尽量展示给学生，使学生感兴趣，易学易懂，为学生今后学习心理学的其他分支学科打下良好的基础，这是作者编写本书的主旨。

本书在构想与撰写期间，始终遵循以下三大原则。

第一，在服务对象上，《心理学导论》遵循专业化与大众化兼顾的原则。心理学是师范类学生的一门必修课程，作为大学心理学的教科书，在知识的深度与广度上，必须与师范大学专业教育水准相符合，做到专业化。另外，为适应学生的需要，并使心理学的正确知识广为流传，本书力图与学生的生活经验相结合，做到大众化。心理学是人研究自身问题的科学，心理学的知识也是每一位大学学子成长的共同需要。但是很多学生表示，在接触到心理学这门课的知识之后，有"见山不是山"的感觉，甚至有人失望地表示，大学开设的心理学课程，并不是他们原本所想象的心理学。为此，本书在取材与撰写时，除在文字上力求深入浅出之外，在举例说明时也尽量求取生活化。

第二，在教材内容上，本书遵循学术性与实用性并重原则。从心理学性质的一个层面看，心理学应属学术性的学科。心理学的理论不仅涉及生物学、生理学、社会学、统计学、哲学以及精神医学等各方面的专门知识，而且其本身也是学派众多、理论纷争且专门术语含义抽象。从心理学性质的另一个层面看，心理学所探讨的问题，总离不开人的生活实践。在学习心理学的人中，真正以研究为目的的专攻者很少，而希望由此获得有关生活实用知识者却甚多。因此，本书在内容陈述上，力求学术性与实用性并重，以使学习者经由对理论问题的探讨，了解自己，认识别人，洞察世界，从而在精神上找到安身立命之所，并进而影响和促进其学习、生活和工作。

第三，在教材结构上，本书遵循实用性、创新性和操作性并重原则。在加强思想性和科学性的基础上，更加突出实用性、创新性和可操作性，突破传统局限，更新教材内容，建立适合综合性大学自身特色的高等师范教育的心理学体系、结构和内容。除了正文之外，本书还设计了各章的知识要点、阅读资料、复习思考题等。根据公共课任务重、课时少的特点，全书正文的编写尽可能地遵循少而精的原则，对未尽之意采用阅读资料、附录的形式进行补充。补充资料和附录长短不拘，内容多样，既有心理学的小故事和神话传说，也有心理学小测验和心理学动态介绍,还有对所学理论的应用示例,有的则是对正文内容的补充说明和延伸。这样既拓展了学习者的知识视野,又增加了趣味性,使本书可读性更强。

  本书各章执笔分别是:张朝(山东理工大学)、李天思(潍坊学院)编写了第1、3、4、5、6章;于宗富(山东理工大学)、孙宏伟(潍坊医学院)、徐运国(济南职业学院)编写了第2、7、9章;陈一平(山东理工大学)、王瑶(张店区教师进修学校)编写了第8、13、14章;程巍(滨州学院)、范喜庆(济南幼儿师范学校)、张朝编写了第10、11、12章;张朝还编写了附录。本书由张朝、李天思、孙宏伟任主编,陈一平、于宗富、程巍任副主编。

  本书的编写得到了山东理工大学谭秀森副校长的大力支持和帮助,得到了各兄弟院校的专家、同行及相关领导的指导和帮助,得到了山东理工大学工程技术学院魏峥教授、王有爱院长、姜运生副院长、司淑梅科长及有关人员的帮助。此外,本书还参阅了许多专家、学者和同行们的著作和研究成果,在此一并表示衷心感谢。限于编者的水平,本书可能存在遗漏和不妥之处,敬请读者和专家批评指正,以便在再版时予以修订,使本书渐臻成熟。

编 者

目 录

第1章 绪论 1
引言 1
1.1 心理学的研究对象 1
   1.1.1 心理学的概念 1
   1.1.2 心理学的研究对象 3
   阅读资料 1-1 7
1.2 心理学的发展历史 8
   1.2.1 科学心理学的诞生 8
   1.2.2 心理学发展历史中的主要
         流派 9
   阅读资料 1-2 13
   1.2.3 当代心理学的学科门类 15
   阅读资料 1-3 18
1.3 心理学的研究方法 19
   1.3.1 研究原则 19
   1.3.2 心理学的研究方法 20
复习思考题 24

第2章 科学的心理观 25
2.1 唯物主义和唯心主义的心理观 25
   2.1.1 唯心主义的心理观 25
   2.1.2 唯物主义的心理观 26
2.2 科学的心理观 26
   2.2.1 心理是脑的机能 26
   2.2.2 客观现实是心理的源泉
         和内容 27
   2.2.3 心理是脑对客观现实的主观
         能动的反映 27
   2.2.4 人的心理是在社会实践中发生
         和发展的 28
2.3 高级神经活动的基本过程与规律 ... 30
   2.3.1 神经系统的结构与机能 30
   阅读资料 2-1 32
   2.3.2 高级神经活动的基本过程
         和规律 34
   2.3.3 心理现象产生的基本方式——
         反射 36
   2.3.4 内分泌系统 37
   阅读资料 2-2 39
复习思考题 40

第3章 感觉和知觉 41
3.1 感觉和知觉概述 41
   3.1.1 感觉和知觉的概念 41
   3.1.2 感觉与知觉的分类 42
   3.1.3 感觉的基本规律 46
   阅读资料 3-1 48
   阅读资料 3-2 49
   3.1.4 知觉的特征 50
3.2 观察及观察力的培养 53
   3.2.1 观察及有效观察的条件 53
   3.2.2 观察力的培养 54
复习思考题 55
教师资格证考试真题再现 56

第4章 注意 57
4.1 注意的概述 57
   4.1.1 注意的概念 57
   4.1.2 注意的功能 58
   4.1.3 注意的外部表现 59
   4.1.4 注意与心理过程的关系 59
   阅读资料 4-1 60
4.2 注意的种类 60
   4.2.1 无意注意 61
   4.2.2 有意注意 62
   4.2.3 有意后注意 62
   4.2.4 无意注意、有意注意和有意后
         注意三者的关系 63
4.3 注意的品质 64
   4.3.1 注意的范围 64

阅读资料 4-2 65
　　4.3.2　注意的稳定性 65
　　4.3.3　注意的分配 66
　　4.3.4　注意的转移 67
　　阅读资料 4-3 68
4.4　注意规律与教学 68
　　4.4.1　无意注意规律在教学中的
　　　　　运用 68
　　4.4.2　有意注意规律在教学中的
　　　　　运用 69
　　4.4.3　巧妙地利用几种注意交互
　　　　　转化的规律组织教学 70
　　阅读资料 4-4 71
复习思考题 72
教师资格证考试真题再现 72

第 5 章　记忆 73

5.1　记忆概述 73
　　5.1.1　记忆的概念 73
　　5.1.2　记忆内容储存的形式 75
　　5.1.3　记忆的分类 76
　　阅读资料 5-1 78
5.2　记忆的过程 79
　　5.2.1　识记 79
　　5.2.2　保持和遗忘 80
　　5.2.3　再认或回忆 87
5.3　记忆的品质 88
　　5.3.1　记忆的敏捷性 88
　　5.3.2　记忆的持久性 88
　　5.3.3　记忆的准确性 88
　　5.3.4　记忆的准备性 89
复习思考题 89
教师资格证考试真题再现 90

第 6 章　思维 91

6.1　思维概述 91
　　6.1.1　思维的概念 91
　　6.1.2　思维的种类 92
　　阅读资料 6-1 93
　　6.1.3　思维与语言 94

　　6.1.4　思维的生理机制 96
6.2　思维的过程和形式 96
　　6.2.1　思维的过程 96
　　6.2.2　思维的形式 98
　　6.2.3　思维的品质 99
6.3　问题解决 100
　　6.3.1　问题解决的思维过程 100
　　6.3.2　影响问题解决的因素 101
6.4　创造性思维及其培养 104
　　6.4.1　创造性思维的概念 104
　　6.4.2　创造性思维的过程 105
　　6.4.3　创造性思维的培养 106
6.5　想象概述 107
　　6.5.1　想象的概念 107
　　6.5.2　想象的种类 108
　　阅读资料 6-2 108
复习思考题 110
教师资格证考试真题再现 110

第 7 章　情绪和情感 111

7.1　情绪和情感概述 111
　　7.1.1　情绪、情感的概念 111
　　阅读资料 7-1 112
　　7.1.2　情绪、情感的生理变化和
　　　　　外部表现 113
　　阅读资料 7-2 113
　　7.1.3　情绪与情感的分类 115
7.2　情绪的理论 118
　　7.2.1　詹姆斯-兰格情绪理论 ... 118
　　7.2.2　坎农-巴德情绪理论 119
　　7.2.3　沙赫特和辛格的情绪认知
　　　　　理论 119
　　7.2.4　艾利斯的情绪 ABC 理论 120
　　阅读资料 7-3 121
7.3　情绪、情感与身心健康 122
　　7.3.1　情绪、情感对身心健康的
　　　　　影响 122
　　阅读资料 7-4 123
　　7.3.2　常见的情绪问题与调控 123
　　阅读资料 7-5 127

阅读资料 7-6 128
　　复习思考题 129

第8章　意志 130

- 8.1 意志概述 130
  - 8.1.1 意志的概念 130
  - 8.1.2 意志与认识、情感的关系 131
- 8.2 意志行动的心理分析 132
  - 8.2.1 采取决定阶段 132
  - 8.2.2 执行决定阶段 134
  - 阅读资料 8-1 135
  - 8.2.3 意志行动中的挫折 136
  - 阅读资料 8-2 139
- 8.3 意志品质及其培养 139
  - 8.3.1 意志品质 139
  - 阅读资料 8-3 141
  - 8.3.2 良好意志品质的培养 141
  - 阅读资料 8-4 143
- 复习思考题 144

第9章　个性与个性倾向性 145

- 9.1 个性概述 145
  - 9.1.1 个性的概念 145
  - 9.1.2 个性的基本特征 147
  - 9.1.3 个性的心理结构 148
  - 9.1.4 个性的形成与发展 148
  - 阅读资料 9-1 150
- 9.2 需要 151
  - 9.2.1 需要的概念 151
  - 9.2.2 需要的种类 152
  - 9.2.3 马斯洛的需要层次理论 153
  - 阅读资料 9-2 157
  - 9.2.4 其他有关需要的理论 157
- 9.3 动机 158
  - 9.3.1 动机的概念 158
  - 9.3.2 动机与行为效率的关系 159
  - 9.3.3 动机的种类 160
- 9.4 动机理论 162
  - 9.4.1 成就动机理论 162

　　阅读资料 9-3 163
　　9.4.2 归因理论 164
　　阅读资料 9-4 167
　　9.4.3 自我效能感理论 168
- 9.5 学习动机 169
  - 9.5.1 学习动机的概念 169
  - 9.5.2 学习动机的分类 170
  - 9.5.3 学习动机的培养和激发 172
  - 阅读资料 9-5 173
  - 阅读资料 9-6 175
- 复习思考题 176
- 教师资格证考试真题再现 177

第10章　气质 178

- 10.1 气质概述 178
  - 10.1.1 气质的概念 178
  - 10.1.2 气质的学说 179
  - 10.1.3 高级神经活动类型与气质 ... 184
- 10.2 气质类型及测量 185
  - 10.2.1 气质的心理特征及气质
　　　　　类型 185
  - 10.2.2 气质类型的行为表现 188
  - 阅读资料 10-1 189
  - 10.2.3 气质的测量 190
- 10.3 气质在实践活动中的作用 192
  - 10.3.1 气质对能力的影响 192
  - 10.3.2 气质与学校教育 193
  - 10.3.3 气质与职业选择 194
- 复习思考题 195

第11章　性格 196

- 11.1 性格的概述 196
  - 11.1.1 性格的概念 196
  - 11.1.2 性格的结构 197
  - 11.1.3 性格与气质的关系 198
- 11.2 性格理论 199
  - 11.2.1 性格类型理论 200
  - 11.2.2 性格特质理论 204
- 11.3 性格的测量 207

11.3.1 自陈量表法 207
11.3.2 投射测验 209
11.4 性格的形成与发展 210
11.4.1 生物遗传因素 210
阅读资料 11-1 211
11.4.2 家庭环境因素 212
阅读资料 11-2 213
11.4.3 学校教育因素 214
11.4.4 社会环境因素 215
11.4.5 个体主观因素 216
复习思考题 216

第 12 章 能力 218

12.1 能力概述 218
12.1.1 能力的概念 218
12.1.2 能力的种类 218
12.1.3 能力与知识、技能的关系 ...220
12.2 智力的理论 220
12.2.1 智力的因素理论 220
12.2.2 智力的结构理论 223
12.2.3 智力的信息加工理论 ...224
12.3 能力差异与能力发展 227
12.3.1 能力差异 227
12.3.2 能力发展 229
12.3.3 能力形成与发展的影响因素 231
12.4 能力的测量 234
12.4.1 智力测验 234
阅读资料 12-1 235
12.4.2 特殊能力测验 238
12.4.3 创造力测验 238
复习思考题 239

第 13 章 学习的基本理论 240

13.1 学习概述 240
13.1.1 学习的实质 240
13.1.2 学习的分类 241
13.2 行为主义的学习理论 244
13.2.1 巴甫洛夫的经典性条件反射学习理论 244
13.2.2 桑代克的"试误—联结"学习理论 246
13.2.3 斯金纳的操作性条件反射学习理论 247
13.2.4 班杜拉的社会学习理论 250
13.3 认知派的学习理论 252
13.3.1 布鲁纳的认知—发现学习理论 252
13.3.2 奥苏伯尔的接受—同化学习理论 255
13.3.3 加涅的信息加工学习理论 258
13.4 建构主义的学习理论 261
13.4.1 建构主义学习理论概述 261
13.4.2 建构主义学习理论的基本观点 261
13.4.3 建构主义理论在教育中的应用 264
13.4.4 简评 265
13.5 人本主义学习理论 266
13.5.1 康布斯的学习理论 266
13.5.2 罗杰斯的学习理论 267
13.5.3 简评 269
复习思考题 269
教师资格证考试真题再现 270

第 14 章 学习策略和学习迁移 271

14.1 学习策略 271
14.1.1 学习策略的概念 271
14.1.2 认知策略 272
14.1.3 元认知策略 275
14.1.4 资源管理策略 276
14.1.5 学习策略的训练 279
14.2 学习的迁移 281
14.2.1 学习迁移概念 281
14.2.2 学习迁移的基本理论 283
14.2.3 学习迁移与教学 287
复习思考题 289
教师资格证考试真题再现 290

第15章 青少年心理健康与教育 291

15.1 心理健康概述 291
15.1.1 心理健康的概念 291
15.1.2 影响青少年心理健康的因素 294

15.2 心理健康教育的实施原则及方法 296
15.2.1 心理健康教育的实施原则 296
15.2.2 心理健康教育的方法 297
阅读资料 15-1 299

15.3 青少年常见心理问题与辅导 302
15.3.1 常见心理问题的分类及辅导范围 302
15.3.2 青少年常见心理困扰与辅导 302
15.3.3 常见心理障碍与辅导 306
阅读资料 15-2 311
复习思考题 312
教师资格证考试真题再现 312

附录A 心理效应 314

A.1 罗森塔尔效应：真诚期待 314
A.2 "破窗理论"与细节暗示 316
A.3 鲇鱼效应——适时的压力会成为动力 317
A.4 同体效应 318
A.5 摩西奶奶效应 318
A.6 瓦拉赫效应 318
A.7 蝴蝶效应 319
A.8 配套效应——给孩子合适的"睡袍" 320
A.9 齐加尼克效应 321
A.10 超限效应 321
A.11 过度理由效应 322
A.12 苏东坡效应 322
A.13 瓦伦达心态 323
A.14 暗示效应 323
A.15 罗密欧与朱丽叶效应 324
A.16 得寸进尺效应 325
A.17 沉锚效应 325
A.18 巴奴姆效应 326
A.19 林格尔曼效应 326
A.20 名片效应 327
A.21 马太效应 327
A.22 共生效应 328
A.23 责任分散效应 328
A.24 触摸的心理效应 329
A.25 霍桑效应 329

附录B 心理测验 330

B.1 症状自评量表(SCL-90) 330
B.2 A型行为问卷 333
B.3 气质类型问卷 335
B.4 考试焦虑综合诊断量表 338
B.5 内外向性格类型测定 340
B.6 个性成熟度测验 342
B.7 创造力测验 348
B.8 职业适应性测验 352
B.9 焦虑自评量表(SAS) 362
B.10 抑郁自评量表(SDS) 363

参考文献 365

第 1 章 绪　　论

本章学习目标

- ➢ 心理学的研究对象
- ➢ 心理学的学科性质
- ➢ 心理学的主要流派
- ➢ 心理学的学科门类
- ➢ 心理学的研究方法

引　　言

"心理"一词,对许多人来说充满了神秘感。没有学过心理学的人,只要听说谁是学心理学的或教心理学的,总会急切地问一个问题:"你知道我在想什么吗?"心理学研究什么?对这个问题许多学生脑海中常常带着一连串的问号:学了心理学是不是就可以知道别人心里在想什么?人是怎样来认识各种各样的事物的?人又是怎样来获得经验的?我们眼睛所看见的一切都是真实的吗?人是怎样对外界刺激信息进行加工、存储并在这个基础上解决问题的?你会使用学习策略吗?学习动机越强,学习效果越好吗?人为什么会发脾气?经常发脾气该怎样调控?怎样判断心理健康?等等。许多同学带着这些疑问来到心理学课堂上,他们对心理学抱有很高的期望,希望能学到很多对个人发展有价值的东西,也希望能借此改善他们的日常生活。事实上,心理学这门课程涵盖的范围很广。本书将致力于提供同学们最关心的心理学问题的科学分析,提供心理学在学习、生活、工作中具体应用的方法。本章将诠释心理学的研究对象、学科性质、发展历史、研究方法等,以期帮助大家从整体上认识心理学。

1.1　心理学的研究对象

1.1.1　心理学的概念

1. 心理学的含义

人类对心理的探究,根据文字记载来推断,已有两千多年的历史。公元前 4 世纪古希腊哲学家亚里士多德(Aristotle,前 384—前 322)就对"灵魂"的本质进行了探究。他写的《论灵魂》一书是西方最早研究心理现象的著作。在词源上,心理学的英语是"psychology",

它源于希腊文的"psyche"和"logos"。"psyche"在英文韦氏大辞典中被注解为"灵魂"或"灵魂女神"。在传说中，作为"灵魂女神"的"psyche"与丘比特发生了恋情，作为凡人的"psyche"，本性聪慧，温柔善良，美丽动人，为了追求爱情，不辞千辛万苦，不畏强权暴力，决心踏入神的禁地来寻回自己的爱人。"psyche"的精神与毅力最终感动了奥林波斯山上的主神宙斯，于是，宙斯赐其永生，赋其神性，命其掌管人类的灵魂。于是"psyche"就成了灵魂女神。因此"psyche"包含两个主题：爱与灵魂。"logos"的含义是"解说"或"阐述"。把"psyche"和"logos"合起来即为"对心灵或灵魂的解说"之义。这是心理学最早的定义，但是这个定义并没有对心理学做出科学的解释，只具有哲学意义，不具备科学内涵。

在《新大英百科全书》中，将"心理学"作为一个词条来解释时，笔者引述了这样一个故事："在古希腊奥林波斯山上，有一座特菲耳神殿，神殿里有一块石碑，上面写着——人，认识你自己。"就是这么一句话，经过漫漫几千年的演化，形成了我们今天的心理学。"人，认识你自己"成为西方心理学的源头，同时也成为历代心理学家为之奋斗的目标。

19世纪中叶，随着自然科学和实验方法的发展，心理学从哲学中分化出来，发展成为一门独立的科学。步入20世纪后，心理学家们对心理学的研究内容和方法进行了广泛的争鸣和探索，形成了丰富的理论知识，对人的心理现象和奥秘做出了颇有见地的解释和说明，也建构起完整的研究范式和方法论体系，心理学逐渐发展成为一门具有丰富理论内涵和重要应用价值的科学。自心理学诞生以来，各学派的心理学家对于心理学研究对象的理解与主张众说纷纭。心理学既研究心理活动的形式，又研究心理活动的内容和功能；既研究有意识的心理活动，又研究无意识的心理活动；既研究心理，又研究行为，还把心理与行为统一起来加以研究。此外，随着信息论、控制论和系统论的诞生，对现代心理学特别是认知心理学产生了深远的影响。心理学界开始把人看成是一个信息加工者，认为环境所提供的信息是通过人的认知过程而加以编码、存储和操作，进而影响人的行为，主张心理学应主要研究心理活动的脑机制，特别是认知功能的神经生物学机制等。

心理学成为一门独立学科后，已经历了一百多年，对心理学的界定随着各个时期的发展而有所变更。到20世纪80年代，人们对心理学的界定达成这样一个共识："心理学是研究人的心理和行为及其活动规律的科学。"心理学的研究对象主要是人的心理活动，同时也考察人的行为，并且探讨、分析心理活动与行为之间的规律性联系。

2. 心理学的性质

心理学是一门兼有自然科学和社会科学性质的交叉科学(又名中间科学或边缘科学)，它不仅是一门认识客观世界的科学，也是一门认识和调控人的心理和行为的科学。人的心理现象十分复杂，这就要求我们从不同的角度和层面，采用不同的方法来研究。有时需要分析影响个体心理的内部因素，探讨个体心理活动的内部规律和内在机制；有时需要分析影响心理活动的外部社会影响因素。一般说来，侧重于个体心理内部规律和内在机制的心理学研究具有自然科学的倾向，而侧重于外部社会因素对个体心理影响的心理学研究具有社会科学的倾向。

作为自然科学倾向的心理学分支有实验心理学、生理心理学、医学心理学等，这些心理学分支和生物学、物理学、化学等学科有着比较密切的联系。比如，对感知觉的研究就涉及被感知物体的声、光特性，涉及感知神经的激活和对信息的处理，对神经细胞的研究又涉及细胞膜内外的电位差、细胞内的神经介质等内容。

作为社会科学倾向的心理学分支有社会心理学、发展心理学、管理心理学等，这些心理学分支和社会学、人类学、教育学等学科有着比较密切的联系。当我们对人尤其是作为群体的人的某种社会行为进行研究的时候，就离不开历史的、文化的以及经济的观点。

不同科学倾向的心理学在研究方法上有所不同，作为自然科学倾向的心理学更多地采用观察、实验等研究方法，在研究中注重条件的控制和变量的关系，研究的结果大多是定量的。作为社会科学倾向的心理学则较多地采用社会调查、个案研究、文献综合等方法，侧重于宏观因素的分析，所得的结果主要是定性的。不过随着统计方法的普遍使用以及逐渐成为研究中不可缺少的工具后，社会科学倾向的心理学研究也有逐步向定量化发展的趋势。

需要注意的是，在心理学研究中常常需要综合不同的理论和采用不同的方法来研究同一内容。比如对学习行为的研究，既要从神经生物学的角度，以实验的方法进行微观研究，以确定学习的内在机制；也要从家庭、学校和班级等方面，用调查的方法、统计的方法和个案研究的方法进行宏观分析，以研究学习行为和外部环境因素的关系。

1.1.2　心理学的研究对象

心理学的研究是多种多样的，具有不同水平、不同层次、不同功能的研究。既研究人的心理，也研究动物的心理；既研究个体心理，也研究社会心理；既研究个体行为，也研究个体心理；既研究意识层面的心理，也研究无意识层面的心理。

1. 个体心理与社会心理

人的心理可以分为个体心理和社会心理两个方面。

1) 个体心理

人是作为个体而存在的，个人所具有的心理现象称为个体心理(individual psyche)。个体心理非常复杂，是自然界最繁杂、最奇妙的一种现象。人眼可以看到五彩缤纷的世界，人耳可以聆听旋律优美的钢琴协奏曲，人脑可以储存异常丰富的知识，事过境迁而记忆犹存。人有"万物之灵"的智慧，人能运用自己的思维去探索自然和社会的各种奥秘。同时，人还有七情六欲，他们能通过各种活动去满足自己的各种需要，并在周围环境中留下自己意志的印迹等。总之，人类关于自然和社会方面的各种知识，人类在认识世界、改造世界方面所取得的一切成就，都是和人的心理分不开的。

为了深入了解人的心理活动，心理学通常从两个方面对个体心理现象加以研究：心理过程和个性差异，其结构如图1-1所示。

图 1-1　个体心理结构示意图

(1) 心理过程。

心理过程(mental process)是指在客观事物的作用下，心理活动在一定时间内发生、发展的过程，包括认知过程(cognition process)、情感过程(feeling process)和意志过程(will process)，简称"知""情""意"，其中认知过程是最基本的心理过程，情感过程和意志过程是在认知的基础上产生的。假如你与一位同学初次见面，认知过程就是你在认识该同学的过程中的心理活动。你对该同学的认识过程开始于对他(她)的感觉和知觉，感觉是对该同学个别特性(如肤色、明暗、声调、胖瘦、高矮等)的认识，知觉是对该同学的诸多个别特性之间关系的整体认识，如将脸部的肤色、胖瘦、高矮等个别特性加以综合，就可看到一个具体的人。但通过感知觉所获得的经验在该同学离开以后并没有马上消失，还停留在你的头脑中，并在需要时能再现出来，这种累积并保存个体经验的心理过程就叫记忆。你还可能会根据他(她)所说的话、看他(她)的行为举止，推想他(她)的兴趣爱好、过去的经历等，像这样在感知觉与记忆的基础上，间接、概括地认识客观对象，通过推理、判断，解决面临的各种问题的过程，就是思维。你还可能对头脑中保存的有关他(她)的具体形象加以改造，使他(她)变得更美，这就是想象。你也可以用语言将自己的感知觉、记忆以及思维与他(她)进行交流，这就是语言活动。同时，人非草木，孰能无情，你在认识他(她)时，还会产生喜欢或厌恶、愿意接近或者避之唯恐不及等主观体验，这就是情绪或情感过程。而且，对于他(她)，你通常并不只是停留在认识和感受体验上，还需要进一步采取行动。你可以根据自己的认识和体验，经过深思熟虑之后拟订行动计划，如邀请他(她)看电影等，最终达到所预期目的，这就是意志过程。

在心理过程中，还有一种特殊的心理现象——注意。它不是一种独立的心理现象，它随着心理活动过程的产生、发展、变化而存在，并保证着心理活动过程的顺利进行，离开了注意的参与，心理活动就不可能产生。

认识过程、情感过程和意志过程之间相互联系、相互制约、相互影响。认识、情感和意志共同构成了心理活动的动态过程，是一个统一的心理活动过程，它们既具有共同特点，又各有其发生、发展及其变化的规律。认识是情感和意志行动的基础，没有认识，人的情感和意志就无从产生和发展；情感既是意志行动的动力，又使认识活动带有一定的情感成分；意志对认识和情感具有控制和调节作用，意志坚强的人既能够自觉地控制自己的情绪情感，使情感服从于理智，又能调节自己的认识过程，促进认识的深化。

(2) 个性差异。

个性差异(individual differences)是指个体在心理的发展过程中经常表现出来的比较稳定

的心理活动倾向与心理活动特点，或称个性心理，也称个性，它包括个性倾向性和个性心理特征两个方面。人们在认识和改造世界的心理活动过程中，由于每个人的遗传素质、所处的社会生活环境、所接受的教育及主观努力程度不同，其表现和特征也会有所不同，即所谓的"人心不同，各如其面"。

个性倾向性是决定个体对事物的态度和行为的内部动力系统，是具有一定的动力性和稳定性的心理成分，由需要、动机、兴趣、信念、理想和世界观等因素构成。个性倾向性是个性心理中最积极、最活跃的组成部分，是人的心理和行为积极性的动力系统，决定着人的心理和行为倾向性。在复杂的现实生活中，人们在形成需要、动机、兴趣等方面时，总会有这样或那样的差异，这些方面的差异表现为不同的心理活动倾向，影响人们的决策和行为。由于这些构成因素在个性倾向性中所处的地位不同，所起的作用也不一样。需要居于基础地位，是人心理和行为最初的动力源泉，动机、兴趣等都是在需要的基础上产生的，是需要的表现形式。世界观在个性倾向性中处于最高层次，起着主导作用，它决定着一个人的需要、动机、兴趣、理想及信念。

个性心理特征是人在认知过程、情绪情感过程和意志过程中形成的稳定且经常表现出来的心理特点，是个体多种心理特点的独特结合，集中反映了一个人的心理面貌，包括能力、气质和性格。例如，有人记得快，有人记得慢；有人擅长思考，有人擅长想象，这些表现在认知及活动效率方面的不同特点是能力的差异。有人性情暴烈，易于激动；有人性情温和，不易发脾气，这些在情绪情感等心理活动动力方面的不同特点是气质的差异。有人主动进取，有人被动不前；有人机智果断，有人优柔寡断，这些表现在态度和行为方式上的不同特点是性格的差异，等等。

心理过程与个性差异是相互制约、相互影响的。一方面，个性差异是在心理过程的基础上逐渐形成和发展的，并在心理活动过程中表现出来；另一方面，个性差异一旦形成，又影响着心理过程，使个体的心理过程往往带有个性色彩。可以说，既没有离开个性的心理过程，也没有脱离心理过程的个性。二者融会贯通，共同构成一个人完整的心理面貌。因此可以说，心理学是研究心理过程发生、发展的规律性科学；是研究个性倾向性与个性心理特征形成、发展与变化的规律性科学；是研究心理过程和个性差异相互关系的规律性科学。要深入地了解人的心理现象，真正掌握人的心理面貌，要从人的心理活动的整体性上加以考察和研究。

2) 社会心理

人是社会的实体，个人作为社会的成员，总是生活在各种社会团体中，并与其他人发生各种各样的关系，如亲属关系、朋友关系、师生关系、阶级关系、民族关系、国家关系等。因此，便产生了社会心理。有关人际关系、人际互动、团体的动力与特征、个体社会化等方面的心理现象称为社会心理(social psyche)。社会心理包括群体共同的心理现象和个体各种社会心理现象，如图1-2所示。社会心理不是个体心理的简单相加，而是人们在共同生活环境中产生的，是社会群体内个体心理的典型表现。

社会心理 { 群体共同的心理现象：如从众、模仿、暗示、舆论、感染、风气、对比、牢骚、气氛、时髦、谣言、风俗、传统等
个体各种社会心理现象：如社会需要、社会动机、社会知觉、态度、顺从、服从、威望、侵犯、暴行等

图1-2 社会心理结构示意图

2. 个体心理与个体行为

人的心理活动是在头脑内部进行的，不能直接观察和度量，但往往有一定的外部表现。例如，一个人哭和笑的行为是由其悲伤和快乐的心理活动支配产生的。通过观察和描述人的行为，可以探讨其内部心理活动。反过来，人的心理活动是在行为中产生，又在行为中得到表现的。

个体行为(individual behavior)是指个体的反应系统，它由一系列反应动作和活动构成。这种反应包括个体任何外显的、可观察的反应动作和活动，如说话、攻击、散步等；还包括个体的生理现象，如任何部位肌肉的活动，甚至神经系统的活动。有些行为很容易被观察到，有些行为则需要很复杂的方法和装置才能被观察到，如通过脑电图仪器观察脑电波，通过脑诱发电位仪器观察脑电位变化。各种类型的心理学家们是在不同的水平上研究个体行为的，有的关注神经细胞的行为和汗腺的行为，有的则关注更高水平的解决问题的行为。

个体行为受其内隐心理活动支配。个体行为是非常复杂的，其复杂性正是由心理活动的复杂性引起的。同一刺激可能引起不同的反应，不同刺激也可能引起相同的反应，其原因就在于人有丰富的主观世界。主观世界的情况不同，对同一刺激的反应常常是不一样的。俗话说："饿时吃糠甜如蜜，饱时喝蜜蜜不甜。"个体的内部状态不一样，对同一事物的反应也可能不一致。因此，不理解人的内部心理活动，就难以理解他的外部行为反应。

由此可知，心理学既研究人的心理活动规律，也研究人的行为规律，因为人的行为与人的心理活动是密不可分的。心理是一种主观精神现象，是一个"黑箱子"，看不见，摸不着，没有重量、大小和体积。而行为却具有显露在外的特点，它可以用客观的方法进行测量。通过对人的外显行为进行系统的观察、描述、测量以及分析，可以揭示人的心理活动规律。在这个意义上，心理学有时也叫作研究行为的科学。

3. 个体意识与个体无意识

意识(consciousness)是人类所独有的一种高级水平的心理活动，一般被定义为对外部和内部刺激的觉知(awareness)。人的意识活动包括如下内容：

(1) 对外部事物的觉知，觉察到外部正在发生的事情，如老师正在向你提问。

(2) 对内部刺激的觉知，感觉到自身内部发生的事，如由于不会回答老师的提问，而感到心跳加快、面部发烧。

(3) 对自身的觉知，觉知到自己正是上述各种体验的主体，觉察到自我，感到羞愧，这时将自己当作一个客体来认识，即所谓的自我意识。

(4) 对内部心理活动的觉知，觉知自己正在下决心认真学习，争取下一次成功；觉知自己了解哪些事物，不了解哪些事物，自己能了解还未了解的事物。人的意识使人得以能动地认识世界、改造世界，尤其是人的自我意识使得人能够对自己的所作所为进行自我分析、自我评价、自我调节和控制。

人的心理活动除了意识外，还存在无意识(unconsciousness)现象。这是人在正常情况下觉察不到，也不能自我调节和控制的现象。人在梦境中的心理现象主要是在无意识情况下产生的，人不能预先计划梦境的内容，也无法支配梦境的进程。在多数情况下，人难以准确回忆梦境的内容。人在清醒的时候，有些心理现象也是无意识的。人能意识到自己听到或看到了什么，但对听觉和视觉的过程却意识不到。人能有意识地记住自己工作的地点，也能无意识地记住大街上看见的一些建筑物。人的某些动作方式，如写字起初可能受到意识的调节，但在多次反复后，便可转化为自动化的、无意识现象，只觉知到自己写的内容，而不在意每个字的笔画、书写动作本身。在人际交往中，某些意识不到的、潜移默化的影响也是存在的。

在人的正常生活中，大多数心理活动是在意识支配下进行的，但也存在无意识现象。无意识现象对人的心理行为也有重要作用，是心理学的重要研究对象。

阅读资料 1-1

俄狄浦斯情结

俄狄浦斯(Oedipus)是传说中希腊底比斯的英雄。相传俄狄浦斯是底比斯国王拉伊俄斯和皇后伊娥卡斯忒的儿子。国王拉伊俄斯听到预言说，自己将死于亲子之手，因此，当俄狄浦斯出生后，就刺穿了他的双脚(俄狄浦斯这个名字的意思就是"肿脚的")，并命令一个奴隶把俄狄浦斯扔去喂野兽。奴隶可怜这个孩子，把他送给了科林斯国王波吕玻斯的牧人。后来，俄狄浦斯又被波吕玻斯收养。俄狄浦斯渐渐长大，从未怀疑过国王波吕玻斯是自己的生父。逐渐长大了的俄狄浦斯在一次宴会中偶然得知自己并非科林斯国王亲生子，便去求问神谕，得知自己命将弑父娶母。为避厄运，他离开了科林斯，来到了特拜边境。在一场冲突中，俄狄浦斯与一个老人争执起来，杀死了这个老人，老人的侍从除一人逃走外，也全被杀死。俄狄浦斯不知，这位老人就是要去德尔菲神庙求神解除"斯芬克斯"灾难的他的父亲——底比斯国王拉伊俄斯。神示的前部分就这样应验了：他成了弑父的凶手。

此时，特拜城正遭受狮身人面鸟翼怪兽——斯芬克斯的灾难。在前往底比斯的途中，俄狄浦斯遇见了怪物斯芬克斯(长着美女的头，狮子的身子，雄健的翅膀)。守在通往底比斯城的十字路口的斯芬克斯，让过路人猜一个谜语："是谁早晨用四条腿走路，白天用两条腿走路，晚上用三条腿走路？"猜不出的人就会被吃掉。俄狄浦斯猜出了这个谜语，说："这是人。"怪物斯芬克斯既气恼又羞愧，立刻堕下深渊，通往底比斯的道路从此太平无事。底比斯人感激不尽，把这位救星选为新的国王，并让前国王拉伊俄斯的孀妻伊娥卡斯忒做他的妻子。他们生下了两个儿子和两个女儿。

俄狄浦斯当了几年治国有方的国王以后，底比斯发生饥荒和鼠疫。得尔福神谕预言，只有放逐杀害前国王拉伊俄斯的凶手，灾害方能消除。俄狄浦斯忧国忧民，全力缉捕罪犯。最后，他找到了那个唯一脱险的老国王的侍从，才知道杀害底比斯老国王的凶手竟然是自己。凶杀案的见证人恰恰又是曾把婴儿时的俄狄浦斯交给波吕玻斯王的牧人的那个奴隶。俄狄浦斯惊骇万状，不祥的预言全部应验了：他不仅杀害了父亲，而且娶了母亲。

俄狄浦斯弄瞎了自己的双眼，放逐了自己，其母伊娥卡斯忒自杀身死。

俄狄浦斯的神话以及弗洛伊德有关"俄狄浦斯情结"的分析，将使我们在透视人格的探索中找到许多启示。弗洛伊德认为，这个悲剧之所以对古人、今人都有强烈的震撼力，是由于它触发了人类社会每个成员都有的一个深刻心理情结，这就是儿子的"恋母憎父情结"，或者更尖锐地说是"弑父娶母情结"。弗洛伊德把这个情结称为"俄狄浦斯情结"。这已成为世界范围内精神分析学的通用概念。

一个真正认识了自己的人，是应该具有斩断"悲剧"命运，自己掌握自己命运的能力的。而俄狄浦斯杀父娶母的悲剧表明，生理上处于青年时代的俄狄浦斯，其心理(理智或理性)是不成熟的，他并没有真正地"认识自己"。但俄狄浦斯在可怕的"预言"支配下演绎了一连串像是命中注定的悲剧之后，并没有退缩和认命，而是勇敢地背起了自己的"十字架"：他用别在母亲兼妻子伊娥卡斯忒胸前的金别针戳瞎了自己的双眼，放逐了自己。这是一个"慧眼"取代"肉眼"，也是一个个体"赎罪"和"拯救"的隐喻。它表明，俄狄浦斯的"智慧"成熟了，他"认识了自己"。而一旦认识了自己，人就能够"扼住命运的咽喉"，斩断多米诺骨牌效应那样的悲剧，让可怕的"预言"终止。

千百年来，人们对"斯芬克斯之谜"的阐释构成了一道人类自我意识和认知的亮丽风景线。对"斯芬克斯之谜"的深度阐释认为：俄狄浦斯对"斯芬克斯之谜"的解答是"表象"的、"动物"层面的，换言之，他并没有真正地解开"斯芬克斯之谜"。对于今天的我们来说，德尔菲神庙前石碑上镌刻着的"人，认识你自己"几个大字仍然是一个"谜"，仍是横亘在当代人类面前的一个严峻课题，也是历代心理学家为之奋斗的目标。

(资料来源：[苏联]M.H.鲍特文尼克，等编著. 神话辞典[M]. 北京：商务印书馆，1985)

1.2 心理学的发展历史

1.2.1 科学心理学的诞生

对于心理学的发展历史，德国著名的心理学家艾宾浩斯(H.Ebbinghaus)曾说过："心理学有其漫长的过去，但只有短暂的历史。"这是对心理学发展历史的高度概括。所谓心理学有漫长的过去，是指人类的心理学思想源远流长，人类很早就注意到心理现象，并开始探讨心理学问题。在远古时期，由于科学知识水平的限制，人类不能理解身体的结构与机能，对感觉、记忆、思维、睡眠、梦等一系列身体现象缺乏正确的认识，把它们归结为某种特殊的神奇力量——灵魂的作用。后来，随着生产力水平的提高和科学的进步，人类对心理现象的理解越来越深刻和正确，先后出现过许多心理学思想家，如古希腊的德谟克利特、亚里士多德，中国的孔子、孟子、荀况等，他们都有对心理学问题的论述。在某种程度上可以讲，人类社会的进步和发展史实际上也是人类对心理、精神的探索史。所谓心理学只有短暂的历史，是指心理学真正成为一门科学的历史是非常短暂的。在19世纪70年代以前，心理学始终处于哲学的附属地位，没有作为一门独立的学科存在，研究心理现象的大多为哲学家、文学家或医学家等，研究方法带有极大的主观性和思辨性。到了19世纪70年代，随着哲学心理学、生理心理学和物理心理学的产生与发展，心理学才脱离哲学的怀抱，成为一门独立的科学。科学心理学诞生的标志性事件是：1879年，德国著名哲学家、生理学家冯特(Wilhelm Wundt，1832—1920)在莱比锡大学建立了世界上第一个真正意义上的心理学实验室，开始用实验的方法来研究心理问题。

冯特是一位杰出的心理学家，是心理学史上的一个里程碑，被誉为实验心理学之父和心理学之父。冯特的影响主要表现在以下两个方面：

(1) 从学术研究的背景看，冯特是19世纪后期，集生理心理学大成的人。在柏林大学与海德堡大学求学期间，冯特曾师从当时著名生理学教授缪勒与赫姆霍兹。冯特是位学识渊博、著述甚丰的学者，曾先后获取医学、哲学两个博士学位。他的著作不仅数量多，近500种，且涉及面广，除心理学外，还发表大量有关生理学、物理学、哲学、逻辑学、语言学、伦理学、宗教学等方面的著作。可以说，冯特兼生理学家、哲学家、心理学家于一身，正如他的学生铁钦纳所说："冯特的全部思想集中于心理学。"(Titchener，1929，P.113)自1864年起在海德堡大学任教，集其研究成果，于1874年出版《生理心理学原理》(Principles of Physiological Psychology)。该书被生理学与心理学界推崇为不朽之作，其重要性犹如学术史上的心理学独立宣言。

(2) 冯特建立了世界上第一个心理学实验室，首创了系统实验方法。心理学被视为一门独立的科学，心理学家也可以像其他自然科学一样做实验研究。科学特征中所强调的客观性、验证性、系统性三大标准，在心理学研究中采用系统的科学实验方法也可以做到。

1.2.2 心理学发展历史中的主要流派

在100多年的发展过程中，科学心理学取得了长足的进步。人们对心理学的研究对象与理论体系进行了不断探索，产生了不同的思想和观点，形成了各种不同的理论流派。

1. 构造主义

构造主义的代表人物是科学心理学的创始人冯特和他的学生铁钦纳(E．B．Titchener，1867—1927)。冯特把心理学的研究任务定义为对心理结构的研究，试图通过找到组成复杂心理活动的元素而发现心理组合的方式与规律。铁钦纳继承了冯特的思想，将这种重视心理结构的研究命名为"构造主义心理学"(structural psychology)，并在美国宣扬推广。他们认为，心理学应该研究人的意识经验，通过内省法(introspection method)来研究个人的直接经验，对经验的研究须从内容、过程和原因三个方面进行。内容是个人所经历的经验，包括感觉、意象和感情。过程是个人经验发生、发展的历程，包括某种经验是如何发生的及各种经验之间是如何联系起来的。原因是探究各种经验产生的缘由，以及它们之间彼此存在着的因果关系，以便对人的心理现象做出解释。

由于构造主义心理学只重视对心理结构的研究，严重脱离实际，受到了不少心理学家的批评，被称作"砖瓦和泥浆的心理学"。但是，其他一些学派正是以它为攻击标靶而兴起的，因此，它在心理学发展史上功不可没。

2. 机能主义

机能主义(Functional Psychology)由美国心理学家詹姆斯(William James，1842—1910)与杜威(John Dewey，1859—1952)等创立。与构造主义心理学不同，机能主义心理学只强调心理的作用和功能，认为心理学应该对个体在适应环境时的心理与意识活动进行了解，这远比研究心理或意识的结构重要。比如，构造主义关心思维是由哪些成分构成的，而机能主义则关心思维在人适应环境过程中具有哪些作用。构造主义只静态地研究意识的元素，而忽视了意识像流水一样有其动态的连续性，即"意识流"。机能主义认为意识不是人体的附着物，而是人适应环境的工具。心理学的任务与其说是揭示心理的构成元素，不如说是研究它在人适应环境中的机能与作用。此外，詹姆斯认为心理学的研究工作不应局限在实验室内，还可采用观察、测验以及问卷调查等方法，考察人是如何调整行为以适应环境的。

机能主义的研究大大推动了心理学面向实际的发展，动物心理、儿童心理、变态心理、心理测验等研究领域的开拓和发展无不与机能主义心理学有关。美国心理学一直比较重视心理学在教育领域和其他领域的应用，和机能主义心理学也是分不开的。

3. 行为主义

20世纪初，就在构造主义学派与机能主义学派在一系列问题上争执不休的时候，美国心理学界出现了另一个学派——行为主义(Behaviorism)，杀出了一匹黑马——华生(John B.Watson，1878—1958)。华生在1913年发表了题为《一个行为主义者眼中的心理学》的论文，阐明了他的行为主义观点。这篇论文被认为是行为主义心理学正式成立的宣言，它对传统心理学方法和理论框架提出公开的挑战，并阐述行为主义心理学的基本观点和原理。1919年，华生出版的《行为主义的心理学》一书，系统地阐明了行为主义的理论体系。行为主义主张心理学用客观的方法，研究外部可观察的行为，把人的意识当作一个黑箱，不管里面装的是什么，只需考察在刺激影响下的反应活动。刺激(stimulus)—反应(response)，即S—R，是行为主义的最高原则。另外，华生主张环境决定论，认为人的一切行为都是在后天环境影响下形成的，遗传的影响可以不必理会。他甚至自信地宣称，你给我一打儿童，在良好的、由我做主的环境中，不管他们的天资、能力、父母职业和种族如何，我可以把任何智力与身体正常的人培养成所想要的人，如医生、律师、艺术家、商人，也可以让他成为乞丐、流氓或小偷。结果，心理学成了不谈心理、没有心理内容的心理学。这不仅引起行为主义以外心理学家的反对，也使行为主义内部产生了分歧，于是"新行为主义"应运而生。新行为主义的代表人物是美国心理学家斯金纳(Burrhus Frederick Skinner，1904—1990)，他在坚持研究行为的同时，不再像老行为主义者那样忌讳对传统心理学概念的应用，而且不再对其他心理学派别采取堡垒森严的对阵态度，有时也公开采用其他心理学派的概念。

行为主义在心理学发展史上占有重要地位，其影响深远。它强调应研究可观察到的行为，对心理学走上客观研究的道路无疑起到了积极的作用。由于行为主义迎合了美国发展资本主义的需要和美国人一向重视实用的生活风格，很快得到了大批美国青年心理学者的拥护，成为影响美国心理学界长达半个世纪之久的学术思想，在世界各国心理学界都产生了强烈反响。但由于行为主义过于极端，否认心理学是研究心理现象的科学，否定意识研究的重要性，窄化了心理学的内涵，因此又限制了心理学的发展。

4. 格式塔心理学

在美国出现行为主义的同时，德国一些心理学家，如韦特海默(M.Wertheimer，1880—1943)、苛勒(W.Kohler，1887—1967)和考夫卡(K.Koffka，1886—1941)对传统心理学(构造主义心理学、机能主义心理学)也表示不满，提出了"格式塔心理学"(Gestalt Psychology)，成为格式塔心理学派。格式塔为德文"gestalt"的汉语音译，原意为"形式""整体""完形"，所以，格式塔心理学又称完形心理学。他们主张人的心理应该作为一个整体来研究，而不能像构造主义那样把意识分解成元素，若把心理或行为分解为部分的话，那么心理学研究会变得毫无意义。例如，一支乐曲，对人来说是一个整体，若把它拆分成各种音符，则就不会使人产生该曲调的心理感受。格式塔心理学认为，整体不能还原为各个部分、各种元素；整体先于部分而存在，并且制约着部分的性质与意义；整体大于部分之和，部分相加不等于整体，等等。

格式塔心理学在知觉和学习的研究方面具有较大贡献，该学派在这一领域的理论已成为西方重要的学习理论之一，它的一些思想在文学界、美术界也产生了广泛影响。

5. 精神分析学派

精神分析学派(Psychoanalysis)由奥地利精神病医生弗洛伊德(Sigmund Freud，1856—1939)在1896年创立。弗洛伊德重视对人的潜意识心理的研究，并把人的潜意识视作最重要的行为原因。在早期，弗洛伊德提出"心理地形说"，主张人的心理由潜意识(深层)、前意识(中层)和意识(表层)三个层次构成。到了后期，他提出了"三我人格结构说"，认为人格是由本我、自我和超我三部分构成。"本我"由一些原始的冲动所组成，这些冲动以性欲和各种追求快乐的动机为代表，它如同"一口充满沸腾刺激的大锅"，不考虑价值判断与现实环境，一味地追求满足，按快乐原则行事。"自我"处在本我和现实之间，协调自身和外部世界的关系，只让"本我"的愿望在适当条件下获得满足，按照现实原则行动。"超我"是社会道德的代表和理想中的我，居高在上，与本我处于直接冲突之中，按照道德原则行事。由于弗洛伊德的精神分析理论不仅注重行为的表现，而且更注重行为原因的深层挖掘，所以有人称他的心理学为"深度心理学"；又由于他过分强调性欲在人的各种行为中的作用，其理论又被称为"泛性欲心理学"。

精神分析学说不仅是心理学领域影响最大的理论之一，无论在研究的深度还是广度上，都是值得肯定的，而且也是20世纪影响人类文化的最大理论之一，它的影响已扩大到哲学、社会学、人类学、文学和精神病学等领域。但由于它的研究主要出于主观的臆想和逻辑的演绎，无法得到科学的验证，因此充满了神秘色彩。

6. 人本主义心理学

人本主义心理学(Humanistic Psychology)是由美国心理学家马斯洛(Abraham Maslow, 1908—1970)和罗杰斯(Carl Rogers, 1902—1987)在20世纪50年代创立的。在心理学发展过程中，一般把行为主义和精神分析学派分别称为第一势力和第二势力，而把既反对行为主义又反对精神分析的人本主义心理学称为现代心理学上的第三势力(third force)。人本主义心理学是对美国文化把人兽性化、非人格化和无个性化的有力反叛，它的理论正受到越来越多的心理学家的青睐，代表了心理学的"第三力量"。

人本主义心理学在理论取向上，反对精神分析学派与行为主义心理学两者的窄化与偏颇，批评精神分析学派是伤残心理学，因为该理论是以精神病患者的心理现象为基础的。批评行为主义心理学是幼稚心理学，因为该理论是以动物与儿童的心理现象为基础的，尤其反对行为主义心理学以零碎的、片面的反应为心理学研究题材，认为这无异于宣示心理研究的只是由零碎反应集合而成的行为，而不是表现行为的整个人。

人本主义心理学家主张，心理学研究应以正常人为对象，研究人类异于动物的一些复杂经验，研究真正属于人性各种层面的问题，诸如动机、欲望、价值、快乐、幽默、情感、生活责任、生命意义以及爱情、嫉妒、仇恨等。人本主义心理学对人性持乐观看法，认为人类本性是善的，而且人类本性中就蕴藏着无限的潜力。人本主义的研究不只是研究人性，而且应研究改善环境以及创设条件来充分发展人的潜能，以满足自我实现(self-actualization)的需要，并使人发展成为"健康的人"。

从现代心理学的观点看，人本主义心理学是以人的需要出发去研究人性，不再像以前各学派那样是以科学上的需要去研究人性。人本主义心理学的兴起，为教育心理学、发展心理学、咨询与辅导以及心理治疗等领域指明了一条新的路径。但是，人本主义心理学派所使用的研究方法并不明确，其理论也难以得到检验，这使得它在心理学界的影响大打折扣。这也是心理学发展史上普遍存在的一个两难问题，心理学研究越是涉及人的复杂的、高层次的心理，对研究方法就越是一个挑战。

7. 认知心理学

认知心理学(Cognitive Psychology)是探索人如何获取知识和使用知识的心理学。自20世纪50年代中期以来，它随着信息论和计算机科学与技术、语言学、神经科学等学科的迅速发展而兴起。1967年，美国心理学家奈塞尔(U.Neisser)出版的《认知心理学》一书标志着认知心理学的正式产生，标志着心理学发展到了一个新的阶段。该书第一次采用了认知心理学这个术语，提出了认知心理学的基本理论，认为认知心理学主要是研究人类认知的信息加工过程。

认知心理学与以往的心理学理论不同，它不是由某个心理学家独立提出来的理论体系，而是在众多学者研究基础上产生的。作为心理学的新模式，它以心理结构与心理过程为其研究对象，探讨人类认知的信息加工过程，把人视为是一个主动的信息加工系统，努力揭示认知过程的内部心理机制，探讨人对信息的获得、存储、加工和使用的过程。认知心理学所探讨的问题，涉及人类心理活动的深层次心理机制及其过程，根据实验结果建立的认知过程的心理机制模型,促进了对人的心理活动过程的理解。例如,人是如何通过感知觉、注意、记忆、语言、思维与推理等心理活动对信息进行加工、转换成为知识与经验来解决所面临的问题的,人是如何运用知识来对自己的各种行为和认知活动做出决定并产生效果的。

认知心理学继承了行为主义客观的研究方法以及格式塔心理学在知觉、思维和问题解决等领域的研究成果,承认在人类信息加工中存在某些无意识的过程(精神分析学派提出的),并用客观的方法研究这些过程。在此基础上,认知心理学还发展了一些特有的研究方法,如计算机模拟法、发声思维法等。可以说,认知心理学为心理学提供了一种新的研究模式,它的影响遍布现代心理学的整个领域,代表了现代心理学发展的趋势。

阅读资料 1-2

20 世纪影响中国心理学发展的 10 件大事

20 世纪心理学在我国从无到有,蓬勃发展。特别是近 20 年来,心理学的基础研究领域和应用研究领域越来越广泛,在心理学科研、教育和临床应用工作以及组织机构建设等各方面均取得了很大成就,心理学从业人员队伍也在不断壮大。我国心理学家与国际同行的交流、合作以及在国际心理学界的影响不断增加。为了总结历史,展望未来,值此人类刚刚跨入新世纪之际,中国心理学会组织全国理事和国内各高校的心理系主任投票,选出了 20 世纪对中国心理学发展有重大影响的 10 件大事。兹将这 10 件大事及其来龙去脉介绍如下。

1. 中国第一个心理学实验室在北京大学建立

1879 年德国心理学家冯特(W. Wundt, 1832—1920)在莱比锡大学创建了世界上第一个心理学实验室,这标志着心理学从哲学中独立出来成为一门专门的学科。1908—1911 年蔡元培先生(中国教育家,1868—1940)在德国莱比锡大学学习了冯特讲授的心理学、实验心理学、民族心理学课程,成为冯特唯一的中国留学生。他回国任北京大学校长时,于 1917 年支持该校哲学门(系)的心理学、哲学教授陈大齐(1886—1983)创立了我国第一个心理学实验室。陈大齐在 1918 年出版《心理学大纲》,这是中国第一本大学心理学教本,反映了冯特时代心理学的主要内容和科学水平,标志着中国科学心理学的诞生。

2. 中国第一个心理系在南京高等师范学校成立

1920 年专门攻读心理学的赴美留学生陈鹤琴(1892—1982)、廖世承(1892—1970)、陆志韦(1894—1970)回国,并到南京高等师范学校任教。此时该校在教育科中设立了一个心理系,不久高等师范改为东南大学。1921 年秋东南大学成立心理系。当时心理系的学生在学程上有两组趋向:一组重教育之学科;一组重理科之学科。这两组趋向的影响,今日犹存。

3. 中国心理学会成立

1921 年 8 月,中国心理学会的前身中华心理学会成立。学会选举张耀翔为会长兼编辑股主任,总会及编辑股办公处设在北高师(注:北高师即北京高等师范学校,北京师范大学的前身)。中华心理学会在 1927 年以后,因经济困难、时局不宁停止活动,"九一八"事变后国难当头即不复存在。在 1935 年 11 月的一次聚会上,由陆志韦发起组织中国心理学会,经过1年筹备于1936年11月由北京、上海、南京等地心理学者共34人联名发出正式通知，于1937年1月24日在南京国立编辑馆礼堂举行中国心理学会成立大会。不久因"七·七"事变抗日战争爆发，中国心理学会停止活动。

新中国成立后，中国心理学会(重建)筹备委员会于1950年8月成立，中国心理学会于1955年8月在北京正式成立，并举行第一次全国代表大会，选出第一届理事会成员17人。潘菽(1897—1988)为理事长、曹日昌(1911—1969)为副理事长、丁瓒(1910—1968)为秘书长。目前，中国心理学会会员近9000余人，学会下设20个专业委员会、9个工作委员会、2个编委会，设有办事机构秘书处，挂靠在中国科学院心理研究所，还有30个省、自治区、直辖市的心理学会在业务上受中国心理学会的指导，在各方面做了大量卓有成效的工作，为促进中国心理科学的发展做出了重要贡献。

4. 中国第一种心理学学术期刊《心理》发行

《心理》杂志是中华心理学会的会刊，由张耀翔主编。1921年9月，他开始筹备，于1922年1月出版了中国第一本心理学杂志《心理》，这也是东方第一种心理学杂志。日本是过了1年以后才有心理学杂志的。《心理》杂志内容分类有：普通心理、实验心理、动物心理、儿童心理、青年心理、社会心理、变态心理、心理学史、应用心理、教育心理、智力测验、教育测验、心理界闻等类。《心理》杂志共出版14期，发表论文163篇，140万字。因旧社会政局不稳，经费困难于1927年停刊。

5. 中央研究院心理研究所成立

中央研究院心理研究所是现今中国科学院心理研究所的前身。1928年11月，在中央研究院院长蔡元培的倡导下成立了该研究所，由唐钺(1891—1987)开始筹备，1929年5月在北平正式成立。唐钺为首任所长。该所成立后20多年的研究虽然遭到当时长期战火的影响，但仍然奠定了中国神经生理学和生理心理学的研究基础，也对中国科学院心理研究所的办所方向产生了深远的影响。

6. 中国科学院心理研究所成立

新中国成立后，1949年11月即成立了中国科学院。1951年12月7日中科院心理所成立，曹日昌任所长；1953年1月改为心理研究室，曹日昌任主任，丁瓒任副主任；1956年心理研究室与南京大学心理系合并扩建成中国科学院心理研究所，于12月22日在北京举行成立大会。潘菽任所长，曹日昌和丁瓒任副所长。中国科学院心理研究所隶属科学院生物学部，20世纪50年代初，开始进行动物行为(条件反射)的实验研究；1958年以后，联系实际，开始进行教育心理、劳动心理、航空心理、医学心理方面的应用研究，同时也开展了生理机制的研究和动物心理的研究；20世纪60年代，增加心理过程记忆、思维的研究。1966年"文化大革命"开始，研究工作停止。1968年全所人员下放干校，少数人改行。1970年心理所撤销。1972年心理所科研人员从干校回来，逐步开展了儿童心理发展、视觉、听觉、记忆、人工智能、航空工程心理、病理心理和生理心理的研究，还增加了对心理学基本理论问题的研究。粉碎"四人帮"以后，心理所于1977年6月正式恢复。

心理所是国务院学位委员会首批批准可授予博士学位和硕士学位的单位，并建立了中国第一个心理学博士后流动站，还与中国心理学会合办《心理学报》并主办《心理学动态》

(注：现改名《心理科学进展》)，发行国内外。

7. 全国心理学学科座谈会在平谷召开

1976年10月粉碎"四人帮"，迎来了科学的春天，心理学也重获新生。1977年夏季在中国科学院的推动下，各门学科都在制定新的长远科学规划。由心理所主持于1977年8月16～24日，在北京平谷召开了全国心理学学科规划座谈会。在会上拟定了比较详细和全面的心理学学科发展规划，对我国心理学工作者起了极大的鼓舞作用。平谷会议开始全面恢复我国心理学的研究和教学工作，扭转了心理学在"文革"期间被迫停顿的局面，是中国心理学发展史上的一个重要转折点。

8. 中国心理学会加入国际心理科学联合会

1980年7月6—12日，国际心理科学联合会在德国莱比锡举行第22届国际心理学大会。会议期间陈立和荆其诚作为中国代表出席国际心联代表大会，会上讨论并一致通过接纳中国心理学会加入国际心联，成为其第44个会员国家。这标志着中国心理学走向世界。入会20多年来，中国心理学会先后有前理事长荆其诚当选为国际心联执委(1984—1992)和副主席(1992—1996)，前副理事长张厚粲选为国际心联执委(1996—2000)和副主席(2000—2004)。中国心理学会的领导人被选入国际心联中担任领导职务，说明中国心理学已走向世界，开始在国际心理学界占有重要地位。

9. 中国心理学会赢得在北京举办第28届国际心理学大会的主办权

1996年7月在加拿大蒙特利尔第26届国际心理学大会上，中国心理学会与哥伦比亚、埃及和土耳其分别作申办报告。经各国代表的投票表决，我国成功获得第28届国际心理学大会(ICP2004)的主办权。第28届国际心理学大会于2004年8月8—13日在北京召开。

10. 心理学被确定为国家一级学科优先发展

1999年，国家科技部开始组织制订"全国基础研究'十五'计划和2015年远景规划"，由国家自然科学基金委员会牵头评估，将心理学确定为18个优先发展的基础学科之一。2000年，心理学被国务院学位委员会确定为国家一级学科。这表明心理学被正式列入我国主要学科建设系列，从而在点和面上都有力地促进了我国各科研机构、院校中心理学专业研究生的培养工作，进而提高心理科学在我国的教育和研究水平，并促进心理学在社会各界的迅速普及。

(资料来源：陈永明，张侃，李扬等. 心理科学. 2002)

1.2.3 当代心理学的学科门类

随着心理学研究的深入和拓展，心理学在理论上已经形成了作为科学的独立体系，在应用上已经与社会实践多个领域建立了广泛联系，形成了许多心理学分支学科。众多的分支学科可以归纳为三大类：基础研究学科、应用研究学科和方法研究学科。

1. 基础研究学科

基础研究也叫作理论研究，其目的在于发现心理规律，建立系统理论。基础研究的心理学分支有以下几类：

1) 普通心理学

普通心理学是研究心理现象发生和发展的最一般的规律的学科，是心理学的基础学科，是学习心理学的入门学科，也是心理学的一条主干学科。如感知觉、记忆、思维等心理活动过程的规律，动机、需要、气质、性格、能力等个性心理差异的规律。它既概括了各分支心理学的主要成果，又构成了各个分支心理学的理论基础。作为主干学科，它衍生出许多分支，如教育心理学、发展心理学、人格心理学、社会心理学和生理心理学等，图1-3显示的是普通心理学和其他心理学分支学科以及与心理学邻近学科的关系。

图1-3　普通心理学与其他心理学分支学科的关系

2) 生理心理学

生理心理学是以研究心理现象的生理机制为研究对象，揭示心理现象与生理过程之间的规律性联系，不仅对科学地解释各种心理现象具有重要的意义，而且还促进了工程心理学、临床心理学等应用学科的发展。生理心理学涉及生物学、物理学、化学、医药学、解剖学等学科。近二十年来，生理心理学得到了很大的发展，并成为最引人注目的领域之一。

3) 发展心理学

发展心理学是研究人类个体心理发展规律的学科。发展心理学按照人不同的年龄阶段，分成婴幼儿心理学、儿童心理学、少年心理学、青年心理学、成年心理学和老年心理学，分别研究各年龄阶段的心理特征及其发展规律。

4) 认知心理学

认知心理学是以研究人类知识的表现方式为目的，探讨从知识的获得、存储、转换直至使用的完整规律的学科。人工智能是认知心理学中的一个重要课题。

5) 动物心理学

动物心理学是研究动物行为的演化以及动物在不同进化阶段所具有的行为特点,并利用对动物行为研究所获得的成果来推测和解释人类的某些行为的学科。

6) 变态心理学

变态心理学是研究异常心理发生和发展的原因和规律,并对异常心理进行描述、分类、解释和说明其机制,从而为心理诊断和治疗提供依据的学科。

2. 应用研究学科

应用研究着重对社会生活中存在的心理问题进行探讨,寻求解决各种实际问题的方法和途径。心理学的应用研究极其广泛,相关的分支难以一一列举,这里仅介绍几个有代表性的应用心理学分支。

1) 教育心理学

教育心理学是研究教育教学情境中学与教的基本心理规律的学科,主要研究教育教学情境中师生教与学相互作用的心理过程、教与学过程中的心理现象的学科。教育心理学是应用心理学中出现最早的分支学科,以教师与学生之间的相互作用为研究对象,包括教学心理学、学习心理学、品德心理学研究。如学生在掌握知识、形成技能、发展智力、培养品德过程中的心理学问题,学生情绪问题,学习困难学生的心理原因探究,以及如何提高教学效果、学习效率等。

2) 社会心理学

社会心理学是介于心理学和社会学之间的交叉学科,它研究在一定社会生活条件下人的心理发生和发展的规律,以人的社会心理及社会行为为研究对象,包括社会认知、态度形成与转变、人际交往与人际关系、个体的社会化、社会影响、侵犯与利他行为、流行、流言等。社会心理学的研究不仅有助于科学的管理,而且对确立正确的婚姻、家庭观念以及预防违法犯罪、形成良好社会风气均有积极意义。

3) 医学心理学

医学心理学是研究心理活动与病理过程相互影响的心理学分支。医学心理学是把心理学的理论、方法与技术应用到医疗实践中的产物,是医学与心理学结合的边缘学科。它包括基本理论、实际应用技术和客观实验等内容,研究和解决人类在健康或患病以及二者相互转化过程中的一切心理问题,即研究心理因素在疾病病因、诊断、治疗和预防中的作用。

4) 司法心理学

司法心理学是司法科学和心理科学相结合的边缘学科,研究和司法活动有关的心理现象。根据不同的对象,司法心理学又可分为犯罪心理学、审判心理学、诉讼心理学和改造心理学等。

5) 管理心理学

管理心理学主要研究团体组织中人与事的问题,包括人员的个别差异研究、人际关系、团体效能、领导行为等。它的目的是改进管理机制,协调人际关系,提高工作绩效。

6) 工程心理学

工程心理学研究人与机器之间的配置和机能协调，实现人、机器、环境系统的最佳配置，使人能在安全有效的条件下从事工作，并创造最佳效益。工程心理学是心理学与现代技术科学相结合的产物。开展这一领域的研究，有利于改善工人的劳动条件，保障生产的安全，发挥人在生产过程中的积极作用，提高劳动效率。

3. 方法研究学科

不论是基础研究还是应用研究都有方法问题，即都有一个为达到研究目的而采用什么手段或工具的问题。心理学方法研究的分支学科主要有以下几类：

1) 实验心理学

实验心理学是把现代自然科学中的研究方法，特别是将实验方法运用到心理学中的一门分支学科。实验心理学主要研究心理实验的原理、原则、方法、技术和资料的处理等内容。

2) 心理统计学

心理统计学是把统计学的理论和方法运用于各种心理实验、心理测验的研究中，是一种对在心理实验和心理测验中获得的数据进行分析和处理的工具。通过对获得数据的统计性分析，达到掌握情况、探索规律、制订方案、检查效率的目的，主要包括描述统计学、推断统计学和多元统计分析。

3) 心理测量学

心理测量学是以心理学和统计学为基础，专门研究心理测验的理论和方法的学科。心理测量学在教育科研、教育评价、临床诊断、人才选拔和职业指导中有广泛的应用。

阅读资料 1-3

心理学家们做些什么

现在，你已经知道了许多关于心理学的知识，你可以在整个心理学范围内提问题。如果你准备了一个问题清单，那么你可能想要与不同领域的心理学专家接触以解开这些疑问。在表 1-1 中，我们提供了一些问题，并向你介绍了什么类型的心理学家更擅长回答这些问题。

表 1-1 心理学问题的多样性

问题	由谁来回答这个问题
人们如何更好地处理日常问题	临床心理学家
	咨询心理学家
	大众心理学家
	心理治疗师
记忆是怎样存储在大脑中的	生物心理学家
	精神药理学家

续表

问 题	由谁来回答这个问题
如何教一条狗听从命令	实验心理学家
	行为分析家
为什么不能总是回忆起我确信自己知道的信息	认知心理学家
	认知科学家
是什么使人们彼此不同	人格心理学家
	行为遗传学家
"同辈压力"是如何起作用的	社会心理学家
关于世界,婴儿知道些什么	发展心理学家
为什么我的工作使我这么沮丧	工业心理学家
	工效心理学家
老师应该如何对待捣乱的学生	教育心理学家
	学校心理学家
为什么我在每次考试之前都生病	健康心理学家
被告在犯罪的时候是精神失常的吗	法律心理学家
为什么我在重要的篮球赛上总是呼吸困难	运动心理学家

1.3 心理学的研究方法

心理学和其他学科一样,必须具有科学的态度,采取科学的研究方法。心理学作为一门研究世界上最复杂的心理现象的学科,经过一个多世纪的发展,心理学家采用客观的研究方法,按照一定程序,遵循了心理学研究原则,获得了对人类心理活动及行为的认识。

1.3.1 研究原则

心理学的研究原则主要表现在以下几个方面。

1. 客观性原则

客观性原则就是实事求是的原则,是进行任何科学研究都必须遵循的原则。由于心理现象的复杂性,进行心理学研究时,尤其要强调客观性原则,要按照心理现象的本来面目来研究心理活动的规律,防止主观臆造。

贯彻客观性原则,研究者应做到以下几点:

(1) 研究者在搜集研究资料时,必须如实地记录,切不可对没有出现的心理事实妄加臆造或以个人主观感受代替事实材料。

(2) 研究者在处理资料和分析整理结果时,应尽可能用某种客观的尺度来评定,切忌带有主观偏见。

(3) 研究者在下结论时，要做到一是一、二是二，不任意夸大或缩小。

2. 发展性原则

发展性原则是指把人的心理活动看作一个动态的变化发展过程，要用发展的观点看待人的心理活动。心理过程、心理特征在人的一生中是不断发展变化的，而且在不同的发展阶段具有不同的特点和规律。心理活动的发展有一定的方向性和阶段性，既不能违背这种方向，也不能跨越必要的阶段，但在一定的条件下可以加速这种发展的进程。不同个体之间、同一个体在不同发展阶段之间存在着量和质的差异。研究者既要看到心理活动发展稳定性的一面，又要看到其发展变化的一面。

3. 系统性原则

系统性原则是指用系统的观点来考察心理现象，把人的心理活动作为一个开放的、动态的、整体的系统来加以考察。人的心理活动本身就是一个极为复杂的系统，其中包括了心理过程、个性心理等子系统。这些子系统又各自包含了许多的心理要素，它们互相影响、互相制约，还与社会环境、生理因素有密切联系和相互作用，形成一个错综复杂的开放式动态系统。

贯彻系统性原则，要求做到以下几点。

(1) 研究者要把心理现象看作一个有机整体。在研究中应全面考察心理的各种关系，进行多方面的综合研究，不要孤立地研究心理现象的任何一种关系。

(2) 研究者要认识到人的心理系统是一种有序的、有组织结构的系统。

(3) 研究者要对心理现象进行动态分析。

(4) 研究者要把心理作为一个开放系统进行研究。要研究心理系统与生理、环境等相关系统的关系，而不是把心理看作是一个自我封闭系统。

4. 教育性原则

教育性原则是指研究学生的心理及其规律就是为了更好地教育学生。在课题的选择、方案的制订及实施进行过程中的各个环节，都必须牢记教育性原则，看其是否有利于实现教育目标，是否有利于教育教学质量的提高，是否有利于学生良好心理品质的形成。把研究工作与教育工作协调起来，遵循教育性原则。

总之，在心理学的研究过程中必须综合考虑上述各种原则，把它们结合起来进行研究，才能真正地、科学地阐明人的心理现象及其发展规律。

1.3.2 心理学的研究方法

心理学研究的方法有很多，主要有观察法、调查法、测验法、实验法和个案法。

1. 观察法

观察法(Observational Method)是在自然情境中对被观察者的行为做系统的观察记录以了解其心理活动的一种方法。例如，观察学生在听课时的表现，可以了解学生注意力的集中情况。观察法通常是由于无法对被观察者进行控制，或者由于控制会影响其实际行为表现或有碍于伦理道德而采用的。

按照观察者是否参与被观察者的活动，观察法还可以分为参与观察法和局外观察法。参与观察法是观察者隐蔽自己的身份，将自己作为被观察者的一分子参与到被观察者的活动中去，在和被观察者的共同活动中将所见所闻记录下来。例如，在20世纪30年代，美国心理学家惠特为了掌握街头反社会团伙的活动情况，就加入到一个由美籍意大利青年组成的团伙中。他经过数月的系统观察，获得了大量有关该团伙的价值观念、内部组织结构和活动规律的资料，后来写成畅销一时的《街头社会》一书。局外观察法是观察者以旁观者的身份来观察和研究被选定的对象。不论是参与观察法还是局外观察法，原则上都不应使被观察者发现自己在被别人观察，否则就会造成观察结果的不真实。

根据观察要求的不同，观察法又可以分为长期观察法和定期观察法。长期观察法是指在相当长的时期内进行系统性观察，有计划地积累资料。例如，达尔文(C.R.Darwin，1809—1882)的《一个婴孩的生活概述》、陈鹤琴的《一个儿童发展的程序》就是这一类研究。定期观察法是指在某一特定的时间里进行观察记录。例如，在每周中几个特定时间里观察小学生的课业责任心行为表现，待资料积累到一定的时候，进行分析整理得出结论。

作为心理学研究方法的观察，不同于我们在日常生活中的观察。为使观察富有成效，科学的观察要求我们不仅要有明确的观察目的，而且要计划周详。比如，教师用观察法研究学生的心理，就应该明确是观察学生的集体行为还是观察学生的个体表现，是观察学生的学习行为还是观察学生的品德行为。另外，观察者还要明确所要观察行为的特征和程度。为了把被观察者的行为表现详尽准确地记载下来，除了纸笔记录外，还可以使用录音、录像等设备。

使用观察法应遵循以下几项原则：

(1) 观察必须要有明确的研究目的，对拟观察的行为特征要加以明确界定，作好计划，按计划进行观察。

(2) 观察必须是系统的，而不是零星偶然的。

(3) 必须随时如实地做好记录，严格地把"传闻"与"事实""描述"与"解释"区分开来。

(4) 应在被观察者处于自然状态的情况下进行观察。

观察法的优点是在被试不知情的情况下采用的一种心理学研究方法，行为比较自然，所获得的资料也比较真实。观察法的不足之处是观察者始终处于被动地位，只能消极等待被观察者某些行为的出现，观察积累的资料只能说明"是什么"，而不能解释"为什么"。因此，由观察法发现的问题还需要用其他方法做进一步的研究。

2. 调查法

调查法(Survey Method)是以提问题的方式，了解被调查者心理活动的方法。调查法可以用来探讨被调查者的个体变量(如性别、年龄、教育程度、职业、经济状况等)、反应变量(如对问题的理解、态度、期望、信念、行为等)，以及它们之间的相互关系。

调查法可分为书面调查和口头调查。书面调查又叫问卷法，是根据研究的目的，以书面形式将所要收集的材料列成明确的问题，要求被调查者将自己对问题的回答按要求填写在问卷上，然后研究者对回答的结果再进行分析研究。问卷法的优点是能够进行大范围的研究，不受地域限制，可以进行定量分析等。问卷法的不足是研究缺乏控制，有时结果中会混进任意作答的资料，使研究的精确性受到影响。因此，就科学研究方法而言，问卷法不是一种很严密的方法，但作为对问题的初步了解，以及为进一步的研究提供线索还是很有价值的。

口头调查又叫晤谈法，也称访谈法，它是以面对面、通信或电话采访的方式，向被调查者提出事先拟好的问题，以一问一答的方式进行调查。由于研究者和被调查者的联系是直接的，所以研究者可以通过补充提问、临时提问对所要了解的问题进行详细的调查，并根据被调查者的反应来确定回答的真实程度。由于口头调查只能在较小的范围内进行，获得的资料可能只是代表少数人的看法，因此我们一般不能只凭口头调查获得的资料就轻易下结论。

3. 测验法

测验法(Test Method)又称心理测验，它是用标准化的量表来测量被试的智力、性格、态度、兴趣以及其他个性特征的方法。测验的种类很多。按一次测量的人数，可把测验分为个别测验和团体测验。按测验的目的，可把测验分为智力测验、兴趣测验、才能测验和人格测验等。按测验的材料性质，可分为文字测验、投射测验和情景模拟测验等。

测验法的使用具有很强的专业性，它要求施测者必须具有丰富的专业知识和熟练的测验技能。使用量表法应注意以下几点：

(1) 选用的测量工具应适合于研究目的的需要。

(2) 主持测验的人应具备使用测验技术的基本条件。如口齿清楚，态度镇静，了解测验的实施程序和指导语，有严格控制时间的能力。

(3) 应严格按测验手册上载明的方法记分和处理结果。

(4) 测验分数的解释应有一定的依据，不能随意解释。由于测验法所使用的量表都是经过严格检验的，测验结果的量化程度高，便于对测验内容进行分析和比较，所以，测验法在人格评定、人才选拔、心理疾病诊断等方面广泛应用，是一种科学而又迅速地对人的心理特征进行了解的工具。

上述的观察法、调查法和测验法都属于研究心理学问题的相关法，这些方法可以用来发现两个(或几个)变量之间的相关程度，即关系的疏密程度；但却不能确定它们之间是否存在着因果关系。确定变量之间的因果关系必须借助于实验法。

4. 实验法

实验法(Experimental Method)是按照研究的目的，有计划地严格控制或创设一定的条件，以主动引起或改变被试的心理活动，从而进行分析研究的方法。实验法能够控制条件和进行测量，从而发现变量之间的因果关系。

实验法分为实验室实验法和自然实验法。实验室实验法是在特定的实验室中，借助各种仪器设备严格控制各种因素进行实验的方法。不仅个体心理过程(如感觉、记忆等)及其机制的研究可以用这种方法进行，而且由于可以用实验室来模拟社会情景，所以一些社会心理现象也可以在实验室中进行研究。实验室实验法的最大优点是实验中的各种因素受到严格控制，能够精确地测定自变量和因变量之间的关系，实验结果客观可靠，实验过程可重复进行。该方法的不足之处在于实验室的情景有很大的人为性，往往和现实生活的真实情景不相符合，而且为了获得精确的实验结果，实验时的条件控制就必须非常严格，条件越严格，其离实际情况就越远，以至于在实验室中得出的结果有时不具有普遍性意义。

自然实验法又称现场实验法，它是在实际生活情景中，通过创设或控制一定的条件来研究被试心理现象的一种方法。自然实验法既有对条件的控制，又有被试熟悉的日常生活环境，所以它兼有观察法和实验室实验法的优点。自然实验法是儿童心理学、教育心理学和社会心理学研究中常用的方法。例如，为了研究有意识记对记忆效果的影响，实验者在幼儿园里把幼儿分成两组，分别对他们讲述同一个故事，对其中一组幼儿(实验组)在讲故事前提出一个要求，要求他们每个人在听完故事后都复述一遍，对另一组(对照组)则没有复述的要求。讲完故事后，实验者要求两组幼儿都复述刚才听到的故事，结果发现实验组(有意识记)复述的准确性和完整性大大高于对照组(无意识记)。这里的自变量是幼儿在听故事前有无复述故事的要求，即在听故事时是否进行有意识记，研究的因变量是他们的记忆效果。自然实验法在一定程度上可以避免实验室实验中明显的人为因素，但在自然环境中条件的控制不如实验室严格，容易受到无关变量的干扰，这是自然实验法的不足之处。

5.个案法

个案法(Case Method)是一种比较古老的方法，是由医疗实践中的问诊方法发展而来的。个案法要求对某个人进行深入而详尽的观察与研究，以便发现影响某种行为和心理现象的原因。通常搜集的资料包括个人的人格发展、智力发展、学习及事业成就、生活环境和人际关系等方面。个案法是发展心理学、教育心理学常用的研究方法。

个案法可以对一个人的心理发展过程进行系统的、历史的研究，或对某几个人的同一种心理活动的发展进行比较或跟踪研究。例如，心理学家推孟(L. Terman)曾选择了1500名智力超常的儿童进行了长达30多年的跟踪研究，并对其中150名最有成就者和最不成功者进行了详细分析比较。结果发现，两者在智力水平上并没有多么大的区别，他们最大的差别在于，最有成就者普遍具有坚持力，有为实现目标而不断积累成果的自信心，能克服自卑心理；最不成功者则缺少这些性格特征。

个案研究法有助于我们深入了解某些具有典型意义的个体心理变化及与环境等相关因素的关系。但由于个案法限于使用少数案例，研究的结果可能只适合于个别情况，因此，在推广运用这些成果或做出更概括的结论时，必须持谨慎的态度。

另外，产品分析法作为个案研究的一种常用方法，是对被试完成的产品进行心理学分析，来了解心理活动过程及其特点的方法。学生的作品，如日记、作文、图画、考卷等，都表现出学生的心理活动过程及不同的心理特点。

总之，上述方法各有其特点，也都有一定的局限性。在很多情况下，进行心理学研究不应只采用一种方法，而应兼用几种方法，使之互相补充。究竟采用哪些方法，要根据研究的具体心理活动的特点和研究任务来确定。

复习思考题

1. 名词解释：心理学、观察法、调查法、测验法、实验法、个案法
2. 心理学的研究对象是什么？个体心理现象包括哪些方面？
3. 为什么说心理学是一门交叉性学科？
4. 科学心理学独立的标志是什么？
5. 科学心理学的主要理论流派有哪些？其主要代表人物分别是谁？各流派的主要观点分别是什么？
6. 心理学有哪些分支领域？其主要的研究内容是什么？它们在人类生活中有何作用？
7. 心理学研究应遵循什么原则？心理学的主要研究方法有哪些？
8. 现代心理学的影响已遍及社会生活的各个领域，请就心理学在我们生活中的作用谈谈你的体会。

第 2 章 科学的心理观

本章学习目标

- 唯物主义和唯心主义的心理观
- 科学的心理观
- 高级神经活动的基本过程与规律

2.1 唯物主义和唯心主义的心理观

人的心理现象究竟是怎么一回事？心理的实质究竟是什么？在人类漫长的历史中，人们一直在寻找这一问题的答案。在古代，由于当时生产力发展水平和知识水平的限制，人们对自己的身体结构和机能缺乏正确的认识，因而不能正确认识自己的心理现象，不能揭示心理现象产生的原因及其本质，认为人的心理现象，如感觉、记忆、思维、睡眠、做梦及觉醒等都是与身体有特殊关系的灵魂的活动，认为灵魂是不依赖于物质而独立存在的精神实体，认为灵魂是不灭的、超自然的东西。随着社会生产力的发展，唯物主义心理观出现，于是在心理和物质的关系问题上逐步形成了两种根本对立的心理观：唯心主义心理观和唯物主义心理观。

2.1.1 唯心主义的心理观

在对心理现象的理解上，唯心主义认为心理是脑之外的，不依赖于物质独立存在的，主张心理的东西是第一性的，心理决定着物质，是世界的本原；一切物质都是第二性的，是由心理派生的，是心理的产物。唯心主义者颠倒了心和物的关系，他们的观点是错误和荒谬的。

唯心主义有两种不同的表现形式：客观唯心主义和主观唯心主义。客观唯心主义者认为，世界上一切事物都是由存在于世界之外的"绝对观念"或"宇宙精神"决定的，都是这种看不见、摸不着的"绝对观念"的产物。如德国唯心主义哲学家黑格尔认为，"绝对观念"在自然界和人类社会出现以前，就已经存在了，世界上一切事物都是由"绝对观念"发展而来的。

主观唯心主义者则认为"心"是万物和宇宙的主宰，客观事物都是由个人的感知、思维，即心理决定的，是心理的产物。我国南宋时期的陆九渊认为："宇宙即我心，我心即宇宙。"明朝的王阳明说："天下无心外之物""天地万物皆在吾心之中"。英国大主教贝克莱也提出："存在就是被感知""物体是观念的集合"等。

形形色色的唯心主义者把心理、"绝对观念"看成是第一性的，认为心理、"绝对观念"产生客观事物。唯心主义者颠倒了心和物的关系，他们的观点是错误和荒谬的。

2.1.2 唯物主义的心理观

唯物主义的心理观主张客观世界是物质的，物质是第一性的，而心理是物质派生的，是第二性的。唯物主义的心理观虽然有各种说法，但都把心理现象看成是物质活动的产物，是身体的机能，是在一定事物的作用下产生的，从而正确地说明了心和物之间的关系。

古代朴素的唯物主义心理观认为心理活动是身体的一种机能。战国时期的荀况(约公元前313—前238)说："形具而神生，好、恶、喜、怒、哀、乐臧(藏)焉，夫是谓之天情。"他认为先有物质的身体，后有精神，人的好、恶、喜、怒、哀、乐等精神现象的产生是与身体分不开的。魏晋南北朝时的范缜(约450—515)也指出："形者神之质也，神者形之用也。"又说："形存则神存，形谢则神灭。"就是说物质的身体是主体，而精神只是物质身体的作用，是从属于物质身体的。身体死亡了，精神也就必然随之消失。明末清初的学者王夫之(1619—1692)说："形也，神也，物也，三相遇而知觉乃发。"他认为心理现象是人对外界事物的感知、辨别和感受。明代医药家李时珍(1518—1593)提出"脑为元神之府"和"泥丸之宫，神灵所集"的论断。清代名医王清任(1768—1831)在《医林改错》中明确提出"灵机、记性不在心在脑"的著名论断，这是唯物主义思想的杰出表现。

但是，并不是所有的唯物主义者都能正确阐明心理现象。如法国近代机械唯物主义者拉美特利(J.O.La Mettrie，1709—1751)说："人不过是一架巨大的、极其精细的钟表。"德国的毕希纳(L.Büchner，1824—1899)、福格特(K. Vogt，1817—1895)等人错误地认为脑髓分泌出思想正如肝脏分泌胆汁一样。这些朴素、机械的唯物论观点是缺乏发展的、辩证的观点，看不到人的社会实质，看不到心理活动对社会实践的依赖关系及其能动性，而把人看成机器，把人产生心理活动看成像机器的功能一样，仍然不能科学地揭示人的心理的本质。

只有在马克思主义哲学诞生以后，运用辩证唯物主义与历史唯物主义的观点，总结了长期以来人类的认识成果和自然科学的研究成果，才对人的心理实质作出科学的解释。

2.2 科学的心理观

科学的心理观认为：脑是心理的器官，心理是脑的机能；客观现实是心理活动的源泉和内容；心理是脑对客观现实主观能动的反映；人的心理是在社会实践中发生和发展的。

2.2.1 心理是脑的机能

人的心理是怎样产生的？是从哪里产生的？在古代，由于科学不发达，人们发现心脏停止跳动时，人的精神活动也随之停止，于是就认为心脏是精神活动的器官。直到18世纪前后，人们才逐渐认识到脑是心理的器官，心理是脑的机能。

(1) 人们在日常生活中逐渐体会到人入睡后，心脏虽仍在跳动，却不能反映外界现实；

人在醉酒、药物麻醉或脑受损伤时，心脏几乎无变化，人的心理却发生了变化，这主要是人的神经系统或人脑发生了变化。因此，人们逐渐认识到脑在心理活动中的重要地位。

(2) 生理解剖学的发展，促进了人们对脑机能的认识，特别是临床方面的经验与发现，证实了脑在心理活动方面的功能。例如，法国医生布洛卡于1861年发现大脑左半球额下回有"语言运动中枢"，若该区受损伤，人就失去了说话的能力。随后，人们又发现大脑额叶中回有"书写中枢"，额叶上回后部有"言语听觉中枢"，如果这些部位受损伤，相应的心理活动就会产生障碍等。这些临床的经验与事实都进一步表明，脑是心理的器官。

(3) "反射"概念的提出和条件反射学说的建立，使心理生理机制的研究进入了一个新的阶段。17世纪法国学者笛卡儿提出了"反射"的思想，认为动物的活动和人的不随意活动都是借助神经系统所实现的对外界刺激有规律的应答活动，即反射。俄国生理学家谢切诺夫把反射的概念推广到人的一切活动领域，认为有意识或无意识的生命的全部活动，就其产生的方式来说，都是反射。这一理解，对于心理现象的科学说明是一个飞跃。1900年，俄国生理学家巴甫洛夫对动物和人的反射活动进行了大量的实验研究，创立了条件反射学说，进一步揭示和证实了人脑与人的心理活动之间的密切关系。

心理是脑的机能，人脑是心理产生的物质基础，人脑为心理的产生提供了可能性，但要把这种可能性变为现实性，必须通过社会实践活动。

2.2.2 客观现实是心理的源泉和内容

心理就其产生的方式来说，是脑的反射活动。客观现实是心理的源泉和内容。对人类来说，客观现实包括自然环境和社会环境。自然环境是指人类赖以生存和实践的自然界，如天地日月、山川河流、飞禽走兽、花草树木。社会环境是指人类所有的社会生活，以及与之相联系的各种社会事物，如生产劳动、人们之间的社会关系、人际关系等。社会环境是人的心理最主要的源泉。只有当客观现实作用于我们的感觉器官时，我们才能产生感知觉、记忆、思维、想象、情感等各种各样的心理现象。无论是简单的心理现象，还是复杂的心理现象，甚至神话中虚构的人物和故事情节，其内容都来自客观现实。如孙悟空的神奇变化、嫦娥奔月的神话，虽然十分离奇，但是构成这些形象的原始材料仍然来自客观现实。因此可以说，人的心理是客观现实作用于人脑的产物，是客观现实在人脑中的反映，客观现实是人心理的内容和源泉。

2.2.3 心理是脑对客观现实的主观能动的反映

1. 心理是对客观现实的主观映象

人脑对客观现实的反映过程，是在头脑中形成映象的过程，事物的映象和事物本身是相像的、一致的，但却不是同质的，事物的映象不等于事物本身。事物的映象是以观念形式存在于人脑中的，并经过人脑加工改造过的物象，是主观的。例如，客观现实中有一支钢笔，它作用于我们的感官，反映在头脑中，就产生了钢笔的映象。钢笔和它的映象不同，钢笔是客观存在的物质，看得见，摸得着；而钢笔的映象是心理现象，存在于人脑中，是观念的东西，看不见，摸不着。因此，心理是对客观现实的反映，这种反映既是客观的，又是主观的。按其反映的内容来说是客观的，因为它反映的是外界事物和现象，是由外界事物决定的，同时又是通过脑的神经过程实现的，并通过人的行为表现出来；但是，它又是主观的，因为对客观现实的反映总是由一定的个人或主体进行的，是通过主体已有的主观世界为中介，进行加工折射而产生的。个人的知识经验、个性差异和年龄特征以及当时所具有的不同心理状态都会对这种反映有深刻的影响。

个人的知识经验、个性差异、年龄特征以及当时所具有的心理状态不同，对同一客观事物的反映在选择性、准确性、全面性和深刻性等方面都会根据自己的情况予以积极、能动地加工。例如，同样是一株杨树，不同的人有不同的联想反映，农民觉得它可以遮阳；多情的诗人则吟出"唯有垂杨管别离"的诗句；画家关心的则是树的色调明暗变化。

不但不同的人对同一事物的反映存在着差异，即使是同一个人，在不同的时间、不同的条件下，对同一事物的反映也不尽相同。例如，唐代大诗人李白，对同一座君山，当他大醉时写过"淡扫明湖开玉镜，丹青画出是君山"的佳句，极赞君山如画；等他酒醒之后，却又写道："铲却君山好，平铺湘水流"，恨不得一铲把君山削平，让湘水奔流，反映截然不同。

2. 人的心理是对客观现实能动的反映

心理的反映形式，不像镜子和照相那样简单地、消极地、刻板地反映对象，而是对客观现实的积极的、能动的反映。人的心理不仅反映客观世界，而且人类总是利用积累的经验，根据对客观事物发展规律性的认识，自觉地确定目的，制订活动计划，并运用意志努力，通过实际行动去改造客观事物。人对客观世界能动的反映，一方面表现为能动地把握客观世界的规律性；另一方面则表现为能动地改造客观世界，并在改造客观世界的同时，也改善着人类本身。正如恩格斯所指出的："动物仅仅利用外部自然界，单纯地以自己的存在来使自然界改变，而人则通过他所做出的改变来使自然界为自己的目的服务，来支配自然界。这就是人同其他动物的最后的本质区别。"

2.2.4　人的心理是在社会实践中发生和发展的

有了正常的大脑，有了客观现实，并不一定就会产生心理现象，因为心理是在人认识和改造世界的社会实践中实现的。

1. 社会实践是人的心理产生和发展的唯一途径

人的心理不是自发产生的，只有作为心理源泉的客观现实和作为心理器官的脑二者相互作用，才能产生正常的心理，而这种相互作用是通过人的实践活动实现的。人所有的心理现象都是在各种实践活动中，在人们彼此交往过程中产生和发展起来的。人的心理是对一个人整个生活经历的真实写照。人从出生那天起，就从事着各种各样的活动，如游戏、学习，成年后又从事着各种社会实践，人通过各种实践活动去感知周围的事物，并不断改造着客观世界。正是在改造世界的实践活动中，产生了人对事物的认识，使人的认识和知识逐渐丰富起来，并形成了人的兴趣、动机、情感、愿望等，表现出人克服困难的意志行动。同时，由于社会实践活动的多样性和复杂性，也形成了人不同的能力和性格。因此，只有在实践活动中才能丰富和发展人的心理。

如果没有人的社会生活实践，即使具备了人的脑，仍然不能产生人的心理。"狼孩"的案例充分说明了人的社会生活实践对人的心理的产生与发展起着决定性作用。1920年，在印度发现两个在狼群里生活的孩子，人们把大的(约8岁)取名为卡玛拉，小的(约2岁)取名为阿玛拉，阿玛拉被发现后不久就死去了。卡玛拉不会讲话，用四肢行走，不穿衣服，不吃人手里拿的肉，只吃扔在地上的生肉，用舌头舔食物吃，她既怕火又怕水，从不让别人帮助洗澡，即使天气寒冷，也撕掉衣服。她怕强光，白天缩在墙角，夜间出来活动，夜间视觉敏锐，深夜发出狼一样的嚎叫，经过医护人员的悉心照料与教育，2年后，卡玛拉学会了站立；4年后，学会了6个单词；6年后，学会了走路；7年后，学会了45个词，同时会用手吃饭，用杯子喝水。但是到17岁临死时，她也只有相当于4岁儿童的心理发展水平。卡玛拉是人的后代，具有人脑这块高度发达的物质，为什么只有动物的本性，而没有人的心理呢？其根本原因就在于她从小脱离了人类的社会生活，无法进行社会实践活动，不能学会人类的语言，不能进行人际交往和接受人类的知识经验等。在她的头脑中只有狼群生活的反映，而没有人类社会生活的内容，所以不能产生人的心理。

如果生活在人类社会但不参加实践活动，仍然不会有人的心理的发展。例如，1970年，美国加利福尼亚州发现一个现代"野孩"(研究者为她取名吉妮)，在她出生后十几个月即被父亲野蛮地隔离起来，只给她吃饭，不准家里人与她交谈，甚至不准家里人高声谈话。在她11岁半被发现时，她还不会说话，不会走路，智力水平仅相当于1岁婴儿的水平。吉妮生活在人类社会一个特定的"真空"环境里，缺乏社会环境的刺激，不参加人类社会的实践活动，脱离人类的社会生活，因而她的心理只能停留在婴儿水平。

一个成人如果长期脱离社会生活，离开丰富的外界刺激，其心理也会变得不正常。例如，日本侵华时期，日本侵略者从中国强拉了大批华工到日本做苦工，其中山东省高密县(现高密市)有一个叫刘连仁的华工，因为不堪忍受日本矿山主的奴役，逃往北海道深山老林，过了13年茹毛饮血的生活。在1956年被当地猎人发现时，他的语言能力已基本丧失，行为怪异，已不属于正常人的心理状态。

事实说明，人类的社会实践活动对人的心理产生和发展起着决定性的作用，是人的心理产生和发展的基础。人通过社会实践活动，操纵各种事物，完成各种行动，与人交往，参加各种社会活动，人的心理才能形成，才能认识事物的本质和发展规律。

2. 社会实践是检验心理是否正确的标准

人的心理、意识是否正确地反映了客观现实，必须在社会实践中加以检验。当人根据对事物的反映进行活动时，实践就证明哪些是正确的，哪些是错误的。人不断地纠正着自己的认识和行动，使心理反映更正确，更符合于客观实际，进一步促进心理的发展，使心理反映达到深刻化和完善化的程度。

2.3 高级神经活动的基本过程与规律

2.3.1 神经系统的结构与机能

神经系统是心理活动的主要物质基础，人的一切心理活动，都要经过神经系统的活动来实现。人的神经系统可以分为中枢神经系统和周围神经系统。

1．中枢神经系统的结构与机能

中枢神经系统包括脊髓和脑。脊髓位于脊柱内，是中枢神经系统的低级部位，它的基本机能是进行简单的反射活动(如排泄、膝跳反射)和传导神经兴奋。许多先天的无条件反射中枢就位于脊髓。脑是中枢神经系统的高级部位。下面主要介绍有关脑的结构与机能。

1) 人脑的结构与机能

人脑由大脑、小脑、脑干、间脑和边缘系统组成，如图2-1所示。

(1) 大脑可以分成左、右两个大脑半球，重量占全部脑重(1500 克左右)的 70%左右。大脑两半球外部是约 3 毫米厚的灰质层，叫作大脑皮质，大脑皮质集中了中枢神经系统 70%的神经元，约 140 亿个神经细胞。大脑皮质是人类心理活动最直接的物质基础，是高级心理活动的司令部。人类之所以能使用语言、制造工具、学会复杂技能，很大程度上是由于大脑皮层的存在。

图 2-1　中枢神经系统构造示意图

(2) 小脑的机能是协助大脑维持身体的平衡、调节肌张力和协调随意动作。一些复杂的运动，一旦学会，就编入小脑，能自动进行。小脑损伤后会出现肌张力障碍、共济运动失调，丧失基本的运动能力等现象。

(3) 脑干是心跳、呼吸、咀嚼、吞咽、唾液分泌、呕吐、喷嚏、咳嗽等活动的中枢，在维持生命上有重要作用，所以又叫生命中枢。

(4) 间脑包括丘脑和下丘脑。丘脑是神经通路的"中转站"，由身体传入到脑的信息和由脑传出到身体的信息都要经过这里。下丘脑是快乐、愤怒、害怕、沮丧和渴望的情感所在处。此外，下丘脑还可以控制摄食、饮水、体温、内分泌等活动，是内脏活动的调节中心。

(5) 边缘系统与记忆、动机、行为、情绪等有关。在进化中，边缘系统是前脑中发育较早的部分。低等动物的边缘系统起着控制动物饮食、搏斗、逃跑、生殖等行为的作用；人类的这些功能逐渐集中到新皮质，边缘系统退居次要地位。

2) 大脑皮层机能定位

大脑皮层主要分为如下几个机能区。

(1) 感觉区：包括视觉区、听觉区和机体感觉区。如视觉区位于枕叶内；听觉区位于颞叶内；机体感觉区位于中央后回，主要接收由皮肤、肌肉和内脏器官传入的感觉信号，产生触压觉、温度觉、痛觉和内脏觉，如图 2-2 所示。

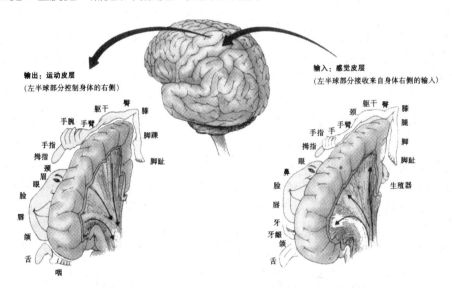

图 2-2　运动皮层与感觉皮层中与身体各部分对应的左半球组织

身体各部位在皮层机能区投射面积的大小，取决于它们在机能方面的重要程度。某个身体区域越敏感，它相应的感觉皮层所占的面积就越大。例如，人的极度敏感的嘴唇所占的脑皮层比十个脚趾所占的脑皮层面积要大得多。再如，MRI 扫描揭示：熟练的钢琴家具有比普通人更大的用于编码钢琴乐声的脑皮层区域，聋人由于具有更强的间接视力，所以他们的视觉皮层区域更大(Bavelier & others, 2000; Pantev & others, 1998)。可见，大脑形成的决定因素不仅仅是基因，人的经历也是非常重要的影响因素之一。

(2) 运动区：主要位于额叶的中央前回，是躯体运动的中枢。主要功能是发出动作指令，支配和调节身体在空间的位置、姿势及身体各部分的运动。同样，身体各部位在运动区的投射面积取决于它们在机能方面的重要程度。

(3) 言语区：绝大多数人的言语区位于左半球，少数左利手人的言语区位于右半球。在额叶的后下方，靠近外侧裂处，有一个言语运动区，被称为布洛卡区(Broca)，主要控制人说话时的舌头和颚的运动，这个区域受损就会产生运动性失语症(又称表达性失语症)。在颞叶上方，靠近枕叶处，有一个言语听觉中枢，被称为威尔尼克区(Wernicke)，它与理解口头言语有关,如果这个区域受损将引起听觉性失语症,即病人听不懂别人说的话。在顶叶-枕叶交界处,有言语视觉中枢,损坏这个区域将出现理解书面语言障碍,病人看不懂文字材料,属于视觉性失语症。

(4) 联合区:人类的大脑除了具有上述机能不同的区域外,剩下的大片区域称为联合区。联合区可以接收多通道的感觉信息,负责对来自各个感觉器官的信息进行综合处理,它是更复杂、更高级的心理活动的皮层区。依据联合区在皮层上的分布和功能,可分成感觉联合区、运动联合区和前额联合区。感觉联合区与长时记忆和高水平的知觉组织关系密切,运动联合区主要负责精细的运动和活动的协调,前额联合区与注意、记忆、问题解决等高级心理机能有密切关系。

3) 大脑左右半球机能分工

大脑分左右两个半球,两者之间通过由2亿条神经纤维组成的束——胼胝体连接沟通,并且每秒传递40亿个神经冲动于两半球之间。这种高速高频的神经冲动的传导,保证了左右半球在机能上的协调统一,使大脑作为一个整体得以适应其内外环境的变化。但是,人的大脑两半球并不是均等地支配人的活动,大脑两半球机能存在着分工。

对于绝大多数的人来说,左半球主要控制与语言有关的活动,还具有控制数学运算、时间节奏判断、协调复杂运动顺序等功能。其思维活动的特点是分析性、逻辑性强,与智力活动的关系密切。右半球主要有控制空间知觉的功能,包括空间定向、平面与立体图形的感知、深度知觉、辨别各种颜色、音乐感知等。其思维活动的特点是富有直觉性、综合性、发散性,与创造性活动关系密切。大脑两半球机能虽然存在差异,各有分工,但是这种分工不是绝对的。人要完成一个整体性活动,需要两者之间协同配合,密切合作。而且,在机能上每一半球都有一定的代偿另一半球的能力,脑的局部遭到损伤后,脑的其他部分可以补偿它的部分或全部机能,如图2-3所示。

图2-3 大脑两半球的功能分工

阅读资料 2-1

趣味活动:试试用你的右手做画圆圈动作。现在,让你的右脚与右手同步进行相同的动作。现在,脚进行反向画圈(手不变)。很难,是吧?但是,如果试着用右手对侧的左脚来画，就容易多了。四肢的左右侧是由对侧的大脑控制的，因此，它们相反的运动彼此干扰较小。

2. 周围神经系统的结构与机能

周围神经系统分为躯体神经系统和植物性神经系统。

躯体神经系统由与骨骼肌和感受器相连接的神经组成，主要负责传递中枢神经系统与感觉器官和骨骼肌肉之间的信息交换。植物性神经系统主要负责传递内脏器官与腺体之间的信息交换。躯体神经系统和植物性神经系统共同活动，协调人的内部状态和外部行为，两者的主要区别是，躯体神经系统的活动是随意的，植物性神经系统的活动是非随意的。人类神经系统的层次结构如图 2-4 所示。

图 2-4 人类神经系统的层次结构

3. 神经元的结构与机能

人体是通过神经系统的活动，来适应变化着的环境，神经系统是由 140 亿个神经细胞(即神经元)组成的。

1) 神经元的基本结构

神经元(neuron)是神经系统结构和功能的基本单位。神经元包括：①细胞体，它的中心部位有一个细胞核；②轴突，是神经细胞伸出的一根细长的突起，也叫作神经纤维，其功能是传递细胞体发出的信息，把神经兴奋传递给相邻的另一个神经元或直接传递给效应器官；③树突，是从细胞体延伸出来的树状分枝，其功能是接受刺激，并向细胞体方向传导。具体如图 2-5 所示。

2) 神经元之间的突触传导

一个神经元不能单独执行神经系统的机能，各神经元必须互相联系。对脊椎动物来说，神经元之间在结构上没有细胞质相连，仅仅是互相接触。一个神经元与另一个神经元特化的相接触的部位，称作突触。它是神经元之间在机能上发生联系的地方。突触由三部分组成：突触前膜、突触间隙和突触后膜。其结构如图2-6所示。

图 2-5　神经元

图 2-6　突触的结构

神经兴奋在突触间的传递，是借助于神经递质(neurotransmitter)来完成的。每个神经元的轴突末梢有许多突触小泡，当神经兴奋达到轴突末梢时，突触小泡内储存的神经递质通过突触前膜的张口释放出来。这种神经递质经过突触间隙后作用于突触后膜并与受体结合，从而改变了膜的通透性，并引起突触后神经元的电位变化，实现了神经兴奋的传递。突触的这种传递，是感知活动的物质基础，使人能够感受到外界和体内发出来的各种信息。

2.3.2　高级神经活动的基本过程和规律

大脑高级神经活动的基本过程可分为兴奋过程和抑制过程两个阶段。

1. 兴奋过程与抑制过程的概念

1) 兴奋过程

兴奋过程简称兴奋，是神经细胞由静止状态转向活动状态，或是从弱的活动状态转变为强的活动状态，进而引起或加强相应器官、腺体、肌肉的反应活动。例如：当我们身处险境时，神经系统兴奋进而使我们的肌张力升高、血压升高，形成应激状态。

2) 抑制过程

抑制过程简称抑制，是神经细胞由活动状态转向静止状态，或从强的活动状态转变为弱的活动状态，进而压抑或减弱相应器官、腺体、肌肉的反应活动。例如：当我们进入睡眠状态时，神经系统抑制进而使肌肉放松，血压降低。抑制的种类很多，可分为非条件性抑制和条件性抑制两大类。

(1) 非条件性抑制。

非条件性抑制是指生来就有的先天性抑制。它包括外抑制和超限抑制两种。

① 外抑制，是指由于强烈、新异刺激的出现，使正在进行的条件反射受到抑制。例如，接受实验的狗形成了以灯光为信号刺激的分泌唾液条件反射，当灯光出现的同时给狗以强烈的电击，这时狗的分泌会减少甚至停止。因为电击引起了大脑皮层相应部位的更强的兴奋，新的兴奋抑制了原来的条件反射。

② 超限抑制，是指由于刺激过强或时间过长使神经细胞难以承受时产生的抑制。例如，有人在听到重大的喜讯或极度悲伤的消息时，都可能出现晕厥现象，就是超限抑制的表现。超限抑制实际上是有机体的一种保护性抑制，能够保护机体的神经系统，使其免受损害。

(2) 条件性抑制。

条件性抑制又称内抑制，是指在后天一定条件下逐渐形成的抑制。它包括消退抑制、分化抑制和延缓抑制三种。

① 消退抑制，是指已形成的条件反射由于没受到强化而产生的抑制。例如，我们学过的知识如果长时间不复习或不使用，就会出现遗忘。

② 分化抑制，是对类似于条件刺激物的刺激不予强化，使类似刺激物引起的条件反射受到抑制。例如，在巴甫洛夫的实验中，给狗形成了每分钟50次节拍器音响的条件反射后，其他类似的声音如每分钟60次音响，即使没有与非条件刺激相结合，也会引起条件反射。这是一种泛化现象。实验继续进行，只对每分钟50次节拍音响予以强化，而对每分钟60次节拍音响不予强化，则泛化现象消失，狗只对受到强化的刺激物产生反应，而对与其类似的刺激物产生抑制。这种在分化过程中产生的抑制即为分化抑制。分化抑制具有重要意义，它是有机体形成精细动作和人类掌握精确知识的生理基础。

③ 延缓抑制，对条件刺激物进行延缓强化而引起的抑制。例如，有些单位因种种原因，不能及时发工资，员工在劳动过程中就会缺乏积极性、主动性等。

人的心理活动就其神经机制来说，都与大脑皮质的兴奋和抑制有密切联系。兴奋和抑制是两个对立而统一的过程，二者性质相反，但又相互依存、相互转化、相互制约。

2. 兴奋过程与抑制过程的运动规律

1) 兴奋或抑制的扩散和集中

大脑皮层无论产生兴奋或抑制，都会遵循扩散和集中的规律。当大脑皮层某部位产生兴奋或抑制时，并不是停留在原发点不动而是向周围散布开来，这种现象称兴奋或抑制的扩散。扩散到了一定程度就不再扩散，而是朝着原发点回拢，这种现象称作兴奋或抑制的集中。有了神经过程的扩散，就能在大脑皮层上形成各种暂时神经联系；有了神经过程的集中，才能形成对刺激物的精确反应。例如，熟睡状态是以抑制的扩散为基础，又是兴奋集中的结果。当人由熟睡转入觉醒状态时，是抑制逐渐集中，兴奋逐渐扩散的结果。学校规定适当的上课和课间休息，其作用就在于避免学生大脑皮层抑制过程的扩散，经常使学生保持一定的兴奋状态。

2) 兴奋或抑制的相互诱导

在大脑皮层上,一种神经过程的活动引起(或加强)另一种与之相反的神经过程的活动,叫作神经过程的相互诱导。

相互诱导可分为正诱导和负诱导两种。由抑制引起(或加强)的兴奋过程称为正诱导。例如,婴幼儿闹觉现象,当婴幼儿困倦时,往往先哭闹一阵。又如,经过一夜睡眠休息,早晨记忆效率高。由兴奋引起(或加强)的抑制过程称为负诱导。例如,当我们聚精会神看书时,对教室外有人大声喊叫会听而不闻。这是因为进行智力活动的皮层兴奋,诱导出相应听觉中枢的抑制发生了作用。

兴奋或抑制的扩散和集中与相互诱导是相辅相成、交替进行的,它们相互依存、相互制约,既显示了大脑皮层神经活动的复杂性,又保证了皮层神经活动的和谐与统一。

2.3.3 心理现象产生的基本方式——反射

1. 反射及反射弧

反射(reflex)是有机体借助神经系统对内外刺激所作的规律性反应。如眨眼、膝跳、呕吐等都是反射。反射是人和动物适应环境的基本方式。反射是通过一定的神经结构来完成的,实现反射的全部神经结构称作反射弧(reflex arc)。它是由感受器、传入神经、神经中枢(脑和脊髓)、传出神经、效应器(肌肉和腺体等)五部分组成的,如图2-7所示。

图 2-7 反射弧

反射弧的最后环节并不意味着反射活动的结束。在通常情况下,由效应器产生的反应活动又将成为一种新的刺激物,重新引起一定的神经冲动,沿传入神经返回到中枢,这个过程称作反馈(feedback)。中枢神经系统根据这种反馈信息,可以对效应器的活动进行进一步的调节,以保证有机体活动的连续性、完整性与准确性。

2. 无条件反射和条件反射

1) 无条件反射

无条件反射(unconditioned reflex)是指先天遗传的不需要学习就能产生的反射。婴儿出生时就会啼哭，东西放进嘴里就会吮吸，异物进入鼻孔就打喷嚏等，都属于无条件反射活动。无条件反射的神经通路是固定的，不需后天的学习和训练，是人和动物所共同具有的。

2) 条件反射

条件反射(conditioned reflex)是后天形成的，需经过学习才能产生的反射。条件反射不是固定不变的，它是一种暂时神经联系，是在无条件反射的基础上形成的。例如，吃梅子时嘴里会流口水，这是无条件反射；生活中我们看到梅子或听说梅子就流口水，这是条件反射。动物和人在个体生活中必须建立许多条件反射，以适应千变万化的周围环境，条件反射是动物和人的学习、行为的基础。条件反射不仅可以在无条件反射的基础上形成，而且可以在旧的、已经巩固了的条件反射的基础上形成。

3) 两种信号系统

依刺激物的性质不同可将条件反射分为第一信号系统和第二信号系统。第一信号系统是由具体刺激物为条件刺激而建立的条件反射系统，这些具体刺激物称为第一信号刺激物。第一信号系统是动物和人都具有的条件反射系统。第二信号系统是以语言文字为条件刺激物而建立的条件反射系统，语言文字是具体事物的信号，也就是第一信号的信号，所以叫第二信号。第二信号系统为人类所独有。

人的心理活动是第一信号系统、第二信号系统协同活动的结果，第一信号系统的活动是第二信号系统形成的基础；反过来，第二信号系统又对第一信号系统起支配和调节作用。

2.3.4 内分泌系统

人的心理和行为除了受神经系统的支配和调节之外，还受内分泌系统的调节。内分泌系统由多种内分泌腺构成，内分泌腺合成并分泌的生理活性物质叫激素，也称荷尔蒙(hormone)。它直接进入血液或淋巴液，输送到全身各处，以各种方式作用于不同类型的细胞(靶细胞)。每个靶细胞都有受体，能识别引起细胞反应的那种激素。激素是具有高效能的生物活性物质，在血液中的含量虽然微少，但它对人身体和心理状况影响重大。与人的心理现象关系比较密切的内分泌腺主要有以下几种：脑垂体、甲状腺、肾上腺、副甲状腺、性腺、胰岛等，如图2-8所示。

1. 脑垂体

脑垂体(pituitary)位于下丘脑的下部。它产生的激素种类最多，并且通过这些激素来控制其他内分泌腺的活动，因而称之为主腺。

脑垂体分泌的激素中有一种称为生长激素，其功能为促进身体发育，对糖和脂肪的代谢也有很大影响。幼年缺乏生长激素，将导致侏儒症，但不影响智力的正常发展；生长激素分泌过多，则可导致巨人症。脑垂体在神经系统和内分泌系统的相互作用中处于关键地位。例如，在应付压力反应的过程中，下丘脑的一些细胞分泌一种促肾上腺皮质素释放因子(Corticotrophin-Releasing Factor，CRF)，刺激脑垂体释放肾上腺皮质激素(Adreno Cortico Tropic Hormone，ACTH)，它是身体主要的压力激素。ACTH随血流到达肾上腺和身体各器官，引起30多种激素的释放，其中每种激素在身体控制应付突发情况的行为中都起某种作用。

图 2-8 内分泌系统

2. 甲状腺

甲状腺(thyroid gland)是人体最大的内分泌腺,重 20～30 克,位于气管上端的两侧,左右各一,分泌甲状腺素。这种激素能促进机体代谢机能,增进机体发育过程。幼年时,甲状腺激素分泌不足,身体异常矮小、智力低下,称为"呆小症"。成年人甲状腺机能不足,则会导致基础代谢下降、记忆力减退、思维迟缓、精力不足和嗜睡。甲状腺机能亢进的人出现多食、基础代谢增高、情绪容易激动、脾气急躁、反应过敏、体重减轻等现象。

3. 肾上腺

肾上腺(adrenal gland)有两个,共约重 10～15 克,分别位于左右肾脏的上方。它分为内外两层:内层是肾上腺髓质,外层为肾上腺皮质。

肾上腺髓质释放的激素有肾上腺素与去甲肾上腺素,主要作用是兴奋交感神经,促使血压升高,心率加快,胃肠肌肉松弛,瞳孔放大等,因而对有机体应付突然的事变有重要的作用。

肾上腺皮质可分泌的具有生物活性的物质多达 50 多种,参与体内钠、钾以及糖代谢的调节,与性行为和副性特征有关。人体缺少肾上腺皮质激素,会出现精神萎靡,肌肉无力等症状。

4. 副甲状腺

副甲状腺(parathyroid gland)是位于甲状腺后方 4 颗豌豆大小的腺体。其分泌的激素称为副甲状腺素。副甲状腺素的功能是调节血液中钙和磷的浓度，维持神经和肌肉的正常兴奋性。当它分泌多时，血液中的钙量增多，磷量减少，易导致骨骼折断或变形，甚至还造成肾结石。当它分泌不足时，血液中的钙量减少，磷量增多，致使神经和肌肉的兴奋性提高，引起痉挛。

5. 性腺

男性的性腺(sex gland)叫睾丸，女性的性腺叫卵巢，它们分泌不同的性激素。睾丸分泌雄性激素，它具有刺激精子的产生、性冲动和促进男性第二性征的发育等功能。卵巢分泌雌性激素，它具有控制排卵、月经周期和促进女性第二性征的发育等功能。

6. 胰岛

胰岛(pancreas)存在于胰脏中，主要分泌胰岛素和胰高血糖素，通过分泌两种具有相反控制作用的激素来控制血糖。胰高血糖素将肝糖原转化为血糖并释放到血液中。胰岛素的作用正好相反，将细胞周围的血糖含量降低，以便细胞吸收糖分。血糖是能够造成饥饿感的原因之一，同时也决定着人的活力。

阅读资料 2-2

人脑仍在快速进化 现代人的大脑没有"定型"

在最近的研究中，美国科学家通过基因分析发现，直到现在，人类的大脑一直处在快速进化的过程中，而且这种进化与人类文明的兴起有密切联系。

早先的化石和基因证据表明，人类和黑猩猩在约 600 万年前由共同的祖先"分家"，此后人类祖先的大脑快速进化，并产生了较高级的认知功能，直至距今约 20 万年前现代智人出现为止。在人们的习惯观念中，现代人类大脑在生理上已经"定型"了。

由芝加哥大学科学家蓝田博士领导的一个研究小组，对人类体内管理脑容量大小的两个基因的演变进行了分析。他们共搜集世界各地 59 个民族、1000 多人的基因样本，发现这两个基因都正处在进化中，现代人的大脑远没有"定型"。蓝田解释说，这种进化并不是同时发生在整个种群中，而是一个漫长的选择过程。极少数个体率先发生基因变异，出现新的单模态，而基因的新单模态使这些个体获得生存和繁衍的优势，然后在整个种群中传播。

研究人员说，这些新近出现的基因变异，在时间上与人类文明的兴起有密切联系。人类历史上首次出现复杂工具制造、艺术、音乐等是在 5 万年前，而人类最古老的文明——美索不达米亚文明在公元前 7000 年兴起。蓝田说，人类大脑的容量和复杂度仍然在快速进化中，现代人类面临的环境变化更快，也需要更复杂的技能，人脑将继续通过适应性选择来进化，以适应环境变化。

(资料来源：新华网，http://www.Xinhuanet.com，2005 年 9 月 9 日)

复习思考题

1. 名词解释：神经元、突触、兴奋、抑制、非条件性抑制、条件性抑制、外抑制、超限抑制、消退抑制、分化抑制、延缓抑制、反射、反射弧、无条件反射、条件反射、第一信号系统、第二信号系统
2. 如何理解"心理是脑的机能"？
3. 怎样理解"大脑皮层机能定位"？在大脑皮层上有哪些主要机能区？
4. 大脑两半球的机能是如何分工的？
5. 举例分析高级神经活动的基本过程和规律。
6. 人体有哪些主要的内分泌腺？它们与心理活动有什么关系？
7. 谈谈对"人的心理反映既是客观的，又是主观的"这一命题的理解。
8. 为什么说"人的心理是在社会实践活动中发生发展的"？
9. 实例分析：一天，王老师讲了一则寓言故事，课后让全班同学谈谈其含义和现实意义。结果全班几十位同学你说东，我说西，很难找到两个相同的看法。全班几十位同学都是同一时间内听的同一节课，为什么会引起不同的看法呢？试用心理学的有关理论加以分析。

第 3 章　感觉和知觉

本章学习目标

- 感觉和知觉的概念
- 感觉和知觉的分类
- 感觉的基本规律
- 知觉的特征
- 观察及观察力的培养

3.1　感觉和知觉概述

3.1.1　感觉和知觉的概念

1. 感觉的定义

感觉(sensation)是人脑对直接作用于感觉器官的事物个别属性的反映。

在现实生活中，人对各种事物的认识活动是从感觉开始的。任何事物都有许多个别属性，如颜色、声音、气味、味道、温度、光滑度等，当这些个别属性直接作用于人的眼、耳、鼻、舌、身等感觉器官时，就在大脑中引起相应的视觉、听觉、嗅觉、味觉、肤觉等感觉。感觉不仅反映事物的外部属性，还反映有机体的变化和内部器官的状况。例如，人体的运动姿势、干渴、饥饿、疼痛等。外部和内部的刺激首先作用于人的感觉器官，并产生客观事物的刺激模式，感觉器官将适宜刺激转换成神经冲动，经过传入神经达到大脑皮层的相应区域，从而产生相应的感觉。

感觉具有以下两个特征：①直接性。感觉反映的是当前直接作用于感觉器官的客观事物，而不是过去的或间接作用的客观事物。因此，那些记忆中再现的事物属性或幻觉中各种类似感觉的体验等不是感觉。②个别属性。感觉反映的是客观事物的个别属性，而不是客观事物的全貌或整体特征。

2. 知觉的定义

知觉(perception)是人脑对直接作用于感觉器官的事物的各种整体属性的反映。

知觉是人脑对客观现实多种属性及其关系的综合的、整体的反映，是多种感觉协同活动的结果。例如，一只苹果，我们通过视觉反映它的颜色，通过味觉反映它的味道，通过触觉反映它的光滑度，这些都是单纯的感觉。与此同时，人脑总是在已有经验参与下对各种感觉信息进行加工，给事物以名称，对事物作出解释，就会产生对苹果的整体知觉。但知觉不是各种感觉的简单相加，而是各种感觉信息按事物的一定关系和联系被整合成一个完整的映像。因此，知觉是比感觉更加复杂的认知活动，它是个多层次、多水平的信息加工过程。

知觉的产生同感觉一样，也是由于分析器活动的结果，如果说感觉的产生是某一种分析器活动的结果，那么知觉的产生则是多种分析器系统综合活动的结果。

3. 感觉和知觉的关系

感觉和知觉是有区别的。其区别表现为以下两点：①从反映特点看，感觉是对事物的个别属性的反映，知觉是对事物的整体属性的反映；②从生理机制上看，感觉是单一分析器独立工作的结果，知觉是多种分析器协同活动的结果。

感觉和知觉又是密不可分的。其联系表现为以下几点：①感觉和知觉同属于认知过程的初级阶段，即感性认识阶段，都是对当前事物的直接认知，都只是反映事物的外部特征和外部联系；②感觉是知觉的基础，知觉是多种感觉的有机综合；③感觉和知觉都是其他心理活动的基础，一个人若没有感觉和知觉，就不能形成记忆、想象、思维、情感、意志等复杂的心理活动。由于感觉和知觉密不可分，所以通常把感觉和知觉统称为感知觉。

3.1.2　感觉与知觉的分类

1. 感觉的种类

客观事物具有各种不同的属性，它们作用于人的不同分析器因而产生不同的感觉。"感觉"一词是多种感觉的总称，根据分析器和适宜刺激的特点，可以把感觉分为两大类：外部感觉和内部感觉。

1) 外部感觉

外部感觉(external sensation)的感受器位于人体表面或接近表面的地方，主要接受来自体外的适宜刺激，反映体外事物的个别属性。它主要包括视觉(visual sense)、听觉(auditory sense)、嗅觉(smell)、味觉(taste)、肤觉(skin sense)，合称五大感觉。在这些感觉中，视觉对人的认识作用最大，在人接收的外部信息中，80%~90%都是通过视觉获得的，听觉次之。

2) 内部感觉

内部感觉(internal sensation)的感受器位于机体内部，主要接受机体内部的适宜刺激，反映自身的位置、活动和内脏器官的不同状况。它主要包括运动觉(kinesthesis，又叫动觉)、平衡觉(equilibratory sense，又叫静觉)、机体觉(organic senses)，如表3-1所示。

2. 知觉的种类

根据不同的标准，可对知觉进行不同的分类。根据知觉过程中起主导作用分析器的不同，可以把知觉分为视知觉、听知觉、味知觉、嗅知觉、触知觉。根据知觉所反映事物的特征，可以把知觉分为空间知觉、时间知觉和运动知觉，这是我们最常用的一种分类方法。

1) 空间知觉

空间知觉是人脑对客观事物的大小、形状、方位、距离等空间特性的反映。它是以视觉、听觉为主的知觉，包括形状知觉、大小知觉、方位知觉、距离知觉和立体知觉等。

2) 时间知觉

时间知觉是人脑对客观现象的延续性(时间长短)和顺序性(先后)、周期性的反映。人对时间的知觉总是以某种客观现象作为参照物的。获得时间知觉的线索有许多种，例如自然环境的变化(太阳的东升西落、月圆月缺等)、生活中的工作程序(工作完成了多少，写了多少字，走了几里路等)、内在线索(生理上的日节律，生物钟，身体上的代谢作用等)。因此，视、听、运动以及内脏等分析器在时间知觉中起着非常重要的作用。

表3-1 感觉种类一览表

感觉种类		适宜刺激	分析器		
			外周感受器	传入神经	皮层相应区
外部感觉	视觉	390~800纳米的光波	视网膜上的棒状与锥状细胞	视觉神经	枕叶区的视区
	听觉	每秒振动频率为16~20 000次的音波	内耳蜗牛管内科蒂氏器官	听觉神经	颞叶区的听觉区
	嗅觉	有气味的物质微粒(气体分子)	鼻腔上部嗅膜中的嗅细胞	嗅觉神经	颞叶内部的嗅区
	味觉（甜觉、酸觉、苦觉、咸觉）	溶解于水或唾液中有味道的化学物质。如糖、盐酸、奎宁、食盐	分布在舌面、咽后部、腭及会厌上的味蕾	味觉神经	颞叶内部的味区
	肤觉（触觉、冷觉、温觉、痛觉）	物体的机械、温度或电的作用	皮肤上和外黏膜上的各种专门感受器。如迈斯纳氏触觉小体、巴西尼氏环层小体、克劳斯氏球、罗佛尼氏小体和皮肤深处的自由神经末梢等	肤觉神经	皮层上中央沟后回代表点，皮层下区部位有关代表点
内部感觉	动觉	肌肉收缩程度与四肢位置变化	肌肉、筋腱、韧带、关节中专门感受器	动觉神经	皮层上中央沟前回(乙状回)
	静觉	人体位所发生的重力、方向的变化	内耳迷路中的前庭和三半规管	静觉神经	颞叶区内的静觉区
	机体觉	有机体内部各器官、各系统活动的改变	位于消化、呼吸、循环、泌尿、生殖器官中小壁和植物性神经系统的神经节中	机体觉神经	皮层上的代表点和丘脑

3) 运动知觉

运动知觉是对物体在空间位置移动的反映。它与时间知觉和空间知觉有着不可分割的关系，是多种分析器协同活动的结果。参与运动知觉的有视觉、动觉、平衡觉，有时还有听觉和肤觉的成分。运动知觉依赖于物体运动的速度、运动物体距观察者的远近、观察者本身所处的运动或静止状态等。

3. 错觉

错觉又叫错误知觉，是在客观事物刺激作用下产生的一种对刺激的主观歪曲的知觉。错觉不同于幻觉，是不符合客观实际的知觉。错觉包括两种：物体错觉和对人的错觉。

1) 物体错觉

物体错觉的种类很多，主要有以下几种：①时间错觉。当人心情急切或百无聊赖时会产生"一日三秋""长夜长如岁"的错觉。②运动错觉。当夜晚赏月时，会产生"月动云静"的错觉。③形重错觉。当掂1千克棉花和1千克铁时，会产生铁重的错觉。④视觉错觉。常言道，"耳听为虚，眼见为实"。其实，即便是在静态下进行观察，观察者也应有足够的思想准备，知觉仍然会产生错误，视错觉最常见。

在视错觉中，主要表现为几何图形错觉，如图 3-1 所示。这种错觉包括：图 3-1(a)所示为横竖错觉(horizontal-vertical illusion)，横竖两等长直线，竖者垂直立于横者中点时，看起来竖者较长；图 3-1(b)所示为缪莱尔氏错觉(Müller-Lyer illusion)，图中两条横线等长，唯以两端所附箭头方向不同，看起来下边的横线较长；图 3-1(c)所示为奥氏错觉(Orbison illusion)，图中圆形看来并非正圆，方形看来并非正方，其实圆为正圆，方为正方；图 3-1(d)所示为戴氏错觉(Delboeuf illusion)，左图内的小圆与右图的圆相等但两者看似不等；居右者看起来较小；图 3-1(e)所示为赫氏错觉(Hering illusion)，两平行线为多方向的直线所截时，看起来失去了原来平行线的特征；图 3-1(f)所示为左氏错觉(Zöllner illusion)，当数条平行线各自被不同方向斜线所截时，看起来即产生两种错觉，其一是平行线失去了原来的平行，其二是不同方向截线的黑色深度看似不相同；图 3-1(g)所示为编索错觉(twisted cord illusion)，此图像盘起来的编索，呈螺旋状，实则是由多个同心圆所组成，可选任一圆上一点循其线路检验之。

图 3-1 各种视觉错觉

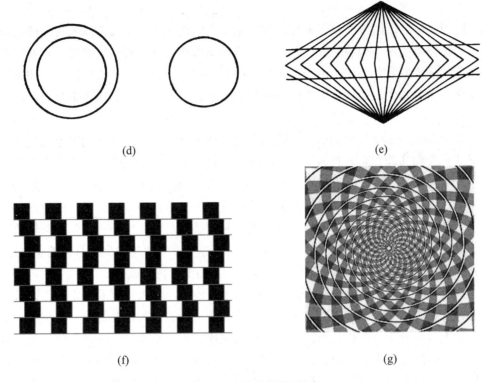

图 3-1　各种视觉错觉(续)

幻觉(hallucination)是在没有任何外界刺激的情况下，出现无中生有的知觉。幻觉是由于神经系统功能紊乱，引起大脑皮质细胞不随意联系而发生的。幻觉是一种心理异常的表现，会严重影响和支配患者的思维、情绪和行为。精神病患者、无辜受害者、脑力高度紧张或催眠状态下的人，容易产生幻觉。

2) 对人的错觉

在社会生活和交往中对人的错觉会影响对人的判断和认识，进而影响人与人之间的交往以及工作、学习效率和生活质量。因此，深入研究对人的错觉有着极为重要的意义。对人的错觉主要表现在以下几个方面。

(1) 首因效应。首因效应又称第一印象，是指第一次与某个人接触所留下的极为深刻的印象，形成一种难以改变的心理定势。它鲜明、深刻而牢固，会给人一种固定的看法，影响甚至决定着今后的交往关系，在社会知觉中起着重要作用。鲁钦斯做过一个实验，他用两段文字编写了一个描述杰姆的故事，一段写优点，一段写缺点，给甲组被试者看的材料是优点在前，缺点在后，而给乙组的顺序正好相反。结果显示：认为杰姆好的，甲组占78%，乙组占18%。这说明，第一印象好，就会认为这个人是好人，则愿意接近他，容易信任他，对于他的言行能给予较多的理解；第一印象不好往往会认为这个人不好，就不愿接近他，对他的言行则不予理解，在社会知觉中，这种"先入为主"的偏差经常存在。可见，第一印象常常不能全面反映一个人的面貌，而且，人总是在不断变化着的，不能一眼把人看死，要历史地、全面地、发展地看待一个人。第一印象只能作为对人知觉的起点，而不能作为终点。

(2) 近因效应。近因效应是指最近形成对某个人的印象会改变长期以来对他的认识。例如，一个你熟悉的很不起眼的人，发明了了不起的东西，使你对他突然刮目相看。近因效应主要产生于"熟人"之间，由于最近时间的某一信息，使过去形成的认识或印象发生了质的变化。在对陌生人的认知中首因效应是明显的，而在对熟人的认知中则近因效应作用更大。

(3) 晕轮效应。晕轮效应又称光环效应，是人在社会知觉中，将知觉对象的某种特征不加区别地扩大到其他方面或总体特征上的现象。也就是大家常说的"一俊遮百丑""一坏百坏""情人眼里出西施"。这种"肯定一切"或"否定一切"的实质是"以偏概全"。认识的偏差往往是在掌握认识对象信息很少的情况下做出总体判断的结果。由于我们不可能对每个人各方面的情况都作全面的了解，但又常常必须对他做出评价，因此晕轮效应是日常生活中常见的社会心理现象，也是教师区分"好学生"与"差学生"常见的表现形式。了解和分析晕轮效应，有助于防止认识上的偏见，全面地对待人或事。

(4) 刻板印象。刻板印象是人根据已有的知识经验对一类人持有的固定的、笼统的看法和印象。刻板印象能潜在于人的意识之中。比如：认为美国人是勤劳的、聪明的、实利主义的；黑人爱好音乐、擅长跳舞；山东人身材魁梧、正直豪爽，能吃苦耐劳；江浙人聪明伶俐，能随机应变，都是刻板印象。刻板印象一旦形成，在人的认知中就会不自觉地、简单地把某个人归入某一群体的刻板印象中去，给人的认知带来偏差。所以要善于从每个人的具体行为表现中去认识人，不能光凭刻板印象去认识、评价具体的个人。

(5) 投射效应。投射效应是从自身出发对他人进行认知。这便是人们常说的推己及人，以为他人也具备与自己相似的特性的现象，把自己的感情、意志、特性投射到他人身上。比如，一个心地善良的人会以为别人都是善良的；一个经常算计别人的人就会觉得别人也在算计他等。这种效应最容易在具有某种相似的重要特征(如性别、背景等)的背景下发生。

3.1.3 感觉的基本规律

1. 感受性和感觉阈限

感受性(sensitivity)是感觉器官对适宜刺激的感觉能力，即感觉的灵敏程度。感受性一般用感觉阈限来衡量。感觉阈限(sensory threshold)是持续一定时间，能够引起感觉的刺激量。阈限值越低，感受性就越高；阈限值越高，感受性就越低。感受性有绝对感受性和差别感受性之分，分别用绝对感觉阈限和差别感觉阈限来衡量。

1) 绝对感受性和绝对感觉阈限

感觉是由刺激物直接作用于人的某种感觉器官引起的。但并非所有的刺激物都能引发感觉，只有刺激达到一定强度或在一定范围内才能引发感觉。例如，一粒灰尘落在皮肤上不能引起感觉。要想引起感觉，刺激必须达到一定的量。这种刚刚能引起感觉的最小刺激量就叫绝对感觉阈限(absolute threshold)。而对这种最小刺激量的感觉能力就叫绝对感受性(absolute sensitivity)。绝对感觉阈限和绝对感受性之间成反比关系，即绝对感觉阈限的值越小，说明感受性越高；反之，感受性则越低。测定绝对感觉阈限最简单的方法是最小变化法。也就是把微弱刺激物(阈下刺激物)逐渐增加，一直到产生感觉为止，记录此时的刺激量，然后再从比较大的刺激量开始，逐渐减少，直到感觉消失为止，把这个刺激量也记录下来。最后把这两个刺激的量值加以平均，就得到了感觉的绝对阈限。

2) 差别感受性和差别感觉阈限

在刺激物引起感觉后，尽管刺激量经常变化，但微小的变化往往不被人觉察，只有减少或增加到一定数量时，才引起新的感觉。比如原质量是 100 克，加上 1 克，对多数人而言，觉察不到 100 克与 101 克之间有什么差别。当增加到 103 克时，可以觉察出 100 克和 103 克之间有差别。这种刚刚能够引起差别感觉的刺激的最小变化量叫差别感觉阈限(differential threshold)。而这种刚刚能觉察出最小差异量的感觉能力，就叫差别感受性(differential sensitivity)。差别感受性和差别感觉阈限也成反比关系。

1834 年，德国生理学家韦伯(E.H.Weber，1795—1878)研究认为，在中等刺激强度范围内，能够被机体感觉到的刺激强度变化与原刺激强度之比是一个常数(即韦伯常数)。例如，原质量是 100 克，只有增加了 3 克或减少了 3 克才能觉察出与原质量不同，如果原质量是 500 克，则需增加 15 克或减少 15 克才能被觉察。韦伯将上述关系用如下公式来表示：

$$K = \Delta I / I$$

其中 I 为原刺激强度，ΔI 为可辨别的差值，即感觉的"差别阈限"，K 为常数，这个公式后来被称为"韦伯定律"。

根据研究，人的不同感觉的差别阈限是不同的，在一般情况下，质量的 K 值为 0.03(即 100 克的质量必须在±3 克的范围外才能觉察到质量的改变)，而视觉为 0.01，嗅觉为 0.25，压觉为 0.05 等。

2. 感觉适应

感觉适应(sensory adaptation)是指同一感受器接受同一刺激的持续作用，使感受性发生变化的现象。适应可以引起感受性提高，也可引起感受性降低。在一般情况下，分析器如果受到强烈刺激的持续作用时，感受性就会降低；反之，当受到微弱刺激的持续作用时，感受性就会提高。在各种感觉中，视觉、嗅觉、味觉、触压觉、温度觉的感觉适应都比较明显，而痛觉和听觉的感觉适应较小。

1) 视觉适应

视觉适应包括明适应和暗适应两种。例如，白天从阳光灿烂的大街上进入黑暗的电影院，起初感到一片漆黑，但经过一段时间就可以看清周围的轮廓了。这是在微光的持续作用下，对弱光产生了适应，感受性逐渐提高，这种由明到暗的适应叫"暗适应"。反之，由暗到明对强光的适应叫"明适应"，是强光的持续作用引起的视觉感受性降低。暗适应时间较长，全部完成大约需要 30~40 分钟；而明适应进行很快，在最初的 1 秒内，由明适应引起的感受性下降就十分明显，此后变慢，明适应的过程大约在 1 分钟就全部完成。

2) 嗅觉适应

"入芝兰之室，久而不闻其香；入鲍鱼之肆，久而不闻其臭"就是嗅觉适应的表现。

嗅觉适应表现为嗅觉感受性降低的过程。嗅觉适应的速度，以刺激物的性质为转移。一般的气味，只需 1～2 分钟就可以适应；强烈的气味要经过 10 多分钟才能适应。而特别强烈的气味，令人厌恶，难以适应，甚至完全不能适应。

3) 味觉适应

味觉适应较为明显，也表现为味觉感受性的降低现象。例如，饭店的厨师由于连续地品尝，到后来做出的菜会越来越咸。

4) 其他感觉适应

在皮肤感觉中，触压觉的适应最为明显，大约在 3 秒后皮肤对压力的感受性就降到开始的 1/5。例如，冬天，我们穿上棉衣时，压力的感受性会很快降低，甚至消失。温度觉适应也较快，温度觉的适应时间大约需要 3～4 分钟，但对特别热和特别冷的刺激，适应现象则很难发生或不能发生。而痛觉和听觉的适应性很小，尤其是痛觉，甚至根本没有适应现象。例如，用针轻微扎一下就产生痛觉，如果继续扎下去将难以忍受。痛觉是伤害性刺激的信号，如果痛觉能够适应，将危及机体的生存。

总之，在感觉适应现象中，除了视觉的暗适应是感受性升高，痛觉极难适应之外，其他的感觉适应，包括视觉的明适应、嗅觉适应、触压觉适应以及温度觉(冷觉和温觉)适应，都表现为感受性降低的过程。

阅读资料 3-1

红色光可以缩短"暗适应"过程

美国著名心理学教授迈尔斯发现，红色光可以大大缩短"暗适应"过程。这是个纯生理学上的发现，想不到居然被有的国家应用到了军事上。比如，在北方雪地里作战的部队，此后就全部配备了红色玻璃眼罩，从而避免了官兵们在突然进入地下掩体时，会出现暂时丧失视力的危险。而在美国的军用机场，为随时待命起飞的空军战斗人员设置的休息室里，从此就全部改用红色光了，目的是当敌机来袭时，飞行员接到出击命令，快速进入机舱后，可以立即看清驾驶舱内的各种仪表，不至于因为暗适应过程而耽误了时间。连那位美国教授也想不到自己的发现会有这样的实际应用价值。

(资料来源：科学生活[J]. 2001(9))

3. 感觉对比

感觉对比(sensory contrast)是指同一感受器接受不同的刺激而使感受性发生变化的现象。它分为同时对比和先后对比。

1) 同时对比

同时对比是指几个刺激物同时作用于同一感受器时而产生的对比现象。马赫带现象(见图 3-2)就是同时对比的一个突出例子。所谓的马赫带，是指人在明暗交接处感到明处更亮而暗处更黑的现象。再如，同一个灰色长方形放在灰色背景下显得暗，而放在黑色背景下则显得亮，如图 3-3 所示。

图 3-2 马赫带现象

图 3-3 颜色对比

2) 先后对比

先后对比是指几个刺激物先后作用于同一感受器而产生的对某种刺激物的感受性的变化。例如，吃糖之后再吃药就觉得药特别苦，吃糖后再吃苹果就觉得苹果格外酸。

4. 联觉

联觉(synesthesia)是指一种感觉引起另一种感觉的现象。它是感觉相互作用的一种表现。联觉的形式很多，其中以色觉的联觉最为突出。例如，色觉可以引起温度觉，红、橙、黄等有温暖感(称暖色)，而蓝、青、紫则会有寒冷感(称冷色)。颜色—重量联觉，同样大小的两个球，白色的会使人感到轻些，黑色的则会使人感到重些。再如，室内家具如果选用淡而鲜艳的颜色就会给人轻巧的感觉，如果选用深而暗淡的颜色就会给人压抑的感觉。

5. 感觉补偿

感觉补偿(sensory compensation)是指某种感觉丧失后由其他感觉来弥补，即"用进废退"。例如，盲人的听觉、触觉、嗅觉特别发达，以此来补偿丧失了的视觉功能。感觉补偿也是不同感觉间相互作用的特殊表现，不同的感觉之间之所以能够相互补偿，是因为在一定条件下不同形式的能量可以相互转化。例如，苏联有一位盲聋的科学候补博士斯柯罗霍道娃，她依靠触觉、嗅觉和震动觉来认识周围世界，精通文字，会写诗，发表过几部专门研究聋盲人如何认识周围世界的著作，取得了很大的成就。

阅读资料 3-2

视觉的联觉——教室的颜色

土耳其心理学家经过长期的研究发现，小学教室的墙壁根据不同年龄阶段学生的特点使用不同的颜色，会对学生的视觉产生较大的影响，进而有助于学生的心理健康。

土耳其心理咨询中心的专家们认为，3～6 岁的儿童正处于好动阶段，非常容易发生意外，因此在幼儿园的教室里，应较多地使用具有安定情绪作用的黄色，辅以少量的暗绿色。小学一年级的新生由于进入了一个全新的环境，容易产生不安全感，而青绿色有助于增强他们的安全感。象征着活力与和平的橘黄色最适合小学二年级的学生。黄色、橙色和橄榄绿则有助于提高三、四年级学生的创造力。而大量的青绿色加上少量的蓝色和黄色，对于刚开始步入青春期而又不知所措的五、六年级学生来说是再合适不过的了。

专家们同时提醒教育界人士，应尽量避免将小学教室的墙壁涂成白色、深蓝色、黑色、咖啡色或灰色，因为白色会使人产生距离感，深蓝色容易使青少年过于老成，黑色和咖啡色使人心情沉重，而灰色会让人缺乏主见。

(资料来源：田学岭，张书义，贾香花，等. 心理学导论. 北京：中国科学技术出版社，2001)

3.1.4 知觉的特征

知觉的基本特征主要有四个：选择性、理解性、整体性和恒常性。

1. 知觉的选择性

知觉的选择性(selectivity of perception)是指人对同时作用于感觉器官的所有刺激并不都能发生反应，而只对其中少数刺激发生反应，并对外来信息进行选择而做进一步加工的特性。例如，上课时，老师指着教具讲解，这时教具就成了知觉的对象，整个教室就成了知觉的背景，而在教师黑板上写板书时，知觉的对象就转换成了黑板上的字。

在知觉过程中，由于知觉任务的变化，知觉的对象和背景不仅能够相互转化，还会相互依赖。图3-4(a)是知觉对象和背景相互转换的例子，即双关图。若以黑色为对象，是一个男人；若以白色为对象则是一个女人。图3-4(b)可以知觉为两个老人头像，也可以知觉为两个人的全身像，还可以知觉为花瓶等。图3-4(c)为兔子与鸭子的转换图。人在观看这一刺激图形时，尽管刺激同时作用于视觉器官，但人不可能对客观世界的全部事物都清楚地感知，而只能有所选择。

(a)

(b)

(c)

图 3-4　对象和背景转换双关图

影响知觉选择的因素包括主观因素和客观因素两个方面。从主观方面来看，与知觉主体的需要、兴趣、情绪状态、知识经验及其是否有明确的目的有关。从客观方面来看，与知觉对象的对比性、强度、新颖性、活动性、排列方式等有关。

2. 知觉的理解性

知觉的理解性(understanding of perception)是人在知觉事物时，往往根据自己的知识经验来解释它，赋予它一定的意义，并用语言、词把它的特性标志出来。

知觉的理解性主要受个人的知识经验、言语指导两个方面因素的影响。

(1) 知识经验。人知识经验的多寡，会影响其知觉的理解性。例如，一份新电器产品设计图纸，技术人员就会比一般工人知觉更深刻、更精确，而且知觉的速度也更快。

(2) 言语指导。由于言语能够指示知觉的内容，当外部的对象标志不明显时，通过言语的指导，可以唤起人过去的经验，有助于对知觉对象的理解。例如，图 3-5 上的一些黑色斑点，人们初看时难以知觉出它是什么东西，如果提示说"它像一条狗"，言语的指导就会立刻使人理解黑色斑点的意义，而将它知觉为一条似乎是生活在北极地带的狗。此外，实践活动及个人的兴趣、爱好、动机等对知觉的理解性都有重要的影响。

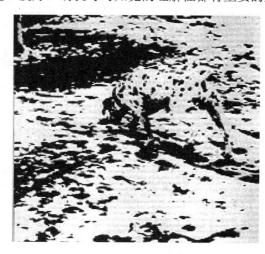

图 3-5　斑点图

3. 知觉的整体性

知觉的整体性(wholeness of perception)是指当直接作用于感官的刺激在不完整的情况下，人根据自己的知识经验，对刺激物进行加工处理，使知觉保持完整。与感觉不同，在知觉过程中，人不是孤立地反映刺激物的个别特性和属性，而是对多个个别属性的有机综合，反映事物的整体和关系。如图 3-6 所示的斑点图形，人一眼就能看出这是马的形象。

在知觉活动中，整体和部分是相互依存的，我们对事物个别属性的知觉依赖于事物的整体特性。如图 3-7 说明了部分对整体的依赖关系。在 A、B、C 横列中，我们将中间图形知觉为 B；对 12、13、14 纵看时，我们将中间图形知觉为 13。在此过程中，过去的知识和经验常常能提供补充信息。

影响知觉整体性的因素来自客观和主观两个方面。

1) 客观因素

客观因素表现在以下三个方面。

(1) 知觉对象各组成部分的强度关系。物体各部分所起的作用是不同的，最具代表性、关键性、刺激性强的部分往往决定整体知觉，其弱小部分常常被忽视。例如，观看公众人物被歪曲的漫画，我们可以从其关键特征上辨认出来。

图 3-6　斑点图形

图 3-7　部分对整体的依赖关系

(2) 对象各组成部分的排列特点。知觉整体性的形成不是随随便便的，而是遵循着一定的规则，接近律、相似律、闭合律、连续律等因素会影响知觉的整体性。接近律是指在空间、时间上彼此接近的部分容易被人知觉为一个整体，如图 3-8(a)所示，由于距离上的接近，而被知觉为每两列为一个整体；相似律是指物理属性(强度、颜色、大小、形状)相似的个体易被知觉为一个整体，如图 3-8(b)所示，由于颜色相似，圆点被知觉为横行；闭合律是指对看到的图形进行完形的知觉，如图 3-8(c)所示的线段和点会因闭合因素而忽略了三角轮廓所缺少的部分，而知觉为一个整体的图形(两个三角形或一个六角形)；连续律是指具有连续性或共同运动方向等特点的客体，易被知觉为一个整体，如图 3-8(d)所示的易被知觉为一个圆形和一个正方形的组合。

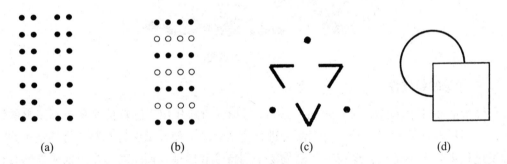

图 3-8　知觉的组织原则

(3) 对象各组成部分之间的结构关系。有时刺激物的个别部分改变了，但各部分的关系不变，仍能保持整体的知觉。例如，一首乐曲由不同人演唱，用不同乐器演奏，都能被人知觉为同一首乐曲。

2) 主观因素

知觉的整体性有赖于人的知识经验。当知觉对象提供的信息不足时，知觉者常常运用经验对残缺部分进行补充整合，从而获得整体映像。例如，对一块曾经知觉过的大理石，人只要看一眼，就知道它是光亮的、坚硬的、冰凉的。

4. 知觉的恒常性

知觉的恒常性(constancy of perception)是指当知觉条件在一定范围内变化时，知觉映像在相当程度上仍保持不变的特性。知觉的恒常性现象比较普遍，尤其是视知觉的恒常性特别明显，主要表现在以下几个方面。

1) 大小恒常性

人对物体大小的知觉不完全随视网膜上成像的变化而变化，而是趋于按其实际大小来知觉。例如，对同一个人，距离较远时，虽然在我们视网膜上的成像小了些，但我们绝对不会认为他变小了，仍能知觉其真实的大小，这就是大小恒常性。

2) 形状恒常性

人对物体形状的知觉映像，不会因为观察的角度不同而改变。例如，一个硬币从正面看是圆的，从斜面看是椭圆的，但我们依然觉得它是圆的，这就是形状知觉的恒常性。

3) 亮度恒常性

物体的亮度取决于它的反射率，反射率大的看起来亮，反之则暗。例如，煤炭和石灰的反射率不同，看起来石灰总比煤炭亮。若把石灰放在暗处，煤炭放在亮处，人们还是会认为石灰比煤炭亮。这种不受外界照明条件的影响，保持对事物亮度知觉的稳定性就是亮度知觉的恒常性。

4) 颜色恒常性

一个有颜色的物体在色光照射下，其表面颜色并不随色光照明的变化而变化，而是保持相对不变。例如，在不同灯光照射下，房间里家具的颜色保持相对不变。

影响知觉恒常性的因素很多，其中视觉线索具有重要的作用。视觉线索是指环境中的各种参照物给人提供的物体距离、方位和照明条件的信息。

知觉的恒常性在人的生活实践中具有重要意义。它可使人在不同的环境中，按照事物的本来面貌反映事物，从而使人有可能根据对象的客观实际来适应环境。如果没有知觉的恒常性，人就难以适应瞬息万变的外界环境，人类适应环境的活动也会变得十分困难。因此，知觉的恒常性是人有效从事社会生活活动的必要条件。

3.2 观察及观察力的培养

3.2.1 观察及有效观察的条件

1. 什么是观察

观察(observation)是知觉的高级形式，是一种有目的、有计划、比较持久的并且有思维和语言参与的知觉过程。观察比一般知觉有更强的积极性和理解性，思维在其中起着重要的作用，所以，观察被称为"思维的知觉"。

观察是人从现实中获得感性认识的主动积极的活动形式，是人学习知识、认识世界的门户，也是一切创造的开端。科学研究、艺术创造和教育教学等都离不开细致、敏锐的观察。"观察，观察，再观察。"这是苏联科学家巴甫洛夫从长期的科学研究中得出的重要经验。

2. 有效观察的条件

有效观察具有如下条件。

(1) 要有明确的观察目标。观察的效果如何，取决于观察目标是否明确。观察的目标越明确、具体，观察者对观察对象的反映就越完整、清晰；反之，目标不明确，盲目地去观察，学生就会东看看、西望望，不能把注意力集中在预定的观察目标上，整个观察过程便会无的放矢，抓不住要领和关键，得不到应有的收获。因此，教师必须预先向学生提出明确的观察目标，并且根据学生的年龄特征和知识水平尽量把观察的目标提供得具体些。

(2) 观察前要有必要的知识准备。任何良好的观察，都是以必要的知识准备为基础的。因为只有理解了的东西才能更好地被感知，没有相应的知识准备，即使有了明确的观察目标，也不知如何去观察。例如，一位有造诣的考古学家能从挖掘出来的陶瓷碎片上发现有重要价值的信息，而一个门外汉却很难看出任何值得注意的东西。所以，教师在引导学生观察一个事物前，应事先要求学生有必要的知识准备。观察前的知识准备越充分，观察的效果就越好。

(3) 要有周密的观察计划。在进行观察之前，要根据观察目标制订周密的行动计划、具体的实施方案。这样，在观察时才能做到心中有数，而不致顾此失彼，遗漏重点。特别是在观察复杂现象时，计划更应周密，周密详尽的计划可以避免观察时产生的盲目性和偶然性。

(4) 做好观察记录，巩固观察结果。一个优秀的观察者，不仅要有精确知觉事物的技巧，还必须有巩固观察结果的习惯。要使观察所获得的知识长期保存下来，成为有效的经验，在观察结束后，应做好观察结果的处理和运用。所有观察结果处理和运用的要求应在观察前就提出来，这样不仅能起到巩固观察成果的作用，还有利于提高学生观察的目的性，增强其观察的积极性。对于专门组织的观察活动，应要求学生做观察记录和报告或写作文、绘画等；对于较长时间的观察活动，应要求学生写观察日记等，用这些措施来巩固观察的成果。同时，要鼓励学生提出在观察中发现的新问题，为今后进一步的探索活动做准备。

3.2.2 观察力的培养

观察力(observational ability)是一种有意识、有目的、有组织的知觉能力。它是在一般知觉能力的基础上，当心理活动的有意性达到一定水平时产生的高级知觉活动能力。观察力的发展是整个智力发展的一个有机组成部分，是掌握系统知识的必要条件。

培养学生的观察能力，应该注意如下几点。

1. 激发学生的求知欲，培养浓厚的观察兴趣

浓厚的观察兴趣，会促使人主动持久地对某一事物进行观察，探究和认识客观事物的奥秘。由兴趣而导致的强烈的求知欲，会使人以不同寻常的态度和方法去审视一般人所不注意的事物和细节。如果学生没有观察兴趣，时时处处依赖教师的指导，观察力是培养不起来的。观察兴趣可以通过郊游、参观、访问等多种形式来培养。

2. 丰富学生的知识，提高观察的广度和深度

观察依赖于人的知识经验，人往往喜欢观察自己感兴趣、了解而又不太熟悉的事物。知识面越广阔，吸引人注意力的事物就越多。同时，已有的知识经验可以影响观察的广度和深度。知识丰富的人能从瞬息万变的事物中获取大量的资料。所以，教师要引导学生广泛涉猎各领域的知识，拓宽他们的思路。

3. 教会学生观察的方法和技巧，获取有价值的信息

教会学生观察的方法和技巧，是培养他们观察力的重要手段。一般来说，教师应从以下几个方面来着手。

(1) 老师要教会学生按照一定的顺序进行观察。在观察活动中，教师要用语言引导学生进行观察，使他们掌握观察的顺序。例如，老师引导学生先整体后部分，先轮廓后细节，先近后远，从上到下，从左到右，从整体着手，经各方面的分析，再回到整体。久而久之，学生就可以学会全面完整地观察事物的顺序。

(2) 教师应教会学生充分利用各种感官，在思维中进行观察。例如，观察春天，不仅要让学生去看春天，看吐新芽的柳枝、解冻的冰河、荡漾的碧波及田野里的一派新气象，还要让学生去听春天，听微风、听鸟语、听流水声……通过这样的观察，学生对春天就会有丰富的感性认识。在此基础上，教师还要引导学生，根据观察的目的和任务，思考看不见、摸不着但能表明事物本质的东西。

(3) 老师要教会学生根据不同的观察对象和任务来确定观察的方法。例如，学生在观察事物发展变化过程时，可采用定期观察法，了解各个阶段事物发展的特点，最终掌握事物发展的规律；在观察几种事物之间的异同时，可采用比较观察法，通过同中求异和异中求同，来确定事物之间的异同。

4. 提供观察的机会，培养学生随时观察的习惯

观察力是在长期的社会实践活动中逐渐培养起来的。教师要根据学生的心理特点和知识经验，为他们提供各种观察的机会。例如，组织参观访问、社会调查、种植花草、义务劳动等。在日常生活中，培养学生随时观察的习惯，要处处留心观察、勤于观察、乐于观察。

复习思考题

1. 名词解释：感觉、知觉、错觉、幻觉、感受性、感觉阈限、绝对感受性、绝对感觉阈限、差别感受性、差别感觉阈限、感觉适应、感觉对比、联觉、感觉补偿、观察、观察力、马赫带现象、晕轮效应、刻板效应
2. 举例说明什么是感觉，什么是知觉，并说明二者之间的关系。
3. 感觉和知觉的种类有哪些？分别是依据什么分类的？
4. 感觉的基本规律是什么？试举日常生活中应用感觉基本规律的事例。

5. 感受性和感觉阈限之间的关系是什么？感受性变化具有什么样的规律性？
6. 知觉的特征是什么？其对教学设计有什么启示？
7. 举例说明错觉现象，以及它在现实生活中的作用。
8. 什么是观察？良好观察的条件有哪些？
9. 如何培养学生的观察力？
10. 实践题：本章讨论了作为人的最基本、最初级的心理活动——感知觉。请思考一下，在教学实践中我们应该遵循哪些感知觉的规律来提高教学的质量？请根据自己经历过的一堂课，分析评价这堂课的教学哪些符合感知觉规律，哪些不符合甚至违背了感知觉规律而需要加以改进。

教师资格证考试真题再现

1. (2011年11月)当我们看完电影走在大街上，明亮的阳光刺得睁不开眼，过一会儿就感觉自如了，这种现象是( )。
  A. 明适应 B. 暗适应 C. 视觉后像 D. 感觉对比

2. (2012年11月)如图3-9所示，这个图形虽不是封闭的，但我们知觉它时，通常不会把它知觉成四条分割的线段，而把它知觉成完整的图形，这反映的是知觉的( )特性。
  A. 整体性 B. 选择性
  C. 理解性 D. 恒常性

图3-9 非封闭图形

3. (2013年3月)王老师播放一支乐曲后，学生们便在头脑中产生了相应的视觉形象，学生的这种心理活动属于( )。
  A. 对比 B. 联觉
  C. 补偿 D. 错觉

4. (2014年3月)小丹说她听到刮竹子的声音时，就会觉得很冷，浑身不舒服，这种感觉现象是( )。
  A. 适应 B. 对比 C. 联觉 D. 综合

5. (2015年3月)在张老师组织的百人大合唱中，如果增加一至两个人，小红感觉不到音量的变化，如果增加到十个人左右时，小红就能明显地感觉到音量的变化，这种刚刚能使小红感觉到的音量变化的最小差异称为( )。
  A. 绝对感觉阈限 B. 绝对感受性 C. 差别感觉阈限 D. 差别感受性

6. (2015年11月)成人与幼儿对一幅画的知觉有明显差异，幼儿只会看到这幅画的主要构成，而成人可以看到画面的意义，这反映的知觉特性是( )。
  A. 理解性 B. 选择性 C. 恒常性 D. 整体性

第4章 注　　意

本章学习目标

- 注意的概念
- 注意的种类
- 注意的品质
- 注意规律在教学中的运用

4.1 注意的概述

4.1.1 注意的概念

1. 注意的定义

注意(attention)是心理活动对一定对象的指向与集中。注意不是一种独立的心理过程，但往往和心理过程密切联系，作为心理活动的调节机制而存在。当一个人在学习或工作的时候，他们的心理活动总会指向和集中在某一对象上。例如，学生要想学好功课，就必须专心地听老师讲课，仔细地观察挂图，聚精会神地思考老师提出的问题，这里的"专心地""仔细地""聚精会神地"等就是注意。

人的注意总是保持着一定的警觉水平，即警觉性。巴甫洛夫学说认为，人的注意的警觉性与大脑皮质中的警戒点有关，而警戒点不论在人清醒或是睡眠状态下都存在着。熟睡的母亲之所以容易被身边孩子的动静惊醒，就是由于大脑皮质中的警戒点在起作用。

2. 注意的特征

注意有两个基本特征：指向性与集中性。

注意的指向性是指心理活动有选择地反映一些现象而离开其余对象。指向性表现为对出现在同一时间的许多刺激的选择，表明心理活动所反映的对象和范围。例如，一个人在剧院里看戏，他的心理活动选择了舞台上演员的台词、动作、表情、服饰，而忽略了剧场里的观众。对前者他看得清、记得牢，而对后者只能留下非常模糊的印象，甚至看完了戏，还不知他邻座的观众是一个什么样的人。在纷繁的环境中，人的感觉器官每时每刻都要接受各种信息的刺激，它们不可能同时成为人心理活动的内容，人总是选择特定的客体作为心理活动的对象。信息论的观点认为，人在每一瞬间接收信息是有一定限量的。当刺激信息超载时，心理活动只能选择其中一定量的信息做出反映，对其他刺激则不反映，或称"没注意"。

注意的集中性是指心理活动停留在被选择对象上的强度或紧张度。集中性表现为对干扰刺激的抑制，它的产生及其范围和持续时间取决于外部刺激的特点和人的主观因素。例如，医生在做复杂的外科手术时，他的注意高度集中在病人的病患部位和自己的手术动作上，与手术无关的其他人和物，便排除在他的注意之外。心理活动的强度越大，紧张度越高，注意也就越集中。

注意的指向性与集中性是彼此紧密联系的统一体，没有指向就不会有集中，集中是指向的体现和发展。注意是一切心理活动的开端，它始终伴随着一切心理活动的进程，并保证着心理活动的顺利进行。

4.1.2 注意的功能

注意在人的心理活动和行为中占据很重要的位置，对人类具有十分重要的意义。俄国教育家乌申斯基指出：注意是心灵的唯一门户，意识中的一切，必须经过它才能进来。许多实验表明，注意对学生学业成绩的优劣和智力的发展，对劳动者生产效率的提高，都有重要的影响。注意之所以在人的心理活动中起着这么重要的作用，是由它的特殊功能所决定的。

1. 选择功能

注意使心理活动具有选择性，即选择有意义的、符合需要的与当前活动目的相一致的各种事物或活动，避开或抑制那些无关的事物或活动。这种选择功能既表现为对心理与行为方式的选择，也表现为对心理活动对象的选择。由于注意的选择性，人的心理活动才能正确地指向和反映客观事物。否则，千变万化的外界事物，不加选择地进入人的意识，或者人头脑中原有的表象，全部同时呈现出来，那么人的心理活动将是一片混乱，任何活动都不可能顺利进行。

2. 保持功能

注意能使心理活动稳定在选择的对象上，直到活动达到目的为止。例如，围棋选手在对弈时，为了战胜对手可全神贯注棋盘风云几小时；外科大夫为了抢救病人可连续数小时站在手术台前，集中注意做手术。这些都说明注意具有保持功能，当心理活动发生以后，注意能使活动对象维持在意识状态中，得到清晰、准确的反映。没有注意的保持功能，人的各种心理活动就不可能连续地顺利进行，也就谈不上活动效率的提高。

3. 调节和监督功能

注意能使人及时觉察事物的变化，并调节自己的心理和行为以适应这种变化。如汽车司机会随时注意交通情况，根据实际变化，及时改变行车的速度和方向，以确保行车安全。注意的监督作用表现为能随时发现自己行动的错误，并对自己的心理、行为及时进行调整，对错误及时纠正。注意的调节和监督功能可以保证人能更好地适应周围环境的变化，更好地认识和改造世界。

4.1.3 注意的外部表现

人在注意时，常常伴随着一些特有的生理变化和外部动作，具体表现在如下几个方面。

1. 产生适应性动作

当注意某一事物时，人对感官进行的适当调整行为就叫适应性运动。如注意看时，视线必定集中在某物体上，举目凝视；注意听时，把耳朵转向声源，侧耳倾听；注意思考问题时，常常眼睛呆视，双眉紧皱，凝神沉思。这些举目凝视、侧耳倾听、凝神沉思都是注意的适应性运动。

2. 无关运动被抑制

人在注意力高度集中时，一些与活动任务无关的动作就会自然而然地停下来。比如，如果学生听课入神时，会抬起头注视着老师听课或专心思考，与听课无关的东张西望的小动作就会停止。

3. 呼吸的变化

当人处在紧张注意状态时，呼吸会变得轻微而缓慢，呼与吸的时间比例也会发生改变，呼长吸短。人在高度紧张地注意时，有时会发生呼吸暂时停止的现象，即所谓的"屏息"，如屏息观察。

注意的外部表现可以作为研究注意的客观指标。一般来说，注意的外部表现和注意的真实情况是相一致的，根据注意的外部表现，可以了解人的内心活动。但在特定条件下，人可以通过假象来掩盖注意的真实情况，可能会出现所谓貌似注意实际不注意或者貌似不注意实际注意的现象。如："小和尚念经——有口无心"，出现虚假注意。学生如果在课堂上用眼睛盯住老师一动不动，表面上一副认真听讲的样子，而实际上，他的注意力可能完全不在教师讲课的内容上，而指向与教学无关的其他事情。因此，在判断一个人的注意时，还必须进行多方面的观察和了解。

了解注意的外部表现，对教育工作者具有重要的意义。有经验的老师，能够根据学生注意的外部表现，如姿势、面部表情，特别是眼神判断他们是否注意。一经发现学生注意力分散的苗头，不等他们完全脱离教学活动就及时加以引导。

4.1.4 注意与心理过程的关系

注意不是独立的心理过程，不可能孤立存在，它是任何心理活动的开端，又与整个心理活动相始终。它总是参与到感知、记忆、思维、想象、情绪、情感等心理过程之中，并以心理过程的反映内容为自己的指向对象。一方面，注意没有特定的反映内容，人在注意什么实际上是正在感知什么、记忆什么或思考什么等。通常所说的"注意黑板上的挂图""注意教师的话"，实际上是指"注意看黑板上的挂图""注意听教师讲话"，只是由于习惯，把"看"字和"听"字省略了。注意如果离开了"看""听""思考""想象"等心理过程，也就失去了其存在的意义。另一方面，注意总是表现在各种心理活动之中，它是一切心理活动的开端和起点，并伴随着心理过程进行。注意总是表现为其指向于心理活动反映的客观事物，如果没有注意的参与，既不可能产生人的认知过程，也不可能产生情绪、情感和意志过程。但注意不是反映事物，它只是保证人的心理活动能够更好地反映这个事物或现象，使心理活动具有组织性、积极性、清晰性和深刻性。注意伴随着心理活动发生、发展并贯穿始终，是人的心理活动处于积极状态的必备条件。脱离注意的心理活动是不能独立进行的，同样，离开了心理过程的注意也是无法存在的。

注意是心理过程得以顺利进行的必要条件，并伴随心理过程的始终，使心理活动处于积极状态并且有方向性。任何心理过程总是表现为注意指向这一心理过程所反映的事物。在心理过程开始之后，注意并不消失，它可以保证某种心理活动有选择地指向和集中，并对活动进行调节与监督，直至达到活动目的为止。

阅读资料 4-1

注意的生理机制

注意的生理机制是很复杂的，是大脑皮层中枢与皮层下中枢协同活动的结果。

注意首先与大脑皮层下脑干网状结构(延脑、脑桥、中脑组成)的活动有密切关系。脑干网状结构的功能是调节和控制心理活动的激活水平，当外界刺激物作用于人的感受器时，外界信息通过一条通路直接到达大脑皮层——特殊传入通路；它还通过另一条通路即经过脑干网状结构后弥散到大脑皮层——非特殊传入通路，使大脑皮层处于激活状态。只有处于激活状态大脑区域感受到的信息，才是最清晰、最精确的信息。实验表明，将动物的脑干网状结构切断后，动物就会陷入沉睡状态。临床上脑干损伤的病人，主要症状是长期处于睡眠状态或梦样状态。

巴甫洛夫认为，注意的中枢机制是在大脑皮层上产生一个优势兴奋中心。根据负诱导的规律，优势兴奋中心产生后，大脑皮层的其他区域就会产生抑制。大脑皮层处于优势兴奋中心的部位就容易建立新联系，恢复旧联系，因而个体对外界事物或对自己的思想、行为就反映得最鲜明、最清晰。

另外，高级的有意注意还与大脑额叶的功能有密切的联系。

近年来，应用事件相关电位(Event Related Potential，ERP)技术、脑磁图(Magnetic Encephalo Graphy，MEG)技术、正电子发射断层扫描(PET)等新技术于神经心理学研究，发现认知活动在大脑皮层都有相应的功能区或功能单元定位，如视觉定位在枕叶部位；听觉定位在颞叶区。结果表明，当注意指向一定的认知活动时，可以改变相应的大脑功能区或神经功能单元的激活水平，从而对当前的认知活动产生影响。

4.2 注意的种类

根据注意发生时有无目的性和是否需要意志努力，可以把注意分为无意注意、有意注意和有意后注意。

4.2.1 无意注意

1. 什么是无意注意

无意注意(involuntary attention)是事先没有预定目的,也不需要意志努力的注意。由于它不受人的意识调节和控制,所以无意注意又称不随意注意。例如,正在上课时突然有位迟到的学生喊"报告",大家就会不由自主地把目光投向这位同学,这就是无意注意。

无意注意从其发生的方式来说是一种定向反射,它往往是由周围环境发生突然变化而引起的,表现为在一定刺激物的影响下,人不由自主地把感觉器官朝向刺激物。

无意注意是一种初级的、被动的注意。这种注意一般都能导致探索行为的出现,有利于人正确地认识周围环境,但也容易造成人的注意力分散。

2. 引起无意注意的原因

1) 刺激物的特点

(1) 刺激物的强度。强度大的刺激物容易成为注意的对象。例如,明亮的光线、喧嚣的声音、巨大的声响、强烈的气味等都容易引起人的无意注意。因此,学校要远离闹市、教室布置要简洁等。

(2) 刺激物之间的对比关系。刺激物之间在强度、大小、形状、颜色等方面差别越明显,就越容易引起人的无意注意。例如,鹤立鸡群的鹤(大小),许多圆形中的一个正方形(形状),万绿丛中一点红(颜色),等等,这些都容易引起人的无意注意。

(3) 刺激物的活动与变化。活动与变化的刺激物比静止不动的刺激物容易引起人的注意。例如,晚上大街上的霓虹灯、救护车、消防车、警车顶上的标灯与声音,课堂上做小动作的学生,等等。

(4) 刺激物的新异性。新奇的东西容易成为人注意的对象,千篇一律、刻板、司空见惯的东西则不容易引起人的注意。儿童的好奇心常常是从对新奇东西的注意开始的。因而,教师讲课要有新内容,新知识点,即使是复习课,也要有新东西,不应简单机械地重复。

2) 人自身的状态

(1) 人的兴趣和需要。凡是能满足人的需要,符合人的兴趣的事物,就能引起人的注意。例如,关于举办音乐会的广告,一般容易引起音乐爱好者的注意;准备考研的同学对各种考研培训班的海报必定特别注意。

(2) 已有的知识经验。凡是和已有知识经验相联系又能增进新知识的事物,容易引起注意;十分陌生或者非常熟知的事物,不容易引起人的注意。例如,学英语的学生听到英语广播时,就能引起他们的注意,而听到俄语广播时,就不会坚持听下去。

(3) 人对事物的期待。凡是人们期待着的事物,容易引起注意。例如,中国古典章回小说常用"欲知后事如何,且听下回分解"作为每一回的结尾,可使读者形成一种期待心理,吸引读者欲罢不能,手不释卷,一回回地读下去。

(4) 人的情绪状态。人的情绪状态在很大程度上可以影响无意注意。如果一个人心胸开朗、心情舒畅时,就会"人逢喜事精神爽",平常不太注意的事物,这时候也容易注意到；如果一个人郁郁寡欢、无精打采，平常容易注意的东西，这时候也不会注意。

(5) 人的健康状态。一个人身体健康、精力充沛，他的注意范围会比较广泛；反之，一个人生病、疲劳或者处于瞌睡状态时，注意的范围会减小。

4.2.2 有意注意

1. 什么是有意注意

有意注意(voluntary attention)是有预定目的、需要做出一定意志努力的注意。由于它受人的意识调节和支配，所以，有意注意又称随意注意。例如，当我们正津津有味地阅读小说时，上课时间到了，为了更好地完成学习任务，就必须努力把自己的心理活动从小说内容转向并集中到老师所讲授的内容上，这就是有意注意。

有意注意是主动的、自觉的注意，注意的对象是根据活动的目的有意识地选择的。人可以通过语言的调节作用，将注意力集中到一定对象和活动上。

有意注意是高级形式的注意，是人类所特有的注意，是人完成实践活动的必要条件。人类的实践活动是复杂的，无论是劳动还是学习，不可能全都引人入胜，肯定有许多困难，这就要求我们必须做一定的意志努力，迫使自己把注意力集中到这些活动上来。因而也有人称它为意志的注意。

2. 引起和保持有意注意的条件

(1) 加深对活动任务的理解。人对完成任务的重要性理解得越深刻、越清晰，完成任务的注意力就会越集中。例如，有经验的教师常常要求学生上课前预习，事先了解这节课要讲的内容，知道哪些地方自己没有看懂，学生有了比较明确而具体的听课目的，就能更有效地从课堂上选择信息。

(2) 合理地组织活动，排除无关刺激的干扰。在明确活动目的和任务的前提下，对活动进行全面合理的组织，有计划地实施，排除与活动任务无关的干扰，保证活动顺利进行。为了使注意集中在要完成的任务上，首先，准备工作要做好。根据要求，把用品准备齐全，以便在活动中全神贯注。其次，应把活动程序安排妥当，明确规定各阶段应完成的任务，提出进一步完成任务的具体要求，对"已经做过什么"了如指掌，对"现在还要做什么"有强烈的责任感。再次，把记忆、思维等智力活动与实际的外部活动结合起来，能更好地保持有意注意。

(3) 培养间接兴趣。间接兴趣就是对活动目的、活动结果的兴趣。例如，有些人本来对体育运动不感兴趣，但体育锻炼可以增强体质、减少疾病，因此才参加体育锻炼，其注意力是集中在增强体质上。

(4) 增强克服困难的意志力。一个人克服困难的意志力越坚强，他从事某项活动的注意力就越容易集中。

4.2.3 有意后注意

有意后注意(post voluntary attention)又称随意后注意，是指有一定的目的或任务，但不需要意志努力的注意。例如，初学文言文时，学生可能对"之乎者也"不感兴趣，只是为了完成学习任务，这时候的注意是有意注意。之后，当学生对文言文的基础知识掌握之后，对文言文本身产生了兴趣，凭兴趣可以自然而然地将注意力集中到文言文学习上，这时候的学习就是有意后注意。

有意后注意是注意的一种特殊形式。从特征上讲，有意后注意同时具有无意注意和有意注意的某些特征。它和自觉的目的、任务联系在一起，在这方面它类似于有意注意；但它不需要意志的努力，在这方面它又类似于无意注意。从发生的机制上讲，有意后注意是在有意注意的基础上发展起来的。

有意后注意的发展要靠有目的、有组织、有系统地学习或训练，才能收到良好的效果。培养有意后注意关键在于发展对活动本身的直接兴趣。当我们完成各种较复杂的智力活动或动作技能的时候，我们要设法增进对这种活动的了解，让自己逐渐喜爱它，并且自然而然地沉浸在这种活动中，这样，才能在有意后注意的状态下，使活动取得更大的成效。有意后注意既服从于当前的活动目的与任务，又能节省意志的努力，因而对完成长期、持续的任务特别有利。

4.2.4　无意注意、有意注意和有意后注意三者的关系

三种注意相互联系。三种注意虽然产生的条件和性质都不相同，发展的过程也有明显差异，但是在人的活动中它们往往相互联系、不能截然分开。心理学的研究表明，学生只凭无意注意去学习或活动，虽然轻松，但会使学习或活动杂乱无章，难以形成完整的知识结构，一遇到干扰，活动就不能顺利进行；如果学生只凭有意注意去学习或活动，时间长了会感到精神紧张，导致活动效率降低，也会影响创造性的智力活动；如果有意注意与无意注意协调配合，就会大大提高学生的学习效果。在活动中，没有无意注意的支持，有意后注意就会失去活泼性，而缺乏有意注意的支持，则有意后注意就会失去严肃性，三者密切相关。

三种注意可以相互转化。虽然三种注意是相对独立存在的形态，具有相对的稳定性。但是，在实践活动中，它们经常打破各自的稳定性，朝着某一顺序的发展趋势转化。例如，在教学过程中，教师生动的讲解引起了学生的无意注意。当教师深入地分析知识的重点、难点时，学生一方面要检索已有的知识来参与理解，另一方面又要把新知识纳入自己的知识结构体系，这就要付出一定的意志努力，这时依靠的是有意注意。随着教学的深入，学生顺利地接受了知识，扩大了知识领域，对教师传授知识的方式、方法也产生了兴趣，感到上课是轻松愉快的事，这时依靠的是有意后注意。再如，学习弹古筝，有人最初只凭直接兴趣学习，后来认识到它对陶冶情操、增长知识有重大意义，于是开始认真地钻研有关的理论，克服指法、乐理、识谱上的种种困难，保持了对这项活动的高度注意，这是无意注意被有意注意替换。随着学习的进步，他的弹奏技巧越来越娴熟，练习的自觉性也逐渐有所提高，对活动的目的、意义也越来越明确。这时，他无须作过多的意志努力就能维持稳定的注意，而且不会感到疲劳，这是有意注意被有意后注意替换。任何一种注意形态都

可能被另一种注意形态所替换。

三种注意的转化有时可以自然而然地进行，有时则需要一定诱发因素的帮助。教师善于促成三种注意的转化则是提高教学效率的一种艺术。

4.3 注意的品质

注意的品质主要有注意的范围、注意的稳定性、注意的分配、注意的转移。

4.3.1 注意的范围

1. 注意的范围的含义

注意的范围(attention span)又称注意广度，是指在同一时间内，人能清晰地把握注意对象数量多少方面的特征。知觉的对象越多，注意的范围越广；知觉的对象越少，注意的范围越窄。

最早进行注意广度实验的是哈密尔顿(Hamilton，1859)。他在地上撒一把石弹子让被试即刻辨认，结果发现被试很难立刻看到 6 个以上的石弹子，如果把石弹子以 2 个、3 个或 5 个放成一堆，被试能掌握的堆数和掌握的一个个石弹子数一样多。后来，心理学家用速视器来进行实验，在 1/10 秒的时间内呈现彼此不相联系的字母、图形或汉字，研究表明，成人注意的平均广度是：外文字母 4~6 个；黑色圆点 8~9 个；几何图形 3~4 个；汉字 3~4 个。

2. 影响注意范围的因素

注意范围主要可受下列因素的影响：

(1) 知觉对象的特点。①对具有实际意义的、易于被理解的对象，我们注意的范围就大，反之则小；②如果对象的排列有规则，能成为相互联系的整体，我们注意的范围就大，反之则小；③如果对象颜色、大小、体积等特点较有规律，我们注意的范围就大，反之则小。

(2) 人的活动任务和知识经验。①活动任务越单纯，我们注意的范围越大，反之则小；②一个人在某一方面的知识经验越丰富，就越善于把所感知的对象组成一个整体来认识，他的注意范围就越广阔。反之则越狭窄。例如，精通英文的人，读英文书注意范围就大，英文水平差的人注意范围就小。

(3) 把握对象的方法。①能熟练运用某些感知策略的人，其注意范围就大，反之则小；②善于应用符合心理操作规律、方法去把握对象的人，其注意范围就大，反之则小。

注意范围的扩大，可提高学习和工作效率。在学习过程中，注意范围大，阅读速度就快，可以"一目十行"。因而，训练学生扩大注意范围，是提高学习效率的必要条件。

教学工作也要求教师应有比较大的注意范围。一般来说，学生有一种共同心理，希望能够得到教师对自己的注意。教师对学生饱含期望和亲切的注意，可以沟通师生间思想感情的联系，能够激发学生积极向上的愿望，成为鼓舞学生努力学习的力量。较大的注意范围，还能够使教师及时地、更多地获得学生对教学的反馈信息。因此，教师无论在课堂上还是在其他场合，都应当有意识地扩大自己对学生的注意范围。

阅读资料 4-2

电视对儿童注意的影响

今天的儿童是在电视机旁成长的一代，各种各样电视节目的"过度刺激"对他们会有怎样的影响呢？心理学家通过各种实验发现，过多观看电视会缩小儿童的注意范围，降低儿童的阅读能力。电视节目节奏过快是导致注意范围缩小的主要原因，"摄影机和焦距不停地变化使得收看者的注视点每秒都在改变，久而久之注意的范围便会缩小。"一位有影响的学前教育家科恩(D.Cohen)认为：那些周围环境中充满狂乱节奏和电视速度的儿童，也就是易受干扰的儿童，对他们来说，集中注意是一个严峻的考验。

(资料来源：卢家楣. 心理学. 上海：上海人民出版社，2004)

4.3.2 注意的稳定性

1. 注意的稳定性的含义

注意的稳定性(stability of attention)又称注意的持久性，是指在同一对象或同一活动上注意所能持续的时间。这是注意在时间上的特征。注意集中的持续时间愈长，注意的稳定性越高。心理学研究表明，注意稳定时间的长短与年龄有关。一般5~7岁的儿童每次注意稳定的时间约15分钟，7~10岁儿童每次注意稳定的时间约为20分钟，10~12岁儿童每次注意稳定的时间约25分钟，12岁以后的人每次注意稳定的时间约30分钟。

注意的稳定性有狭义和广义之分。

狭义的注意稳定性是指注意保持在同一对象上的时间。人在感知同一事物时，注意很难长时间地保持固定不变。例如，把一只手表放在离我们一定距离的地方，使我们刚刚能够听到表的嘀嗒声。我们即使是十分专心地听，也会感到时而听到时而听不到，或者感到表的声音时强时弱。短时间内注意周期性的不随意跳跃现象称为注意的起伏。注意的起伏现象是不能直接控制的感受性所发生的周期性变化，是一种经常发生的、受神经活动本身特点影响的正常心理现象。如图4-1所示，当要求被试全神贯注地持续观看时，便会发现该图中的小方块时而向前凸出，时而又向内凹进，很难稳定下来。但是，只要被试把它想象为一个有实物意义的图形，如一个台座或者一个房间，三面是墙，上有天花板，下有地板，这时注意的起伏现象便会减轻。研究表明，注意的起伏周期一般为2~12秒。对于不同的刺激，注意起伏周期的持续时间是不同的，对声音刺激起伏周期时间最长，其次是视觉刺激，而触觉刺激起伏周期最短。

广义的注意稳定性是指注意保持在对一定活动总的指向上，而行动所接触的对象和行动本身可以发生变化。例如，学生在完成作业的过程中，可能要看课本，要写字，要演算，虽然他所看的课本、所写的字句或数字时刻在发生变化,但是他的注意仍能集中于完成作业这一项总的任务上。这时,他的注意就是稳定的。研究也证明,经过15~20分钟的注意起伏,将导致注意不由自主地离开客体。根据这一特点,要保持学生稳定的注意,教师上课时,每隔10~15分钟应使学生转换活动方式,把一些实际操作、动作融入学生的听知觉和视知觉的活动中,以便学生较长时间地稳定在学习上。

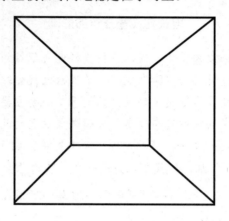

图 4-1 注意的起伏

与注意的稳定性相反的一种现象是注意的分散,又称分心,是指心理活动没有完全保持在当时所应该指向和集中的对象上。注意的分散是由无关刺激物的干扰或由单调刺激物所引起,是与注意稳定性相反的一种注意状态,它对完成当前的活动任务具有消极的影响作用。我们应该增强抗干扰能力,避免分心的产生。

2. 保持注意稳定性的条件

(1) 注意对象的特点。如果注意的对象是单调的,静止的,注意就难稳定;如果注意的对象是复杂的,变化的,活动的,注意就容易稳定。

(2) 活动的组织安排。活动多样化,并且不同的活动交替进行,以及不断出现新内容,提出新问题,可较长时间地保持注意稳定性。

(3) 人自身的特点。如果人对所从事的活动持积极的态度,有浓厚的兴趣,并借助有关动作维持知觉或思想进程,或从各种不同的角度进行观察和思考,那么注意就容易稳定、持久;相反,如果人对所从事的活动持消极态度,缺乏兴趣,注意就容易分散。

4.3.3 注意的分配

1. 注意的分配的含义

注意的分配(distribution of attention)是指在同一时间里人可以把注意指向不同的对象和活动。例如,司机开车,要眼观六路,耳听八方,手扶方向盘,脚踩油门和刹车,还要根据不同的路况随时调整速度等一心多用的现象。

在日常生活中我们常常说"一心不能二用",但我们又能看到大量一心二用,甚至是一心多用的现象。在西方,波尔哈姆(Paulham)最早进行过这个问题的实验,他试图一边口诵一首熟悉的诗，一边手写另一首熟悉的诗，结果发现是可以做到的。虽然有时他也会写出一个正在背诵着的词，但总的说来，这种相互干扰作用并不大。比纳(Binet，1890)也观察到，要两手同时各做不同的动作是困难的，但如果两手的动作能组合成协调动作，就不会有干扰作用。可见，注意是能够进行分配的，但注意的分配是有条件的。

2. 注意分配的条件

(1) 同时进行的两种或多种活动中最多有一种是不熟练的，其他的都已经达到了相对"自动化"的程度。这样，对熟练的、自动化的活动不需要更多的注意，就可以将注意分配在比较生疏的活动上。例如，老司机开车时能边开车边和人聊天，而新手司机是不敢这么做的。

同时进行的几种活动的复杂程度、熟悉程度和自动化程度都会影响注意分配的难易程度。活动越复杂、越不熟悉、越不习惯，注意分配就越困难，甚至是不可能的；反之，注意分配就越容易。

(2) 活动间的关系。同时进行的几种活动之间必须有一定的联系，或通过练习建立起某种反应系统，那么它们同时进行就容易成功。如果同时进行几种毫不相关的活动，则注意的分配是很困难的。例如，弹钢琴，右手弹主旋律，左手配和弦，左右手虽然弹的不一样，但活动之间存在一定的联系。

(3) 活动的性质。注意的分配与活动性质有密切关系。如果同时进行的活动属于动作技能，则注意分配比较容易。如果同时进行的是两种智力活动，注意分配就比较困难。

注意的分配能力是在实践活动中锻炼出来的。几乎所有的实践活动都要求较高的注意分配能力，而且也应该有意识地通过各种活动指导学生形成必要的熟练动作，使他们善于分配注意，能够把注意集中在主要的学习任务上，同时又能够照顾到次要的方面。

4.3.4 注意的转移

1. 注意的转移的含义

注意的转移(shifting of attention)是指根据新的任务，人主动地把注意从一个对象转移到另一个对象上，或从一种活动转移到另一种活动上。例如，学生前两节课听一门功课，后两节课又听另一门功课，根据新的任务把注意从一门功课转移到另一门功课上，这就是注意的转移。

注意的转移与注意的分散是根本不同的，前者是根据新任务的需要，主动地把注意转移到新的对象上，使一种活动合理地代替另一种活动，是一个人注意灵活性的表现；而后者则是在需要注意稳定的时候，不随意地改变了注意的对象，是受无关刺激的干扰，使自己的注意离开了需要注意的对象。

2. 影响注意转移的因素

(1) 原来活动的强度。原来活动的注意强度越大，注意的转移就越困难、越缓慢。例如，有的教师喜欢一上课就测验或发试卷，然后进入新课，这样做教学效果往往不好，其主要原因是学生对测验或试卷上的分数十分注意，以致很难让学生的注意力转移到新课上来。

(2) 新注意对象的特点。新注意的对象越符合人的需要和兴趣，注意的转移越容易；反之，注意的转移就越困难。

(3) 人的神经系统的灵活性。神经系统活动灵活性强的人能很快地实现把注意力从一个对象转移到另一对象上；神经系统灵活性差的人，就不能很快地实现注意的转移。

阅读资料 4-3

注意力缺失综合征的神话

注意力缺失综合征又叫注意力缺失症(attention deficit disorder, ADD)，在我国常被译为多动症，主要症状是非常容易分心、冲动、静不下来。这种疾病被认为正在折磨着大约200万美国儿童。

ADD被认为具有三个主要特征：活动过度(烦躁，过多的奔跑，在教室的座位上爬上爬下)、冲动(在班级里脱口说出答案，打断别人说话，排队等待时不耐烦)、漫不经心(健忘，丢三落四，不守秩序，由于疏忽出差错)。

近年来，遍及美国各地的精神病医生们给所谓的ADD开了几百万份利他林，这种药原本被允许用来控制成人的轻度抑郁症和衰老。

没有人会否认有许多孩子有规律地出现活动过度、冲动和漫不经心三种现象。

但是，多年来一直研究各种不同学习类型的托马斯·阿姆斯特朗博士明确指出："ADD不存在。"他在《ADD儿童的神话》中写道："这些孩子不是不正常。他们可能用另一种方式来思考、注意和行动，是普遍的社会和教育成见造就了这种不正常，而不是孩子们的问题。"

他认为，帮助这些孩子的最佳方法不是强加给他们医学标签和药物疗程，而是"给他们提供各种充满关怀、刺激和鼓励的活动"。例如，"一个孩子可能在集中注意力或行为上有困难，因为他的家庭陷入了一场危机，因为他的学习方式与学校的教育方式不一致，因为他对牛奶过敏，因为他的性格与他父母合不来，或者，因为他焦虑和忧郁"。

阿姆斯特朗博士指出了50种不用药物、标签或压制的手段来改善孩子的行为和注意时间的方法。那些方法涉及从饮食习惯到体能教育，从武术课程到轻音乐的演奏，从把能量引向艺术创造到计算机训练等方面。

(资料来源：珍尼特·沃斯，戈登·德莱顿；顾瑞荣，等，译. 学习的革命. 上海：上海三联书店，1998)

4.4 注意规律与教学

4.4.1 无意注意规律在教学中的运用

学生在学习过程中所产生的无意注意有消极与积极之分。为此，教师应努力利用无意注意规律组织教学，充分发挥无意注意的积极作用，排除其消极影响，应考虑采取以下措施。

1. 教学环境要美化、优化，控制引起分心的因素

优美的教学环境是避免产生消极无意注意的重要因素。教室要尽量远离一些喧闹的场所，如马路、闹市、操场、音乐教室等。教室里的空气要新鲜，光线要充足，布置要简朴、整洁，不要有过多的装饰和张贴。教师的服装要朴素大方，不穿奇装异服和留怪发，语言不要带口头禅，不要成为引起学生无意注意的刺激物。有的教师换了新装或理了新发型后，可以在上课前先到学生面前"亮亮相"，这种做法可以有效地减弱学生上课时的注意分散。

在直观教具的运用中，背景材料必须淡化，直观教具的展现时间要适当，及时收取。过早地把直观教具展现出来，会分散学生的注意力，使他们不去注意教师讲授的内容，而在真正需要使用教具时，这些教具又失去了新异性。

在课间休息时，不宜让学生做激烈的或竞赛性的游戏活动，以防止学生因过度兴奋而不能将注意及时转移到课堂上。

2. 精心组织教学内容

精心组织教学内容是吸引学生注意的重要条件。教师讲授的内容，要具体生动，新颖有趣，难易要适当，让学生既能听懂又要有新意，这是引起学生兴趣、维持注意的关键。抽象，枯燥无味的内容会使学生注意分散。在处理教材中的重点、难点时，教师应注意运用具体生动的教学方法，充分利用直观教具，语言要生动形象，语调要抑扬顿挫，配以适当的表情和手势，化难为易等。对于教学中必须重复的东西，如课文的熟读、同一类题的反复练习活动，教师应采用灵活多变的方法，保持其新颖性。

3. 教学方法要灵活多样，吸引学生稳定的注意

教学方法要直观形象、灵活多样。根据学生无意注意和具体思维占优势的特点，讲抽象的概念或道理不容易引起学生的注意，尤其是低年级儿童，离开了具体实物就难以理解，这就要求教学方法必须直观形象。充分利用电视、多媒体、幻灯、画片、挂图、标本、模型、实物等进行直观教学，把抽象的理论变得具体、鲜明，以引起学生的兴趣和注意，激发他们的求知欲。

4.4.2 有意注意规律在教学中的运用

教学是一种有目的、有组织、自觉的活动过程。教师要有效地组织教学，除了充分发挥无意注意的积极作用外，同时还必须遵循有意注意规律进行教学，依靠有意注意来维持和保证教学任务的完成。教师为了有效地组织与运用有意注意，在教学中可以采取以下的措施。

1. 明确学习目的和任务

学习是一种自觉的、有目的、以一定方式组织起来的活动。教育学生明确学习目的，

激发其学习的自觉性,始终是教学中需要解决的首要问题。学生对学习目的意义认识得越清楚、越深刻,就越能引起和保持有意注意。教师可以通过各种教育、教学活动,培养学生学习的目的性、自觉性。例如,在开始讲授一门新课时说明这门课程的目的、任务和意义,在一个新单元开始时明确提出需要解决的问题,在教材比较难懂的地方预先说明问题的复杂性和重要性,所有这些都能激发学生的学习自觉性。同时还要引导学生自己确立学习目的,这样学生就能有意识地把注意集中在教学活动中。

2. 培养间接兴趣

除了确立学习目标,还应让学生了解知识掌握后的功用和社会价值,引起他们对学习结果的间接兴趣。特别是在一些内容相对枯燥、难度较大的科目学习中,可以对学生阐明学习知识的意义和重要性,培养知识学习的间接兴趣,使他们进入有意注意的学习活动之中。

3. 科学地组织课堂教学

学习活动需要学生维持有意注意,但有意注意很难长久地集中,所以教师要严密组织课堂教学,教学内容和时间安排要紧凑,使每个教学环节都有充实的内容,同时还要避免任务安排过满,要给学生适当放松休整的时间。实践表明,教学内容的信息量少是教学节奏松弛、学生的注意难以稳定持久的原因之一。因此,教师要根据学习任务和学生的知识基础及接受能力,传授给学生饱满的信息量。同时应当把智力活动和实际操作相结合,使学生的听、看、想与老师的讲解同步,让每个学生都成为教学活动的积极参加者,这样能更有效地保证有意注意长时间地稳定在学习上。另外,教师适当放慢速度,穿插些有趣的谈话,也可以更好地促进学生的学习。可以说,课堂教学组织越合理,越符合学生的心理特点和内在需要,学生越不容易分心。

4. 加强意志力的锻炼与培养

学习是一项艰苦的脑力劳动,需要有顽强的意志力才能排除各种干扰,克服困难完成学习任务。因此,必须加强意志力的锻炼和培养,让学生学会自我控制,主动与注意分散做斗争。

4.4.3 巧妙地利用几种注意交互转化的规律组织教学

课堂教学中,教师常常面临学生注意力逐渐下降的现实。要使学生的注意力长时期保持,必须交替运用无意注意、有意注意并使之向有意后注意转化。这就依赖于教师对课堂教学的组织和教学艺术。在课堂教学的不同阶段,应采取灵活多变的策略。

在一堂课中,教师应对几种注意做巧妙安排使之自然地相互交替。一般说来,上课之初,学生的注意还停留在课前感兴趣的活动上,需要通过组织教学引起学生的有意注意。教师通过检查提问,可以使学生集中注意。接着通过生动活泼、灵活多样的教学,使学生对新内容产生兴趣,引起无意注意。另一方面,可以运用由浅入深、由具体到抽象的教学方法,减少学生学习中的困难,使学生顺利接受新内容,使有意注意进一步发展为有意后注意。下课之前，学生的注意最易涣散，所以在概括本节知识或布置作业时，要向学生提出明确而具体的要求，以引起他们的有意注意。在学生学习遇到困难或有外来干扰时，教师需及时鼓励学生克服困难，消除畏难情绪，对学习活动保持注意。随着教学的深入，学生顺利地接受了知识，扩大了知识领域，对教师传授知识的方式方法也产生了兴趣，感到上课是轻松快乐的事，这时依靠的是有意后注意。总之，在教学过程中，使几种注意有节奏地交替，并要善于引导学生运用两种注意相互转化的规律来安排学习，使学生的学习有张有弛，既能把注意指向学习活动，又不会引起过分紧张与疲劳，从而顺利、有效地完成学习任务。

阅读资料 4-4

划 数 测 验

下面介绍一种测定注意力的简单方法——划数测验。它由几个分测验构成：第一个测验要求被试划去"3"字；第二个测验要求被试不划"3"字，而划去位于"3"字前面的一个数字(要求被试的注意力从"3"转移到"3"字前面的一个数字)；第三个测验要求被试只选划"3"字前一位的"7"字(进一步要求被试选择性注意)；第四个测验要求被试划去夹在"3"字和"7"字中间的一位数字(要求被试注意广度扩大)；第五个测验是划"3"和"7"之间的偶数(要求被试在注意的广度上加强选择性注意)。

记分方法：全部划对数之和为粗分，错划和漏划的一半为失误，粗分减失误为净分。

净分=粗分－(错划+1/2 漏划)

失误率=(错划+1/2 漏划)÷划对×100

例：将 3 划去。

249136520486352178925437912576508134764512087352094789018524
178015463491225418645521807325860675925434473506491084615768162472504256589849871493652685719849274755937041287589613403390929157812980277368470721405417537898

例：将 3 和 7 中间的偶数划去。

4397234780136763540171038913735713279840159736026170498473216540261305816176491267317608186'7261613933791603915216240314646539459726135827604438791970764155761978045130640370219357310920537929317680718206917905163478217022

(资料来源：王有智，欧阳仑. 心理学基础——原理与应用(修订第 2 版).北京：首都经济贸易大学出版社，2006)

复习思考题

1. 名词解释：注意、有意注意、无意注意、有意后注意、注意的范围、注意的稳定性、分心、注意起伏、注意的分配、注意的转移
2. 注意的功能是什么？注意有哪些外部表现？
3. 引起无意注意的原因有哪些？
4. 如何引起和保持有意注意？
5. 注意的品质有哪些？影响注意品质的因素是什么？
6. 在教学过程中，如何运用注意的规律组织教学？
7. 实例分析，在教学中有这样一种现象，有些老师非常重视兴趣对学生学习的影响，主张："要让学生在笑声中掌握知识"，每次上课学生都兴趣盎然，笑声满堂。但是笑过之后学生却头脑空空，每到考试都手足无措。试用心理学的有关理论加以分析。

教师资格证考试真题再现

1. (2012年3月)杨柳被教室窗外的小鸟所吸引，不能专心听讲。这属于(　　)。
   A. 注意分配　　B. 注意广度　　C. 注意分散　　D. 注意转移
2. (2012年11月)王老师讲课时，迟到的钱冰突然推门而入，同学们不约而同地把目光投向了他。学生的这种心理活动属于(　　)。
   A. 无意识记　　B. 有意识记　　C. 无意注意　　D. 有意注意
3. (2013年11月)杨老师一边讲课，一边观察学生的反应，这体现了注意的哪种品质？(　　)
   A. 注意分配　　B. 注意稳定性　　C. 注意广度　　D. 注意转移
4. (2014年3月)辨析题：注意转移即注意分散。

第 5 章 记 忆

本章学习目标

- 记忆的概念
- 记忆的分类
- 记忆的过程
- 艾宾浩斯的遗忘曲线
- 影响遗忘的因素
- 良好的复习方法
- 记忆的品质

5.1 记忆概述

当感知过的事物不再继续作用于人的感官时,在大脑中留下的有关事物的映象并未随之消失,大脑不仅能记住感知过的事物的映象,而且能把思考过的问题、体验过的情绪和情感、做过的动作和运动等重新反映出来。也就是说,经历过的事物,可能在人脑中保持并储存起来,而且可以在一定的条件下把它们回忆出来,这是通过记忆过程实现的。研究记忆的规律,对于有效地避免和减少遗忘,提高记忆效率,有着非常重要的意义。

5.1.1 记忆的概念

1. 记忆的定义

记忆(memory)是过去经历过的事物在头脑中的反映。一个人对过去经历过的事物,包括感知过的事物、思考过的问题、体验过的情绪、操作过的动作,并不会因事过境迁,就失去所有的印象,而是或多或少、或深或浅地在头脑中留下一些痕迹,在一定的条件下,会以各种形式表现出这些痕迹的明显作用。比如,你看过一场电影,你仍能记得里面激动人心的场面和荡气回肠的情节,乃至主人公的某些豪言壮语、至理名言。你走访过一些地方或名胜古迹,若干年后,当你故地重游时,会不时触景生情地记忆起当初走访的情形,对那里的一景一物、一山一水有一种熟悉感,甚至还能辨认出某些道路、标记和细节,这里涉及的便是大量的记忆现象。

人的记忆能力是非常惊人的。正常人脑可储存约 10^{15} 比特的信息,相当于美国国会图书馆藏书总量的 50 倍(该馆藏书 1000 多万册),即 5 亿本书的知识,是目前世界上任何计算机所不能比拟的。一般来说，人的记忆力在 20 岁以前是向上发展的，18～35 岁记忆力最好，假定此时期的记忆成绩为 100%的话，则 35～60 岁时记忆的平均成绩为 95%，60～85 岁时记忆的平均成绩则降为 80%～85%。

2. 记忆的基本过程和环节

记忆是比感知觉更复杂、更高级的一种心理过程，是从"记"到"忆"的过程。从信息加工的观点来看，记忆就是刺激信息的输入、编码、储存、检索和提取的过程。

记忆过程包括识记、保持、再认或回忆(重现)三个基本环节。识记是获取知识经验的过程，通常，识记是经过反复地感知、反复地思考、反复地体验和反复地操作而实现的；保持是巩固已获得的知识经验的过程，也就是把识记过的事物的映象储存在头脑中的过程；再认或回忆是在不同的条件下恢复过去经验的过程。

3. 记忆的生理机制

根据巴甫洛夫的条件反射学说，记忆是大脑皮层上暂时神经联系的形成、巩固和恢复的过程。识记是暂时神经联系的建立；保持是经过复习和强化，暂时神经联系被巩固；在有关刺激的影响下，暂时神经联系的痕迹又恢复起来，就是再认或回忆；遗忘则是暂时神经联系的消退或被干扰现象。

人脑究竟在什么部位如何储存信息的呢？条件反射学说并未解释透彻。现代科学研究作了进一步的说明，记忆是整个中枢神经系统的功能，是不同神经中枢部位参加的整合活动。临床研究表明，大脑皮层的额叶和颞叶与记忆的关系密切。大脑额叶受损伤时，会失去积极识记的愿望，不能主动选择识记的手段和方法。海马与短时记忆有关，切除病人两侧的海马，短时记忆消失，但很久以前(包括童年的许多细节)的记忆和过去学会的技能并不丧失。

对神经系统结构的研究发现，学习和记忆会使神经结构发生相应变化。实验将一组大白鼠饲养在丰富多变的环境中，另一组饲养在黑暗的环境中，解剖发现，前者突触小枝明显增多，轴突的横切面扩大。研究表明，学习可以使突触部位的神经末梢增多或延长，会使突触间隙变窄，学习和记忆能促进突触的生长。另有研究证明，记忆与神经元内部的化学变化有关，也就是在神经元内记忆的储存需要脑内蛋白质的合成，而蛋白质的合成要受一种化学物质——核糖核酸(RNA)分子的支配。瑞典著名的分子生物学家海登，通过对白鼠进行走钢丝(平衡觉)练习，发现脑前庭细胞的 RNA 在质和量上都发生了显著的变化，认为记忆的产生与在 RNA 支配下脑内蛋白质的合成有关。

4. 记忆的意义

记忆在人类的心理活动与现实生活过程中居于不可或缺的地位。通过记忆，人才能够形成和积累知识、经验；通过记忆，人才能在已有知识、经验的基础上对客观事物进行更深入的认识，不断丰富、拓展自己的知识领域；通过记忆，人才能形成正常的心理和完整的个性；也只有有了记忆，人类的教育和受教育活动才成为可能。记忆是人一切智慧的根源。记忆力是智力的重要组成部分，人的智力结构中的各种因素都离不开记忆力。有人类以来，人们非常重视它，并且想出种种办法来弥补人脑记忆的不足，从结绳记事、利用画线、筹码到发明文字、记账、写日记、做记录、刻碑文、写历史、外交上的备忘录、再到现在电脑上的存盘等，都是为了帮助记忆、积累和传递经验。因此，在教学过程中，教师要根据记忆规律和学生记忆的特点组织教学，使学生获得知识经验并发展记忆能力。

5.1.2 记忆内容储存的形式

大量的研究结果证明，记忆信息储存的形式主要有两种：语词和记忆表象。

1. 语词

语词记忆(word memory)是信息以语言符号的形式被储存在人脑中。语词是客观事物简略化的记忆内容，人经历的事物是多种多样的，经过思维加工就能够以抽象化、概括化的语词的方式在头脑中保持下来，需要时又能在头脑中重现出来。

对语词的记忆是一个相对复杂的过程。研究表明，语词由字形、字音、字义三部分构成，进入大脑分别编码为形码、声码、义码。经过编码后的语词信息，可以储存在记忆中。

2. 记忆表象

1) 记忆表象的含义

记忆表象(memory image)简称表象，是感知过的事物不在眼前而在头脑中重现出来的形象。例如，去过济南大明湖的人回忆时，在头脑中出现"四面荷花三面柳，一城山色半城湖"的景象，这就是记忆表象。表象产生的基础是感知，没有感知，人脑中就不能产生有关客观事物的形象，表象就不可能形成。

2) 表象的特征

(1) 直观性。记忆表象是感知后留下的形象，所以它具有形象直观的特征。例如，当同学们回忆起中学时代的某位老师时，这位老师的音容笑貌、言谈举止的形象会在大脑中浮现。但它远不如直接感知时那样鲜明、完整和稳定，通常反映的仅是老师形象中的一些主要特征和大体的外貌。

在记忆表象的鲜明性方面存在着明显的个体差异。有人有鲜明的视觉表象，如画家；有人有鲜明的听觉表象，如音乐家；有人有鲜明的触觉表象，如先天的盲人；有人有鲜明的动作表象，如运动员、舞蹈家。有些儿童有遗觉像，即他们在背诵课文时，就好像是看着书在朗诵一样，能形成十分鲜明的视觉表象，这种记忆表象称为遗觉像(eidetic image)。遗觉像多在儿童中出现，一般到了青年期就消失了。美国心理学家哈伯研究表明，遗觉像型儿童约占儿童的8%。

(2) 概括性。记忆表象常常是综合了多次感知的结果，具有概括性。我们多次感知同类或同一物体，留下的是事物的一般形象。例如，当人们提到春夏秋冬时，在表象中呈现的是季节的一般形象：春天是阳光明媚，春暖花开、鸟语花香；夏天是骄阳如火，人们汗流浃背；秋天是秋高气爽，稻谷金黄；冬天是寒风呼啸，雪花飘飘。这是四季的一般形象在记忆表象中的反映，具有概括性的特征。

3) 记忆表象的意义

记忆表象是从感性认识过渡到理性认识的桥梁。从表象的直观性来看，它具有感知的特征；从表象的概括性来看，它具有思维的特征。所以，记忆表象是介于感知和思维之间的中间环节，在人的认识过程中起着重要作用。

记忆表象是学习的重要内容。据研究推测，形象信息与语言信息的比例大约为1000∶1，知识内容的重现，大多数以记忆表象的形式出现，可以说，我们若没有记忆表象就没有学习，对于某些职业活动来说更是如此。例如，画家、音乐家、运动员、技术员等的记忆表象具有更大的作用，所以教师在教学过程中必须注意发展和丰富学生的记忆表象。

5.1.3 记忆的分类

1. 根据记忆的内容划分

根据记忆内容的不同，可将记忆分为形象记忆、逻辑记忆、情绪记忆和运动记忆。

(1) 形象记忆(image memory)，是以感知过的事物形象为内容的记忆。形象记忆所保持的是事物的具体形象，具有鲜明的直观性，是以图像的形式储存的。例如，我们去看一部电影对某个艺术人物的记忆，就是形象记忆。

形象记忆可以是视觉、听觉、嗅觉、味觉和触觉方面的记忆。在日常生活中，一般以视觉和听觉方面的形象记忆为主。有研究表明，在儿童记忆发展中，形象记忆的意义和作用虽然随年龄的增长而相对降低，但其重要性始终是显著的，无论哪个年龄阶段，形象记忆效果都优于语词记忆效果。

(2) 逻辑记忆(logical memory)，是以语词、概念、判断、推理、公式、定理、规律等为内容的记忆。例如，对数学定理、哲学命题的记忆。

逻辑记忆是人类所特有的记忆，是对事物本身的性质和意义以及事物的关系高度理解的记忆，其特点是以抽象逻辑思维为基础，具有高度的概括性和逻辑性。

(3) 情绪记忆(emotional memory)，是以体验过的情绪情感为内容的记忆。例如，第一次领到工资时愉快心情的记忆就是情绪记忆。虽然事件已经过去很久，但对该事件的情绪记忆仍经久不忘，甚至终生难忘。情绪记忆的映象有时比其他形式的记忆映象更持久，如"一朝被蛇咬，十年怕井绳"的表现。

(4) 运动记忆(action memory)，又称动作记忆，是以做过的运动或动作为内容的记忆。例如，对体操舞蹈动作的记忆、游泳动作的记忆，都属于运动记忆。运动记忆是技能形成的基础，对人的动作的连贯性、精确性等具有重要意义。运动记忆一旦形成，保持的时间往往很长久。

2. 根据信息保持时间的长短划分

根据信息保持时间的长短，记忆可分为瞬时记忆、短时记忆和长时记忆。

(1) 瞬时记忆(immediate memory)又称感觉记忆或感觉登记，是指当感觉刺激停止之后头脑中仍能保持瞬间映象的记忆。例如，电影胶片静止的一张张画面连续播放时，使人看起来是连续的动作,这就是由于瞬时记忆的缘故,即视觉后像。

瞬时记忆是记忆系统的第一阶段,具有以下四个特点:①信息保存的时间很短,一般是 0.25~2 秒之间;②保存的信息具有鲜明的形象性;③记忆容量大;④瞬时记忆的痕迹易衰退,信息传输与衰变取决于注意。在瞬时记忆中的信息如果没有受到注意就很快消失,如果受到注意就会转入短时记忆。

(2) 短时记忆(short-term memory) 是指信息保持的时间大约在 1 分钟之内的记忆,又称工作记忆或操作记忆。例如,通过 114 查询电话号码,查到后能马上根据记忆拨出这个号码,但打完电话后又记不起这个号码了,这就是短时记忆,也称为电话号码记忆。

短时记忆是瞬时记忆和长时记忆的中间阶段,就其功能来说是操作性的,它对来自瞬时记忆和长时记忆储存的信息进行有意识的加工。一方面,它通过注意接收从瞬时记忆输入的信息,为当前的认知活动服务,并把其中必要的信息经复述输入长时记忆储存(不必要的信息随即消失);另一方面,它又根据当前认知活动的需要,从长时记忆中提取储存在那里的信息进行操作,如提取一个公式,对当前的数字进行运算,待用完后再放回长时记忆中。因此,短时记忆是一种当前工作状态的记忆,是信息加工系统的核心。

短时记忆具有以下三个特点:①短时记忆的信息容量有限,大约是 7±2 个记忆组块(chunking)。"组块"即记忆单位,可以是一个数字、字母、音节,也可以是一个单词或短语,组块的大小因人的知识经验而异,知识经验越丰富,组块也越大。米勒(Miller,1956)提出,短时记忆容量的决定因素往往不是取决于记忆的项目数,而取决于组块。不同的组块方式,记忆的容量也不同。例如,如果记忆项目数是 4~5 个组块,以字词为组块,可以记住 8~10 个字;以短语为组块,可记住 16~20 个字;以一句律诗为组块,可记住 20~28 个字。再如,有这样排列的 16 个英文字母"THANKYOUVERYMUCH",对不懂英文的人来说,这是 16 个记忆单位,很难记住。而对懂英文的人来说,就变成了 THANK YOU VERY MUCH 4 个组块,很容易记住。可见,组块化提供了一种超越短时记忆存储空间度的手段。②语言文字材料在短时记忆中多为听觉编码,非语言文字材料主要是形象记忆,此外还有少量的语义记忆。③短时记忆的内容经过复述可转入长时记忆。如果不经复述,会很快消失。

(3) 长时记忆(long-term memory),是指信息经过充分和有一定深度的加工后,在头脑中长时间保留下来的记忆。一般来说,信息保持的时间在 1 分钟以上,包括数日、数年、直至终身,时间跨度极大。

长时记忆是记忆系统的第三阶段,与短时记忆相比,长时记忆的功能主要是备用性的,储存在长时记忆中的东西不用时处于一种潜伏状态,需要时才被提取到短时记忆中。因此,短时记忆为动态记忆,而长时记忆为静态记忆。长时记忆具有以下三个特点:①信息保持时间长,可随时提取使用;②长时记忆的容量很大;③编码方式是言语编码和表象编码两种,并且相互补充。

综上所述,这三种记忆既有区别,又有联系,既可视为三个不同的种类,又可视为记忆系统信息加工过程中相互联系的三个阶段。外界刺激引起感觉,它留下的痕迹就是瞬时记忆;如果不注意便消失,如果注意,就转入工作记忆;工作记忆的信息若及时加工或复述，就会转入长时记忆。信息在长时记忆中被编码、储存，在一定的条件下可以提取出来。这就是记忆的三级加工模型，如图 5-1 所示。

图 5-1　记忆的三级加工模型

阅读资料 5-1

人类记忆的独特分类

俄罗斯生物学家亚历山大·卡缅斯基认为，人类的记忆方式有三种。

1) 遗传记忆

在人类生殖细胞(卵细胞和精子)中已经"记录"下任何一种生物的构成和活动原理，而这一"活动细则"将作为一组基因随着生殖细胞世代相传。遗传记忆的信息容量非常大，约为 10^{10} 个信息单位。而要记录下一个人构成的全部信息，总共只需其基因的 2%；那其余的 98% 是怎么回事呢？

原来，有一部分基因是我们从当时尚未进化成人的先祖那里继承下来的，甚至可以这样认为，这一部分基因是自然界的储备基金。在通常情况下，它们是不活动的，但地球上一旦出现意外的灾难，人类的生存条件一下子变得同几千年前的情况相同，先祖古老的基因便起作用，可以使现代人身上长出一些可以帮助他们存活下去的器官。本来人的胚胎就有腮和尾巴，这样就既可以在陆地上生活，也可以在水中生活，但大自然只让你做出二者其一的选择。遗传记忆有时候也会出差错，不活动的那部分基因开始活动起来，这时就会出现各种各样意想不到的奇怪现象。比如说，尾椎骨节数量有所增加，便使人长出尾巴，孩子全身长满浓密的长毛。

2) 免疫记忆

在人类的血液中有一种小小的、在真正意义上具有献身精神的细胞，它们短暂一生的使命就是消灭更多人类的敌人。淋巴细胞对异己细菌和最简单的有毒物质进入血液会有反应，这时它们便会产生一种抗体去"胶合"致病物质，不让它们进入别的器官。而要消灭这些已被"制服"的敌人，这一任务则由血液中的另外一种细胞——噬细胞来承担。

我们的这些细胞卫士能轻易地将异己细胞同自身的细胞区分开来，还有很好的记忆性，能在自己短暂的几天生命中牢记那些"敌人"，并且将此信息传给下一代。这样一来，凡得过麻疹、水痘和猩红热的人，可以获得终生的免疫力。如果诱发这些病症的细菌试图再度进入血液，必将很快被免疫系统内记住它们的细菌消灭掉。除此之外，在绝大多数人的身上，它们还能识别和消灭癌细胞，产生一种抗癌的免疫力。由此可见，如果这种记忆"出了问题"，那后果真是不堪设想。

3) 神经记忆

这就是我们平时常说的那种记忆。它的容量很大，约为 10 个信息单位。科学家们对神经记忆的研究由来已久，但至今对它的机制仍知之甚少。一旦接收某种信息之后，即开始记忆，而且此信息越是能调动情绪，就会记得越牢。神经记忆还分短期的和长期的。短期记忆的信息只能记住几分钟。比如说，当我们从电话号码本跑向电话机时，还能记住陌生的电话号码，该记忆很不牢固，精力稍有分散便忘了。但如果该信息能引起强烈的感受，而且将来还用得着，那它会自动转入长期记忆，有时一辈子也忘不了。信息从短期记忆转入长期记忆的过程称为巩固过程，人脑中有一个非常重要的部分——位于大脑颞叶下方深层的海马回便参加了其中的工作。

总之，遗传记忆使我们变成了人，免疫记忆使我们拥有健康的身体，而神经记忆则使我们具有个性，我们借以从已经历的过去向未知的将来走完漫长的一生。

(资料来源：卢家楣，魏庆安，李其维. 心理学. 上海：上海人民出版社，2004)

5.2 记忆的过程

记忆过程包括识记、保持、再认或回忆三个基本环节，也是记忆过程的三个连续的信息加工阶段。识记、保持是再认或回忆的基础，再认或回忆是识记、保持的结果。

5.2.1 识记

1. 识记

识记(memorizing)就是识别并且记住事物，是记忆过程的第一环节，是其他环节的前提和基础。从信息加工理论的观点来看，识记是信息输入和编码的过程。

2. 识记的种类

1) 无意识记和有意识记

根据目的性和努力程度，识记可分为无意识记和有意识记。无意识记(involuntary memorizing) 又称不随意识记，是没有明确的目的，也不需要意志努力，自然而然发生的识记。例如，在日常生活中"潜移默化""耳濡目染"等都是无意识记的结果。虽然没有给自己提出明确的识记目的和任务，也没有付出特殊的意志努力和采取专门的措施来识记某些事物，但这些事物自然而然地保留在大脑中，成为一个人知识经验的组成部分，这就是无意识记。

无意识记的内容具有两个特点：一是这些刺激在一个人的生活中具有重要的意义；二

是符合人的需要、兴趣以及能产生较强烈情绪体验的内容。具备这些条件的信息才容易进入无意识记，所以，无意识记具有极大的偶然性、片面性，单凭无意识记不能迅速获得系统的知识经验。

有意识记(voluntary memorizing) 又称随意识记，是事先有预定目的，必要时还需要一定意志努力的识记。识记的目的性决定了识记过程是对识记内容的一个积极主动的编码过程。例如，在教学中教师给学生提出识记某些定理、公式、历史事件或外语单词的任务都要靠有意识记才能获得。人掌握系统的科学知识，主要靠有意识记，所以，有意识记在学习和工作中占有重要的地位。

2) 机械识记和意义识记

根据识记材料的性质和对材料理解的程度，识记可分为机械识记和意义识记。机械识记(rote memorizing)依靠机械重复而进行的识记。它的基本条件就是重复。例如：人名、地名、历史年代、电话号码，材料本身没有一定的联系，我们通过多次重复把它们记下来，就是机械识记。再如，材料本身有一定的内在联系，但学习者并不理解，像幼儿背古诗就是死记硬背，也是机械识记。

在儿童记忆的发展中，机械识记出现较早。婴幼儿由于知识经验贫乏、理解力差、分析综合的思维水平低，他们的识记主要依据事物的外部特征和联系，采用简单重复、逐字逐句的机械识记方法。小学低年级儿童的机械识记仍占优势，随着年级的升高而逐渐减弱，到中学阶段机械识记地位相对降低。

意义识记(meaningful memorizing) 也称理解识记，是在对识记内容理解的基础上，依据事物的内在联系所进行的识记。意义识记的基本条件是理解，与积极的思维活动密切相关。理解的材料，记得快、记得牢，也容易提取。我们甚至可以给本来无意义的材料人为地赋予意义，使机械识记转化为意义识记，以提高记忆效果。例如，日本富士山的高度是 12 365 英尺，则正好可借用"12 个月 365 天"来记忆。

在儿童记忆的发展过程中，意义识记出现得较晚。在童年期，由于各门学科的内容要求儿童必须在理解的基础上识记，必须学会分析事物之间的内在联系，进行思维加工，因而意义识记得到迅速发展。在儿童的学龄晚期，随着儿童的知识经验日益丰富，言语思维能力进一步发展，意义识记逐渐占主导地位。遵循这些规律，教师在教学活动中可以根据学生的年龄、学习科目和记忆材料的不同，引导学生理解教学内容，尽量进行意义识记。

从记忆的总体效果上看，有意识记的效果优于无意识记，意义识记的效果优于机械识记，但它们并非相互排斥和绝对对立，而是相互依存和相互补充的，它们之间合理配合和运用可以更好地取长补短，增进识记效果。

5.2.2 保持和遗忘

1. 保持

保持(retention)是识记过的知识经验在头脑中积累、储存和巩固的动态过程，是记忆过程的第二环节，是再认或回忆的前提。从信息加工理论的观点看，保持是人脑对信息的储存过程。保持是一个动态过程,存储信息在内容性质和数量方面都会发生变化。

1) 内容性质方面的变化

记忆内容性质方面的变化主要是受主体已有的知识经验和对材料的认识加工能力的影响,其变化通常表现为:①内容更加简洁、概括,不重要的细节被省略;②内容变得更加完整、具体、合理和有意义;③某些内容变得更为夸张和突出。例如,巴特莱特(F.G.Bartlett,1922)做了如下实验:让第一个人看图,然后要他默画出来给第二个人看(图1),再让第二个人默画出来给第三个人看(图2)……依次下去,到第18个人时,图形从一只鸟竟变成了猫的形状,记忆图形发生了质的变化(图5-2)。

图 5-2 保持中信息的变化

2) 在数量方面的变化

记忆内容的量变包括遗忘和记忆回涨,最大变化就是遗忘。

记忆回涨也称记忆恢复,指识记某种材料经过一段时间后测得的保持量大于识记后立即测得的保持量的现象。这种现象儿童比成人明显,无意义材料比有意义材料明显,完全不熟悉的材料比不够熟悉的材料明显。

记忆回涨现象发生的原因比较复杂,一般分为以下几种情况:①学习者理解水平低。学习者识记时不能立即把新知识纳入已有的知识体系中,通过知识逐渐消化理解,新旧知识间才建立了内在联系。②材料的相互干扰。由于识记后的即时测验受前后材料干扰,各部分之间没有建立起有机联系,没有形成对材料的整体认识。过一段时间后,干扰消失以及材料间联系增多,材料整体性增强,引起回忆量的回升。③识记时的累积抑制。连续学习使学习者产生了神经疲劳,出现了累积抑制,经过一段时间的恢复后,疲劳解除,抑制消失,引起回忆量的回升。

2. 遗忘

1) 遗忘的含义

遗忘(forgetting)是对识记过的材料不能再认或回忆,或者发生错误地再认或回忆。它是与保持相反的过程,是记忆内容的消失。根据遗忘时间的长短,遗忘可分为暂时性遗忘和永久性遗忘。根据遗忘的内容,遗忘可分为部分遗忘和整体遗忘。

遗忘是一种自然的正常合理的心理现象。遗忘具有积极的作用,对人的学习、工作、生活和成长都具有重大的意义。人在生活中,会遇到一些高兴或痛苦的事情,该记住的保留,不必记住的随时忘掉,如果只有记忆没有遗忘,人岂不负担沉重?

2) 遗忘规律

德国心理学家赫尔曼·艾宾浩斯(H.Ebbinghaus,1850—1909)第一个对遗忘现象作了长期的、系统的研究。他应用了无意义音节作为记忆的材料,以自己作为被试,用了七八年的时间,对记忆的保持规律作了研究。从实验结果可以发现:遗忘速度最快的区段是20分钟、1小时、24小时,分别遗忘42%、56%、66%;2~31天遗忘率稳定在72%~79%之间;遗忘的速度是先快后慢的(见表5-1)。由此,绘制出著名的"艾宾浩斯遗忘曲线"(见图5-3)。艾宾浩斯遗忘曲线反映出人类遗忘的规律是:遗忘的进程是不均衡的,呈现先快后慢的进程。

表 5-1　不同时间间隔后的记忆成绩

次　序	识记后回忆时间	保持量的百分比/%	遗忘量的百分比/%
1	20min	58.2	41.8
2	1h	44.2	55.8
3	8h	35.8	64.2
4	1d	33.7	66.3
5	2d	27.8	72.2
6	6d	25.4	74.6
7	31d	21.1	78.9

图 5-3　艾宾浩斯遗忘曲线

3) 遗忘的原因

遗忘既有生理方面的原因,也有心理方面的原因,主要有以下学说:

(1) 痕迹消退说。痕迹消退说又称为消退说、衰退说,认为遗忘是由于记忆痕迹

(memory trace)得不到及时强化，随着时间的流逝而逐渐消退以至消失。例如，在感觉记忆或短时记忆中，未经注意或复述的信息就可能因为痕迹的被动消退而导致遗忘。该理论易为人们所接受，因为一些物理的、化学的痕迹有随时间而衰退甚至消失的现象，但消退说很难用实验证实。

(2) 干扰说。该理论认为遗忘是识记和回忆之间受到其他刺激干扰的结果。也就是说，识记过的东西之所以遗忘，不是记忆痕迹的消退，而是干扰所致，一旦干扰排除，记忆就能恢复。这种理论似乎不近常理，但却有实验佐证。关于干扰说最早的实验是詹金斯和达伦巴克(J.G.Jenkings & Dallenbach, 1924)进行的：他们让两组被试者识记同样一些无意义音节表，然后让一组被试者去睡觉，另一组被试者照常进行一般活动。分别在1、2、4、8个小时之后，让两组被试者回忆所识记的内容，结果睡觉组比活动组的成绩好。这用衰退理论无法解释，因为两组在相同间隔时间内都没有对记忆痕迹进行强化，而干扰理论则认为，这是由于睡眠组比活动组在相同的时间间隔内所受的干扰刺激少所造成的回忆上的优势，如图5-4所示。

图5-4 睡眠与清醒活动对记忆的影响

(3) 压抑说。又称动机性遗忘说(motivated forgetting)。该理论认为，遗忘是由于情绪或动机的压抑作用所致，如果这种压抑被解除，记忆也就能恢复。这种现象是由弗洛伊德(Freud)在临床实践中发现的。他在给精神病人实行催眠术时发现，许多人能回忆起早年生活中的许多事情，而这些事情平时是回忆不起来的。他认为这些经验之所以不能回忆，是因为回忆它们时，会使人产生痛苦、不愉快和忧愁，于是便拒绝它们进入意识，将其储存在无意识之中。只有当情绪联想减弱时，这种被遗忘的材料才能回忆起来。在日常生活中，由于情绪紧张而引起遗忘的情况也是常有的。例如，考试时，由于情绪过分紧张，致使一些记住的内容也想不起来。

(4) 同化说。该理论认为遗忘是知识的组织和认知结构简化的过程。当人学到了更高级的概念与规律之后，就以此代替低级的观念，使低级观念遗忘，从而简化了认知结构并减轻记忆负担，是一种积极的遗忘。在真正的有意义学习中，前后相继的学习不是相互干扰而是相互促进的，因为有意义学习总是以原有的学习为基础，后面的学习则是对前面学习的加深和补充。

4) 影响遗忘的因素

(1) 识记材料的意义和作用对遗忘进程的影响。识记材料的意义和作用对遗忘进程有很大的影响。一般来说，最先遗忘的是对识记者来说没有重要意义的、不引起兴趣的、不符合需要的、在工作和学习中不占主要地位的那些材料。长久的识记任务有利于延长材料在头脑中保持的时间。例如，在一项实验中，让学生背诵甲、乙两种难度相当、字数相近的短文。待学生背出后宣布甲文第二天检查，乙文在一周后检查。但实际上是两周后同时检查甲、乙两篇文章。结果是对乙文的保持效果(80%)明显高于甲文(40%)。有长久识记任务的材料在头脑中保持时间长。日常生活经验也告诉我们，只求临时记住的材料往往只能保持短暂时间，而要求长期保持的材料能保持得更长久。

(2) 识记材料的性质对遗忘进程的影响。识记材料的特点对遗忘有显著影响。一般地说，熟练的动作技能遗忘得最慢；形象材料比抽象材料遗忘慢；有意义材料比无意义材料遗忘慢；理解的内容比不理解的内容遗忘慢。戴维斯等人综合 18 个无意义和 24 个有意义材料的研究结果，发现随时间的推移有意义材料的保存量比无意义材料的保存量下降要慢，如图 5-5 所示。

图 5-5　有意义和无意义材料的保持曲线

(3) 识记材料的数量对遗忘进程的影响。识记材料的数量对于识记效果有很大影响。一般地说，识记需要的时间常常随着材料数量的增加而增加，但要达到同样识记水平，材料越多，平均用时或诵读次数越多。艾宾浩斯的实验结果，如表 5-2 所示。识记有意义的材料时，平均用时的增加不像无意义材料那样显著，但增加的趋势是一致的。

表 5-2　识记材料的数量对记忆的影响

无意义音节数	成诵所需读次数
12	16.5
24	44
36	55

根据这一规律，教师在教学中应注意适当地安排学生识记材料的数量，在一定时间内要求识记材料的数量不宜过多。如果过分加大数量，会降低识记效果，也会影响学生的积极性。

(4) 学习程度对遗忘进程的影响。达到一次完全正确再现后仍继续识记称过度识记，又称过度学习或适当的超额学习。过度学习有利于识记材料的保持，但是也要明白"过犹不及"的道理。如果以一次完全正确再现的学习度为100%，那么150%的过度学习是提高保持效果的最经济有效的选择。克鲁格(W.C.F.Krueger，1929)在实验中让被试者识记12个名词，学习程度分别为100%、150%和200%。在1～28天后检查保持效果，其结果表明，学习程度超过150%并不明显地改善保持状态(见图5-6)。一般地说，过度学习可以使识记的材料保持得更好，150%的过度学习是提高保持效果的最经济有效的选择，超过150%，记忆效果不再有显著提高。

(5) 识记材料的系列位置对遗忘进程的影响。识记材料的系列位置不同，遗忘的情况也不一样。遗忘主要由所识记的先后材料之间的相互干扰造成，分为前摄抑制和倒摄抑制。前摄抑制(proactive inhibition)是指先前学习材料对识记和回忆后学习材料的干扰作用。倒摄抑制(retroactive inhibition)是指后来学习的材料对保持和回忆先前学习材料的干扰作用。一般表现为，材料开始部分最容易记住，其次是末尾部分，中间偏后一点的项目则容易遗忘。

天津师范大学沈德立等人用序列识记后自由回忆的方法，研究小学生识记系列材料时的系列位置效应。研究发现，小学生识记单词时，前面部分识记效果最好，其次是后面部分，中间部分的识记效果最差；识记数字时，则后面部分效果最好，其次是前面部分，中间部分识记效果也最差(见图5-7)。加利福尼亚大学波斯特曼(L.Postman)等人的研究认为，一般情况下，中间项目遗忘次数相当于两端项目的3倍。范卡尔脱(M.Fancauh)指出，中间偏后一点的项目记忆效果最差。

图5-6 学习程度与保持量的关系

图5-7 小学生系列位置回忆曲线

5) 良好的复习方法

复习是巩固知识，防止遗忘的最有效手段。但复习并不是对已学习内容的简单重复，而应根据记忆规律，采取有效措施。

(1) 及时复习与及时反馈相结合。根据艾宾浩斯的遗忘规律，遗忘呈先快后慢的进程，要在遗忘尚未大规模开始前进行及时复习，"趁热打铁""先密后疏"可以收到事半功倍之效。同时，要及时反馈，及时知道自己的学习状况，知道对错以便及时加强练习。

(2) 集中复习与分散复习相结合。强调复习并不是复习的越多越好，复习的效果和次数不是成正比的。艾宾浩斯背诵拜伦的一段诗，第一天重复 8 次记住，第二天只重复了 4 次，第三天 2 次，第四天以后就不用再重复了。

正确分配复习时间，对复习效果有着重要的影响。复习时间的分配有两种方式：集中复习和分散复习。要根据学习材料的性质、数量、难度采取不同的记忆策略。如果学习材料数量少、难度小，集中复习的效果好；如果学习材料数量多，难度大，分散复习的效果好；属于思考式的材料，宜集中复习。在时间和条件大致相同的情况下，分散复习的效果优于集中复习，因为它可以有效地防止前摄抑制和倒摄抑制的干扰。

(3) 反复阅读与尝试回忆相结合。在对材料没有完全熟记之前不宜采用一遍又一遍地单纯诵读，应该积极地尝试回忆，即读几遍后合起书来尝试回忆，遇到回忆不起来的部分再阅读，这就是反复阅读与尝试回忆相结合的方法。盖兹(A.I.Gates)经过实验证实这是一种积极的复习方法，最好的比例是 20%的时间用于阅读，80%的时间尝试进行背诵，可以获得最佳的记忆效果。

反复阅读和尝试回忆相结合之所以能够提高记忆效果，是因为尝试回忆是一种更积极的认知过程，要求大脑更积极地活动。同时它又是一种自我检查的过程，可以使人集中精力学习尚不能回忆的部分和改正回忆中的错误。

(4) 采用多样化的复习方法，动员多种感官参加复习。采用多样化的、新颖的复习方法，注意口头作业、书面作业、实际操作等不同形式的作业穿插进行，可以调节大脑的活动方式，提高记忆效率。例如，儿童学习字词时，一般不应单纯地、大量地抄写或背诵，可以采用填词、造句、写出同义词和反义词等多种方式进行复习。再如，有图表的材料尽量用表象记忆的方法；与其他事物联系密切的材料充分运用联想记忆的方法；有争议的问题，运用与别人展开讨论的方法；内容复杂的材料，可运用小结归纳、列提纲、写概要、列表等方法加深记忆，避免相似材料的干扰。总之，采用多样化的复习方法，动员多种感官参加复习活动，是提高识记效果的一个重要条件。

(5) 科学用脑，劳逸结合。学习时间长了，就会引起学生大脑神经疲劳，从而降低记忆的效率。这时如果让大脑积极休息一下，就会迅速提高大脑活动的机能，减少遗忘。研究证明，学生如果在课间有 10 分钟的积极休息，便可以使脑力活动的效率提高 30%。另外，适当睡眠也是科学用脑、提高学习效率的必要措施。

5.2.3 再认或回忆

再认或回忆是记忆过程的第三个环节，标志着整个记忆过程的数量和质量，是衡量记忆效果的重要指标。从信息加工理论的观点来看，是信息的提取或输出过程。

1. 再认

再认(recognition)是指经历过的事物再度出现时，能把它认出来。例如，考试中的选择题就是通过再认的方式来检查学生掌握知识的情况。

再认的速度和准确性取决于三个条件：①识记的牢固程度。识记牢固，再认就容易；识记不牢固，再认就困难。②眼前事物与头脑中过去事物的相似程度。如果变化不大，就容易再认；如果事物发生了很大的变化，就难以再认。③有关的线索。再认主要是依据线索进行的，线索可能是事物的个别部分或特点，也可能是当时事物的情景，利用这些线索与当前呈现的事物进行对照分析，以唤起对事物整体或其他部分的回忆。

2. 回忆

回忆(recall)又称重现(reproduction)，是指在一定诱因的作用下，过去经历的事物在头脑中独立地重新回想出来的过程。例如，考试中的问答题就是通过回忆来完成的。回忆比再认更为困难和复杂，能回忆的一定能再认，而能再认的不一定能回忆。

1) 回忆的种类

根据有无明确目的和是否需要意志努力，回忆可分为有意回忆和无意回忆。有意回忆(voluntary recall)又称随意回忆，指有回忆的目的和任务，自觉地去追忆以往的某些经验。例如，考试时的"冥思苦想""搜肠刮肚"的回忆都属有意回忆。无意回忆(involuntary recall)又称不随意回忆，指没有预定的目的和任务，只是在某种情景中自然而然地想起某些旧经验。例如，一件往事偶然涌上心头，"触景生情"或"睹物思人"等，都属无意回忆。

根据回忆时是否需要中介物，回忆又可分为直接回忆和间接回忆。直接回忆(directory recall)不需要以其他事物为中介即可提取有关信息。例如，对背熟的乘法表或十分熟悉的外语单词，通常可以直接回忆起来。间接回忆(indirectory recall)则需要以其他事物为中介，并经过一系列推理过程，提取有关信息。例如，唐诗云："十年离别后，长大一相逢，问姓惊初见，称名忆旧客。"

2) 影响回忆的因素

识记材料、保持材料都是为了在必要时能回忆材料。如何做到能准确、迅速地把识记、保持的材料提取出来，是提高记忆效果、防止遗忘的重要步骤。影响回忆的因素主要有：①信息加工水平。在识记时对材料的信息加工水平会影响回忆的效果。一般说，加工水平越高，回忆效果越好。②联想线索。在识记时是否设下联想线索会影响回忆的效果。在识记材料时，建立它们之间以及它们和已有经验之间某种或多种联想线索，在回忆时，只要记住某一线索，就能联想出一连串材料。③回忆场合。回忆场合(context)与当初识记时的场合是否一致，也会影响回忆的效果。这里的回忆场合既包括客观环境，也包括机体的内部环境。④回忆时的情绪状态。情绪状态对回忆的影响也十分明显，良好的情绪状态，如愉悦、轻松、平和的情绪有利于回忆，而负情绪，尤其是紧张情绪可对回忆会产生明显的抑制作用。

5.3 记忆的品质

对于一个人记忆能力的评价不能笼统地说好或坏，强或弱，也不能仅从某一个方面的表现来看，必须全面地加以衡量，这就涉及记忆的品质问题，记忆的品质包括四个方面。

5.3.1 记忆的敏捷性

记忆的敏捷性是指识记速度的快慢。对于同一种材料，有的人能很快记住，有的人需要很长时间，记忆的这种品质表现非常明显。例如，我国著名的科学家茅以升，小时候旁观祖父抄写古文《东都赋》，他的祖父刚抄完，他就能全文背出来，其记忆的敏捷性是极其惊人的。记忆的敏捷性最容易被人们观察到，所以有人经常以此来衡量人的记忆力，实际上是不全面的。有的人记得快，忘得也快，所以要想正确评价人的记忆力，必须把记忆的敏捷性和其他品质结合起来，这样才有意义。

5.3.2 记忆的持久性

记忆的持久性是指识记的信息在头脑中保持时间的长短。人在这个品质上也表现出很大的差异。有的人能把识记过的事物长久地保持在头脑中，而有的人则很快就会把识记过的信息忘掉。著名的作家巴拉柯夫在一次音乐会上听了柴可夫斯基的一支交响乐作品，两年之后他还能把这支交响乐准确地再现出来。著名的物理学家和数学家欧拉对数字具有超凡的记忆力，他能记住1～100的全部数字的前6次方的值，这样的记忆确实是惊世骇俗的。儿童记忆保持时间的长度可随年龄增长而延长。

记忆的敏捷性和持久性之间没有必然的联系，有的人识记得快，保持得也很持久；有的人记得快，忘得也很快。有的人虽然记得很慢，但保持得很牢固。在学习过程中，要想识记的材料牢固地保持下来，最有效的方法莫过于及时合理地安排复习。

5.3.3 记忆的准确性

记忆的准确性是指对识记的材料记忆是否正确，这是记忆的一个最重要的品质，也是记忆品质的核心。如果一个人的记忆不准确，那么其他的品质再好也是没有价值的。有的人对识记过的材料可以准确无误地加以重现，而有的人则常常是"张冠李戴"或"丢三落四"。例如，我国汉代著名学者蔡邕的作品，是他的女儿蔡文姬准确无误地背诵出来才得以保存下来。

5.3.4 记忆的准备性

记忆的准备性是指能否及时地从记忆库中提取所需要的知识。这是使知识能及时地运用于实践的良好记忆品质。例如，在各种抢答赛中，有的人反应很快，有的人反应很慢，虽然有的参赛者掌握了回答某问题的知识，但在提取信息的速度上慢，这就是记忆准备性上的差异。记忆的目的主要是为了应用，如果一个人不能及时地把所需要的知识提取出来，即使他的知识非常丰富，也不能有效地为实践服务，因此记忆准备性也是记忆非常重要的品质。

在实践需要中，能否很快地把所需要的知识提取出来，主要取决于两个条件：一是识记时是否系统地组织记忆内容。只有把大脑中所储存的知识有秩序地加以安置，才可能在需要时及时准确地从记忆库中提取所需要的信息。二是熟练掌握追忆的技能，即在回忆时会利用各种联想来帮助追忆。因此，要想提高记忆的准备性，应该在学习和教学中，使知识高度系统化，尽量找出事物之间的区别与联系，在理解的基础上进行学习。

总之，记忆的四个品质是彼此联系、互为补充的一个整体，只有四种品质协调发展，才能形成良好的记忆能力。人的记忆品质存在差异，有的人记得快，忘得慢而且记得准确，提取得快，有的人则不同。因此，检验一个人的记忆水平，不能单看记忆某一个方面的品质，而应该全面衡量。同时也应看到，人的记忆能力是不断变化的，有很大的发展潜力。

复习思考题

1. 名词解释：记忆、识记、保持、再认、回忆、记忆表象、形象记忆、逻辑记忆、情绪记忆、运动记忆、瞬时记忆、短时记忆、长时记忆、无意识记、有意识记、机械识记、意义识记、记忆回涨、遗忘、艾宾浩斯遗忘曲线、前摄抑制、倒摄抑制、过度学习
2. 记忆包括哪几个基本环节？
3. 试述记忆的三级加工模型，比较瞬时记忆、短时记忆、长时记忆的不同特征。
4. 识记有哪些种类，对长时记忆的习得有什么不同的影响？
5. 遗忘在数量上存在什么变化规律？
6. 试述遗忘原因的学说有哪些？
7. 影响遗忘的因素有哪些？
8. 如何有效地组织复习？联系自己的学习实际，分析提高记忆效率的因素。
9. 记忆的品质包括几个方面？
10. 案例分析：在我们的学习过程中，每讲到一个问题，课堂上总觉得学会了。但一到提问考试，却怎么也想不起来，请用所学的有关心理学的原理加以分析。

教师资格证考试真题再现

1. (2013年3月)闭卷考试时,学生在头脑中呈现问答题答案的心理活动属于( )。
   A. 识记　　　B. 保持　　　C. 再认　　　D. 回忆

2. (2014年3月)让小丽先后学习两组难易相当、性质相似的材料,随后的检查发现她对前面一组材料的回忆效果不如后面一组好,这是由于受到( )。
   A. 倒摄抑制　　B. 前摄抑制　　C. 分化抑制　　D. 延缓抑制

3. (2015年11月)晓东在记忆英文单词时,如果不对其加以复述,这个单词在他头脑中只能保持几十秒。这种记忆现象是( )。
   A. 瞬时记忆　　B. 短时记忆　　C. 长时记忆　　D. 内隐记忆

第 6 章 思 维

本章学习目标

- 思维的概念、种类
- 思维和语言的关系
- 思维的过程和形式
- 问题解决的过程及影响问题解决的因素
- 创造性思维及其培养
- 想象的概念、种类

6.1 思 维 概 述

早晨起来,推开窗户,看见对面屋顶是湿淋淋的,于是便推想到:"昨夜下雨了。"这时,人并没有直接感知到下雨,也没有在脑海中重现昨夜下雨的情形,而是借助其他事物为媒介(屋顶潮湿),用间接的方法推断出来的,这一推断过程就是思维。

6.1.1 思维的概念

1. 思维的定义

思维(thinking)是人脑对客观事物间接的、概括的反映,它反映的是客观事物的本质和事物间规律性的联系。

思维是一种高级的认知活动。感知觉是对客观事物的直接反映,它们所反映的只是客观事物的个别属性和外部现象,属于感性认识。思维是对客观事物间接的、概括的反映,它可以反映事物的本质属性及其规律性联系,属于理性认识。例如,通过感知觉,我们能感知形形色色的具体的笔(铅笔、钢笔、毛笔、蜡笔等);通过思维,我们就能把所有的笔的本质属性(写字的工具)概括出来。再如,通过感知觉,我们能感知太阳和月亮每天从东方升起,又从西方落下;通过思维,我们还能揭示这种现象的规律性是由于地球自转和月亮绕地球转动的结果。因此,思维是一种更复杂更高级的认知活动。

2. 思维的特征

思维具有间接性和概括性两个特征。

思维的间接性,是指思维在已有经验的基础上,以一定的事物作媒介来认识事物。在现实世界中，有许多事物或现象靠感知是无法直接反映的，但通过思维，就可以间接地认识这些事物或现象的本质。思维的间接性体现在以下方面：一是我们可以通过一事物认识他事物，实现认识过程的由此及彼。例如，地质工作者在珠穆朗玛峰地区4000万年前的地层中，发现许多海洋生物化石，以此推断"世界屋脊"在远古是一片汪洋大海。二是我们可以通过事物的外部现象认识其内在的、规律性联系或变化，实现对事物认识的由表及里。例如，医生通过望、闻、问、切以及化验、仪器检查等手段，对病人内部器官的病变做出诊断。三是我们可以通过语言这个符号系统，摆脱具体情景的束缚间接地认识事物。例如，我们可以通过别人的讲解来认识从未接触过的事物和现象。借助思维的间接性，我们才可以摆脱感官和时空的限制，延伸和超越感知的局限，了解过去，认识现在，预见未来。

思维的概括性，是指思维在大量感性材料的基础上，将同类事物共同具有的本质属性和规律性联系抽取出来，并加以概括。思维的概括性体现在以下两个方面：一是思维反映的是一类事物共同的、本质的属性；二是思维可以反映事物的内部联系和规律。思维的概括性反映着人对事物的本质以及内在联系与规律性的认识，一切科学的概念、原理、定律和法则等都是经过思维的结果，都是人类对客观事物概括的反映。

思维的间接性和概括性是相互联系、相互影响的。思维的间接性是以人对事物概括性的认识为前提的。同时，思维的间接性可以使人摆脱具体事物或现象的限制，概括地认识和把握事物之间的联系和规律，使人的认识更加深化和无限扩展，以增强人对客观环境的适应、控制与改造能力。

6.1.2　思维的种类

根据不同的标准，从不同的角度可以把思维分为不同的思维种类。

1. 根据思维的发展水平或思维活动的凭借物不同

根据思维的发展水平或思维活动的凭借物不同，可把思维分为动作思维、形象思维和抽象思维。

(1) 动作思维(action thinking)，又称操作思维或具体动作思维，是以实际动作为支柱的思维，是思维发展的最初形式。例如，3岁前儿童的思维活动离不开触摸、摆弄事物的活动就属于典型的动作思维。成人也有动作思维。例如，体操运动员一边进行运动操作，一边进行思维。成人的动作思维与没有掌握语言的幼儿的动作思维不同，成人是以丰富的知识经验为中介，并在整个动作思维过程中由语词进行调节和控制。

(2) 形象思维(imaginal thinking)，又称具体形象思维，是以事物的具体形象和表象为支柱的思维。例如，一个人在考虑沿着哪条路可以更快地到达目的地时，在他头脑中会出现若干条通向目的地的道路，并运用其形象进行分析和比较，最后选择一条最短、最方便的路线，这就是运用形象思维。心理学研究表明，形象思维是个体思维发展的重要阶段，学龄前儿童的思维主要是形象思维。成人也不可能完全离开形象思维，特别是在解决比较复杂的问题时，鲜明生动的形象或表象有助于思维过程的顺利进行。

阅读资料6-1

爱因斯坦的思维

世界著名物理学家爱因斯坦(A. Einstein，1879—1955)在高度抽象的理论物理领域中有许多杰出的创造性成果，其中广义相对论至今仍只有极少数人能够理解。然而，他自己承认，他大多是运用形象思维来进行研究的。他的思维活动的一个重要特点是：与大多数人用语词来思维(thinking in words)的情况不同，他经常是用图形来思维(thinking in pictures)："我思考问题时，不是用语言进行思考，而是用活动的、跳跃的形象进行思考，当这种思考完成之后，我要花很大力气把它们转换成语言。"据说，对爱因斯坦大脑的解剖也发现，他用以形象思维的右脑相对左脑而言，其比例比一般人要大得多。

(资料来源：卢家楣. 心理学. 上海：上海人民出版社，1998)

(3) 抽象思维(abstract thinking)，又称逻辑思维，是人类所特有的一种思维形式，是以概念、判断和推理的形式来进行的思维活动。例如，学生运用数学符号和概念进行数学运算或推导，就是抽象思维。这种思维往往借助于语词、符号来进行，因而也称之为语言逻辑思维。哲学家、数学家经常运用这种思维来解决在实践中遇到的问题。

在思维发展过程中，人类思维一般经由从动作思维、形象思维到抽象思维三个发展阶段，其过程大致是：3岁前以动作思维为主，称为动作思维阶段；3~7岁形象思维占优势，为形象思维阶段；7岁以后抽象思维得到了迅速发展，为抽象思维阶段。对于成人来说，上述三种思维往往是相互联系、相互补充的，通常不是只纯粹地运用一种思维来解决问题，且哪一种思维占优势并不表明思维发展水平上的差异。如作家、诗人、艺术家、设计师主要运用的是形象思维，但他们的思维发展水平并不亚于主要运用抽象概念和理论知识的哲学家和数学家。

2. 根据思维探索目标的方向

根据思维探索目标的方向，可把思维区分为聚合思维和发散思维。

(1) 聚合思维(convergent thinking)，又称求同思维、集中思维、辐合思维，是指把问题所提供的各种信息聚合起来，朝着同一个方向得出一个正确答案或最佳解决方案的思维。这种思维主要特点是求同，是利用已有的知识经验或传统方法来解决问题的一种有方向、有范围、有组织、有条理的思维形式。

(2) 发散思维(divergent thinking)，又称求异思维、分散思维、辐射思维，是指从一个目标出发，沿着各种不同的途径去思考，探求多种答案的思维。例如，让人找出"刚刚出门又返回"的原因，就可以做出各种各样的回答："突然想起忘记带东西""突然想起家里的门没关好""接到电话说家里要来重要的客人""衣服穿得不合适"等。这种思维的主要特点是求异与创新。这种思维是一种无一定方向和范围，不墨守成规，不拘于传统方法，由已知探索未知的思维。发散思维是构成创造性思维的重要心理成分，具有流畅性、变通性和独特性的特征。

发散思维和聚合思维紧密相连，共同参与解决问题的整个思维过程。当我们在解决某一问题时，往往要根据所涉及的诸多条件进行分析，产生许多联想，做出种种判断和假设，这是发散式思维。通过调查、检验，并一一放弃一些假设，最后找到一个唯一正确的最佳解决方案，这是聚合式思维。

3. 根据思维是否有明确清晰的思维过程

根据思维是否有明确清晰的思维过程，可分为直觉思维和分析思维。

（1）直觉思维(intuition thinking)，又称直觉，是指不经过严密的逻辑推理过程，迅速对问题的答案做出合理的猜测、设想或突然领悟的思维。例如，一百多年前，达尔文观察到植物幼苗的顶端向太阳照射的方向弯曲，就直觉地猜想幼苗的顶端含有某种在光照下跑向背光一侧的物质。但是在当时他的这种假设没有办法得到证明，后来经过许多科学家反复实践和研究，终于在1933年找到了这种物质——植物生长素。再如，古希腊学者阿基米德在浴缸中洗澡时突然发现浮力定律，魏格纳在看地图时突然闪现出"大陆漂移"观念等，都是直觉思维的典型例证。直觉思维并不神秘，它是脑功能处于最佳状态时，自由联想或思维在有关某个问题的意识边缘持续活动，旧的神经联系突然沟通形成新联系的表现。直觉思维具有敏捷性、直接性、简缩性、突然性等特点，它并非毫无根据、不合逻辑，它与掌握牢固的科学知识，丰富的知识经验及积极地从事实践活动有密切关系。

（2）分析思维(analytic thinking)，也就是逻辑思维，它是严格遵循逻辑规律，通过一系列的分析、综合、比较、抽象、概括、具体化和系统化的思维过程，最后得出合乎逻辑的正确答案或做出合理的结论。例如：学生通过多步的推理和论证解决数学难题；教师为了帮助学生掌握概念引导学生进行分析、推导的思维过程，都属于分析思维。

4. 根据思维的创新程度

根据思维的创新程度，可分为再造性思维和创造性思维。

（1）再造性思维(reproductive thinking)，又称常规性思维，是指人们运用已获得的知识经验，按现成的方案和程序，用习惯的方法、固定的模式来解决问题的思维方式。例如，学生运用已学过的公式解决同一类型问题的思维。这种思维往往缺乏新颖性和独创性，创造性水平低，对原有的知识不需要进行明显的改组，也不会创造出新的思维成果。

（2）创造性思维(creative thinking)，是指运用新颖的、独创的方法来创造性地解决问题，产生新思想、新假设、新原理的思维。它要解决的问题是人类从来没有解决过的新问题，或采取的方法是人类以前从未用过的，其最大特点是独创性。创造思维既包括发明家的科学发明，也包括艺术创造，还包括学生的创造学习。

6.1.3 思维与语言

思维和语言的关系是国内外学术界长期争论的一个问题，各种观点各执己见，莫衷一是。其实，二者的关系非常复杂，既有密切的联系，又有重要的区别。

1. 思维和语言的联系

思维和语言虽是两种现象，但二者相互影响，相互制约，存在着密切的联系，具体体现在如下几个方面。

(1) 从思维的特点来看，思维和语言有着密切的联系。思维是对客观事物间接的和概括的反映。思维之所以能对客观事物进行间接的和概括的反映，是因为语言具有间接性、概括性和社会性等特点。如果没有语言，人的思维，特别是抽象思维就难以进行。因此，语言是人类交流思想的手段、思维的工具。

(2) 从思维的内容和结果来看，人的高级思维和语言是不可分离的。思维以语言为客观刺激物，特别是刺激物不在眼前时，语言就成为思维活动的有效刺激物。思维借助于语言、词汇来实现。语言也离不开思维，语言要依靠思维的内容和结果予以充实、发展。如果语言不被人类所运用，语言就成为纯粹的物质外壳。只有当语言的那些物质形式被思维内容和结果丰富起来时，语言才能成为一定对象的符号和具有一定意义的标志。

(3) 从思维的种系发展历史来看，思维和语言是同步发生的。思维和语言都是在劳动创造人的过程中同步产生的。即"已经形成的"人的思维和"已经形成的"人的语言是同步发生的，并且互为存在标志，否则，便不是人的社会性思维，也不是人的真正语言。

(4) 从思维的个体发展历史来看，思维和语言也是密切联系的。儿童思维的发展表明，儿童掌握语言的过程，也是抽象思维发展的过程。抽象思维是借助语言实现的，五个月的儿童，能根据颜色和形状区别物体，能对事物进行较低级的概括，但这仍然属于动作思维和具体形象思维。只有在儿童2岁左右掌握语言之后，抽象思维才会逐渐发展起来。

2. 思维和语言的区别

思维和语言虽然有密切关系，但是思维不是语言，语言也不是思维；它们是两种相对独立的现象。二者的区别主要表现在如下几个方面。

(1) 从本质特征来看，思维是人脑对客观现实间接的、概括的反映，是一种包含物质内容的心理现象；而语言则是有一定的物质形式与概括内容所构成的信息符号系统。它是一种包含精神内容的物质现象，是思维的物质外壳或思想的直接现实。这是思维和语言的根本区别。

(2) 从生理机制来看，虽然思维活动和语言活动都体现着大脑和感官的整合效应，但思维器官主要是大脑，语言则是大脑皮层言语区与眼、耳、喉、口腔等感觉器官或效应器官联合活动的结果。语言器官任何一方面的损伤或先天发育不良都会使人丧失语言能力，但不一定会使人丧失思维能力，这表明思维与语言是不能等同的，甚至语言也不是思维的必要工具。

(3) 从思维和语言与客观事物的关系来看，思维与客观事物的关系是反映与被反映的关系，其间有必然的内在联系，它是不以人的意志为转移的客观存在。在一定条件下，不同的人对同一个事物可能会产生相同的思维结果；语言与客观事物的关系是标志和被标志的关系，二者没有直接的、必然的内在联系，是人为规定、约定俗成的，不同地域的人对同一事物可以赋予不同的符号或标志，具有较大的主观随意性。

(4) 从思维和语言的构成因素来看，思维的基本因素是概念，语言的基本因素是词。思维中的概念与语言中的词不是一一对应的，同一个词可以表达不同的意思，而同一个思想又可以用不同的词来表达。

(5) 从思维和语言的规律或性质来看，语言的语法规则与人类的思维规律不同。语法规则因民族而异，具有民族性、区域性。而思维规则不然，具有全人类性，只要是大脑发育正常的人，不论任何民族、任何职业或性别，其思维都是在分析综合的基础上，运用概念、判断、推理的形式，由感性认识能动地发展到理性认识，从理性认识能动地指导实践，改造主观世界和客观世界。

6.1.4　思维的生理机制

人脑是思维与语言的器官，思维与语言是人脑的功能。普通人在智力活动时都存在着言语动觉，在舌上可记录到与言语相关的电位变化。生而聋哑的被试，思考或做梦时，其手指上能记录到与手势语相关的电的活动，但舌上没有。教会了口语又会使用手势语的聋人，在思考时舌上和手上都显示出与言语相关的电的活动。这说明，进入大脑两半球的动觉冲动保证着思维活动的进行，思维和语言密切联系。巴甫洛夫学派认为，第二信号系统在思维活动中起着重要作用。

有些研究表明，大脑皮层额叶的前联合区与数字编码以及各要素的同时性比较有关。如果该区损伤，就不会分析条件，只会冲动性地解决问题，掌握数量概念、对事物作比较要比掌握颜色、形状等概念难。后联合区与复杂的感觉辨别和知觉有关，这个部分受损伤的儿童，不能把桌上积木的空间配置与样本图形的空间配置相联系，与样本图形多次对照也不能完成，其视觉定向丧失，思维能力极差。

6.2　思维的过程和形式

人类思维活动的过程表现为分析、综合、比较、抽象、概括和具体化。其中，分析和综合是思维的基本过程，其他过程都是从分析、综合过程派生出来的，或者说是通过分析、综合来实现的。

6.2.1　思维的过程

思维过程(或称思维的心智操作)主要包括分析和综合、比较和分类、抽象和概括以及具体化和系统化。

1. 分析和综合

分析和综合是最基本的心智操作方式，也是其他心智操作的基础。分析是在头脑中把事物由整体分解为各个部分、各个方面或各个特征的心智操作。综合是在头脑中把事物的各个部分、各个特征、各个属性联合起来的心智操作。例如，把英语中的复合句分解为若干个简单句来理解,即是分析;而把各个简单句联合起来从整体上来把握复合句的含义,即是综合。

分析和综合是一对辩证统一的心智操作,是同一思维不可分割的两个方面。分析总是把部分作为总体的部分来分析,综合总是对分析出的各个属性、各个部分进行综合,通过各种属性、各个部分的分析来实现。只有综合而没有分析,对整体的认识只能是笼统、空洞的;只有分析而没有综合,只能见树不见林,无法把握事物的整体。正如恩格斯所说:"思维既把相互联系的要素联合成为一个统一体,同样也把对象分解为它们的要素。没有分析就没有综合。"分析和综合有三种不同的水平:动作思维水平上的分析和综合,如把钟表的各个部件拆下来,或把各部件安装起来;形象思维水平上的分析和综合,如把头脑中树的形象分解为根、枝、叶,或把根、枝、叶的形象综合成一棵树;抽象思维水平上的分析和综合,如把化学方程式分解。

例如,给被试提出如下问题:"用六根火柴做出四个等边三角形,使三角形每边都由一根火柴构成。"在解决这个问题时,由于一般三角形常是平面的,材料也在平面上出现,大多数被试都在平面上做种种尝试。在尝试失败以后,被试逐渐将分析与条件和要求相联系。有的被试发现:"三角形有三个边,四个三角形有十二个边。但火柴只有六根,这意味着每个边都是公共的,是立体的图形。"

2. 比较和分类

比较是在头脑中确定事物之间异同的心智操作,它是高级的分析和综合。比较以分析为前提,只有将事物区分为各个部分、各种属性,才有可能进行事物之间的比较。同时,比较也是一个综合的过程,因为它需要确定事物间的联系。比较必须要确定一个标准,没有标准,就无法比较。而在比较中"能看出异中之同,或同中之异"则是较高水平比较的标志。分类是在头脑中根据事物的共同点和差异点,把它们区分为不同种类的心智操作。分类也必须有一定的标准,但重要的是按事物的本质属性和内在联系进行分类,才更有科学性。

3. 抽象和概括

抽象是在头脑中抽出事物的本质属性的心智操作。例如,由各种材料制成的各式各样的灯,舍去一切非本质属性,抽出其本质属性只有两条:灯都是人工制造的,灯都是照明工具。这便是抽象。概括是在头脑中把抽取出来的事物的本质属性联合起来,形成概念或理论系统的心智操作。例如,我们可以把上述两条关于灯的本质属性结合起来,形成"灯是人工制造的照明工具"的概念,这就是概括。

4. 具体化和系统化

具体化是把经抽象概括形成的对事物的一般认识应用于具体事物,并深化对该事物认识的心智操作。例如,用习得的一般原理解答习题,是一种具体化表现。系统化是在头脑中把各事物归入一定的顺序中,使之彼此发生一定联系的心智操作。例如,学生在掌握音标时,不仅知道全部辅音可分为浊辅音和清辅音,而且还可通过列表把这方面知识系统化。

由表 6-1 可知，清、浊辅音有十对，另有一个清辅音没有对应的浊辅音，有五个浊辅音没有对应的清辅音，这样便有利于全面掌握辅音，提高学习效率。

表 6-1　清、浊辅音对照表

清辅音	p　t　k　f　θ　s　ʃ　ts　tʃ　tr　h
浊辅音	b　d　g　v　ð　z　ʒ　dz　dʒ　dr　　r　m　n　ŋ　l

上述各种心智操作是有机统一于思维活动之中的。分析和综合，作为最基本的心智操作，是所有其他心智操作的基础。不把事物各属性分解(分析)，就无法进行各事物间的具体比较；而不把各属性的异同点联系起来(综合)，则无法确定最终的比较结果。同样，不把事物各属性分解(分析)，也无法区分事物的本质属性和非本质属性，就无法进行必要的抽象；而不把抽取出来的事物各本质属性联系起来(综合)，也无法实施概括，等等。总之，各种心智操作也是相互依存的。没有分析，自然无法综合；没有比较，何以分类；没有抽象，又怎能概括？

6.2.2　思维的形式

人往往通过思维活动过程掌握各种概念，并运用各种概念组成判断，用各种判断进行推理。也就是说，人是通过概念、判断和推理来进行思维活动的，概念、判断和推理是思维的基本形式。心理学可以通过对思维形式的研究来认识人类思维活动过程的规律性。

1. 概念

概念是人脑反映事物本质属性，以及对具有这些属性的事物进行概括反映的思维形式。概念是在分析、综合、比较、分类、抽象、概括的基础上形成的。它反映一类事物本质的特征，而不包括那些非本质属性。譬如，"人"这个概念，反映着人所特有的本质属性(即会制造并能使用工具进行劳动、有语言、有思维的高等动物)而不包括其他表面的非本质特征(不同肤色、不同性别、不同年龄、不同民族、不同国籍、不同信仰等)。

每一个概念都有它的内涵和外延。所谓内涵，就是指概念的含义，即概念所反映事物本质属性的总和；所谓外延，就是指概念的范围。例如，"钟表"这个概念的内涵是"计时工具"，其外延则是闹钟、挂钟、台钟、手表、怀表、跑表等一切的钟表。概念内涵的多少与外延的大小成反比例关系。内涵愈小，外延则愈大；内涵愈大，外延则愈小。外延的大小由内涵的多少来决定。

概念是通过思维活动而形成，并且是用词来标志的。一切概念都是思维的结果，概念是思维的最基本形式，是构成人类知识的最基本成分。一切思维最终都以概念及与其相关的形式所表现，所以人可以利用概念去推演事物的那些不可见的特征。概念不是一成不变的，它是在人类社会历史的进程中不断形成和发展的。一个人掌握的概念越多，词汇就越丰富，对客观事物的认识也就越深刻、越全面。

2. 判断

判断是概念与概念之间的联系，是用概念去肯定或否定事物具有某种属性的思维形式。

判断是以句子的形式来表达概念与概念之间的关系，进而阐明事物，肯定或否定事物之间的联系和关系。例如，当我们说"闪电后有雷鸣"时，便肯定了这两种自然现象之间在时间上的一定联系；当我们说"蝙蝠不是飞禽"这句话时，便否定了蝙蝠的本质特征与飞禽所具有的本质特征之间的一定联系。由于事物存在着各种各样的复杂属性和关系，因而人也就有各种各样的判断。判断是否正确，要用实践来加以检验。

判断主要分为直接判断和间接判断两种形式。直接判断是感知形式的判断，是通过对具体事物的表面特征的直接感知，并不需要复杂的思维活动参与而做出的判断。例如，黄种人黄皮肤、黑眼睛、黑头发是直接判断。间接判断是抽象形式的判断，是通过复杂的思维过程，在理清事物之间的关系和联系的基础上而做出的判断。例如，"水遇热会蒸发变成蒸汽，遇冷会结冰"这一判断，反映了水的三态变化与温度变化之间的关系，这不可能通过感知的方式直接获得，而是在多次感知的基础上，通过复杂的思维活动而得到的。

3. 推理

推理是判断与判断的联系，是从已知判断推出未知判断的思维形式。例如，以"果实是植物中有种子的部分(判断)"与"杏中有种子(判断)"这两个判断为前提，推出"杏是果实(新判断)"的结论，这就是推理。推理可以使人达到对客观事物的间接认识。

推理主要分为归纳推理、演绎推理和类比推理三种形式。归纳推理是从特殊事例出发归纳出一般原理的思维形式。例如，从戏剧、小说、诗歌、散文等文学作品都具有以语言和文字来形象地反映现实的特点，推导出："文学都是以语言、文字为工具来形象地反映现实的艺术"的结论。演绎推理是从一般原理到特殊事例的思维形式。例如，当我们听说某人是优秀教师时，就能够根据优秀教师都是忠于教育事业的普遍原理，推知这个人也是热爱教育事业的。类比推理则是从某个特殊事例到另一个特殊事例的思维形式。当人们发现两个或两类事物具有某些共同属性后，就能推出它们在其他属性上也可能有共同性。例如，人们发现甲乙两个人在性格的意志特征上很相似，由此便可以推出他们在性格的情绪特征上可能也相似。

要获得正确的推理，有两个要求：一是推理材料要真实可靠，二是推理过程要合乎逻辑。如果推理的材料不真实、不可靠，或者推理过程违反逻辑，很可能发生"误推"现象。

在教学过程中，教师应当对学生在学习时运用概念进行判断、推理的内部思维活动加以考察，而不能满足于只看学生回答或演算的结论。这样，对指导学生正确地进行判断、推理，培养学生思维的逻辑性与严密的推理习惯是大有裨益的，对学生理解教材、分析问题与解决问题等思维活动可以更有针对性地加以指导。

6.2.3 思维的品质

1. 思维的深刻性和广阔性

思维的深刻性即思维的深度，是指善于透过表面现象解决问题的本质，达到对事物的深刻理解。反之，对问题不求甚解，妄下结论，就是思维的片面性。思维的广阔性是指思路广泛，善于把握事物各方面的联系，善于全面地思考和分析问题。它以丰富的知识经验为依据，从事物各方面的联系上看问题，反之，就是思维的狭隘性。思维的深刻性和广阔性是密切联系着的，有广阔性才有深刻性，人才能深刻地认识事物；反之，就会做出错误的判断和结论。

2. 思维的独立性和批判性

思维的独立性是指善于独立思考，充分发挥个人的主观能动性，独立地提出问题、认识事物、得出自己的结论。思维的批判性是指善于冷静地考虑问题，不轻信不迷信权威，能有主见地分析评价事物，不易被偶然暗示所动摇。思维的独立性和批判性是密切联系的，是一种品质的两个方面，是创造性思维的基本品质，是创造活动的重要前提。

3. 思维的灵活性和敏捷性

思维的灵活性是指根据环境的变化，机智灵活地考虑问题、应付变化，反之，就是思维的固执和刻板。思维的敏捷性是指思路来得快，解决问题迅速，又能当机立断，不优柔寡断，不轻率行事。思维的灵活性和敏捷性是建立在思维的深刻性、独立性和批判性基础上的优良思维品质，它是有原则的，经过深思熟虑的，与那些没有原则、以个人为出发点的投机主义有本质区别，与那些不动脑筋的马虎行事也有本质区别。

4. 思维的逻辑性

思维的逻辑性是指考虑和解决问题时思路鲜明，条理清楚，严格遵循逻辑规律。也就是：提问明确，推理严密，主次分明，论证充分，有的放矢，有说服力，结论证据确凿。思维的逻辑性是思维品质的中心环节，是所有思维品质的集中体现。

6.3 问题解决

6.3.1 问题解决的思维过程

1. 提出问题

提出问题是问题解决的第一阶段。问题就是矛盾，矛盾到处都有，时时都有。找出问题的过程也就是发现矛盾的过程。这个阶段的主要任务是找出问题的本质，抓住问题的核心。爱因斯坦说："提出一个问题比解决问题更重要，因为后者仅仅是方法和实验的过程，而提出问题则要找到问题的关键、要害。"发现问题和明确问题是解决问题的起点，而且也是解决问题的一种动力。发现问题和明确问题依赖于以下三个条件，即主体的活动积极性、主体的求知欲、主体的知识水平。

2. 分析问题

问题解决的第二阶段是分析所提出问题的性质与条件。这个阶段的主要特点是搜集与问题有关的材料。比如，马克思创作《资本论》就研读了1500本以上的各种著作。这个阶段需要进行问题分析和对问题进行整理。

3. 提出假设

问题解决的关键是找出解决问题的方案——解决问题的原则、途径和方法，要做到这一点，先要提出假设。提出新的假设是顺利解决问题的关键，而假设的提出要依靠已有的知识经验，并且和前一阶段问题是否已经明确和正确理解相联系。明确了问题的性质，就有可能使思维过程有一定的方向，能把问题纳入一定的原则，按照这些原则来构思解决问题的办法。

4. 检验假设

问题解决的最后一步是检验假设。只有通过实践才能证明假设成立与否。如果经过证明假设是错误的，就需要寻找新的解决问题的方案，重新提出假设。正确的新假设的提出有赖于对以前失败的原因是否有充分的了解。分析假设失败的原因对找到新的正确的解决问题的方案有很大的帮助。

6.3.2 影响问题解决的因素

影响问题顺利解决的因素很多。既有社会因素和自然因素，也有物质因素和心理因素，各种因素既可以发挥积极作用，也会产生消极的影响。认真研究这些因素及其作用的规律性，有利于发挥其积极作用，克服其消极影响，推动思维活动顺利进行，促进问题的解决。

1. 知觉情境

知觉情境即被直接感知到的事物的空间组织形式产生的情境，它对解决问题往往产生重要的影响。一般来说，知觉情境越接近个人的知识结构，就越容易选用恰当的知识与策略使问题得到解决。问题情境中各要素的排列特点不同，会促进或妨碍问题的解决。例如，已知一个圆的半径，求圆的外切正方形面积，用图 6-1(a)(b)两种不同的方式标示圆半径的辅助线，(a)图比(b)图难看出圆的半径与正方形边长的关系。又如，如何连续画出四条线段依次通过所有九个点，如图 6-2(a)所示，由于九个点容易知觉为一个正方形的整体，思维活动被局限在九个点组成的图形之中，问题始终得不到解决。当人的思维活动一旦突破知觉情境的限制，就会立即转向九个点组成的正方形之外，使问题很快得到解决。

(a) 圆半径的呈现方式(1)

(b) 圆半径的呈现方式(2)

图 6-1 外接正方形面积图

(a) 问题图　　(b) 解答图

图 6-2 九点问题图

2. 动机水平

在解决问题的过程中，动机强弱和解决问题的效率有着密切的关系。耶克斯-多德森通过实验,将动机强度与解决问题效率的关系描绘成一条倒"U"字曲线(图 6-3)。在解决问题的过程中,动机太弱或太强,都不利于问题的解决。动机过弱,不能激起解决问题的积极性,人的兴奋性低,注意涣散,易产生退缩行为。而动机过强,人易于情绪紧张、思维紊乱、注意范围缩小,容易忽视其他影响解决问题的因素,急于求成反而会妨碍冷静判断和合理决策。此外,动机强度的最佳水平会随学习活动的难易程度而有所变化。一般来说,从事比较容易的学习活动,动机强度的最佳水平点会高些;而从事比较困难的学习活动,动机强度的最佳水平点会低些;对于中等难度的学习活动,则动机强度的最佳水平为中等。也就是说,最佳的动机水平与课题的难度成反比关系(图 6-4),即课题的难度越大,所需的最佳动机水平越低;反之,则越高。

图 6-3 动机强度与解决问题的关系

图 6-4 问题性质与最佳动机水平的关系

3. 定势的影响

定势又称心向,是心理活动的一种准备状态。它表现为一个人按照某种比较固定的习惯方式去思考和解决问题的心理倾向。定势对解决情境类似或相同的课题,有一定的促进作用;但对变化了的情境或新的课题,则会产生消极的阻碍作用。

从心理学家卢钦斯所做的量水试验,可以看出定势的作用。实验中他要求两组被试用大小不同的容器量出一定量的水,解决两种不同类型的问题,如表 6-2 所示。第一种类型的问题可以用 B-A-2C 的公式解决。第二种类型的问题可以用 A-C 或 A+C 的公式解决。第一组被试先解决第一种类型的五个问题,接着再解决第二种类型的五个问题。第二组被试直接解决第二种类型的问题。实验结果发现,第一组被试在解决第一种类型的问题时,形成了利用公式 B-A-2C 的定势。因此,在解决第二种类型的问题时,仍采用这一公式,就影响了解决问题的速度,并且不能解决第八题。而第二组被试的绝大多数都运用简单公式 A-C 或 A+C 去解决,不但加快了解决问题的速度,而且解决了全部问题。可见,一个人在遇到新问题时,常常受过去解决问题经验的影响而套用老办法。这种定势,有时能使问题得到解决,有时则可使思维僵化,问题得不到解决。

4. 原型启发

原型启发是指在其他事物或现象中获得的信息对解决当前问题的启发。作为原型的事物或现象是多种多样的,存在于自然界、人类社会和日常生活之中。例如,人们通过对鸟翅膀构造的研究,设计飞机机翼;通过对蝙蝠超声波定位的仿效,制造出雷达;阿基米德(Archimedes,公元前 287—前 212)从身子浸入浴缸将水溢出的现象中获得启发,解决了皇冠含金量的鉴别问题；鲁班因茅草划破手，受茅草叶齿的启发而发明了锯；苏格兰医生邓禄普在浇花时，由于受手中橡皮管弹性的启发而发明了充气轮胎等。这些都是从动物的形态、动作或某些机体结构中获得启发，解决了大量生活、生产和军事上的问题。原型之所以有启发作用，主要是因为原型与所要解决的问题有某些共同点，而且主体处于积极的思维状态，能积极主动地联想、想象和类比推理。

表 6-2　卢钦斯的量水实验

问题序列		已知量杯容量 /毫升			所求容量 /毫升	第一组被试的习惯解决公式	第二组被试的习惯解决公式
		A	B	C			
第一种类型	1	21	127	3	100	B−A−2C	
	2	14	163	25	99	B−A−2C	
	3	18	43	10	5	B−A−2C	
	4	9	42	6	21	B−A−2C	
	5	20	59	4	31	B−A−2C	
第二种类型	6	23	49	3	20	B−A−2C	A−C
	7	15	39	3	18	B−A−2C	A+C
	8	28	76	3	25	B−A−2C	A−C
	9	18	48	4	22	B−A−2C	A+C
	10	14	36	8	6	B−A−2C	A−C

5. 功能固着的影响

功能固着是指个体在解决问题时往往只看到某种事物的一般功能，而看不到它其他方面可能有的功能。这是人长期以来在日常生活中所形成的对某种事物功能或用途的固定看法。例如，人一般认为热水瓶是用来盛开水的，衬衫是用来穿着的，而不容易想到，在必要时可以把热水瓶当储油罐，把衬衫当画布。因此，功能固着会使人在解决问题的过程中，只熟悉物品的一般用途，而不能联想到它的其他功能，从而阻碍或干扰问题解决。功能固着阻碍新思维的进行，影响新假设的提出和问题的解决。

6. 个性特点

能否顺利地解决问题还与个体的个性特点有着密切的关系。研究证明，科学家、发明家、文学家、艺术家一般都具有强烈的解决问题的欲望，有好动脑筋的习惯，有积极的进取心、上进心和强烈的求知欲以及干什么事都坚持到底的意志力等个性特征。而一个意志薄弱、自负、自卑、畏缩、怯懦、优柔寡断的人，往往会面对问题半途而废。此外，一个人的智力水平、气质类型、认知风格、需要及兴趣特点等也都是直接影响问题解决的内在因素。

6.4 创造性思维及其培养

创造性思维是人类心理活动中最精彩、最有价值的部分，它充分体现了人类认识客观世界的能动性。正是由于有了创造性思维，我们才能在探索未知的道路上，一步步地——尽管是艰苦曲折地——走向成功的巅峰。可以说，所有开创性的工作都离不开创造性思维的活动。虽然创造性思维看上去似乎有点不可捉摸，但实际上创造性思维并不神秘，它有它自身的特点和规律。

6.4.1 创造性思维的概念

1. 创造性思维的定义

创造性思维(creative thinking)就是具有创见的思维，它的显著特点是能够提供新颖独特而又有价值的思维成果。科学概念和理论的建立、新机器和新设备的发明、文学艺术作品的创作等，都是创造性思维的结果。创造性思维是创造力的核心成分，是人类思维的高级形式，是人类思维能力的最高体现，是人类意识发展水平的标志。

心理学的研究表明，创造性思维是多种思维的结晶。它既是发散思维与聚合思维的有机结合，也是形象思维与抽象思维的统一。例如，科学家在提出假设时，开始常运用发散思维提出各种各样的观点，然后用聚合思维归纳成假设。有些化学家会想象自己变成运动着的分子，亲身感受到分子所遇到的情况。获得诺贝尔生物学奖的美国科学家麦克林托克在回忆自己的工作时说，她跟玉米的关系好像是朋友的关系，通过跟玉米的对话，发现了染色体中遗传基因内的"转座基因"。科学家的许多灵感就是在形象思维中产生的，但仅仅依靠形象思维是不能形成科学理论的，因为形象思维的结果还必须通过抽象思维加以验证与确认。

2. 创造性思维的特点

创造性思维既具有一般思维活动的某些特点，又不同于一般的思维活动，其主要特点有以下三个。

1) 流畅性

流畅性指在限定的时间内产生观念数量的多少，所以也称思维的丰富性。在一定时间内产生的观念越多，意味着思维的流畅性越大。

2) 变通性

变通性也称思维的灵活性，是指思维朝不同方向发散的能力。变通性用来衡量思维活动能否触类旁通、举一反三，是否具有变异性。例如，让被试举出砖头的用途，他可能有盖房子、筑围墙、铺路等的回答，这些回答显然把砖头的用途局限在"建筑材料"的范围之内，因此变通性很小。有的人却回答砖头可压纸、垫物、做支架，还可以用于自卫。这些回答多数是指砖头在非常规场合下的用途，范围广泛，因而就显得变通性比较大。

3) 独特性

独特性是指不落俗套和不循常规的那种思维能力。在我们评价一个人创造性思维能力大小的时候，除了要看他思维的流畅性、变通性如何外，还要看他的思维结果是否新颖、独特。比如对砖头的用途，就流畅性来看，也许一个人能想出许多砖头的用途，从变通性来看，也能从不同角度来列举，但如果所想出的这些用途都太一般、太普通，那我们依然不能说他的创造性思维是高质量的。而在"曹冲称象"中，曹冲把石头用来作为称象的工具，就显得十分独特了。

6.4.2 创造性思维的过程

严格说来，创造性活动不存在一个固定的程序，同样，创造性思维也没有一个必须遵守的法则或规定，美国当代哲学家费耶阿本德(P. Feyerabend)甚至认为科学研究的"法则"就是"怎么都行"。虽然创造活动是一项高度自由的活动，但也并不意味着无规律可循。英国心理学家华莱士(G. Wallas)研究了各种类型的创造经验，提出了创造性思维的四阶段论，反映了创造性思维的基本活动过程。

1. 准备期

在准备期，创造者应初步研究问题的性质及各有关方面，收集对问题解决有用的信息和资料，了解过去这类问题是如何解决的，以求从前人的经验中得到启发。同时还要进行知识和技能的准备。

2. 酝酿期

经过一段时间的准备，创造者掌握有关资料后，就可以进入酝酿期。这时创造者在头脑中应对问题和资料进行周密细致的推敲和思考，以求找到解决问题的途径和方法。而在深入的探索和思考难以产生有价值的想法之后，研究者一般是把问题暂时搁置起来，或散步、读书、或做其他的事，即在一种休息的状态中等待有价值的想法自然酿成。经验证明，这种积极的休息状态比拼命去想问题的答案，有时效率要高得多。因为它可以使人摆脱长期的精神紧张，从而有利于经验的再加工，进而产生新的形象、观念和思想。

3. 豁朗期

一个新形象新思想突然产生，百思不解的问题迎刃而解，这就是所谓的茅塞顿开。这种现象也称为灵感。许多科学家、文学家都谈到过这种豁朗期的灵感体验在创造性思维中的作用。数学家高斯在谈到他数年求证一道数学题而未得其解时，是这样描述的："终于在两天以前我成功了……像闪电一样，谜一下揭开了。我自己也说不清楚是什么导线把我原先的知识和我成功的东西连接起来了。"有人曾对美国的 232 位科学家做过调查，其中83%的人承认在解决重大问题时受到过灵感的启示。

4. 验证期

这一阶段的任务是对豁朗期所提出的思想与形象进行评价、验证和修正。因为由直觉所产生的新观念不一定都正确。验证一方面要通过逻辑推理把提出来的思想观念进一步严密和完善，另一方面还要通过实验或调查加以证实。人还可以根据这些思想观念，用音乐、绘画、小说、诗歌和发明创造等具体形式将其表现出来。

我国清代学者王国维在其《人间词话》中说过："古今之成大事业、大学问者，必经过三种境界。"第一是"独上高楼，望尽天涯路"，意思是做学问首先要登高望远，寻求努力的方向；第二是"衣带渐宽终不悔，为伊消得人憔悴"，这是苦苦探索阶段；最后，"众里寻他千百度，蓦然回首，那人却在灯火阑珊处"，在千百次探寻后，忽然发现成功就在面前。不难看出，王国维"成大事业"的三种境界和创造性思维的不同阶段有着异曲同工之妙。

6.4.3 创造性思维的培养

一个社会如果没有革新精神就不能进步，一个民族如果没有创造意识就会走向衰败。因此我们的教育能否培养出大批有创造活力的人才，是一件关系到社会进步和民族振兴的大事。培养学生的创造性思维，应抓住以下几个环节。

1. 激发求知欲、保护好奇心

激发求知欲、保护好奇心，调动学生学习的积极性和主动性是帮助学生形成与发展创造性思维能力的重要条件。学习的积极性和主动性，不会自然涌现，它取决于教师所创设的教学情境。教师创设的教学情景一般有注入式教学和启发式教学两种。注入式教学是学生主要依赖教师的讲解，被动地学，根本谈不到对创造性思维的启发。启发式教学则是创设问题的情境，调动学生思维活动的积极性和自觉性，使学生的学习过程成为一个积极主动的探索过程。通过启发式教学，学生不仅能获得现有的知识和技能，还能进一步探索未知的新情境，发现未掌握的新知识，甚至创造前所未有的新事物。

启发式教学可以采用"发现法""研究法""解决问题法"等不同的方式进行。例如，有的物理教师讲"阿基米德定律"时，上课一开始就问学生："木块放在水里为什么总是浮在水面上？铁块放在水里为什么总是下沉？"学生说："因为铁重。"教师接着问："那么一斤重的铁块和一斤重的木块都放在水里，为什么铁块沉下去了，木块却浮上来了呢？""铁的巨轮很重，为什么能浮在水面上？"这一问，学生对"因为铁重而下沉"产生了怀疑。教师在讲这个定律以前，先把疑点这么一摆，激起了学生的求知欲和好奇心，学生就开始动脑筋，积极思维去寻找答案。学生通过分析和综合，加上教师演示实验，很快便会发现，物体在液体里都会受到一个向上托的力，这种力称作浮力，它的大小等于物体排开的液体的重量。这样一来既有效地提高了课堂教学效果，也能很好地培养和发展学生的创造性思维能力。

2. 培养发散思维

一个创造性活动的全过程，要经过从发散思维到集中思维，再从集中思维到发散思维的多次循环才能完成。

发散思维是创造性思维的主要成分，因此，发展发散思维对培养创造性思维有重要作用。科学实验证明，通过有目的、有意识的训练，可以发展学生思维的流畅性、变通性和独特性。例如，训练思维的流畅性可采用头脑风暴法(Brainstorming)，让学生像夏天的暴风雨一样，迅速地抛出一些观念来，不能迟疑，也不要考虑质量的好坏或数量的多少，质量的评价可放在结束后进行。联想愈快表示愈流畅，联想愈多表示流畅性愈高。这种自由联想训练，对于学生思维的质量和流畅性都有很大的帮助，可以促进创造性思维的发展。教师在组织教学时还应当拟出具有多种答案的题目，旨在获取各种各样不同的正确答案，而不是只要一个正确答案，学生可以在不同的解题过程中表现出思维的创造性成分。

3．发展直觉思维和形象思维

直觉思维是创造性思维活跃的一种表现，它既是发明创造的先导，也是百思不解之后灵感突然诞生的硕果，在创造发明的过程中占有重要的地位。为了培养学生的创造性思维能力，教师可以有意识地帮助学生去发展直觉思维。在众多的直觉思维过程或状态中，形象和表象起着非常重要的作用，发展形象思维有利于为创造性思维提供丰富的形象和表象基础。但应注意以下几点：①直觉思维必须以社会和个人的无数次实践为基础，直觉思维能力本身也是实践的产物。②直觉思维总是以掌握学科的有关知识及其结构为根据的。③鼓励学生对问题进行推测或猜想，培养他们良好的直觉"习惯"。④自信心、勇气和冲劲是学生有效直觉所不可缺少的心理品质，培养这些心理品质，是发展学生直觉思维的必要条件。

4．培养创造个性

创造性思维的发展不仅与智力因素有关，而且与一系列非智力因素有密切关系。研究表明，独立性、冲动性、幻想性、自制性、有恒性等是创造性人才的共同个性倾向。而且，凡是具有高度创造性的儿童与成人，在其早年的家庭经验中，都有充分的独立和自由，有较多的解决问题的机会。那些屈服于父母威势的儿童，则很容易接受权威性的主张，行为循规蹈矩，避免尝试新的经验，不会有什么创新的表现。因此，对创造个性的培养必须在儿童生活早期就引起注意。

6.5 想 象 概 述

6.5.1 想象的概念

想象(imagination)是大脑中对已有表象进行加工、改造，形成新形象的过程。想象是一种高级的认识活动。例如，如果没有到过大草原，但读到"天苍苍，野茫茫，风吹草低见牛羊"时，头脑中就会浮现出一幅草原牧区的壮丽图景。

形象性和新颖性是想象的两个基本特征。想象是在记忆表象基础上进行的，它以直观形式呈现，而不是以言语符号形式呈现，具有形象性。想象是对已有表象进行加工改造而创造的新形象，它主要是处理图形信息，而不是词或符号，具有新颖性。这种新形象可以是没有直接感知过的事物的形象，也可以是世界上还不存在或根本不可能存在的事物的形象。

6.5.2 想象的种类

根据产生想象时有无目的和意图，想象可划分为有意想象和无意想象。

1. 无意想象

无意想象(involuntary)是没有预定目的和计划而产生的想象。例如，儿童听故事时不自觉地跟着别人的讲述而想象故事中的情景。

无意想象的极端形式是梦。心理学家研究发现：没有梦的睡眠是不存在的，梦具有离奇性和逼真性的特征。其形成原因可能是身体内部的某些生理上的变化，也可能由外部的客观刺激而导致。研究梦的心理学家指出，人的梦表现为三种不同的水平：第一，最低层次的无意识活动，使人在梦的需要满足上执行"愿望达成"的功能。例如，在饥饿和性的冲动下，梦中可能完成本能方面的虚假满足。第二，中间层次的无意识活动，使人在梦中实现联想和追忆。如在梦中完成白天未曾完成的思维任务。第三，最高层次的无意识活动，又称为超意识活动，它显示了高度的理性和智慧，可以给人以灵感，有助于文学与艺术的创作及科学发明创造。英国剑桥大学曾经对有发明创造的学者作过一次调查，结果有70%的人都说曾经从梦中得到过启示。德国化学家凯库勒从梦中得到启示而提出苯的分子结构被人们传为美谈；作曲家塔季尼更富神秘色彩，他在梦中将小提琴交给魔鬼，魔鬼演奏出美丽动听的音乐，他醒来立刻记下梦中的旋律，创作出音乐史上的不朽篇章《魔鬼之作》。

阅读资料 6-2

不妨做点白日梦

孩子常常会呆呆地坐在那里任思绪无边无际地漂浮，大人发现后往往会大声说："又做白日梦了！"在大人眼中，白日做梦是瞎想、乱想，既浪费时间又损害儿童心理健康。成人要是不时来点白日梦，那更会被看成是逃避现实生活的消极表现。其实，现代心理学家的大量研究证明：白日梦对人的精神有重要影响，是一种很好的休息方式；白日做梦既有助于发展智力因素，又有助于培养非智力因素，如意志力、注意力、相处能力等。

美国心理学家福斯迪克博士在大量研究后指出：白日做梦在按照我们自己的意愿创造未来生活方面所起的作用不可限量。前撑杆跳高世界冠军约翰·尤尔赛每次比赛前都故意做白日梦，逼真地想象怎样跨过了新的高度，他所做白日梦包含所有的细节，体育场、观众、草坪、泥土的气息，想象自己取得胜利等。尤尔赛每逢比赛就这样白日做梦，他果然取得了巨大成功。福斯迪克告诉人们：想象自己成为什么样的人，结果往往就成为什么样的人；如果心目中没有一个确立的形象，人们往往会随波逐流。

(资料来源：宋广文. 心理学概论. 北京：中国石油大学出版社，1997)

2. 有意想象

有意想象(voluntary imagination)是带有目的性、自觉性的想象。根据想象内容的新颖程度和形成方式不同，有意想象又可分为再造想象、创造想象和幻想。

1) 再造想象

再造想象(reproductive imagination)是根据语言的描述或图样示意，在人头脑中形成相应的新形象的过程。

在再造想象中，事物的形象都是再造别人想象过的事物，都是"再造"出来的新形象。"再造"一方面指这些形象不是自己创造出来的，而是根据别人的语言描述或图样示意再造出来的。另一方面，再造想象是个人通过自己的大脑，在词的调节下，运用已有的知识经验再造出来的。每个人再造出来的形象各不相同，都按各自的方式形成新形象。由此可见，再造想象中也有创造性的成分。

要形成正确的再造想象，必须具备下述两个条件：①要正确理解语词与图样标志的意义。②要有丰富的表象储备。表象是想象的基本材料，表象越多，再造想象的内容也越丰富。

2) 创造想象

创造想象(creative imagination)是在创造活动中，根据一定的目的、任务，在人大脑中独立地创造出新形象的过程。例如，文学家的新作品创作，科学家的新产品创造发明，在头脑中构成的新形象都属于创造想象。

创造想象与创造思维密切相关，它是人类创造性活动一个必不可少的因素。人往往能够结合以往的经验，在想象中形成创造性的新形象，形成劳动的最终或中间产品的心理模型，并且提出新假设，所以创造想象是创造活动顺利开展的关键。

发展创造想象，需要具备以下条件：①社会需要和个人的创造欲望。人类在社会生活中不断提出创造新事物、解决新问题的要求。这种社会需要反映在人的头脑中，就会成为创造新事物的欲望和动机，成为创造想象的动力。②丰富的表象储备。进行创造想象，还必须对有关事物进行细致观察，储备丰富的表象材料。想象依赖于已有表象材料的数量和质量。鲁迅写道："……人物的模特儿也一样，没有专用过一个人，往往嘴在浙江，脸在北京，衣在山西，是一个拼凑成的角色……"③思维的积极活动。创造想象有严格的构思过程，受逻辑思维调节才能有效展开。如：在写作前要根据一定的主题思想进行构思，严密地考虑文章所写的人物和事件等，这样才可能产生活生生的形象。这些想象过程都伴随着积极的思维活动。④灵感和艰巨劳动。创造过程中新形象的产生有突然性，这种现象常常被称为灵感。灵感的出现往往"忽如一夜春风来，千树万树梨花开"。有些诗人在构思时，虽经长期酝酿，仍理不出思路，但在偶然受到某一事物启发时，却会豁然开朗，诗意像潮水般地涌来，一挥而就。

3) 幻想

幻想(fancy)是一种与生活愿望相结合并指向于未来的想象，属于创造想象的一种特殊形式。幻想的品质与一个人的世界观或一般思想状态紧密相连。幻想有两种：一种是在正确的世界观指导下，其幻想符合客观规律、有可能实现的，这种幻想是理想；另一种是不符合客观规律，毫无实现可能的，这种幻想是空想。

理想是学习和工作的巨大动力。把光明的未来展示在人的面前，人会以无穷无尽的精力去从事创造活动，战胜困难，迎接胜利。理想又是构成创造想象的准备阶段。理想常常是科学发明和发现的先导，从某种意义上说，没有理想，就没有科学的进步。

复习思考题

1. 名词解释：思维、动作思维、形象思维、抽象思维、聚合思维、发散思维、概念、判断、推理、定势、原型启发、创造性思维、无意想象、有意想象、再造想象、创造想象、幻想
2. 思维的主要特征是什么？
3. 思维和语言的关系怎样？
4. 简述思维的过程。
5. 实例说明问题解决的过程，并说明影响问题解决的因素有哪些？
6. 试说明创造性思维的特征及其培养。

教师资格证考试真题再现

1. (2012年3月)"一题多解"的教学方式主要用于训练学生的哪一种思维？（   ）。
   A. 直觉思维　　　B. 发散思维　　　C. 动作思维　　　D. 集中思维

2. (2014年11月)初三学生小岩晚上在家复习功课，忽然灯灭了，他根据物理课上所学的知识，推测可能是保险丝断了，然后检查了闸盒里的保险丝。这是问题解决过程中（   ）阶段？
   A. 发现问题阶段　　　　　　　　B. 理解问题阶段
   C. 提出假设阶段　　　　　　　　D. 检验假设阶段

3. (2013年11月)辨析题：心理定势对问题解决只有消极影响。

4. (2014年11月)材料：

小林进入初中后发生了很大的变化，小学时她经常把"这是老师说的"挂在嘴边，现在她经常和同学们一起讨论书本以及老师的一些观点。觉得书本上和老师的很多观点不合理，经常以独立批评的态度对待老师和家长给出的建议，有时候会为了一个问题的观点同老师争得面红耳赤，老师觉得小林有时候不能根据实际情况对所学原理恰当地加以运用，看待问题有点片面，对一些观点怀疑和批评缺乏充足的证据。

根据心理学原理分析小林思维变化的特点，提出小林思维发展的建议。

第7章 情绪和情感

本章学习目标

- 情绪、情感的概念
- 情绪、情感的分类
- 情绪的理论
- 情绪、情感与身心健康
- 常见情绪问题与调控

7.1 情绪和情感概述

人生在世,有生老病死,有荣辱得失,有与之相应的喜、怒、哀、乐、爱、恨等内心体验和感受。一个人对自己情绪的体验、控制和表达,对他人情绪的理解和感受,对自己家庭和事业的热爱及追求,无不带有情绪、情感的印迹。情绪和情感像染色剂,可使人的生活染上各种各样的色彩,直接关系到人的身心健康、人际关系,甚至生活和事业成败。长期以来,情绪一直是心理学十分重要的研究领域。

7.1.1 情绪、情感的概念

1. 情绪和情感的定义

情绪(emotion)和情感(felling)是人对客观事物是否符合自己的需要而产生的主观态度体验。在认识和适应客观事物的过程中,人往往根据个人的需要对客观事物产生某种态度,同时内心产生出一定的主观感受或体验。例如,高考结束后,有的人轻松、愉快;有的人苦恼、失望。个人对现实的这些不同感受就是情绪、情感。

情绪和情感既是一种主观感受或体验,又是对客观现实的一种特殊反映。这种特殊反映体现了客观现实与人的需要之间的关系。与人的需要和愿望相符的客观事物,使人产生满意、愉快、喜爱等积极的情绪、情感体验;而与人的需要和愿望不相符的客观事物,则会引起烦恼、不满、厌恶等消极的情绪、情感体验。人的这些喜、怒、哀、乐的体验是主观的,产生的体验取决于当事人的需要和认知因素。由于不同的人、不同的环境、不同的时间,人的体验很可能会千差万别。因此,不难理解为什么同样的事物可以引起人不同的内心体验。

阅读资料 7-1

咨询中的情感问题

任何情感的目的都在于使一个人获得需要的满足，避开伤害和需要的剥夺。所有基本情感对于生存都是必要的，因为情感对于人稳定地发挥功能起特殊的作用。例如，人们都需要爱，但也需要痛苦来告诉自己什么样的情境具有破坏性，需要惧怕来预料危险的来临，需要愤怒来扫除满足需要的障碍，还需要内疚来避免伤害自己和他人。

当情感发挥作用时，它们就能释放出能量并指明方向。例如，当某学生对高考感到紧张、焦虑时，他的紧张、焦虑就把他引向准备功课，以考出好成绩。

然而，一个人也可以压抑情感，使它既不放出内心的能量，也不指明方向。例如，某男子对妻子感到愤怒，但他并不表达，而是设法掩盖。天长日久，这种郁积的愤怒就会通过别的方式表达出来——对妻子冷淡；或把对妻子的怒气转嫁到孩子或工作上。在心理咨询中，很多人都会出现上述情况中的一种。

由于情感会转化成动能并指明方向，所以正确地认定情感非常重要。……要知道，情感是把双刃的利剑，如果使用得当，就会产生建设性的作用；如果使用不当，就会产生冲突和破坏作用。

(资料来源：汤宜朗，许又新. 心理咨询概论. 贵阳：贵州教育出版社，1999)

2. 情绪、情感的区别和联系

在日常生活中，人们对情绪和情感常常是不加区分的，将情绪和情感作为一个统一的心理过程来讨论，但在心理学中，情绪和情感二者既有区别又相联系。

1) 情绪和情感的区别

(1) 在产生的条件上，情绪更多的是与个体的生理需要相关的，是人和动物所共有的一种心理过程。比如，喜、怒、哀、乐四种原始情绪，人与动物皆有；而情感则主要是与个体的社会性需要相联系的，是人类所独有的高级心理过程，具有一定的社会历史性。比如，道德感、理智感、美感、民族自豪感都是与社会需要有关的情感。

(2) 在稳定性上，情绪具有不稳定性、短暂性和情境性的特点，往往随着情境的改变和需要的满足很快减弱或消失，如触景生情；而情感则具有较大的稳定性和持久性，一经产生就比较稳定，一般不受情境左右，如友谊并不因朋友是否在眼前而改变。

(3) 在强度上，情绪经常具有外显性、冲动性，常常伴有明显的外部表现，如欣喜若狂、手舞足蹈、怒不可遏、暴跳如雷等；情感则具有内隐性，以内心体验的形式蕴藏在人格当中，常常以微妙的方式流露出来，并始终处于意识的调节支配之下，其生理变化并不明显。

2) 情绪和情感的联系

情绪和情感的联系很紧密。一方面，情绪依赖于情感，即情绪的各种不同变化一般都受制于已形成的情感及其特点；另一方面，情感又依赖于情绪，即人的情感总是在各种不断变动着的情绪中得以表现。离开了具体的情绪过程，人的情感及其特点就不可能现实地存在。因此，从某种意义上说，情绪是情感的外在表现，情感是情绪的本质内容。例如，当人们看到小偷行窃时，愤恨的情绪使人产生正义感；看到自己的祖国遇到外敌入侵时，就会产生无比愤怒和激动的情绪，由此而表现出崇高的爱国主义情感。

3. 情绪、情感与认知的区别和联系

1) 情绪、情感与认知的区别

情绪、情感过程是不同于认知过程的一种心理过程。①情绪、情感反映的是客观事物与人的需要的关系。同一件事情，对张三可能是雨后彩虹，对李四就可能是晴天霹雳；而认知过程是尽量客观地反映外在事物本来的真面目，反映的是各种对象和现象的属性、本质和发生发展的规律。②情绪、情感的发生和改变则具有不随意性。例如，人在看电影电视时，会随着剧情和主人公的遭遇而不知不觉地高兴或悲伤，所谓"触景生情"；而认知活动的发生和改变在一定程度上具有随意性、目的性。

2) 情绪、情感与认知的联系

情绪、情感过程与认知过程是密切联系的。一方面，认知活动是产生情绪、情感的前提和基础。人对客观事物的认知、评估是产生情绪与情感的直接原因。例如，你在公园的长凳上休息时，把眼镜摘下来放在一边，一个人走过来坐在了你的眼镜上，在眼镜变形、碎裂的时候，你会愤怒地指责那个人。但如果你发现弄坏你眼镜的人是一个盲人，你还会发火吗？同样是眼镜碎了，为什么第一种情况你会愤怒，第二种情况则平静地接受呢？是因为你对这个事件的认知发生了改变。另一方面，情绪、情感也影响认知。一般来说，积极的情绪、情感对认知活动具有促进作用；消极的情绪、情感则对认知活动具有阻碍作用。心理学研究表明：积极的情绪、情感可使人产生超强的记忆力、活跃的创造思维及丰富的想象；而焦虑不安、忧郁苦闷、愤怒等不良情绪，则会降低智力活动，影响认知活动的效率。

7.1.2 情绪、情感的生理变化和外部表现

1. 情绪、情感的生理变化

随着情绪、情感的发生，有机体会产生一系列的生理变化，主要表现在呼吸系统、循环系统、消化系统和腺体活动的变化上。这些变化可作为情绪状态变化的客观指标。例如，人平静时平均每分钟呼吸 20 次，高兴时每分钟呼吸 17 次，悲伤时每分钟呼吸 9 次，愤怒时每分钟呼吸 40 次，恐惧时每分钟呼吸高达 64 次。人在愉快和满意时，心跳正常，血管舒张；惊恐时，心跳加速加强，血液流通量增加，收缩压升高。

阅读资料 7-2

测谎仪(lie detector)简介

测谎仪是根据在特定情绪状态下个人不能控制自己身心变化的原理设计的，测谎仪通过记录受测者的某些生理反应来检测其是否说谎。如果一个受测者编造谎言的话，他可能

因担心谎言被揭穿而产生一定心理压力,从而出现紧张、恐惧、焦虑、内疚等复杂心理反应和与之相联系的生理反应。随着现代科学技术的发展,目前世界上已有多种类型的测谎仪,不少国家将测谎仪与测谎技术应用于司法实践,一般认为可得到 80% 左右的正确性判断。但测谎仪所测量的四种生理参数——血压、脉搏、出汗和呼吸频率,可以被多种情绪所影响,因此有时可能导致判断失误。目前各国科学家及法律界人士对此有不同的认识,有些国家的法律禁止使用测谎仪,或不承认测谎记录的法律效力。

(资料来源:李小平. 新编基础心理学. 南京:南京师范大学出版社,2005)

2. 情绪、情感的外部表现

当情绪、情感发生时,不仅身体内部器官有一定变化,而且身体各部位的动作、姿态也会发生明显变化,这种变化称为表情(emotional expression)。人的表情极其丰富,主要表现在以下三个方面。

1) 面部表情

面部表情是指由面部肌肉和五官的变化所显示的情绪状态。在面部表情中,目光的运用是最值得注意的。俗话说:"眼睛是心灵的窗户",所谓"眉目传情""暗送秋波""瞠目结舌""怒目而视"都是描述目光的不同表情。眉也是表现面部表情的主要部位,如展眉表示欢欣;皱眉表示愁苦;扬眉表示得意;竖眉表示愤怒;低眉表示慈悲。嘴的表情动作也很丰富,如哭与笑都离不开嘴的动作。

下面请你用图 7-1 自测一下你的表情识别能力,用秒表记录你准确地匹配这五种表情的时间。中性( ),生气( ),高兴( ),悲伤( ),诡计多端( )。

图 7-1 表情识别测试

2) 姿态表情

姿态表情是指借助全身姿态和四肢活动来表达情绪和情感。例如,扬头常常表示高傲,垂头表示丧气;点头表示赞同,摇头表示反对。从全身姿态来看,高兴时手舞足蹈;愤怒时暴跳如雷；恐惧时不寒而栗；悔恨时捶胸顿足；惊慌时手足失措等。

3) 言语表情

言语表情是指由言语的音调、音色、节奏、速度等方面的变化所表示的情绪状态。"言为心声"是说不同的言语表情反映出不同的心理状态。如悲哀时，语调低沉，语速缓慢，语音高低差别不大；喜悦时，语调高昂，语速较快，语音高低差别较大，音色悦耳；恐惧时，音调高尖急促，声音刺耳颤抖。根据心理学家和语言学家的研究，在许多场合，"怎么说"，也就是说话时运用怎样的语气、语调往往比"说什么"更为重要。因为言语表情所传达的信息比言语本身更为可靠。俗话说"听话听音"，同一句话，由于语调不同，所代表的意思很可能大相径庭。比如，说"这是怎么回事"这句话，既可以表示和颜悦色的疑问，也可以表示指责和鄙视。

7.1.3 情绪与情感的分类

1. 情绪的分类

从生物进化的角度可把情绪分为基本情绪和复合情绪。基本情绪是人和动物共有的不学而会的情绪。中国古代常见的一种观点是将人的基本情绪概括为七种，即"七情说"，分别是恐、怒、忧、思、悲、喜、惊。现代心理学家对基本情绪种类的看法存在争议：有些心理学家持"四情说"，认为基本情绪包括快乐、愤怒、悲哀与恐惧；有些心理学家持"五情说"，认为基本情绪包括快乐、愤怒、悲哀、恐惧和厌恶，也有心理学家持"六情说"，即快乐、愤怒、悲哀、恐惧、厌恶和惊奇，还有些心理学家持"七情说"，即快乐、愤怒、悲哀、恐惧、厌恶、惊奇与轻蔑。多数人都认可"四情说"，即认为快乐、愤怒、悲哀、恐惧是四种基本情绪，这四种基本情绪都属于所谓的原始情绪。

美国心理学家罗伯特·普拉切克(Robert Plutchik)认为情绪是心理演化的综合体，据此他提出了八种基本情绪：恐惧(fear)、惊讶(surprise)、悲伤(sadness)、厌恶(disgust)、愤怒(anger)、期待(anticipation)、快乐(joy)、信任(trust)。每一种基本情绪都可以根据强度的变化进行细分，如强度高的快乐是狂喜，强度低的快乐是宁静；强度高的恐惧是恐怖，强度低的恐惧是忧虑；强度高的愤怒是狂怒，强度低的愤怒是生气等，如表 7-1 所述。一种基本情绪可以和相邻的情绪混合产生某种复合情绪，如图 7-2 所示，如信任和快乐混合在一起产生爱。一种基本情绪也可以与相距更远的情绪产生某种复合情绪，如恐惧和期待混合在一起产生焦虑等。

表 7-1 基本情绪及强度

强 度 低	基本情绪	强 度 高
兴趣 interest	期待 anticipation	警觉 vigilance
宁静 serenity	快乐 joy	狂喜 ecstacy
接受 acceptance	信任 trust	赞赏 admiration
忧虑 apprehension	恐惧 fear	恐怖 terror
分心 distraction	惊讶 surprise	惊愕 amazement

续表

强 度 低	基本情绪	强 度 高
忧伤 pensiveness	悲伤 sadness	悲痛 grief
厌烦 boredom	厌恶 disgust	憎恶 loathing
生气 annoyance	愤怒 anger	狂怒 rage

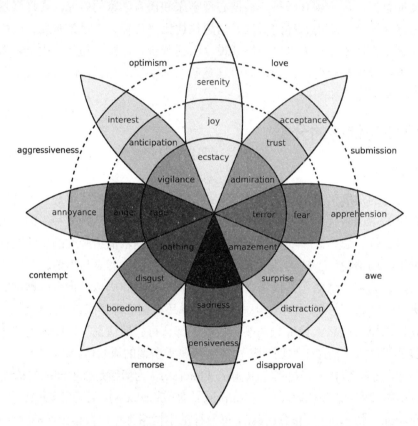

图 7-2　普拉切克情感轮(Plutchik's Wheel of Emotions)

2. 情绪状态分类

情绪状态是指在特定时间内，情绪活动在强度、紧张水平和持续时间上的综合表现。情绪状态可分为三种：

1) 心境

心境(mood)是一种比较微弱、持久、弥散的情绪状态。心境构成了人的心理活动的一个背景、一个基调，俗话说："忧者见之则忧，喜者见之则喜"指的就是心境。心境一般具有三个特点：①缓和而又微弱，如微波荡漾，有时当事人也不察觉；②持续时间较长，几小时、几天，甚至长达几年；③具有弥散性，是一种非定向的弥散性情绪体验，似乎是在人的心理上形成了一种淡薄的背景，或者说似乎是戴上了有色眼镜，所有的事情都被染上了一种独特的色彩。

心境有积极与消极之分，是心理健康的一个重要标准。良好的心境有助于积极性的发挥，可以提高工作和学习效率；不良心境则会使人沉闷，妨碍工作和学习，影响身心健康。

2) 激情

激情(intense emotion)是一种强烈的、爆发性的、短暂的情绪状态。如暴怒、绝望、狂喜、恐惧等都属于这种情绪体验。激情通常由强烈的欲望和具有重大意义的事件所引起。比如，信仰破灭、亲人亡故、强烈愿望的意外满足等。另外，对立的意向愿望的冲突，以及过度的抑制和兴奋都容易导致激情的发生。激情具有爆发性和冲动性，同时伴随着强烈的情绪体验、生理变化和行为表现。处在激情状态下，当事人一般能够意识到自己的状态和导致这种情绪反应的原因，但往往不能很好地控制。因为他的感知、注意和思维等认知功能变得狭窄，能力受到很大限制，所以在激情状态下，人常常会头脑发热，做出一些失去理性的事情，事后平静下来才觉得可笑或者后悔。

激情对人的影响有积极和消极两个方面。①积极方面，激情可以激发人内在的心理能力，成为行为的巨大动力。人本主义心理学强调的高峰经验，就是一种非常广阔和极度兴奋喜悦的情绪体验，它能使人消除畏惧，更加积极进取。②消极方面，激情也有很大的破坏性和危害性，激情中的人往往任性而为，不计后果，对人对己都造成损害。

3) 应激

应激(stress)是指在出乎意料的紧迫情况下产生的急速而高度紧张的情绪状态。与激情不同的是，应激一般是在生命安全受到严重威胁的紧急情况下产生的，是人对意外的环境刺激做出的适应性反应。应激状态最重要的特点是广泛而强烈的生理反应。人在遇到紧张危险的情境而需要迅速采取重大决策时，大脑中枢紧急传送指令至下丘脑，使其分泌促肾上腺激素释放因子(GRF)，然后又激发脑垂体分泌促肾上腺因子皮质激素，使身体处于充分动员的状态，心率加快，血压与体温升高，肌肉紧张度、代谢水平等都发生显著变化，从而增加肌体活动力量，生理潜能被紧急挖掘出来，不惜一切代价应对险情。例如，突发地震、两车即将相撞、遭歹徒抢劫，人所产生的紧张情绪体验即为应激。强烈和持续的应激反应过后，往往会有生理机能甚至器质上的损害。

应激可表现为两种状态：①积极的状态。它可使人具有特殊的防御排险机能，使人变得精力旺盛、神勇异常、化险为夷、转危为安。如武松打虎、狗急跳墙，都是应激状态下的超常行为，这种应激表现被称为狮子式应激。②消极的状态。它可使人高度的紧张、行为紊乱、知觉和注意的范围变得狭窄、语无伦次、惊慌失措、呆若木鸡，甚至瘫软在地。如有的人连平常很容易办到的事情此刻竟然也不能做了，这种应激表现被称为兔子式应激。

3. 情感的分类

情感是与人的社会性需要相联系的体验，是人类所特有的。社会情感按其内容可分为道德感、理智感与美感。这三类情感与人的思想观念、理想、信念、世界观及个性密切相关，比一般的情绪有更高的稳定性、概括性、复杂性和倾向性。

1) 道德感

道德感(moral feeling)是根据一定的道德标准在评价人的思想、意图和行为时所产生的情感体验。道德属于社会历史范畴，不同时代、不同民族、不同阶级有着不同的道德标准。

如果一个人的行为符合社会道德标准，就会产生满意、肯定的体验；如果不符合社会道德标准，就会产生消极、否定的体验。

道德感是品德结构的一个重要成分，它对人的行为有巨大的推动、控制和调节作用，是一种自我监督的力量，可使人保持良好的行为，防止行为与社会需要的偏离。

2) 理智感

理智感(rational feeling)是在智力活动过程中认识和评价事物时所产生的情感体验。例如，人在探索未知的事件时所表现的兴趣、好奇心和求知欲望，在科学研究中面临新问题时的惊讶、怀疑、困惑和对真理的确信，问题得以解决并有新的发现时的喜悦感和幸福感，这些都是人在探索活动和求知过程中产生的理智感。个体越积极地参与智力活动，就越能体验到强烈的理智感。

理智感是推动人获得知识、追求真理的强大动力。当一个人认识到知识的价值和意义，感到获得知识的乐趣及追求真理过程中的幸福感时，就会不计名利得失，以一种忘我的奉献精神投入到学习和工作之中。同样，学生解决问题、成就需要得到满足，是进一步增强求知欲和理智感的条件，一再的失败与困惑，会使人丧失探索未知问题的信心和勇气。

3) 美感

美感(aesthetic feeling)是根据一定的审美标准评价事物时所产生的情感体验。人的审美标准既反映事物的客观属性，又受个人的思想观点和价值观念的影响。因此，在不同的文化背景下，不同民族、不同阶级的人对美的评价多有不同。一般说来，美感具有这样四个特征：①美的形式、和谐的比例、多样的色彩、鲜明的节奏等是美感产生的必要条件；②非功利性，即没有直接的、狭隘的、排他的功利目的；③创造性，美感是调动个体以往的全部经验、整个身心进行创造活动的情感；④个性特征，不同的艺术家有不同的美学原则，不同的欣赏者也有不同的审美情趣。

7.2 情绪的理论

7.2.1 詹姆斯-兰格情绪理论

美国心理学家威廉·詹姆斯(William James，1884)和丹麦生理学家卡尔·兰格(Carl Lange, 1885)在19世纪80年代分别提出内容相同的一种情绪理论，主张先有机体的生理变化，而后才有情绪。他们强调情绪的产生是植物性神经活动的产物，后人称它为情绪的外周理论。詹姆斯有句名言"因为我们哭，所以愁；因为动手打，所以生气；因为发抖，所以害怕；并不是愁了才哭；生气了才打；怕了才抖。"兰格更鲜明地认为，情绪是一种内脏的反应。例如，你突然遇到一只老虎，接下来会发生什么呢？你会本能地迅速逃跑，跑到安全的地方后感觉到自己的心在怦怦跳动，呼吸急促，四肢紧张，并且出了一身冷汗……太悬了！按照詹姆斯-兰格情绪理论的解释是：心跳加速是发生在恐惧情绪之前，先心跳加速，然后出现了恐惧情绪。即看见老虎后，先逃跑、心跳加速，然后才感到恐惧害怕。

詹姆斯-兰格理论看到了情绪与机体变化的直接关系，强调了植物性神经系统在情绪产生中的作用。但他们片面强调植物性神经系统的作用，忽视了中枢神经系统的调节、控制作用，因而引起了很多的争议。

7.2.2 坎农-巴德情绪理论

坎农-巴德情绪理论由美国生理学家坎农(Cannon)和巴德(Bard)在批评詹姆斯-兰格理论的基础上提出的一种情绪理论。1927年，坎农对詹姆斯-兰格理论提出了三点疑问：①机体上的生理变化在各种情绪状态下并无多大的差异，因此根据生理变化很难分辨各种不同的情绪。②机体的生理变化受自主性神经系统的支配，这种变化非常缓慢，不足以说明情绪瞬息变化的事实。③机体的某些生理变化可由药物引起，但药物(如肾上腺素)只能使生理状态激活，而不能产生情绪。坎农认为情绪的中心不在外周神经系统，而在中枢神经系统的丘脑。由外界刺激引起的感觉器官的神经冲动，通过内导神经，传至丘脑；再由丘脑同时向上、向下发出神经冲动，向上传至大脑，产生情绪的主观体验，向下传至交感神经，引起机体的生理变化，如血压升高、心跳加快、瞳孔放大、内分泌增多和肌肉紧张等，使个体生理上进入应激准备状态。

坎农于20世纪20～30年代提出了情绪的丘脑学说，认为丘脑在情绪形成中起重要作用。后来，坎农的情绪丘脑学说得到巴德(Bard)的支持和发展，故称为"坎农-巴德情绪学说"。他们认为，情绪和肌体的唤醒几乎是同时发生的，都是由大脑组织完成的。按照坎农-巴德情绪理论的解释，当人们看见老虎时，丘脑被激活，然后激活大脑皮质和下丘脑，大脑皮质负责情绪感觉，下丘脑负责肌体唤醒。即当人们看见老虎后，害怕和逃跑会同时发生。

坎农-巴德学说重视情绪中枢性生理机制的研究，相对于詹姆斯-兰格理论前进了一大步，但它忽视了大脑皮质对情绪的作用及外周神经系统对情绪的意义，因而有较大的局限性。

7.2.3 沙赫特和辛格的情绪认知理论

20世纪70年代，美国心理学家沙赫特(S.Schachter)和辛格(J.E.Singer)提出的情绪认知理论(cognitive theory of emotion)，认为情绪产生决定于两个主要因素：生理唤醒和认知因素。他们认为，情绪是在对一种生理唤醒进行特殊的认知解释后产生的。

沙赫特和辛格设计了一个经典的实验来证实自己的理论。首先，他们将自愿当被试的若干大学生分为三组，给他们注射同一种药物，并告诉被试注射的是一种维生素，目的是研究这种维生素对视觉可能发生的作用，但实际上他们为被试注射的是肾上腺素，一种对情绪具有广泛影响的激素。这使得三组被试都处于一种典型的生理激活状态。然后，主试向三组被试说明注射后可能产生的反应，并做了不同的解释：告诉第一组被试，注射后将会出现心悸、手颤抖、面部发热等现象(这是注射肾上腺素的反应)；告诉第二组被试，注射后身体会发抖、手脚会有些发麻，此外，没有别的反应；对第三组被试则不做任何说明。接着，主试把注射药物以后的三组被试的每一组人员平均分配为两个小组，让他们分别进入预先设计好的两种实验环境里休息,两种实验环境中一种是令人发笑的愉快环境(让人做滑稽表演),另一种是令人发怒的情境(强迫被试回答琐碎问题,并横加指责)。根据主试的观察和被试的自我报告结果,第二组和第三组被试在愉快的环境中显示愉快情绪,在愤怒情境中显示出愤怒情绪;而第一组被试则没有愉快或愤怒的表现和体验。

实验证明,人对生理反应的认知决定了最后的情绪体验。这个结论并不否定生理变化和环境因素对情绪产生的作用。如果情绪体验是由内部刺激引起的生理激活状态决定的,那么实验中的这三组被试注射的都是肾上腺素,引起的生理状态应该相同,情绪表现和体验也应该相同;如果情绪是由环境因素决定的,那么不论哪组被试,进入愉快环境中就应该表现出愉快情绪,进入愤怒环境中就应该表现出愤怒情绪。事实上,情绪状态是由认知过程(期望)、生理状态和环境因素在大脑皮质中整合的结果。环境中的刺激因素通过感受器向大脑皮质输入外界信息;生理因素通过内部器官、骨骼肌的活动向大脑输入生理状态变化的信息;认知过程是对过去经验的回忆和对当前情境的评估。来自这三个方面的信息经过大脑皮质的整合作用才产生了某种情绪体验。

按照沙赫特情绪认知理论的解释是:当人们看见老虎后,身体会被唤起,如果认为老虎对人的安全有威胁,这种唤起就被解释为恐惧;如果认为这只老虎是驯养动物,不会伤害自己,这种唤起就被解释为高兴或惊讶。

7.2.4 艾利斯的情绪 ABC 理论

美国著名心理学家阿尔伯特·艾利斯(A. Ellis)于 20 世纪 50 年代创立了情绪 ABC 理论(ABC Theory of Emotion),该理论认为引起人情绪困扰的并不是外界发生的事件,而是人对事件的态度、看法、评价等认知内容,因此要改变情绪困扰不应致力于改变外界事件,而是应该改变认知,通过改变认知,进而改变情绪。

在 ABC 理论模式中,A 是指诱发性事件(activating event);B 是指个体在遇到诱发事件之后相应而生的信念(Belief),即他对这一事件的看法、解释和评价;C 是指特定情景下,个体的情绪及行为结果(consequence)。通常人们认为,人的情绪的行为反应是直接由诱发性事件 A 引起的,即 A 引起了 C。ABC 理论指出,诱发性事件 A 只是引起情绪及行为反应的间接原因,而人对诱发性事件所持的信念、看法、理解 B 才是引起人的情绪及行为反应的更直接的原因。人的情绪及行为反应与人对事物的想法、看法有关。合理的信念会引起人对事物的适当的、适度的情绪反应;而不合理的信念则相反,会导致不适当的情绪和行为反应。当人坚持某些不合理的信念,长期处于不良的情绪状态之中时,最终将会导致情绪障碍的产生。

例如,如图 7-3 所示,A 指事情的前因,C 指事情的后果,有同样的前因 A,产生了不一样的后果 C1 和 C2。这是因为从前因 A 到后果 C 之间,通过 B 作为桥梁,这座桥梁就是信念和人对情境的评价与解释。同一情境 A 之下,不同的人的理念及评价与解释不同(B1 和 B2),所以会得到不同的结果(C1 和 C2)。因此,事情的后果根源于人的信念(人们对事件的想法、解释和评价等)。艾利斯认为,正是由于人常有的一些不合理的信念才使自己产生情绪困扰。

前因　　　　　信念　　　　　后果

图 7-3　情绪 ABC 理论

阅读资料 7-3

情绪智力

　　1990 年，美国耶鲁大学的彼得·沙洛维(Peter Salovey)和新罕布什尔大学的约翰·梅耶(John Mayer)提出情绪智力(Emotional Intelligence，EI) 这一概念，将其定义为三种能力组成的结构，这三种能力是：能准确认知、评价和表达情绪的能力；有效调节情绪的能力；将情绪体验运用于驱动、计划和追求成功等动机和意志行为过程的能力。1993 年，沙洛维和梅耶在对情绪智力做了进一步研究后，把它定义为社会智力的一种类型，并对其包含的能力内容作了重新的界定，即区分或认知自己与他人情绪的能力；区分情绪之间差别的能力；运用这种信息指导个人思维和行动的能力。

　　1995 年，美国哈佛大学行为与脑科学教授、《纽约时报》科学专栏作家丹尼尔·戈尔曼(Daniel Goleman)出版了《情绪智力》一书，把情感智商这一学术研究新成果以非常通俗的方式介绍给大众，并迅速成为世界性的畅销书。他提出了"情感智商"(Emotional Quotient)概念，简称情商(EQ)。戈尔曼认为，情感智商包括五个方面的能力：认识自身情绪的能力；妥善管理自己情绪的能力；自我激励的能力；认识他人情绪的能力；人际关系管理的能力。以上五种能力与自知、自控、热情、坚持、社交技巧等非智力因素有关。戈尔曼进一步指出，情商高的人，能够清醒地了解并把握自己的情绪，敏锐地感受并有效地反馈他人情绪的变化，在生活的各个层面，无论在爱情、亲情，或者在领悟组织机构中主宰个人沉浮的那些不成文的游戏规则方面，都占尽优势。情绪智力充分发展的人，其生活更有效率，更容易获得满足，更能运用自己的智力获取丰硕的成果；而那些不能驾驭自己情绪的人，内心的激烈冲突削弱了他们本应集中于工作的理性思考能力。

　　从情商与智商的关系来看，情商高的人，也是能使自己的智商发挥到最大限度的人，因为他们善于控制自己的冲动，有着顽强的毅力，并能很好地协调与他人的关系；而情商低的人，则常常被自己的情绪所左右，结果必然导致智力活动的效率低下。情商被称为是另一种智能，一种能决定个体未来事业成功、生活幸福的智能。

　　因此，心理学家普遍认为，情商(EQ)与智商(IQ)同等重要，学校要像培养智力一样培养学生的情绪智力，增强学生的自我控制能力，增加利他行为，富有共情能力，这是一个社会繁荣发展的必备能力。

(资料来源：[美]Dennis Coon，著，郑刚，译. 心理学导论(第 11 版). 北京：中国轻工业出版社，2008)

7.3 情绪、情感与身心健康

7.3.1 情绪、情感对身心健康的影响

情绪、情感与人的身心健康有着密切的关系，积极乐观的情绪能促使各种内脏功能正常运转，增强对疾病的抵抗能力，有利于保持身心健康，而消极不良的情绪则会损害人的身心健康，甚至使人得病或病情加重。

1. 积极情绪对健康的作用

情绪和情感发生时，总会引起一系列人体生理机能的变化，乐观开朗、心情舒畅能促使各种内脏功能正常运转，增强对疾病的抵抗能力，还能让人在逆境中不心灰意冷、不放弃、不绝望，有利于保持身心健康。

积极的情绪会给人战胜疾病的力量，当一个人充满积极情绪的时候，他就更能忍受疾病和痛苦的考验。研究人员曾经对 122 名男性心脏病患者的乐观和悲观情绪进行了评估，然后对他们进行了长期的跟踪观察。结果发现，8 年以后，在情绪最悲观的 25 名心脏病患者中，有 21 人已经去世；而情绪最乐观的 25 名心脏病患者中，只有 6 人死亡。专家认为，心脏病患者的精神状态能更准确地预示他们的存活时间。

在一次心理学实验中，研究人员将两只大白鼠丢入一个装了水的容器中，它们会拼命地挣扎求生，一般维持的时间是 8 分钟左右。如果在同样的容器中放入另外两只大白鼠，在它们挣扎了 5 分钟的时候，放入一块可以让它们爬出来的跳板，由于有了跳板，两只大白鼠得救了。若干天后，将这对大难不死的大白鼠再次放入水中，令人惊讶的是，它们竟然在水中坚持了 24 分钟——3 倍于一般情况下能够坚持的时间。对此，研究人员认为，前面两只大白鼠没有逃生的经验，它们只能凭自己的体力来挣扎求生，而有过逃生经验的大白鼠却多了一种精神的力量，它们相信，在某一时刻会有一块跳板救它们出去，这就使得它们能够坚持更长的时间。这种精神力量，就是积极的心态，或者说是内心对一个好的结果存在希望。出乎意料的是，这两只大白鼠没有死，它们在第 24 分钟时被救了上来。研究者说："因为有积极心态的大白鼠更值得活下去。我们人类应该尊重一切希望，哪怕是大白鼠内心的希望。"

2. 消极情绪是健康的大敌

中国古代就有"怒伤肝，喜伤心，思伤脾，忧伤肺，恐伤肾"之说，现代科学更是证明了情绪对人体的免疫系统、消化系统、心血管系统等方面的巨大影响。大量临床研究表明，情绪过度消极、长期情绪低落或过于紧张的人，往往容易患各种疾病。由负性情绪因素造成的生理疾病常见的有：①高血压。长期紧张、激动、焦虑或处于矛盾状态的人，易患高血压。②胃和十二指肠溃疡。长期处于焦虑、忧郁、恐惧、愤恨等消极情绪之中，对胃肠功能的危害最为明显，可导致胃酸持续增高，引起胃黏膜和十二指肠糜烂，甚至导致溃疡。③心脏病。长期、反复的消极情绪，情绪波动大、容易激动、争强好胜的人，易患

心脏病。④糖尿病。长期或过度的情绪紧张，可以使内分泌失调，胰脏分泌机能受到影响，从而导致血糖和尿糖水平增高，易患糖尿病。⑤肿瘤。相当数量的癌症患者在病前都有较长时期的不良情绪刺激或者突然的重大情绪打击。

当然，并不是说情绪不佳者就一定会患上某一种疾病，但已有越来越多的证据显示，愤怒、焦虑和抑郁等情绪对人的健康的确是有害的，极度紧张和过分激动等负面情绪会影响人的身心健康，甚至危及人的生命。

阅读资料 7-4

"吓死人"的科学道理

俗话说："人吓人，吓死人。"生活中常听到受惊吓的人说："哎呀，真是吓死我了！"人是否真的会被吓死呢？答案是：人确实有被吓死的！某地一男青年平素喜欢开玩笑，一日与朋友们出去郊游，他从地上拾起一条冷湿的破绳子，突然扔到一怕蛇的女伴身上，大叫一声："蛇！"该女伴惊叫一声，倒地气绝，酿成了一场悲剧。

人为什么会被吓死呢？当一个人突然遭受惊吓时，大脑会指令肾上腺分泌大量的儿茶酚胺，使心跳突然加快，血压升高，心肌代谢的耗氧量急剧增加。过快的血流如洪水般冲击心脏，使心肌纤维撕裂，心脏出血，导致心脏骤停，致人死亡。

国外医学研究人员在对吓死者的尸体解剖后发现，死者的心肌细胞均受到了不同程度的破坏，心肌中央夹杂着许多玫瑰色的出血点，说明出血过多，损害了心脏功能。而对120名从心室纤维颤动的死亡线上救治的病人进行追踪，发现其中1/5的人在发作前遭受过极度惊恐等激烈的情绪波动，从生理上揭开了"吓死人"的奥秘。

因此，在生活中，开玩笑不要过分，特别是恶作剧式的恐怖玩笑更不宜开。有心血管疾病的人要学会控制自己的情绪，避免惊、恐、悲、哀，以免发生意外。

(资料来源：李小平. 新编基础心理学. 南京：南京师范大学出版社，2005)

7.3.2 常见的情绪问题与调控

1. 焦虑

1) 表现

焦虑(anxiety)是个体对即将来临的可能会造成危险或威胁的情境所产生的紧张、不安、忧虑、烦恼等不愉快的复杂情绪状态，是一种复合的负性情绪。心理学家通过实验研究认为，适度焦虑对学习或工作有一定的益处，但过度焦虑无论对人的生理，还是对人的心理都将产生不利影响。

焦虑症(病态焦虑)常表现出三个特点：①焦虑是一种烦躁、急切、提心吊胆、紧张不安的情绪；②焦虑者往往伴有植物神经功能紊乱的症状；③焦虑往往是没有相对固定的对象和明确的内容。焦虑症有不同的类型，包括广泛性焦虑和急性焦虑发作。广泛性焦虑没有特定的威胁但又长期感到紧张和不安；急性焦虑发作又叫惊恐发作，表现为不可预测地、突然地发作,病人常体会到濒临灾难性结局的害怕和恐惧,反应迅速而强烈,终止亦非常迅速,每次发作一般不超过半小时。

2) 产生原因

焦虑产生的原因是多方面的。一种是与外界的压力有关,如果个体所做工作的要求或目标较高,或者学习的负担过重,都可能使个体感到无力应对将要出现的局面,这种对未来情境的担忧很可能引发焦虑;另一种是个体本身的心理素质不够好,即心理的承受力比较弱,对一些本来并不构成威胁的情境也感到害怕,结果也造成焦虑。

3) 预防策略

对于一般性的焦虑,个体可以通过自我调节的方式加以改善。常用的方法有以下三种。

(1) 放松训练。通过适当的放松练习,可以使焦虑者的思绪专注在放松的感觉上,从而减轻焦虑。放松训练的直接目的是使肌肉放松,最终目的是使整个机体活动水平降低,达到心理上的松弛。常用的放松训练有呼吸放松法、渐进式肌肉放松法、冥想放松法。

(2) 改变认知方式。认知对焦虑有着重要作用,当你处于焦虑状态时,必须尽早自觉察觉焦虑的发生,从中寻求原因,以理智的方式去质疑焦虑:"焦虑什么""为什么焦虑""有没有必要焦虑""焦虑能不能解决问题"等,通过反思,如果能更客观一些,对一些令人担心的事情更释然一些,就会减少那种自寻烦恼式的焦虑。

(3) 向他人倾诉及寻求帮助。通过向朋友倾诉自己的不快,道出自己的紧张焦虑,朋友会针对你的情况进行开导,使你的焦虑源自主消失。与此同时,你自己把你心中的忧虑说出来,这本身也会使你更加轻松,有时会醒悟到焦虑是完全不必要的,由此,在陈述的过程中,焦虑就会逐渐自主消失。

对于病态焦虑或者严重的焦虑,则应该寻求心理医生的帮助。

2. 抑郁

1) 表现

抑郁(depression)是一种感到无力应对内外压力而产生的持久低落的情绪状态,常伴有厌恶、痛苦、羞愧、后悔、自卑等消极情绪体验,表现为各种躯体不适以及睡眠障碍。抑郁在青少年中很常见,大多数情况下,持续时间较短(少于半月),能及时摆脱,对个人的学习、生活没有太大影响,是一种正常的情绪反应。但如果长期沉浸其中,不能自拔,出现典型的三低症状(思维迟缓、情绪低落、意志活动减少)就要警惕抑郁症的可能,需要去精神专科就诊。

抑郁情绪可破坏人体身心的平衡,使人处于一种压抑状态,出现情绪混乱,丧失理智,注意力无法集中、记忆衰退等现象,到后期心智充塞混乱的扭曲思绪,再也无法感受人世的乐趣,最后生趣尽失,连希望也烟消云散,甚至做出自杀的行为。

2) 产生原因

抑郁产生的原因是多方面的。一种是由心理因素所导致,如不良的归因倾向,对问题的消极思考,对自己缺乏信心、过于悲观等;另一种是由外部因素所引起,比如:考试失败、成绩落后、人际关系破裂、失恋、失业、丧偶、意外的灾难、长期努力得不到回报等生活中的消极事件。

另外，马丁·塞利格曼(Martin E.P. Seligman)提出一个关于解释抑郁理论的专门术语"习得性无力感"。他认为抑郁是由于习得性无力感引起的。习得性无力感指人在被动地接受某种刺激后感到无能力去应对，不能学会去应对的一种状态。在抑郁症患者之中，他们认为自己不能对外部事物产生任何影响，起不了任何作用，出现压抑、消沉、嗜睡等。

3) 预防策略

对抑郁情绪的控制可以采取的方法较多，但真正行之有效的方法较少。在临床上对抑郁症的治疗是一件复杂的工作，它需要医患双方长时间的配合。

(1) 释放压抑的情绪。当你处于抑郁状态时，不妨大哭一场。因为哭能释放积聚已久的能力，并调整机体的平衡。在亲人面前痛哭，可以爆发纯真的感情，如同夏天的暴风雨，越是倾盆而下，天就越晴得快。许多人在痛哭一场后，抑郁症状就减轻了许多。有人实验研究发现，抑郁症状与眼泪的内存有关。

(2) 转移注意力。刻意安排较愉快的事情转移注意力也是一种好方法。转移注意力之所以能治疗抑郁，是因为抑郁往往是自发性的，它不请自来入侵人的心灵，即使你努力要压抑消沉的思绪，往往也徒劳无功。通过刻意安排较愉快的事件，可以唤醒抑郁者，使其对生活产生乐趣，以此忘记悲伤，忘记忧愁，进而缓解内心积压的抑郁。

(3) 积极运动。大量的科学研究表明，运动可以有效缓解抑郁情绪。运动时人体会释放一种叫内啡肽的物质，内啡肽与大脑受体结合，可以有效减轻痛苦。运动可以帮助人减少压力，增强心肺功能，增强新陈代谢，放松心情，减轻抑郁情绪，缓解压力、焦虑，使人精力充沛，提高自信及自尊。

(4) 积极与他人和外界保持接触。心理学家认为，良好的人际沟通和社会支持系统，是个人压力的有效缓冲器，当人处于抑郁状态时，那种以封闭自己、独处反思来化解抑郁的方法是不可取的，它会加重抑郁症状，使人在抑郁中更加消沉。

3. 愤怒

1) 表现

愤怒(anger)是由于他人或事物妨碍自己达到目的，从而使不愉快和紧张积累而产生的一种情绪体验。愤怒情绪是人的需求表达受阻时出现的一种正常反应。它本身并没有错，但需要学会合理地表达愤怒情绪。人在愤怒的时候，常见的不良表现有：①生闷气，把怒气压抑在心里，极力克制自己。经常生闷气，会对身体造成很大的伤害。②伤害自己，愤怒发泄的对象指向自身，表现为攻击自己。比如，责骂自己，自伤、自残甚至自杀。③伤害他人，愤怒发泄的对象指向外界或别人，表现为攻击别人。比如，发脾气、摔东西，打伤甚至杀害别人。

愤怒一般都是由外在的强烈刺激引起的，这往往成为理由或借口，成为一种自我暗示。人在生气的时候，会不由自主地想那些使自己生气的理由，或者找一些自圆其说的借口，而越想就越觉得自己的发火是"理所当然的"，就越是为自己的生气辩解，这些理由、借口对愤怒起到了推波助澜的作用，结果是不停地给自己火上浇油。而当一个人处于一种极度愤怒状态的时候，整个人就会被愤怒的情绪所控制，这时认知几乎不起作用，也就是说理智会完全被情绪所淹没，这时候的人既不宽容，又不讲理，满脑子都是以牙还牙的报复念头，对其行为的后果全然不顾。在大脑高度兴奋状态下，人会产生一种力量和不可战胜的错觉，这又助长了人的进攻性，在盛怒之下，人就会出现最原始的也是最野蛮的反应，而一旦灾难性的结果产生，就可能要为自己的鲁莽举动付出沉重的代价，这往往又会使人陷入深深的懊悔和自责之中。

2) 愤怒产生原因

愤怒的原因多与满足需要的过程受阻有关。一是自己在满足需要的过程中遇到了障碍。二是他人妨碍了自己需要的满足。愤怒的程度与需要的强烈程度相关。三是暴怒者往往不同程度地存在着心理缺陷。例如，心胸狭窄的人喜欢斤斤计较，别人无意触犯了他，他也不肯原谅，往往怒气要往别人身上发，甚至大骂一通。这种人不能理智地处理问题，遇到不顺心的事情很难通情达理，因而处处碰钉子，经常处在烦恼之中。再如，虚荣心过强的人往往也具有火爆脾气，任何伤害他们自尊心的事，他们都是难以忍受的，不少人由此产生愤怒的反应。

3) 预防策略

愤怒本身不能解决任何问题。长期持续的愤怒情绪会给人的身体带来伤害，出现身心疾病。愤怒是可以控制的，火爆脾气也是可以改变的，关键在于掌握方法。

(1) 情境转移法。这是最积极的处理方法。火气上来的时候，对那些看不惯的人和事往往越看越气，越看越火，此时不妨来个"三十六计，走为上策"，迅速离开发怒的场合，最好能和谈得来的朋友一起听听音乐、散散步，就会渐渐地平静下来。

(2) 理智控制法。动怒时，最好让理智先行一步，可以自我暗示，口中默念："发火是愚蠢的，解决不了任何问题。"也可以在即将发火的一刻对自己下命令：不要发火！坚持一分钟！一分钟坚持住了，好样的，再坚持一分钟！两分钟坚持住了，我开始能控制自己了，不妨再坚持一分钟。三分钟都过去了，为什么不再坚持下去呢？所以，要用理智战胜情感。

(3) 评价推迟法。愤怒情绪得以发生发展的基础是我们认可的那些"理由"或"借口"，关键是那些不良的自我暗示，如别人的一个眼神，一句讥讽，一个误解。这事在当时使你"怒不可遏"，可是如果过一个小时、一个星期甚至一个月之后再评论，你或许认为对之发怒"不值得"。

(4) 目标升华法。怒气是一种强大的心理能量，用之不当，伤人害己；使之升华，会变为成就事业的强大动力。要培养远大的生活目标，改变以眼前区区小事计较得失的习惯，更多地从大局、从长远去考虑一切，一个人只有确立了远大的人生理想，才能待人以宽，有较大度量，不会容忍自己的精力被微不足道的小事绊住，从而妨碍自己对理想、事业的追求。

阅读资料 7-5

咨询中的愤怒问题

一般人都认为愤怒是一种消极的情感,所以,不少人希望把愤怒从自己的情绪中排除出去。可惜,这是不现实的。有的人虽然自己有愤怒的体验,可他们却并不承认。因此,对待愤怒要有正确的态度,要敢于承认并将它描述出来,只有这样,才能采取积极的行动。

愤怒的原因多与满足需要的过程受阻有关。愤怒的程度与需要的强烈程度相关。

生活中,愤怒常常表现为两种:

(1) 自我愤怒:如果在努力的过程中因为自己的原因而影响需要的满足,人们把愤怒指向自身,这就是所谓的自我愤怒。自我愤怒的目标是促使自己去改变那些妨碍满足需要的行为。

(2) 对他人的愤怒:如果在满足需要的过程中有外人为自己设置障碍,那受害者的愤怒就会指向为自己设置障碍的人,这就是对他人的愤怒。对他人的愤怒可以引发某种行为,或是排除满足需要的障碍,或是使他摆脱某种不利的环境。

在咨询中,正确区分愤怒的对象至关重要,不能将两种愤怒混为一谈。愤怒的情绪如果没有得到正确的处理,会产生很多问题,常见的有三个方面:①不少因为自己的原因而未能满足需要的人,把原因归咎于他人。此时,自我愤怒被对他人的愤怒所代替,使得愤怒的目标发生错位,不少人会因此对他人进行直接或间接的报复。②有些人是因为别人的妨碍未能满足需要,他们却将怒气转向自己。这同样是愤怒目标的错位。由于他们的目标是错误的,使得他们在今后的努力中将继续受挫。对自己的愤怒愈强烈,就愈不喜欢自己,而这又只能使自己的需要更不容易获得满足。③对他人的愤怒可能会通过具有破坏性的方式发泄出来。不少人不是用怒气去改变自己的行为或改换环境,而只是用怒气来惩罚自己。

(资料来源:汤宜朗,许又新. 心理咨询概论. 贵阳:贵州教育出版社,1999)

4. 恐惧

1) 表现

恐惧(fear)是人面对有威胁的事物或遇到危险的情况时产生的紧张、害怕、胆怯等情绪体验状态。如人在野外遇到一只老虎时就会感到恐惧。恐惧是人面对危险时的一种正常反应。但如果对没有威胁的事物、一般常人不怕的事物也感到恐惧,或者恐惧的强度和持续时间远远超出正常的反应范围,就不是一种正常的情绪反应了。在临床上,将恐怖症(一种神经症)分为三类:场所恐怖症(拥挤人群、封闭场所)、社交恐怖症(被别人注视)、单纯恐怖症(动物、昆虫、锐器、出血、登高、疾病)。

2) 产生原因

恐惧心理的形成一般与既往的痛苦经历有关,而且往往出现泛化。泛化是指与初始事件类似、相关事件也会引起相同的恐惧体验。比如,曾经被某只狗咬伤过,以后见到这只狗或其他狗时就会紧张、害怕,这是心理健康者的反应;但如果见到其他与狗类似的有皮毛的动物时也出现恐惧,远远地躲开或者不敢靠近,这是心理不健康者的反应,属于泛化现象。

恐惧心理的另一个原因是个体对于伤害性事件发生可能性的评价与预期。当面临某种事件时，人会利用搜集到的各种信息做出评估，如果认为该事件发生后将会对自己构成伤害，就会产生恐惧心理；恐惧程度与事件发生的概率大小及伤害程度正相关，即该事件发生的可能性越大、伤害程度越大，恐惧就越严重。

3) 预防策略

(1) 勇敢面对，不再逃避。面对恐惧对象时，我们习惯化的第一反应是逃避，但我们必须明白：逃避只是暂时让我们放松下来，保护了自己，并没有从根本上解决问题，下次遇到时，你不得不选择继续逃避。因此，勇敢地面对恐惧对象，才是新的开始。暴露疗法或洪水疗法认为，面对恐惧对象时，我们的恐惧情绪迅速达到顶峰，此时不要选择逃避，而是勇敢面对，当你和恐惧对象僵持一段时间后，恐惧情绪就会迅速消退。但使用此法时要进行躯体健康状况检查和评估，严格选择适应症。

(2) 系统脱敏。许多人难以承受暴露疗法的巨大痛苦，但他们又想克服自己的恐惧，可以使用系统脱敏的方法。系统脱敏需在专业人士的指导和帮助下，制订严格的脱敏计划，采用循序渐进式的方法，让人一步步地消除恐惧情绪，容易被大多数人所接受。

(3) 放松训练。具体见焦虑的预防策略。

阅读资料 7-6

应该之暴虐

神经症病人的主诉可以概括为这样一种最一般的形式：感到控制不住自认为应该加以控制的心理活动(尤其是情绪)。实际上，"控制不住"应该是神经症病人和心理治疗者谈话时最普遍使用的词语。

先从情绪谈起。情绪包含以下三个方面。①内心的感受或主观体验。②不随意的身体客观表现，如内脏的生理变化，不由自主的肌肉紧张或肌肉收缩跳动。③随意的肌肉活动，如言语、行动、表情等。

情绪只要达到了一定的强度，那么，很显然，任何人都不能凭意志的努力直接而立刻地消除①和②。这是意志的局限性。完全明白这个道理，真心实意地承认个人意志的这种局限性，意味着自我接受。另一方面，意志的能动性体现在③，也就是说我们的意志能有效地直接控制行为。

对于不愉快的情绪来说，③愈有效，即愈是采取言语行动去有效地满足自己的需要和发挥自己的聪明才智，则①和②的减退和消失便愈快且彻底。

神经症病人误以为人能"控制"情欲本身。其实，我们所能控制的只是情欲在行动上的表现。充其量，通过满足需要的有效行为，可以改变和调节情欲之①和②这两方面的现象。

事情往往跟神经症病人所设想的恰好相反：对①和②愈是力图控制，①和②反而愈加强烈持久。不仅如此，一个人的注意和精力愈是集中于企图控制①和②，满足需要的有效行动愈是被耽搁了，甚至从根本上被扼杀了。

可见，我们不能不承认"控制不住"这个心理事实。

那么，"应该"又是从何而来？"应该"意味着别人和社会对"我"的要求。神经症病人是"应该感"强烈的人。追起根来，强烈的"应该感"来自父母、长辈的教训、惩罚、强求甚至苛求，来自父母、长辈对儿童的不理解、不宽容和不尊重。惩罚之内在化，便是"我应该"，因为一旦出现"不应该的"念头，便感到有受惩罚的危险。

霍妮(K.Horney)称为"应该之暴虐"(tyranny of shoulds)者，就是说的此种情况。这种人的整个心灵处于"应该"之暴虐统治之下，看事情、想问题、考虑行动，总是从"我应该"或"我不应该"出发，而很少从"我喜欢""我愿意""我要"出发。

每个社会都有禁忌，只是不同的社会禁忌的内容不尽相同罢了。如果父母、长辈对儿童限制过多，惩罚过严，要求过苛，那么，儿童从小就会满脑袋的禁忌意识。每个社会都允许它的成员享有一定的权利。从心理卫生上说，我们必须明确的权利是：只要不违法和不妨害别人，每个人都有追求愉快的权利。显然，禁忌意识极度膨胀的人，权利意识便相应地萎缩了。

其实，情欲本身一般并无所谓好坏，只是满足情欲的方法和行为有好坏之分。教养，在于启发、引导和帮助儿童以日益符合社会规范和愈来愈有效的行为模式去满足他们的情欲，而非批评或企图扼杀他们的情欲本身。切记对儿童这个"人"采取否定态度，也就是说，不要说某孩子是"坏孩子"，而只能说某种行为是不好的或坏的，而行为是可以改变的。

"控制不住"是控制太多太过分的结果，是"应该之暴虐"的产物，是禁忌意识过分强烈的表现。走出心理冲突的道路是发展个人的权利意识。当然，这首先要求我们每个人弄清楚自己究竟喜欢什么，需要什么，否则，有效的行动就谈不上。

(资料来源：许又新. 心理治疗基础. 贵阳：贵州教育出版社，1999)

复习思考题

1. 名词解释：情绪和情感、心境、激情、应激、道德感、理智感、美感
2. 情绪、情感的区别和联系？
3. 情绪、情感与认知之间的关系是什么？
4. 情绪、情感的生理变化及外部表现是什么？
5. 简述詹姆斯-兰格的情绪理论。
6. 简述沙赫特和辛格的情绪认知理论。
7. 举例说明艾利斯的情绪ABC理论。
8. 情绪、情感对身心健康有什么影响？
9. 结合实际情况，谈谈常见的情绪问题有哪些？应如何调控？
10. 焦虑情绪的表现是什么？产生的原因及预防策略是什么？
11. 抑郁情绪的表现是什么？产生的原因及预防策略是什么？

第 8 章 意 志

本章学习目标
- 意志的概念
- 意志与认识、情感的关系
- 意志行动的基本过程
- 挫折与挫折承受力
- 意志品质及其培养

8.1 意志概述

8.1.1 意志的概念

1. 意志的定义

意志(will)是人自觉地确定目的,并根据目的调节支配自己的行动,克服各种困难,以实现预定目的的心理过程。无意识的本能活动、盲目的冲动或一些习惯动作都没有或很少有意志的成分。

意志是人类所特有的心理现象,是意识的能动性、积极性的集中表现。在从事有意识、有目的的各种实践活动时,人通常会根据对客观规律的认识,事先在头脑里确定行动目的,然后根据该目的选择方法,组织行动,施加影响于客观现实,最终达到目的。意志与行动是密不可分的,意志调节支配行动,又必须通过行动表现出来。

2. 意志行动的特征

意志行动(volitional movement)是意志过程中所表现出来的行动。离开了行动,意志就无从表现。只有人类才能预先自觉地确定行动目的,有意识地调节自己的行为。例如,学生某门课程的学习成绩不佳,为了改变这种情况,便需要制订出努力目标,并克服学习中的各种困难,最后达到成绩提高的目的。意志行动的特征有三个:

1) 意志行动有预定目的

意志是在有目的的行为中表现出来的,而这个目的是自觉的、有意识的。人之所以不同于动物,就是由于人具有根据自觉的目的去行动的能力。目的在意志行动中起着极其重要的作用,它既能发动与目的相符的某些行动,同时又能制止与目的不符的另一些行动。意志行动的目的越高尚,其社会意义越大,产生的意志力也越大。离开了自觉的目的,就没有意志可言，冲动、盲目的行动是缺乏意志的表现。

2) 意志行动以随意动作为基础

人的行动是由简单的动作所组成的。动作可分为不随意动作和随意动作。不随意动作是指那些不由自主的动作，如无条件反射动作、睡眠状态的动作等。随意动作是指由意识控制的、后天学会的、有目的的动作，如学生上课认真听讲、积极思考等。有了随意动作，人就可以根据目的去组织、支配、调节一系列的动作，组成复杂的行动，从而实现预定目的。由于随意动作是克服困难、实现目的的基础，因此，一系列随意动作的统一就组成人的意志行动。

3) 意志行动与克服困难相联系

困难包括外部困难和内部困难，外部困难是指政治上、气候上、工作上等方面的条件障碍以及受到他人的讽刺、打击等外在条件的障碍；内部困难是指消极的情绪、犹豫不决的态度、懒惰的性格、没有独立克服困难的习惯、知识经验不足、能力有限、身体不佳等主体障碍简单的意志行动，如画圆圈、十字、三角形、正方形等，健康的人不需要克服困难，但复杂的意志行动是与克服困难相联系的。例如，在寒冷冬天的早晨按时起床，身体不佳时坚持上学或完成一项艰巨的任务。意志的水平往往以困难的性质和克服困难的难易程度为衡量标准。

意志在人的学习生活中具有非常重要的意义，人在认识世界和改造世界方面所取得的成就常常与人的意志努力分不开。人的成就的取得并非全部取决于他们的聪明才智，而是与他们的意志品质有紧密的联系。因此，意志是成才的关键，无论从事什么活动，没有良好的意志品质，都是难以成功的。

8.1.2 意志与认识、情感的关系

意志与认识、情感是同一心理过程的不同方面，它们之间有密切的联系。

1. 意志与认识的关系

意志的产生是以认识过程为基础的。首先，意志行动的目的本身就是人的认识活动的结果，人只有认识了客观世界规律，才能提出切合实际的目的。其次，提出实现目的所需要的方法计划，也是认识活动的结果。再次，意志是与克服困难相联系的，而任何困难的克服都离不开一定的知识、经验的指导作用。人在确定目的、选择方法和步骤时，要审度客观形势，分析主观条件，回顾过去的经验，设想将来结果，拟订方案，编制计划，并对这一切进行反复地权衡和斟酌，所有这些都必须通过认识过程才能实现。可见，意志行动离不开认识过程，意志是在认识活动的基础上产生的。

意志因素又可以影响人的认识活动，是认识活动顺利进行的保证。人在认识过程中，目的的确定、困难的克服，都要依赖于意志的努力。没有意志行动，不可能进行有效的社会实践活动。因此，积极的意志品质能促进人的认识能力的发展，而消极的意志品质则会阻碍认识能力的发展。

2. 意志与情感的关系

情感因素可以影响人的意志活动。情感既可以成为意志行动的动力，也可以成为意志行动的阻力。积极的情感可以鼓舞人的斗志，对人的行动起推动作用；消极的情感则能削弱人的斗志，阻碍人去实现预定目的，使意志行动半途而废。

意志对情感起着控制作用。坚强的意志可以强化人的积极情感，鼓舞人的热情，推动人去积极地、愉快地行动，取得更大的成功。而且，意志坚强的人，能抑制消极的情感，消除各种消极情感的干扰，使情感服从于理智；意志薄弱的人则会屈服于消极的情感，被这些消极情绪所压倒，使行动半途而废。

总之，认识、情绪和意志有密切的联系。意志过程包含有认识和情绪的成分，认识和情绪过程也包含有意志的成分。只是由于研究上的需要，我们才对统一的心理活动从不同的侧面进行分析。

8.2 意志行动的心理分析

意志总是通过一系列具体行动表现出来的。意志行动是一个非常复杂的过程，通常意志行动可被分为采取决定和执行决定两个阶段。

8.2.1 采取决定阶段

采取决定阶段是意志行动的初始阶段，也是内部决策阶段，它决定着意志行动的方向和可能实现的程度。在这个阶段，首先要解决动机冲突问题，然后是确定行动目的、选择行动方法和制订行动计划。

1. 解决动机冲突

意志行动是有目的性和方向性的活动过程。在决定行动的目的和方向上，往往会在同一时间内出现彼此不同或相互抵触的动机，个体因这些动机不能同时获得满足而产生矛盾心理，存在动机冲突。只有解决动机冲突，才能确定行动目的，意志表现在动机冲突解决之中。动机冲突一般有以下四种表现。

1) 双趋冲突

双趋冲突(approach-approach conflict)指当个体以同等程度的两个动机去追求两个有价值的目标时，因不能同时获得而产生的动机冲突。"鱼和熊掌不可兼得"就是这种动机冲突的体现。在实际生活中，两种目标的吸引力不可能完全相同。鱼和熊掌虽然都好吃，但熊掌属于奇珍佳肴，因而更有吸引力，这种情况下，解决冲突就比较容易了。当两种目标的吸引力比较接近时，解决冲突就比较困难了。

2) 双避冲突

双避冲突(avoidance-avoidance conflict)指个体以同等程度的两个动机去躲避两个具有威胁性的事件或情境时，因不能同时避开而产生的动机冲突。所谓"前有断崖，后有追兵"

就属于这种情况。双避冲突常常由于接受了其中一种目标而得到解决。例如,学生犯了错误后,如果不去坦白自己错误,老师早晚都会知道的,这样的惩罚会更严重,况且人非圣贤,孰能无过,关键是要知错能改,照样还是好学生。明白了这个道理,就会向老师主动承认错误。在这里,具有较高层次的目标将对解决双避冲突产生调解和支配作用。

3) 趋避冲突

趋避冲突(approach-avoidance conflict)指个体对一个事物同时产生两种相反的态度取向时内部的动机冲突。比如,许多学生业余时间既想玩游戏,又怕完不成作业;既想身体健康,又不愿体育锻炼,就属于趋避冲突。面对这种情况,只能权衡利弊,作出接受或放弃的决定。

4) 多重趋避冲突

多重趋避冲突(double approach-avoidance conflict)指当一个人面对两个或两个以上的目标,而每一个目标都分别具有吸引和排斥两方面的作用时,不能简单地选择一个目标,而回避或拒绝另一目标,必须进行多重选择,由此而引起的动机冲突。例如,两种工作,一种社会地位高但待遇低,另一种待遇高但社会地位低,这种冲突面对两个或两个以上的目标,是多重趋避冲突。

在现实生活中,一个人常常遇到各种动机冲突。如果对动机冲突不能很好地处理,就会产生强烈的消极情绪,使人陷入困惑和苦闷之中,甚至颓废和绝望,无力自拔。个体要学会处理矛盾和冲突,可以注意以下几点:首先,要在充分认识和理解各种动机特点的基础上,根据目标任务要求,权衡利弊,选择出主导性动机。一般说来,要"两利相权取其重,两害相权取其轻"。对于一般的动机冲突,譬如周六晚上看电影还是看球赛等,因其不涉及原则问题,就不必过多考虑。但在面临着对个体或社会具有重要意义的抉择时,则需谨慎从事,要遵循个人利益服从国家利益的原则。其次,在进行动机冲突的决策过程中,应尽量做到当机立断,切忌思前想后、优柔寡断,贻误了动机决策的最佳时机。最后,动机决策做出后,要严格按照动机主次矛盾来决定行为方向,学会取舍,完成任务。动机冲突的过程就是目标确立的过程,是目标的权衡取舍过程,冲突结束意味着动机决策完成。

2. 确定行动目的

在动机冲突获得解决或明确了行动的主导动机之后,行动的方向和目的就容易确定。行动目的是指意志行动所要达到的目标和结果,这是意志行动产生的重要环节。目的越明确,人的行动便越自觉;目标越远大,它对行动的动力作用也越大,但是过于遥远的目标容易使人懈怠。所以,最好在远大的目的之下,再有一些近期的、具体的目标,把两者结合起来。

目的确定和动机冲突是两个既有区别又有联系的过程。在确定目的前,往往要经过动机冲突,克服内在的矛盾。在目的逐步确定的过程中也会进一步引起动机的冲突,随后逐步趋于统一。要正确地确定目的,就必须排除对目的确定的种种干扰。为此要做到:以正确的动机为基础,不要患得患失;面对现实,权衡利弊,分析、估价目标的远近主次;增加信心与力量,果断做出决定。

3. 选择行动方法

目的确定之后，必须考虑如何实现这个目的，这就要选择有效的方法。实现目标的方法可能有多种，必须经过精密、紧张的思维操作，选择最有效的、最经济的、最优化的方法。切实可行的方法，可行动事半功倍；不好的方法，则事倍功半，甚至导致行动的失败。方法的选择，要根据客观规律、实际条件，从全局出发，全面衡量，最后再决定。

4. 制订行动计划

在确定目的，选择好方法后，就要制订行动的具体计划，以使行动按计划进行，顺利实现行动目标。制订计划要符合实际，切实可行；同时也要全面细致，考虑到多种可能性，准备好各种应急措施。一个切实、合理的计划将为执行决定打下良好的基础。

8.2.2　执行决定阶段

执行决定是意志行动的关键和中心环节，因为采取决定是主观的活动，而执行决定才是主观见之客观的物质活动，即使目的再明确，动机再高尚，行动方法再正确，计划再完善，如果不付诸行动，所有这一切也就都失去了意义。所以，通过执行决定才能发挥意志在改造客观世界中的作用，"决而不行"恰恰是意志薄弱的表现。这一阶段要经历两个环节。

1. 克服内外困难

人在执行决定的过程中，不可能一帆风顺，常常会遇到各种各样的困难，这就需要个体能够长期不懈地保持意志努力。如果克服了困难，就可能实现目的；如果被困难吓倒，就会半途而废，或遭到失败。所以，执行决定也是与困难作斗争的过程。

困难有内部困难和外部困难。困难来自内部，即内部困难。例如，已经放弃的目的和动机重新出现，新产生的诱因，知识经验的不足，消极心境的影响，身体欠佳，原有的懒惰、保守、懦弱、坏习惯等消极个性的干扰等。困难来自外部，即外部困难。如物质条件的不足，时间和空间的不利，人为的干扰等。面对困难，必须充分发挥自己的主观能动性，从实际出发，以实事求是的态度，力求坚持到底，克服这些困难，达到目的。千方百计地去克服困难，坚持行动去实现目的的过程，也是意志努力的过程。

2. 经受成功与失败的考验

在执行决定的过程中，有时可能成功，有时也可能失败，无论是成功还是失败，都会产生相应的心理效应，这就需要运用意志来调节成功或失败的心理反应。

在行动过程中，成功会使人精神振奋、意气风发、信心百倍，有利于继续行动，但也容易自满、骄傲，致使行动半途而废，所以也要经受成功的考验。当然，成功是相对的，它与一个人的抱负水平有关。对抱负水平高的人来说，只能是初步成功；对抱负水平低的人来说，可能是很大成功。因此，成功也是对人的一种考验。

在行动的过程中，也会受到阻碍，遭受挫折与失败，这是不可避免的。面对挫折与失败，应保持冷静，审时度势，采取积极进取的态度对待，并做出理智的积极的反应。如：百折不挠，顽强坚持到底；或调整目标，继续努力；或分析失败原因，总结经验，以利再战。因此，只有当人按照既定的计划一步一步地克服困难，做到"胜不骄，败不馁"，才能实现预定目的。

阅读资料 8-1

勇敢地面对困难

有人问一位已退休的老船长："如果你的船行驶在海面上，通过气象报告，预知前方的海面上，有一个巨大的暴风圈，正迎着你的船而来。请问，以你的经验，你将会如何处置呢？"老船长微笑地望着发问的人，反问道："如果是你，你又会如何处置呢？"这个人偏着头想了想，回答道："返航，将船头掉转一百八十度，远离暴风圈。这样应该是最安全的方法吧？"老船长摇了摇头道："不行，当你掉头回航，暴风圈还是迎向你的船；你这么做，反而将你的船跟暴风圈接触的时间延长了许多，这是非常危险的。"另外一人说："那，如果将船头向左或向右转九十度，试着脱离暴风圈的威胁呢？"老船长仍是摇摇头，微笑道："还是不行，如果这样做，将会使船身整个侧面暴露在暴风雨的肆虐之下，增加与暴风圈接触的面积，结果是更加危险。"

众人不解，问道："如果这些方法都不行，那究竟应该怎么做呢？"老船长肯定地说："只有一个方法，那就是抓稳你的船舵或舵轮，让你的船头不偏不倚地迎向暴风圈前去。唯有这样做，既可以将与暴风圈接触的面积化为最小；同时，因为你的船与暴风圈彼此的相对加速度组合在一起，还可以减少与暴风圈接触的时间。你将会发现，很快地，你已经安然冲过暴风圈，迎接另一片充满阳光的蔚蓝晴天。"众人听到这里，一阵沉寂之后，不禁为老船长应变的丰富智慧深深折服，响起喝彩欢呼声。

感悟：人的一生，不可能是平坦的大道，总会遭遇困境。有些人面对困境，望而却步；有些人则敢于披荆斩棘，勇往直前，抵达成功的彼岸。困难对于天才是一块垫脚石，对于能干的人是一笔财富，对于弱者是一个万丈深渊。在困难面前垂头丧气、一蹶不振、放弃前进、改变目标都不是智者的选择，也永远品尝不到"柳暗花明又一村"的喜悦。俗话说，山高遮不住太阳，困难吓不倒英雄。英雄敢于搏击风浪；英雄敢于与凛冽寒霜抗争；英雄善于用智慧创造奇迹。古今中外，无数杰出人物都经历过失败的洗礼。孔子周游列国，四处碰壁、但他不卑不亢，终究成为千古圣人；红军战士跋山涉水，历经艰难险阻，最终取得了二万五千里长征的胜利，为中国革命的最终胜利保存了实力。遭遇困境时，最有效的解决态度就是如同老船长所说的"迎向前去"，不仅可以减少与问题纠缠的时间，更能够将力量集中于一个焦点，一举突破逆境的困惑。勇敢面对，是解决问题的真正捷径！

（资料来源：王瑶. 中小学生命教育经典案例与评析. 济南：山东教育出版社，2007）

8.2.3 意志行动中的挫折

1. 挫折

挫折(frustration)是指个体的意志行为受到无法克服的干扰或阻碍,导致预定目标不能实现时所产生的一种紧张状态和情绪反应。挫折包含着三层含义。①挫折情境,即干扰或阻碍意志行为的情境,如学生由于考试过于紧张没有正常发挥而高考落榜。②挫折认知,即个体对挫折情境的认知、态度、体验,这是产生挫折和如何对待挫折的关键。挫折情境能否构成挫折,很大程度上取决于个体对挫折情境的态度和评价,同一挫折情境由于个体的志向水平不同,感受挫折的程度也是有区别的。如有的学生满足 60 分的成绩,而有的学生对同样的成绩则会很沮丧。③挫折行为,即伴随着挫折认知而产生的情绪和行为反应,如愤怒、焦虑、攻击等。当挫折情境、挫折认知和挫折反应同时存在时,便可构成心理挫折。但是,有时只有挫折认知和挫折反应这两个因素,也可以构成心理挫折。如有的学生总怀疑周围的同学议论自己,看不起自己而产生紧张、烦恼等情绪反应。

挫折是客观存在的,任何人在生活和学习中都不可能一帆风顺,他们总要受到一些无法排除的干扰和阻碍,致使某些动机或预定的目标不能实现。挫折并不完全是消极的,它有利有弊。在某些情况下,它可以激发更大的意志努力,促使人更加坚定地向预定的目标奋进。

2. 挫折情境的形成

挫折情境也就是产生挫折的原因,是使目标不能实现的各种阻碍和干扰因素。人所遭受的任何挫折都与所处的情境有关。挫折情境就是使目标不能实现的各种阻碍和干扰因素。导致挫折情境形成的因素是多方面的,概括起来可以分为主观因素和客观因素两类。

主观因素就是和主体有关的内部因素,包括个体的生理因素和心理因素。生理因素主要是指个体生理上的某些缺陷或疾病带来的限制,使个体不能胜任某些工作或进行某些活动,因而无法实现预定的目标等。心理因素引起的挫折是相当复杂的,主要原因是个体过高的志向水平或不适当的自我估计。动机冲突、个人对挫折的承受能力以及某些人格特征都会影响挫折的产生。

客观因素主要包括自然环境因素和社会环境因素。自然环境因素指无法克服的自然条件的限制,这些限制可导致挫折的产生;社会环境因素也会导致挫折的产生,如受人际关系因素限制而受挫。

3. 挫折反应

人在遭受挫折后,或多或少都会做出一定的反应,主要表现在情绪反应和理智性反应和个性的变化三个方面。

1) 情绪反应

人在受到挫折后,情感反应是非常复杂的,包括自尊心的损伤、自信心的丧失、失败感和愧疚的增加等,最终形成一种紧张、不安、忧虑、恐惧等感受所交织成的复杂心情。

情绪反应的方式有很多，一般表现为：攻击、冷漠、退化、幻想、逃避、固着等方式。

(1) 攻击行为是情绪反应中最常见的，是个体遭受挫折后发泄愤怒情绪的过激行为。攻击性行为按其表现方式又可分为两种：直接攻击和转向攻击。直接攻击是采用打斗或辱骂、讽刺、漫画等形式，侮辱对方人格，发泄自己内心的不满。校园里发生的打架事件，就是一种极端的直接攻击行为。转向攻击是指不能直接攻击引起挫折的对象或碍于身份不便攻击时，便把愤怒发泄到其他的人或物上。例如，有的同学受了老师的批评，不敢反抗，回家拿自己的玩具出气。此外，长期的诸多细小挫折使一个人的情绪处于低谷状态时，会引起无名之火，由于这种无名之火缺乏具体攻击目标，于是出现了谁碰上谁倒霉的情况。在许多情况下，成为转向攻击的目标都是无辜的。

(2) 冷漠是指个体遭受挫折后而无动于衷、漠不关心。冷漠并非不包含愤怒的情绪成分，只是个体把愤怒暂时压抑，以间接方式表现出来而已。这种现象表面冷漠退让，内心深处则往往隐藏着很深的痛苦，是一种受压抑极深的反应。冷漠是一种极为消极的行为反应，人一旦堕落就会破罐破摔、麻木不仁，所谓"哀莫大于心死"就是这种行为反应的生动写照。

(3) 退化又叫倒退或回归，指个体遇到挫折时表现出与自己的年龄、身份极不相称的幼稚行为。人在从儿童到成人的成长过程中，逐渐学会了如何控制自己，在适当的时候、适当的场合做出合乎常理的情绪和行为反应，这是日益成熟的表现。但是，当人遇到挫折时，体验到极强烈的情感，可能会失去这种控制，而以简单幼稚的方式应付挫折，以求得别人的同情和照顾。退化便是一种由成熟向幼稚倒退的反常现象，有时会表现出粗鲁的行为，可能是咒骂和大声嚎叫，也有可能挥拳相斗，其本人并不能意识到。例如，有时会看到老年妇女钱被偷后，在大街上捶胸顿足，号啕大哭。歇斯底里发作的患者也有退化行为，例如，满地打滚，甚至故意尿湿衣服等。退化这种受挫后的表现其根本目的在于发泄心中的不满和博取别人的同情和关注。

(4) 幻想是指个体以自己想象的虚幻情境来应付挫折，借以摆脱现实的痛苦，并在此虚幻情境中寻求满足。例如，一个学生学习困难，考试失败，他可能在幻想中想象自己完成了学业，事业发达受人赞誉，面对鲜花、笑脸、地位、待遇等愉快的情境。现实中的挫折越是使他感到痛苦，幻想中的成功越是可使他得到畅快和满足，他就越有可能逃避现实而沉溺于幻想之中。幻想偶尔为之，并非失常，而且任何人都有幻想，青少年的幻想尤其多。但是，一旦形成了以幻想来对付现实中的挫折，希望从幻想中得到现实中得不到的满足的习惯，将是十分危险的，并可能形成病态的行为反应。

(5) 逃避是指个体遭受挫折后，不敢面对现实，而放弃原来的目标。

(6) 固着是指个体在受挫后，依旧用先前的方法，刻板、盲目地重复某种无效行为。这种情形比较多见于惊慌失措的状态之中，如丢失了重要东西，明知这东西是在外面遗失的，仍然不停地在室内翻箱倒柜，不止一次地重复这种无效寻找的行为。再如，有些失恋者，明知对方已经无意，却仍然旧地重游，徘徊于往日的情绪之中。

2) 理智性反应

个体在遭受挫折时，能够审时度势，采取积极进取的态度，敢于克服困难，排除障碍，向预定目标靠近。在遇到挫折时，理智性反应的人，不只是能够坚持目标，还能够分析挫折原因，或调整目标，或改变实现目标的途径，从而获得成功。

  3) 个性的变化

  持续的或重大的挫折会使个体产生某些紧张状态和反应，这种反应方式逐渐固定下来后，就会影响个性的发展。如许多长期遭受挫折的人会变得冷漠无情，有些人则会变得凶残，攻击性特强。

  4. 增强挫折承受力

  挫折在人的生活中是不可避免的，增强挫折承受力是培养良好意志行为的重要方面。增强挫折承受力涉及下面的一些重要因素。

  1) 正确对待挫折

  首先要认识到挫折是普遍存在的，从某种意义上讲，挫折是生活中的一部分。自然界、社会中的万事万物都是在曲折、螺旋式上升，直线顺利发展的事物几乎没有。挫折是客观存在的，关键在于人怎样认识和看待它。对挫折有了充分的心理准备，能面对挫折不灰心、不后退，敢于向挫折挑战，能把挫折作为前进的阶梯和成功的起点。人应该认识到挫折具有两重性，挫折和磨难并不都是坏事，它可以促使人为了改变境况而奋斗，能磨炼性格和意志，增强创造能力和智慧，使人对生活、对人生认识得更加深刻、更加成熟。

  2) 改善挫折情境

  如果使挫折情境得以消失或改善，那么个体的挫折感也就会消失。这就需要预防挫折的发生，对事情的成败做出正确的估价；认真分析挫折的原因，当挫折发生后，要设法改变、消除或降低其影响；暂时缓解紧张气氛，可暂时离开遭受挫折的环境，从朋友那里寻求安慰，然后正视挫折。

  3) 总结经验教训

  善于吸取失败和挫折中的教训是增强挫折承受力的重要方面。一方面，从失败中吸取教训，以积极冷静的态度分析遭受挫折的主、客观原因，可及时找出失败的症结所在，发现自己的弱点，力争改进。另一方面，要发现自己的优点和长处，从而振作精神，鼓起战胜挫折的勇气，树立信心，提高对挫折的承受能力。

  4) 调节抱负水平

  抱负水平是指个体在从事活动前，对自己所要实现的目标或成就的标准。它是人进行成就活动的动力，能否成功则决定于抱负水平的高低是否适合个体的能力或条件。抱负水平过低或过高都不利于增强个体的自信心和自尊心。在过低抱负水平下，即使成功了，人们也不能产生成就感；抱负水平过高，在达不到预定目标时，就容易产生挫败感。所以，要使我们在活动中产生成就感而又不至于受到挫折，就要提出适合自己能力水平的、具有挑战性的目标。

  5) 建立和谐的人际关系

  建立和谐的人际关系对于增强挫折的承受力是有积极作用的。当一个人遭遇到挫折后，如果有几个在观念上、学习上、生活上志同道合的朋友，能向他们倾诉自己的心里话，内心的紧张会逐渐减弱。还可以从朋友那里得到鼓励、信任、支持和安慰，重新振作精神，战胜困难和挫折，使自己从挫折中解脱出来。

阅读资料 8-2

李时珍、司马迁为什么能成功

"有志之人立长志，无志之人常立志"。我国明代杰出的医药学家李时珍写的《本草纲目》是一部闻名世界的巨著。字数有 192 万，共 52 卷，60 类。全书记载药物 11 096 种，附药物形态图 1160 幅。可是，你知道他是怎样完成这部巨著的吗？

据史料记载，李时珍在三次府试失败后，决定钻研医学，他对父亲说："身如逆流船，心比铁石坚，望父全儿志，至死不怕难。"他不畏挫折，历尽艰险，用了 27 年时间，在他 61 岁时，终于写完初稿。他为了写这部巨著，参看了近千种著作，前后 3 次修稿，为这部书而作的札记有 1000 万字，为这部书而走的路有上万里，为这部书而访问的人有上千个。

汉代司马迁，20 岁那年就立志写《史记》，他走遍大江南北，亲访韩信的出生地，耳闻过刘邦的故事，凭吊过爱国诗人屈原，考察过许许多多、大大小小的古战场，积累了丰富的资料。当他着手撰写这部著作时，因替李陵降匈奴一事说了几句公道话，触怒了汉武帝，被处"腐刑"。在肉体被摧残、精神受折磨的极度痛苦之中，他凭着志高如山而挺立在人世间的勇气，强忍屈辱，毅然拿起笔，不分寒冬酷暑，克服重重困难，发奋著书。花了整整 18 年的心血，终于写成《史记》这部伟大的著作。

可见，凡是有志之人，都是立长志者。在生活中，又有多少人成天在"立志"，却"朝三暮四""半途而废"，终生一无所成，这就是无志之人常立志。

(资料来源：孙煜明. 心理学学习指导. 北京：人民教育出版社，1991)

8.3 意志品质及其培养

8.3.1 意志品质

意志的个别差异主要体现在意志的品质方面。意志品质是一个人在意志行动中形成的比较稳定的特质，主要包括意志的自觉性、果断性、坚持性和自制性。

1. 意志的自觉性

意志的自觉性(independence)是指一个人对行动目的和意义有充分的、自觉的认识，并随时监控自己的行动，使之合乎于目标的心理品质。这种品质反映了坚定的立场和信念，是人意志行动的力量源泉，贯穿于意志行动的始终。自觉性品质强的人，能按照客观规律提出自己的行动目的，积极主动地去完成具有社会价值的目标和任务。

与意志的自觉性相反的品质是易受暗示性和独断性。易受暗示性是指易受外界影响，盲目地听信别人的意见，轻易地改变行动目的，缺乏原则性，缺乏主见，人云亦云，没有独立的见解和敢为天下先的勇气，为人处事易受他人影响，表现出过多的屈从和盲从。独断性则表现为容易从主观出发，不听别人的忠告，一意孤行，刚愎自用，听不进中肯的意见和合理的建议，盲目地做决定。历史上的马谡失街亭，曹操走华容，楚霸王四面楚歌，都是由于独断专行造成的后果。

2. 意志的果断性

意志的果断性(decisiveness)是指一个人根据实际情况，迅速地明辨是非，适时采取和执行决定的心理品质。果断性是以自觉性为前提的，决非草率行事。果断性强的人，在紧急情况下能够审时度势，以大胆勇敢和深思熟虑为前提，不失时机地做出决定并加以执行。

与意志的果断性相反的品质是优柔寡断和武断。优柔寡断者的显著特点是无休止的动机冲突。在采取决定时，迟疑不决，三心二意；到了紧急关头，只好不假思索，仓促决定，做出决定后又后悔，甚至开始行动之后，还怀疑自己的决定是否正确。武断的表现是指处事冲动鲁莽，不等到时机成熟就草率从事。处事武断的人或是性格暴躁，懒于思考，或是目光短浅，不计后果，贸然行动。这两个方面都是意志品质果断性缺乏的表现。

3. 意志的自制性

意志的自制性(self-control ability)是指一个人善于控制自己的冲动，并有意识地调节和支配自己的情感和行动的心理品质。自制性表现了意志的抑制职能。自制性强的人，在采取决定时，能够冷静分析，全面考虑，做出合理决策；在执行决定时，则善于克服内外干扰，坚决执行决定，而且胜利时不骄傲自满，失败时不悲观失望。

与意志的自制性相反的品质是任性和怯懦。任性的人表现为放纵自己，易受情感左右，缺乏理智，肆无忌惮，不能约束自己的言行。任性者在顺利的情况下往往为所欲为，在不顺利的情况下易受激情所支配，常常因冲动而说错话、办错事。怯懦表现为在需要采取行动、迎接挑战的时候却临阵退缩，不敢有所行动。这两种品质都是意志不坚定、缺乏自制力的表现。

4. 意志的坚持性

意志的坚持性(perseverance)是指一个人在行动中能够长期地保持旺盛的精力，百折不挠地克服困难，坚持到底实现预定目的的心理品质。坚持性强的人，表现为有顽强的毅力，充满必胜的信念，不怕任何困难和失败，始终坚持不渝，不达目的决不罢休的顽强精神。所谓"富贵不能淫，贫贱不能移，威武不能屈"就是意志坚持性的表现。

与意志的坚持性相反的品质是动摇性和顽固性。动摇性者遇到困难便怀疑预定目的，不加分析便放弃对预定目的的追求。这种人不善于迫使自己去达到预定目的，遇到挫折便望而却步，做事见异思迁，虎头蛇尾，不时地改变自己行动的方向。顽固性者就是对自己的行动不作理智的评价，总是我行我素，固执到底。平时我们说某人总是"一条道走到黑"，或是"不见黄河不死心"，就是指行为过于顽固，总是一意孤行。这种人不能客观地认识形势，尽管事实证明他的行为是错的，但仍一成不变，自以为是。动摇性和顽固性尽管表面上不同，但都是意志坚持性缺乏的表现。

阅读资料 8-3

推开一扇门本不难

从前,有一位国王,决定出一道题考一考他的大臣,以便从中选拔出智慧勇敢的人担任国中要职。他把臣子们领到一扇奇大无比的门前说:"这是我们王国中最大的门,也是最重的门。请问,你们当中谁能把它打开?"

大臣们都知道,这扇门过去从没打开过,所以,他们认为这门肯定是打不开的。于是,一些大臣望着门不住地摇头;另一些人则装腔作势地走上前去看一阵,但并不动手,因为他们不想当众出丑。还有人甚至猜想,国王或许另有用意,所以,静观其变才是最稳妥的态度。

这时,有一位年轻的大臣向大门走了过去,只见他双手猛力向大门推去,门被豁然打开了。原来,这扇门本来就是虚掩着的,没有锁也没有插栓,都能轻易地推开它。

这个大臣最终得到了国王的奖赏,并获得了重要的职位。

歌德曾说过:"你若失去了财产,你只失去了一点儿;你若失去了荣誉,你就失去了许多;你若失去了勇敢,你就失去了全部。"看看我们周围,那些成功的人并不比我们更有知识、更加聪明,他们和我们最大的不同是:比我们更有冒险的勇气!做一个勇敢的人、一个勇于挑战自我的人,勇敢的面对生命中的每一个问题,是人生能否取得成功的关键。而敢于迈出第一步,你的人生就成功了一半。

(资料来源:王瑶. 中小学生命教育经典案例与评析. 济南:山东教育出版社,2007)

8.3.2 良好意志品质的培养

良好的意志品质不是天生的,而是在后天的教育和实践中逐步形成和发展起来的,是有意识培养的结果。培养意志品质的主要途径和方法有以下几个方面。

1. 加强目的性教育

自觉的目的是意志行动的指南和行为的最高调节器,加强目的性教育是培养良好意志品质的基本条件。目的性教育包括形成目标观念和以目标来调节行动两个方面。形成目标观念,指在学生心理上形成牢固的目标意识,每次行动都必须有一个明晰而正确的目标,避免盲目行动的发生。目标包括近期目标和长期目标。长期目标作为人的理想是人的精神支柱,对行为具有持久的动力作用。近期目标是行为的直接推动力量。仅有长期目标是不够的,它不能转化为具体行动,所以,还必须培养学生确立近期目标,把近期目标的直接动力与长期目标的持久动力结合起来,才能培养学生良好的意志品质。另一方面,必须引导学生以目标来调节自己的行动,发挥目标对行为的定向、调节、控制作用。因此,教师不仅要在教育、教学活动中,具有明确的目的性,而且还要善于培养学生自觉确立明确的目的并把目的迅速转化为行动的能力,形成自觉、坚定的意志品质。

2. 组织实践活动

坚强的意志是在实践中，特别是在克服各种困难的实践活动中，通过有意识的锻炼逐渐形成的。所以，教师要结合教育、教学工作需要，经常组织相应的实践活动，如主题班会、演讲比赛、体育竞赛、劳动竞赛等，培养学生的目的性和行动的坚韧性品质。组织实践活动要有明确的目的，活动要有一定的难度，要由易到难有计划地进行，使学生在活动中自觉地对待困难，不断地克服困难。最后，行动的结果还要反馈给学生，以树立其信心，达到增强意志力的目的。

3. 充分发挥班集体和榜样的教育作用

班集体是一种巨大的教育力量。苏联教育家马卡连柯特别重视班集体对学生的教育作用，认为"集体是个人的教师"，班集体对学生心理的影响有社会助长作用和规范作用，这两方面作用都是通过班集体的舆论、规范、集体目标和心理气氛等因素来实现的。因此，教师要特别重视班集体在学生意志品质形成过程中的重要作用，建立一个良好的班集体。

榜样是一种无形的教育力量，在培养学生意志品质过程中具有特殊作用。它为学生形成坚强的意志品质提供了学习模仿的对象，具有引导和激励作用。由于青少年有着强烈的求知欲和争胜心理，他们崇拜的榜样，对他们有着巨大的吸引力，能推动他们以顽强的意志去努力提高自己。所以，教师要努力为他们提供典型的榜样，不仅要用科学家、发明家、革命先烈、领袖人物、劳动模范以及文艺作品中的优秀人物去激励学生，而且还要善于从学生身边确立学习的榜样，如班级中在学习上具有顽强刻苦精神的同学。此外，教师还要以身作则，善于用自己良好的意志行动激发和影响学生形成良好的意志品质。

4. 启发学生加强自我锻炼

人的意志品质的形成不仅受着周围人的影响，更重要的是自我教育和自我锻炼的结果。为此，教师要启发和帮助学生掌握自我锻炼的方法，形成自我锻炼的习惯，引导他们拟定自我锻炼计划，使他们在日常学习和生活实践中，不断地严格要求自己，积极锻炼他们的意志。还应该要求他们养成自我检查、自我监督、自我暗示和自我鼓励的习惯，促使他们自觉锻炼意志品质。总之，应使学生的内部积极性和良好的外部条件结合起来，以达到培养学生坚强意志的目的。

5. 根据个别差异，采取有针对性的措施

人的意志类型存在着个别差异。要根据意志的不同特点，采取不同的措施培养意志品质。对于容易盲从、轻率行事的学生，应该多启发他们意志的自觉性；对于胆小、犹豫不决的学生，应培养他们大胆、勇敢果断的意志品质；对于任性、缺乏自制力的学生，要培养他们控制行为的能力；对于缺乏毅力、做事虎头蛇尾的学生，应激发他们的坚韧精神和克服困难的信心。

阅读资料 8-4

哈佛女孩刘亦婷的成长故事

刘亦婷的爸爸张欣认为，如果想让婷儿长大成为一个有出息的人，她必须具有一般人所没有的强大承受能力，以便有朝一日能面对巨大的心理压力和身体承受极限的考验。这种承受力虽然用在将来，但却必须从小培养。

婷儿10岁时，张欣武开始正式实施这个战略计划。为了提高婷儿的心理和生理承受能力，他在暑假里给婷儿设计了一次奇特的"忍耐力训练"：捏冰一刻钟。婷儿当时捏的，是在冰箱里特意冻得结结实实的一大块冰。

有几位大学生看到婷儿考上哈佛的特稿后，好奇地想试一试捏冰的滋味，但没有一个人坚持捏到一刻钟。那么，感觉灵敏的婷儿又是怎样挺过常人难以忍耐的"折磨"的呢？还是听她自己说吧。

1991年8月9日(10岁时)

和爸爸打赌

嘿！告诉你吧，昨天晚上，我和我爸爸打一个赌，结果呀，我赢了一本书呢！事情是这样的，晚上，爸爸从冰箱里取出一块冰，这块冰比一个一号电池还大呢。爸爸说："婷儿，你能把这块冰捏十五分钟吗，你捏到了，我就给你买一本书。"我说："怎么不行，我们来打个赌吧！如果我捏到了十五分钟，那你就得给我买书哦。"爸爸满口答应了。爸爸拿着秒表，喊了一声："预备，起！"我就把冰往手里一放，开始捏冰了。第一分钟，感觉还可以，第二分钟，就觉得刺骨的疼痛，我急忙拿起一个药瓶看上面的说明，转移我的注意力。到了第三分钟，骨头疼得钻心，像有千万根冰针在上面跳舞似的，我就用大声读说明的方法来克服。到了第四分钟，让我感到骨头都要被冰冻僵、冻裂了，这时我使劲咬住嘴唇，让痛感转移到嘴上去，心里想着：忍住，忍住。第五分钟，我的手变青了，也不那么痛了。到第六分钟，手只有一点儿痛了，而且稍微有点儿麻。第七分钟，手不痛了，只觉得冰冰的，有些麻木。第八分钟，我的手就完全麻木了……当爸爸告诉我时间到了的时候，我高兴地跳着欢呼起来："万岁，万岁，我赢了，我赢了！"可我的手，却变成了紫红色，摸什么都是觉得很烫。爸爸急忙打开自来水管给我冲手。我一边冲，一边对爸爸说："爸爸你真倒霉啊！"爸爸却说："我一点儿也不倒霉。你有这么强的意志力，我们只有高兴的份儿。"

这，就是我赢书的经过，你看，多不容易呀！

这样的磨炼使婷儿更加强化了勇于面对挑战的性格。这种与胜利密切相关的个人素质，促使她主动地经受了又一次难忍难熬的"磨难"——踮脚站立30分钟。

1992年3月4—6日(11岁时)

和妈妈打赌

中午，我和妈妈在一起练踮脚尖儿玩儿。我想起3岁时，妈妈带我看了一场美国芭蕾片《转折点》，当时我便迷上了芭蕾舞。回家后，我非要妈妈送我去学芭蕾舞，如果不同意，我就不睡觉。妈妈说："练芭蕾非常苦，你肯定不行。"我还是坚持要学。妈妈笑了笑说:"如你能扶着栏杆,踮起脚跟做一刻钟的'金鸡独立'我就同意你学芭蕾。"我劲头十足地摆好姿态站了起来,谁知才站5分钟就败下阵来。7年后的今天想起这事儿,真是觉得有趣。

虽然现在我不再想学芭蕾舞了,但对上次的失败还是有点儿不甘心。于是,我对妈妈说:"我们现在再来赌,就是站10个小时,我也行。""好啊。"妈妈也蛮有兴趣地说,"要是你做到了,我就让你挑一样我买得起的东西奖给你。"听了妈妈的话,我大喜过望,马上扶着书柜,做起了"金鸡独立"。妈妈说:"算了,这是不可能做到的,除非你是舞蹈家杨丽萍。你还是用两只脚踮着站半个钟头算了。"我马上改变了姿态说:"那更好办了。"话虽这样说,但我心里却没有底,毕竟我从来没试过呀!于是我忍不住说:"妈妈,如果我的自我暗示力真有你说的那么强的话,那我一定会赢。"妈妈听了,说:"意念力再强,肌肉本身的持久力却没法改变。"妈妈的话不仅没有让我动摇,反而更加坚定了我的决心。

妈妈认为我肯定坚持不了,还把爸爸叫来问谁会赢。爸爸笑了笑,说:"我看这回妈妈会赢。"我在心里笑了一下,说:"别忘了,像这样的事你们已经输过不止一次了,哪一次不是我大获全胜?"听了我的话,妈妈笑着说:"我感到我的钱包正受到威胁呢!"

大话我可是说出口了,可我的腿酸痛酸痛的。我一看表,哎呀,才过了3分钟。"没关系,没关系,"我对自己说,嘀嗒、嘀嗒,时间老人像故意放慢了脚步,5分钟过去了,我的腿酸得直痛,我赶快采取措施,把我包里的气球拿出来吹,吹好了又把气放掉,然后又吹。就用这法子转移注意力、唉哟!我的气球掉到地上了,这可怎么办?我赶快看表,好好好,已经15分钟,我松了一口气。可是,我的左小腿开始抽筋了,过一会儿我的右小腿也开始抽筋了,前脚掌痛得很。现在也没有气球来转移注意力了,于是我又想了一个办法,用背"常用数的平方"来转移注意力。

坚持到底就是胜利,最后我胜利了。

这个故事清楚地证明了,从婷儿小时期就开始培养的意志力,在不断强化的过程中,已经达到了相当棒的程度。如果不是有如此顽强的意志力,婷儿根本就不可能在积极准备高考的同时,还迎接托福考试并完成12所美国大学的入学申请。这种连续数月的高强度超负荷运转,需要何等坚韧的意志力才能支撑下来呀!

(资料来源:王瑶. 中小学生命教育经典案例与评析. 济南:山东教育出版社,2007)

复习思考题

1. 什么是意志?意志行动有哪些特征?
2. 意志与认识、情感的关系怎样?
3. 举例分析意志的行动过程。
4. 什么是挫折?挫折反应有哪些?
5. 结合例子谈谈自己是如何增强自己的挫折承受力的。
6. 良好的意志品质有哪些?
7. 分析自己的意志特点,并说明自己是如何培养与锻炼的。

第 9 章 个性与个性倾向性

本章学习目标

- 个性的概念、结构
- 需要的概念
- 马斯洛的需要层次理论
- 动机的概念、种类
- 动机与行为效率的关系
- 动机理论及其应用
- 学习动机的培养和激发

9.1 个性概述

9.1.1 个性的概念

1. 个性的定义

个性(personality)是指一个人的整个心理面貌,即具有一定倾向性的各种心理特征的总和。

从词源上讲,个性的英文 personality 一词源于拉丁文 persona,原指演员在舞台上所戴的面具,表示所扮演角色的标志,代表着这一角色的某些典型特点,类似于京剧中的脸谱。在舞台上,演员的言行要与其扮演的角色相符,而一个角色也就意味着一套行为方式。观众可以从演员的面具上了解他的角色,根据其角色了解他的行为。现代心理学中,个性一词沿袭了它的含义,并将个性引申为个人在人生舞台上所扮演的角色及内心的特征,即一个人的整个精神面貌。

个性就其本质来说是社会的。每个人作为社会成员处在各种复杂的社会关系及一定的政治关系之中,时时受到物质生产和消费所构成的各种关系的影响,还受到社会上各种意识形态宣传和教育的影响,从而成为复杂的社会关系的体现者。正如马克思所说:"人的本质不是单个人所固有的抽象物,在其现实性上,它是一切社会关系的总和。"从这个意义来看,个性是一个社会历史范畴,只有在实践活动中,在人与人之间的交往活动中,考察社会因素对个性发展的决定作用才能科学地理解个性。

2. 个性与人格的关系

个性与人格两个概念关系密切且容易混淆,为了进一步理解个性的概念,有必要对人格与个性的关系进行简要的阐释。

人格是一个有着颇多歧义、颇多界说的概念。不同的研究者对人格的理解不同,对人格所下的定义也存在差异。人格心理学家奥尔波特(Allport,1937)最早对人格的定义做过综述,考察了50多种定义。奥尔波特之后还有不少心理学家综述或分析过人格的定义,又提出新的定义。例如:有人把人格看成是习惯化的行为模式,有人则把人格看成是一种控制行为的内部机制(如自我、特质等),还有人把人格看成是个人在社会中所扮演的角色等。从历史的观点来看,心理学家对人格的众多探讨与盲人摸象颇为相似,抓住尾巴的说大象与绳子一样,摸着腿的说大象是棵树,见仁见智,莫衷一是。目前在人格研究领域中仍然存在着各种研究类型或研究取向,一时难以统一。根据国内外的各种定义,借鉴叶奕乾的观点抛砖引玉,"人格"(personality)一词主要有下列三种含义:

1) 最广义的人格概念的外延比个性大

最广义的人格包括心理方面的特质和身体方面的特质;而个性只包括心理方面的特质,不包括身体方面的特质。例如:奥尔波特把人格定义为身心系统的动力组织。中国心理学家荆其诚(1991)等人指出:"人格……是人在社会化过程中形成的给人以特色的心身组织。"

2) 广义的人格与个性同义

人格与个性同义时,只包括个人在心理方面的特质,不包括身体方面的特质。《中国大百科全书》心理学卷和教育卷都指出,人格也称个性。教育卷还指出:从广义上说,人格与个性同义,均指个人的心理面貌。

3) 狭义的人格概念外延比个性小

狭义的人格只包括气质、性格,不包括智力;而个性则包括能力、智力、气质和性格等个性特征。上海师范大学燕国材(1998)认为:"人格只包括气质、性格等;个性包括能力、智力、气质和性格等个性特征。"当代西方的心理学教材中通常把"智力"和"人格"分列为两章。人格量表主要测量性格和气质等方面的特质。例如:美国已出版的《心理测验(第三版)》(TIP—III)和《心理测验年鉴》中按内容把测验分成17类,其中人格测量是第十一类,智力、学习、语言均另列一类。

可见,人格有时和个性同义;有时仅指性格和气质,不包括能力;有时人格的外延要比个性更广,不仅包括心理方面的特质,而且还包括身体方面的特质。人格是一个具有三种含义的多义词,可以用大小不同的三个同心圆来加以描述,如图9-1所示。

图9-1 人格的三种含义

9.1.2 个性的基本特征

个性具有如下特征。

1．个性的整体性

个性是一个统一的整体结构，是人的整个心理面貌。每个人的个性倾向性和个性心理特征都不是孤立的，它们既相互联系、又相互制约，从而组成一个完整的个性。现代心理学把个性看作是由各个密切联系的成分所构成的多层次、多水平的统一整体，把个性看成完整的构成物，个体具有整体性。

2．个性的自然性与社会性

人的个性是在先天的自然素质的基础上，通过后天的学习、教育与环境的作用逐渐形成的。因此，个性首先具有自然性，人与生俱来的感知器官、运动器官、神经系统和大脑在结构与机能上的一系列特点，是个性形成的物质基础与前提条件。但人的个性并非单纯自然的产物，它往往要深深地打上社会的烙印。初生的婴儿作为一个自然的实体，还谈不上有个性。个性是在个体生活过程中逐渐形成的，其在很大程度上受社会文化、教育教养内容和方式的塑造。可以说，每个人的个性都打上了他所处的社会的烙印，即个体社会化的结果。正如马克思所说："'特殊的人格'的本质不是人的胡子、血液、抽象的肉体本性，而是人的社会特质。""人的本质并不是单个人所固有的抽象物，实际上，它是一切社会关系的总和。"由此可见，个性是自然性与社会性的统一。

3．个性的稳定性与可塑性

个性的稳定性是指个体的个性特征具有跨越时间和空间的一致性。在个体生活中暂时的偶然表现的心理特征，不能认为是一个人的个性特征。例如，一个人在某种场合偶然表现出对他人冷淡、缺乏热心，不能以此认为这个人具有自私、冷酷的个性特征。只有一贯的、在绝大多数情况下都得以表现的心理特点才是个性的反映。一个人的个性及其特征一旦形成，就可以从他儿童时期的个性特征推测其成人时期的个性特征。尽管如此，个性绝不是一成不变的。因为现实生活非常复杂，随着社会现实、生活条件和教育条件的变化，年龄的增长、主观的努力等，个性也会发生某种程度的改变。特别是在生活中经过重大事件或挫折，往往会在个性上留下深刻的烙印，从而影响个性的变化，这就是个性的可塑性。当然，个性的变化比较缓慢，不可能立竿见影。由此可见，个性既具有相对的稳定性，又具有一定的可塑性。

4．个性的独特性与共同性

个性的独特性是指人与人之间的心理和行为是各不相同的。每一个人的个性都由独特的个性倾向和个性心理特征所组成。俗语说："人心不同，各如其面。"人与人之间没有完全相同的心理面貌，即使是同卵双生子，他们的心理面貌也不完全相同。如同世界上很难找到两片完全相同的叶子一样，也很难找到两个完全相同的人。构成个性的各种因素在每个人身上的侧重点和组合方式是不同的。如有的人知觉事物细致、全面，善于分析，有的人知觉事物较粗略，善于概括；有的人情感较丰富、细腻，而有的人情感较冷淡、麻木等。但强调个性的独特性，并不排除个性的共同性。个性的共同性是指某一群体、某个阶级或某个民族在一定的群体环境、生活环境、自然环境中形成的共同的、典型的心理特点。正是个性具有的独特性和共同性才组成了一个人复杂的心理面貌。

9.1.3 个性的心理结构

个性的心理结构是指个性所包含的成分或单位。个性是复杂的、多侧面的、多层次的统一体。它包括个性倾向性和个性心理特征两大部分，这两大部分的有机结合使个性成为一个整体结构。

1. 个性倾向性

个性倾向性是人进行活动的基本动力，是个性结构中最活跃的因素，主要包括需要、动机、兴趣、理想、信念和世界观。它决定着人对现实的态度，决定着人对认识活动对象的趋向和选择。

个性倾向性的各个成分并不是彼此孤立的，而是相互联系、相互影响和相互制约的关系。个性倾向性被认为是以人的需要为基础的动机系统，需要是个性倾向性的源泉，动机、兴趣和信念都是需要的表现形式。世界观居于最高层，制约着人的思想倾向和整个心理面貌，是人的言论和行动的总动力和总动机。

2. 个性心理特征

个性心理特征是指一个人身上经常地、稳定地表现出来的心理特点，主要包括气质、性格和能力。它是个性结构中比较稳定的成分，是个体心理活动的特点以某种机能系统或结构的形式在个体身上巩固下来而形成的，带有稳定性的特点。但在人与环境相互作用的过程中，个性心理特征也会缓慢地发生变化。

个性倾向性与个性心理特征之间相互渗透、相互影响，错综复杂地交织在一起。一方面，个性心理特征受个性倾向性的调节；另一方面，个性心理特征的变化也会在一定程度上影响个性倾向性的变化和发展。因此可以说，个性是一个多种因素有机联系的统一整体。

9.1.4 个性的形成与发展

影响个性形成与发展的因素有很多，主要包括生物遗传素质、社会生活条件、学校教育因素、个体的社会实践活动和主观能动性。

1. 生物遗传素质是个性形成和发展的物质基础

生物遗传素质是个体所具有的那些与生俱来的解剖生理特点，如个体的身体结构和形态、感觉器官、运动器官及神经系统等，特别是神经系统的结构和机能特点。遗传素质在个性形成和发展中的作用主要表现为：一是它为个性的形成和发展提供了必要的物质条件；

二是它为个性的形成和发展提供了可能性。比如，生来目盲的人不可能成为画家，生来聋哑的人不可能成为歌唱家。

人的生物遗传素质存在着一定的差异，这些差异为后天个性心理的差异提供了物质基础。许多心理学家认为，双生子研究(twin studies)是研究个性遗传因素的最好方法。弗洛德鲁斯等人(Floderus et al.，1980)对瑞典的 12 000 名双生子进行了个性测试，结果表明，同卵双生子在外向和神经质上的相关系数都是 0.50，而异卵双生子的相关系数分别是 0.21 和 0.23，说明遗传在人格特质中具有较大的作用。20 世纪 80 年代，明尼苏达大学对成年双生子的人格进行了比较研究(1984，1988)，有些双生子是一起长大的，有些双生子则是分开抚养的，平均分开的时间是 30 年。结果显示，同卵双生子人格的相关比异卵双生子高很多，分开抚养与未分开抚养的同卵双生子人格具有同样高的相关。

遗传对个性的作用，是一个具有重要理论意义和实践意义的复杂问题，目前还难以得到明确的结论。根据现有的研究，对遗传的作用有以下几种看法：①遗传是个性不可缺少的重要影响因素。遗传因素能影响个性的发展方向及改变的难易。②遗传因素对个性的作用程度随人格特质的不同而不同。通常在智力、气质这些与生物因素相关较大的特质上，遗传因素的作用比较重要；而在价值观、信念、性格等与社会因素关系紧密的特质上，后天环境的作用比较重要。③个性的发展是遗传与环境两种因素交互作用的结果。

2. 社会生活条件是个性形成和发展的决定性因素

社会生活条件是指社会经济、国家制度、生产关系以及由它所决定的生活方式等。在个性形成发展中，社会生活条件的作用常常表现为广义的社会生活条件作用和狭义的社会生活条件作用。

广义的社会生活条件作用是指整个社会生活环境、社会文化，对个性的形成发展起决定性影响作用。例如：不同文化的民族有其固有的民族性格。米德等人(Mead et al.)研究了新几内亚三个民族的个性特征，这三个民族居住在不同自然环境和社会生活条件下，形成了不同的民族性格。居住在山丘地带的阿拉比修族，崇尚男女平等的生活原则，成员之间互助友爱、团结协作，没有恃强凌弱和争强好胜现象，人与人之间一派亲和景象。居住在河川地带的孟都古姆族，生活以狩猎为主，男女之间有权力与地位之争，对孩子处罚严厉。这个民族的成员表现出攻击性强、冷酷无情、嫉妒心强、妄自尊大、争强好胜等个性特征。居住在湖泊地带的张布里族，男女角色差异明显，女性是这个社会的主体，她们每天劳动，掌握着经济实权；而男性则处于从属地位，其主要活动是艺术、工艺与祭祀活动，并承担孩子的养育责任。这种社会分工使女人表现出刚毅、支配、自主与快活的性格，而男人则有明显的自卑感。他们在民族性格上的差异，显示了社会文化环境和自然环境对个性的影响。

狭义的社会生活条件作用是指局部的社会生活环境对个性的形成发展起着重要的影响作用，包括家庭、周围环境和人际关系等。家庭是社会的基本单位，家庭成员间不仅有其自然的遗传因素，也有其社会的"遗传"因素。这种社会遗传因素主要表现为家庭对子女的教育，父母的教育观点、教养方式、教育方法乃至行为特点等对儿童有着潜移默化的影响。家庭不同的教养方式对孩子的个性发展有重要的影响。家庭的教养方式可分为以下三类：①权威性教养方式。采用这种方式的父母在子女教育中，表现得过于武断，孩子的一切都由父母来控制。在这种环境下长大的孩子容易消极、被动、依赖、服从、懦弱，做事缺乏主动性，甚至会形成不诚实的个性特征。②放纵型教养方式。采用这种方式的父母，对孩子过于溺爱，让孩子随心所欲，父母对孩子的教育有时达到失控的状态。在这种家庭环境中成长的孩子多表现为任性、幼稚、自私、野蛮、无礼、独立性差、唯我独尊、蛮横无理、胡闹等个性特征。③民主型教养方式。父母与孩子在家庭中处于一种平等和谐的氛围中，父母尊重孩子，给孩子一定的自主权和积极正确的指导。父母的这种教育方式能使孩子形成一些积极的个性品质，如活泼、快乐、直爽、自立、彬彬有礼、善于交往、富于合作、思维活跃等。由此可见，家庭确实是"人类性格的加工厂"，它塑造了人不同的个性特质。

阅读资料 9-1

XYZ 型：三种家庭教养方式

Kagiticibasi 依据家庭中两代人之间的"独立——依赖"关系，归纳出了三种典型的家庭教养方式。

X 型：家庭中父母与子女在物质与情感上的关系都是相互依赖的，亲子关系的取向是顺从，属于集体主义模式。如韩国与日本的母亲总是热心于保持与孩子的交互作用，母亲千方百计地要把自己与孩子"焊接"起来，她们认为母子的亲密关系是儿童健康发展的重要条件。在家庭教养中，母亲总是力图创造一种"关系上的协调"，但是她们却难于培养孩子的心理独立性。

Z 型：家庭中两代人之间在物质和情感上都是相互独立的，亲子关系的取向是独立，属于个人主义模式。如美国和加拿大的母亲认为母子间的分离与个体化是孩子人格健康发展的条件。所以，母亲尽力把自己与孩子分离开，以培养孩子的独立自主性，母亲在家庭关系中创设的是一种"个体上的协调"。但是，这也会给双方情感带来孤独与失落。

Y 型：将上述两种模式辩证地综合在一起，强调在物质上的独立，在情感上的相互依赖。土耳其的家庭近似这种模式，如土耳其的研究发现，土耳其青年既忠于家庭，又注重本人才能的自我实现。在具有集体主义文化基础的发展中国家，大规模的城市化和现代化背景下，家庭人际关系可能向 Y 型转化。

(资料来源：彭聃龄. 普通心理学. 北京：北京师范大学出版社，2001)

3. 学校教育因素在个性形成和发展中起主导作用

社会生活条件对人的个性影响，是自发的、多向的，其作用有时是一致的，有时是不一致的。这就有可能产生合力或分力，甚至是阻力。社会生活条件对个性形成发展的决定性作用，还需要教育左右其方向。教育特别是学校教育，它不是一般的环境，而是一个有目的、有计划、有组织的净化了的环境。它是由一定的教育者，按照一定的教育目的，组成一定的教育内容，并采取一定的教育方法，对受教育者施加系统影响的过程。所以，学校教育因素在个性形成和发展中起主导作用。

4. 个体的社会实践活动和主观能动性是个性形成和发展的内因

上述各因素多属于外部条件与物质方面的因素。个体接受这些因素的影响不是消极被动的，而总是通过自己一定的社会实践活动，能动地作用于客观世界。这是个性形成发展的主观因素，是内因。在相同的环境和教育条件下，由于人对待环境教育的态度不同，付出的主观努力不同，因此会形成不同的个性心理面貌。所以，学校和家庭对青少年施加的影响，必须顺应他们的主观需要，使外部的合理要求变成他们自己的兴趣和求知欲，并以此为动力，积极参加各种实践活动，在实践活动中接受锻炼，陶冶情操，发展个性。

总之，个性的形成和发展是多因素交互影响的结果，是在遗传素质的基础上，在一定环境和教育条件的影响下，经过个体积极主动的社会实践活动而被塑造出来的。

9.2 需　　要

有人说："你需要什么，你就是一个什么样的人。"心理学家已经初步探明，人类行为的一切动力都起源于需要，需要是人类动力的源泉，是人的心理和行为动力系统的基本组成部分。所以，要了解人类行为的动力必须从了解需要入手。

9.2.1 需要的概念

1. 需要的定义

需要(need)是有机体感到某种缺乏而力求获得满足的心理倾向。它是有机体自身和外部生活条件的要求在头脑中的反映。它是人生存和发展的必然要求，是个体缺乏某种东西时产生的一种主观状态，是客观需求的主观反映。例如：当人饥饿时，就会产生进食的需要；当人孤独时，就会产生交往的需要；当生命财产得不到保障时，就会产生安全需要，等等。当然，需要并不是一个消极、被动的过程，而是在与客观环境相互作用的过程中，在积极的实践活动中产生的。

需要是人活动的基本动力，是个性积极性的源泉，它常常以动机、兴趣、愿望、价值观等形式表现。它能促使人朝着一定的方向，追求一定的目标，以行动求得满足。需要越强烈、越迫切，由它所引起的活动就越有力。同时，人的需要又是在人的活动中不断产生和发展的。随着可以满足需要的对象范围的不断扩大，满足需要方式的不断改变，需要也在不断地发展变化。因此，需要永远带有动力的特性，只要生命存在，需要就不会停止。

2. 需要的特征

人的需要是复杂多样的，但无论多么复杂的需要一般都具有以下特征。

(1) 对象性。需要总是指向一定的对象。个体的缺乏状态一定是指向特定对象的。例如：人在口渴时会把水作为需要的对象，孤独时总希望有朋友在身边等。

(2) 动力性。需要是人产生动机的原因，它反映了人对某种目标的渴求或欲望。需要转化为动机就会驱动行为的发生，需要是人从事各种活动的基本原动力，是人的一切积极性的源泉。因此，需要具有明确的动力性特征，需要越强烈，则动机越强烈，行为的动力性也就越大。

(3) 社会性。人和动物都有需要，但满足需要的对象和方式有本质的不同。人的高层次需要是人类独有的，如求知需要、审美需要、自我实现需要等，且满足需要的方式具有强烈的社会制约性。社会性是人的需要的本质性特点。

(4) 无限性。需要的无限性包含两层含义：一是指需要的种类无限多样，需要满足的方式无限多样，既可以有低层次需要，也可以有高层次需要，既可以有自然需要，也可以有社会需要；二是指人一生中的需要是无限的，需要的出现不是人生阶段中某一个时期的特殊产物，而是伴随人生的自始至终，需要是发展的、无止境的。

9.2.2 需要的种类

人的需要是人对机体缺乏状况的主观体验，是一种主观心理倾向。这种主观体验是极其复杂的，是一个多维度、多层次的结构系统，这种需要的多样性可以从不同的角度依据不同的标准加以分类。

1. 生理需要和社会需要

按照需要的起源来分，需要可分为生理需要和社会需要两大类。

生理需要是一个人与生俱来的，它反映了人对延续和发展自己生命所必需的客观条件的需求，如饮食、运动、睡眠、排泄、性等需要。生理需要带有明显的周期性特征，如果个体在相当长的时间里，正常的生理需要得不到满足，个体将无法生存，甚至不能延续后代。生理需要是人和动物所共有的，但人的生理需要和动物的生理需要有着本质的区别。动物只能依靠自然环境中现成的天然物质来满足需要；而人在社会生产劳动中，通过创造性的劳动可生产满足需要的对象。

社会需要是指与人的社会生活相联系的需要。它是在人类社会历史发展过程中，在生理需要基础上所形成和发展的人类特有的需要，是社会存在和发展的必要条件。例如：对知识的需要、交往的需要、创造的需要和实现理想的需要等，这些需要是在维持人的社会生活，进行社会生产和社会交际过程中形成的，是人特有的需要，具有社会历史性。不同历史时期、不同阶级、不同民族和不同文化的人，其社会性需要会有很大的不同，体现出人类社会性需要受社会历史条件的制约。

2. 物质需要和精神需要

依据需要所指向的对象不同，人类的需要可以划分为物质需要和精神需要。

物质需要是指维持个体和社会生存与发展所需的物质产品的需要。物质的需要既包括对自然界产物的需要，也包括对社会文化产品的需要。因此，在物质需要中，既有自然性需要的内容，也有社会性需要的内容。例如对空气、阳光的需要是较单纯的自然性需要；对家具、服饰的物质需要，其中既有自然性需要的内容，也有社会性需要的内容。随着人类社会的不断发展和进步，物质需要的内容和方式也日趋多元化和复杂化。

精神需要是指个体参与社会精神文化生活的需要，是人类特有的需要。它是人对求知、交往、道德、审美和创造等方面需要发展的反映，是一种对观念对象的需求。人类在历史发展中最早形成的精神需要，主要是对劳动和交往的需要，学习的需要和参加社会活动的需要在人的精神需要中也占据重要位置。随着社会的发展和进步，精神需要的内容和方式也更加广泛和丰富。

9.2.3 马斯洛的需要层次理论

1. 背景介绍

马斯洛(A.H.Maslow，1908—1970)是美国人本主义心理学的创始人，他起初信奉行为主义，后倡导人本主义。他通过对各种人物的观察和对一些人物传记的考察，从理论上和原则上对人类行为的动力进行了系统的整理，提出了需要层次理论。马斯洛的需要层次理论流传甚广，影响较大，是西方心理学界得到较广泛认同的能够揭示需要规律的理论。

2. 需要层次理论的主要内容

马斯洛认为，人具有七种基本需要，这些需要从低级到高级排成一个层级，如图 9-2 所示。最初，他提出人类有五种基本需要：生理需要、安全需要、归属和爱的需要、尊重需要和自我实现需要。后来，他又在自我实现需要下面增加了两种：审美需要和认知需要。七个层次的需要的性质和特点如下。

图 9-2 马斯洛的需要层次理论

(1) 生理需要(physiological need)：是人类最原始、最基本的需要，包括饥、渴、性和其他生理需要，由体内的化学变化或神经中枢所控制。这类需要若不能得到满足，人类的生存就会成为问题，因而是最强烈的需要，是其他一切需要产生的基础。

(2) 安全需要(safety need)：指人期望接受保护与免遭威胁，从而获得安全感的需要。马斯洛把安全需要解释为对组织、秩序、安全感和预见性的追求。若生理需要得到基本满足，安全需要便会作为支配动机显露出来。这种需要如果得到满足，人就会产生安全感，否则便会引起威胁感和恐惧感。典型的安全感有生命安全、财产安全、职业安全和婚姻安全等。

(3) 归属和爱的需要(belongingness and love need)：起源于人的两种需要：一是归属感，人都有一种归属于一个集团或群体的情感需求；二是爱的需要，人都希望伙伴、同事之间关系融洽、相互关爱。马斯洛认为，在生理和安全需要得到基本满足的基础上，人就开始追求与他人建立友情，渴望家庭的温暖，希望得到所在团体和组织的认同。这种需要如果得到满足，人就会产生良好的归属感，否则便会产生强烈的孤独感和被抛弃的感觉。归属和爱的需要是人的社会性的反映，也称为社交需要。

(4) 尊重需要(esteem need)：是在上述三种需要得到基本满足后产生的一种自尊与受尊重的需要。上述三种需要得到基本满足之后，尊重的需要就开始占主导地位，支配人的生活。尊重需要是对自己尊严和价值的追求，它包含两个方面：一是要求得到别人的重视和尊重，如希望得到关心、重视、赏识、赞许、威信、支持和拥护等。二是自尊，具体包括对自己充满自信，获得本领、实力、成就、独立和自由等的欲望。这种需要如果得到满足，人就会产生自信心，感到自己有价值、有能力、有成就，否则就会产生自卑感、软弱感和无能感。

(5) 认知需要(need to know)：又叫求知需要或理解需要，是指个人对自身和周围世界的探索、理解及解决疑难问题的需要。认知需要对帮助人选择活动目标、指导活动的方向、设计人的合理行为，都具有重要意义。如果这种需要得不到满足，人在精神上就会产生很大的压力。

(6) 审美需要(aesthetic need)：是指对对称、秩序、完整结构等美的特征结构，以及对行为完美的需要。审美需要是属于高层次的对成长具有重要意义的社会需要，这种需要并不是每个人都具有的。马斯洛认为，在每个文化背景中，都有一部分人受此需要的驱使，它包括对美的需要，对美学上令人快乐的经验的需要，如艺术家的工作往往是在此需要的作用下产生创造性思维的成果。有强烈审美需要的人，都希望有一个令人愉悦、舒适、美观的环境，当他们的这种需要不能得到满足时，也会产生严重的心理障碍，对他们的活动产生消极的影响。

(7) 自我实现需要(self-actualization need)：是一种要求挖掘自身的潜能、实现自己的理想和抱负，充分发挥自己全部能力的需要，是最高层次的需要。马斯洛认为，如果一个人的前六种需要都得到了满足，那么，他就可以达到需要层次的最高点——自我实现需要。马斯洛把自我实现需要描述成一种想要变得越来越像人的本来样子，实现人的全部潜力的欲望。他指出，所谓自我实现，就是指一个人能够成为什么，他就必须成为什么，他必须忠实于他自己的本性。

马斯洛认为，上述七种需要相互联系、相互影响，共同构成一个完整的需要系统。

3. 马斯洛需要层次之间的关系

马斯洛需要层次之间具有如下关系。

(1) 七种需要是由低到高按顺序逐级递升的。马斯洛认为，人类的七种需要是按优势出现的先后或力量的强弱，由低到高依次出现的。只有当较低一级的需要得到基本满足之后，高一层次的需要才会产生。也就是说，只有当生理需要得到基本的满足之后，才会产生安全需要；只有安全需要得到基本的满足之后，才会产生归属和爱的需要，以此类推，一直到自我实现需要。个人需要的发展过程由低到高按顺序逐级递升，呈现出波浪式演进的发展态势。图9-3主要分析5种基本需要的发展情况。

图9-3 需要层次与不同心理发展时期的关系

马斯洛还指出，各层次需要的产生和个体发育密切相关。婴儿期主要是生理需要占优势，而后产生安全需要、归属和爱的需要；到了少年、青年初期，尊重需要日益强烈；青年中、晚期以后，自我实现的需要开始占优势，但较低层次的需要并未消失，只是不再占据优势而已。

(2) 各层次需要在全人口中所占比例由大到小，呈金字塔形。马斯洛认为，在需要层次的金字塔中，越向下的层次在全人口中所占比例越大，越向上的层次在全人口中所占比例越小。马斯洛认为，真正达到自我实现的人在全人口中只占很少的一部分，而绝大多数人都停留于中下层的某一层次。这就是他之所以要用一个金字塔的图形来描述七个层次及其关系的原因所在。

(3) 七个层次可概括为两种水平：缺失性需要和生长性需要。缺失性需要(deficiency needs)也叫基本需要，包括生理需要、安全需要、归属和爱的需要和尊重需要，是我们生存所必需的，对生理和心理的健康具有重要的意义，因缺乏而产生，通过外部条件使人得到满足。成长性需要(growth needs)也叫心理需要，包括认知需要、审美需要和自我实现需要，它以缺失性需要为基础，但同时对缺失性需要具有引导作用。成长性需要不是维持个体生存所必需的，可稍作延迟，属于高层次需要。它的特点是：这类需要不受人的直接欲望所左右，不随其满足而减弱，反而因获得满足而增强；以发挥自我潜能为动力；这类需要的满足能促进人的健康成长，会使人产生最大程度的快乐。

4. 需要层次理论的应用

马斯洛的需要层次理论，对教育工作具有重要的意义。具体表现如下：

(1) 要从研究学生的需要来分析学生的行为。在学校中，学生缺乏学习动机在某种程度上与那些缺失需要(特别是爱和自尊的需要)未得到充分满足有很大的关系。如果学生感到没有被人爱，或认为自己无能，他们就不可能有强烈的动机去实现较高的目标。那些无法确定自己是否讨人喜欢(特别是讨教师的喜欢)或不知道自己能力高低的学生,往往会做出较为"安全"的选择,即随大流,为测验而学习,而不是对学习本身感兴趣。因此,要从研究学生的需要来分析学生的行为。

(2) 教育中要重视培养、激发学生的高级需要,并逐步使之得到满足,以提高学生的精神境界。保护学生的好奇心和求知欲,培养他们追求一种更富理性的生活、追求美好未来的理想等,这是促进学生发展的强大动力。个体需要的递进过程也是个体的发展过程,如果教师不理解学生的需要,不注意学生需要的发展,或者超越需要发展的顺序,就违背了个体心理发展规律,结果就会让学生内心感到冲突和痛苦,有可能出现对教师的抵触甚至反抗情绪。

马斯洛的需要层次理论也受到了企业界和心理学界的极大关注。根据这一需要理论,人们试图在管理中实现它的应用价值。有人提出了与需要层次相对应的管理措施,如表 9-1 所示。

表 9-1 根据马斯洛需要层次论制定的管理措施

需要的层次	需要的目标	相应的管理措施
生理需要	薪水、健康的工作环境、各种福利	身体保健(医疗设备)、工作时间(休息)、住宅设施、福利设备
安全需要	职业的保障、意外的防止	职业保证、退休金制度、健全保险制度、意外保险制度
归属和爱的需要	友谊(良好的人际关系)、团体的接纳与组织的一致	协谈制度、利润分配制度、团体活动制度、互助金制度、娱乐制度、教育训练制度
尊重需要	地位、名分、权力、责任、与他人比薪水之相对高低	人事考核制度、晋升制度、表彰制度、奖金制度、选拔进修制度、委员会参与制度
自我实现需要	能发展个人特长的组织环境、具有挑战性的工作	决策参与制度、提案制度、研究发展计划、劳资会议

5. 简评

马斯洛的需要层次理论是迄今为止心理学界最为推崇的需要理论,其积极意义主要表现在以下几个方面:

(1) 马斯洛的需要层次理论注重社会正常人的需要,具有普遍适用性,在各行各业的实际工作中得到了应用;

(2) 马斯洛的需要层次理论是一个有严格组织的层次系统;

(3) 马斯洛的需要层次理论比较客观、准确地揭示了人类需要产生发展的客观规律,比较符合人类需要发展的一般规律。

当然,马斯洛的需要层次理论也是有缺陷的,主要表现在以下几个方面:

(1) 马斯洛将人的社会性需要也看成是与生俱来的潜能,降低了社会生活环境在人的需要发生发展中的重要作用;

(2) 马斯洛的需要层次理论带有一定的机械主义色彩，认为低级需要不得到满足高一级需要就不会产生，在某种程度上把需要的层次看成是固定不变的，是一种机械的上升运动，忽视了人的主观能动性，忽视了高级需要对低级需要的调节作用。

阅读资料 9-2

人本主义心理学大师马斯洛

马斯洛出生于纽约市布鲁克林区。1926 年入康乃尔大学，3 年后转至威斯康星大学攻读心理学，在著名心理学家哈罗(1905—1981)的指导下，1934 年获得博士学位。之后，留校任教。1935 年在哥伦比亚大学任桑代克学习心理研究工作助理。1937 年任纽约布鲁克林学院副教授。1951 年被聘为布兰戴斯大学心理学教授兼系主任。1969 年离任，成为加利福尼亚劳格林慈善基金会第一任常驻评议员。曾任美国人格与社会心理学会主席。1967 年当选为美国心理学会主席，是《人本主义心理学》和《超个人心理学》两本杂志的首任编辑。马斯洛的著名论文《人类动机论》最早发表在 1943 年的《心理学评论》上。他的动机理论又称需要层次理论。马斯洛认为追求自我实现是人的最高动机，它的特征是对某一事业的忘我献身。自我实现具有超越自我的特征，有着很高的社会价值。健全社会的职能在于促进普遍的自我实现。他相信，生物进化所赋予人的本性基本上是好的，邪恶和神经症是由环境所造成的。越是成熟的人，越富有创作的能力。马斯洛的主要著作有：《动机和人格》(1954)、《存在心理学探索》(1962)、《科学心理学》(1967)、《人性能达到的境界》(1970)。

9.2.4 其他有关需要的理论

有关需要的理论还有许多，其基本观点如表 9-2 所示，这里就不再详细介绍了。

表 9-2 需要理论及其观点

需要理论	基本观点
默瑞(H. A. Murray)的需要理论	把需要作为个性的核心概念，认为需要是个体行为的动力源泉。指出每个人都有自己的需要层次，各种需要在重要性上都不一样。提出多种需要分类法，如分为基本(身体能量)需要与次要(心理能量)需要。该理论列举了 20 种需要
奥德费(C. P. Alderfer)的 ERG 理论	在大量调查研究的基础上将需要划分为三个层次，即生存需要(Existence)、关系需要(Relatedness)与成长需要(Growth)。取三种需要的第一个英文字母，简称 ERG 理论
赫茨伯格(F. Herzbery)的双因素理论	该理论把需要满足与激励联系起来，提出两种需要因素：一是保健因素(如工作安全感、个人生活、工作中与同事关系等)，这类需要满足会避免产生不满意感，但无明显激励作用；二是激励因素(如工作中得到认可和赞赏、个人成长和晋升的机会、工作上的成就感等)，这类需要不满足会缺少满意感，若需要满足则产生满意体验和强烈的激励作用

续表

需要理论	基本观点
勒温(K. LewIn)的需要理论	认为个体与环境之间的平衡遭到破坏时，就会唤起人的需要，即引起个人身心不同程度的紧张，这种张力会引起人的行为，使人恢复到平衡状态。需要满足后，紧张便得以解除。环境中的事物对人所具有的价值叫作效价，能满足需要或有吸引力的对象具有正效价。勒温还用数字上的矢量来表示对象吸引力的方向和强度。例如，只有一个矢量作用于某人，某人就会沿着这一矢量所指的方向移动；假如有两个或更多的矢量以不同的方向驱动这个人，那这个人如何移动就取决于这些矢量的合力
麦克兰德(D. C. Mcclelland)的需要理论	利用默瑞的主题统觉测验(TAT)及其他工具研究发现，在人的生理需要满足后就会出现三种心理需要：成就需要、权力需要、交往需要。在不同的人身上，三种需要的排列层次及重要性是不同的
弗洛姆(E. Fromm)的需要理论	从人与自然、他人的关系中探讨人的需要，认为人的基本需要除生理需要外，还有五种：①关联的需要，即希望与世界、他人建立联系；②超越的需要，即不甘心被动地活着，希望去生产和创造；③寻根的需要，即希望生活在母亲、自然、大地、家庭、民族、国家的怀抱中获得安全感的需要；④认同的需要，即寻找在社会中的独特个性或角色，以回答"我是谁"这一问题的需要；⑤定向的需要，即为自己确定一个目标，从而赋予生命一种意义的需要

9.3 动　　机

人一直在试图解释自己和他人行为的原因。心理学家们都倾向于用动机这一术语来描述行为激起的原因。那么，在心理学中动机的含义是什么？动机与需要是什么关系？动机是如何激发行为并影响行为效率的？当成功或失败的行为出现时，人通常从哪些角度进行解释？如何对行为进行归因？这些都是本节所要解决的问题。

9.3.1　动机的概念

1. 动机的定义

动机(motivation)是指促使个体从事某种活动的内在原因。具体而言，动机是指一种驱使人进行活动，从而满足需要、实现目标的内部动力。动机是用来说明个体为什么(why)要从事某种活动，而不是用来说明某种活动本身是什么(what)或怎样进行的(how)。

2. 动机产生的条件

动机产生的基本条件有两个：一是内在条件；二是外在条件。前者是需要，后者则是诱因。需要和诱因是动机的两个基本组成部分。需要起着推力的作用，诱因起着拉力的作用。动机是在需要的推力和诱因的拉力的共同作用下得以实现的。

动机是在需要的基础上产生的，但并不等于说需要就是人现实的行为动力，需要成为行为动力必须转化为动机。那么，需要怎样才能转化为动机呢？心理学家的研究表明：需要本身是主体意识到的缺乏状态，但这种缺乏状态在没有诱因出现时，只是一种静止的、潜在的动机，表现为一种愿望、意向。只有当诱因出现时，需要才能被激活，而成为内驱力使个体趋向或接近目标，这时需要才能转化为动机。所谓诱因(incentive)是指所有能引起个体动机的刺激或情境，是引起动机的外在条件。诱因按其性质可分为两种：凡能驱使个体去趋向接近目标者，称为正诱因。它可以是简单的，如食物、水等；也可以是复杂的，如名誉、地位等。凡是驱使个体逃离或回避目标者，都可称为负诱因，如躲避危险、逃离灾难等。显然，诱因有些时候与行为目标是相同的，有时它只是帮助主体实现行为目标的条件。

但人类动机的复杂性在于，在有些情况下，诱因或目标并未实际出现，因为过去经验所产生的诱因期待或目标期待，也能使人的需要转化为动机。所谓期待就是个体对所要实现目标的主观估计。当个体主观估计自己的某种行为可能会导致某种诱因或目标出现时，也会产生行为动机。总之，一切动机，无论是简单的动机，还是复杂的动机，都是在需要的基础上产生的。需要是内在的、隐蔽的，是支配有机体行为的内部因素；诱因是与需要相联系的外界刺激物，它可以吸引有机体的活动，并使需要有可能得到满足。

3. 动机的功能

从动机与行为的关系上分析，动机具有以下几种功能。

1) 激活功能

动机能激活有机体产生某种活动，使个体由静止状态转向活动状态。带着某种动机的个体对某些刺激，特别是对那些与动机有关的刺激反应特别敏感，从而可激发个体去从事某种反应或发生某种行为。例如，饥饿者对食物特别敏感，干渴者对水特别敏感，孤独者对朋友特别敏感，也容易激起相应的活动。

2) 指向功能

动机不仅能激发行为，而且能将行为指向一定的对象或目标。动机与需要的根本不同在于：需要是个体因缺乏而产生的主观状态，这种主观状态的呈现有时可能无明确的具体目标；而动机是针对一定目标(或诱因)而产生的，受目标的直接引导。动机像指南针一样指引着活动的方向，使活动始终朝着预定的目标前进。因此，可以说当人的需要被明确目标所引导时，就变成了动机。

3) 维持和调整功能

当个体的某种活动产生以后，动机可以维持这种活动朝向一定的目标，并能够调整活动的强度和持续时间。如果活动实现了目标，动机促使有机体终止这种活动；如果活动尚未实现目标，动机将驱使有机体维持或加强这种活动，或转换活动方向以实现某种目标。

9.3.2　动机与行为效率的关系

人们通常认为，动机强度越高，人的活动就越高涨，活动效率也就越高；动机强度越低，人的活动就越低落，活动效率也就越低，但事实并非如此。在人从事一项工作时，动机过低，即对工作成功与否漠不关心，工作效率必然不高。然而，当动机过强时，由于有机体处于高度紧张状态，其注意和知觉范围变得狭窄，限制了他的正常活动，反而也会使工作效率降低。例如，在高考复习时，有的学生做了充分的准备，一心想考出好成绩，但由于过度紧张，致使在考试中不能充分发挥实力，导致高考失利。究其原因，是因为动机过强，产生焦虑和紧张，干扰记忆和思维活动的顺利进行，从而降低了效率。又如，中国古代就有"易子而教"的说法，指的是父母在教育自己的孩子时，由于动机太强反而不易收到好的教育效果，而将孩子交给他人教育，效果可能更好。心理学研究表明，动机强度与工作效率之间的关系不是一种线性关系，而是呈倒"U"形曲线关系。也就是说，过低和过高的动机水平均不利于活动的效果。

动机强度与工作效率之间的关系可随任务难度的变化而变化。耶克斯和多德森(R.M.Yerkes & J.D.Dodson，1908)研究发现，各种活动都存在一个最佳的动机水平，动机的最佳水平随任务难度不同而有所差异。在容易完成的任务中(如搬砖或挖土)，工作效率随动机提高而上升；在难度适中的任务中，中等动机水平的效率最高；在难度较大的任务中(如写作或解决复杂问题)，偏低动机水平下的工作效率最佳，这就是耶克斯-多德森定律(Yerkes-Dodson Law)，如图9-4所示。另外，动机强度的最佳点还会因人而异，进行同样难度的学习活动，对有的学生来说，动机强度的最佳水平点高些更为有利，但对于另一些学生来说，可能最佳水平点低些更为有利。

耶克斯-多德森定律对于指导人的行为具有非常重要的意义。比如，当人面对一项复杂而艰巨的工作或学习任务时，应适当使自己降低要求，或者为自己寻找放松的机会，避免因为动机过强而使效率降低甚至失败；如果遇到较容易完成的任务时，反而要给自己增加压力，提高要求，以便使动机增强，从而更快、更好地完成工作。

图9-4 耶克斯-多德森定律

9.3.3 动机的种类

动机是需要的表现形式，由于需要的类型多种多样，人的动机也极为复杂多样。

1. 生理性动机和社会性动机

根据动机的起源，可以把动机分为生理性动机和社会性动机。生理性动机又称为原发性动机、原始性动机、生物性动机,是以生物性需要为基础的动机,包括饥、渴、睡眠、性的动机等。社会性动机又叫继发性动机、习得性动机和心理性动机,是以社会需要为基础的动机,包括成就动机、交往动机、威信动机等。由于社会性动机是后天习得的,所以在人与人之间有着很大的差异。

2. 长远动机和短暂动机

根据动机的影响范围和持续作用的时间,可以把动机分为长远动机和短暂动机。长远动机一般来自对活动意义的深刻认识,它持续作用的时间长,范围广,不受外界偶然情境变化的影响,具有比较稳定的性质。如战国时期越王勾践的卧薪尝胆,以图复国,即长远动机在起作用。短暂动机常常由对活动本身的直接兴趣所引起,它只能对个别具体的活动起一时的作用,容易受情绪的支配和影响,不够稳定。如儿童为得到成人的夸奖而扫地,就是短暂动机在起作用。

3. 高尚动机和低级动机

根据动机的社会价值,可分为高尚动机和低级动机。高尚动机符合社会要求或道德准则,能为他人或社会做出贡献,能较持久地调动人的积极性。低级动机违背社会要求和道德准则,不利于社会发展。

4. 主导动机和辅助动机

根据动机在活动中的地位与作用大小不同,可分为主导动机和辅助动机。主导动机是在活动中处于支配地位,发挥主导作用的动机。辅助动机是在活动中处于从属地位,只起辅助作用的动机。

5. 意识动机和潜意识动机

根据对动机内容的意识程度不同,可分为意识动机和潜意识动机。意识动机是指行为者对自己的所作所为能清晰地觉察到,行为目标和内容明确的动机。潜意识动机是指行为者对自己的所作所为意识不到,但能自主决定其活动倾向的动机。思维定势就属于一种潜意识动机。

6. 外在动机和内在动机

根据动机的起因不同,动机可分为外在动机和内在动机。由外在刺激所诱发的动机称为外在动机。例如,学生为获得父母的奖励而努力学习,就属于外在动机。由内在条件诱发的动机称为内在动机。例如,因为对美术感兴趣而坚持不懈地努力学习绘画,就属于内在动机,它往往是影响一个人成功的重要因素。

7. 物质性动机和精神性动机

根据动机对象的性质,动机可分为物质性动机和精神性动机。物质性动机是以物质性需要为基础的动机。精神性动机是以精神性需要为基础的动机,强调对精神产品的获取。例如,成就动机和交往动机等。

9.4 动机理论

20世纪以来，动机研究出现了理论观点纷呈的局面。下面介绍三种主要的动机理论：成就动机理论、归因理论和自我效能感理论。

9.4.1 成就动机理论

成就动机理论是一种对人追求成就行为的认知解释，这种理论用认知观点对人的成就动机进行了剖析，它在当今认知动机理论中占据重要位置。

1. 成就动机的概念

成就动机是指个体在完成某种任务时力图取得成功的动机。成就动机对个人发展和社会进步都具有十分重要的作用，它好像是一架强大的"发动机"，激励人努力向上，在前进道路上取得一个又一个的成就。20世纪30年代默瑞(H.A.Murray，1938)提出了"成就需要"的概念，认为成就需要表现为追求较高的目标、完成困难的任务、竞争并超过别人。20世纪四五十年代，麦克利兰(D.C. McClelland)和阿特金森(J.W. Atkinson)接受默瑞的思想，并将其发展成为成就动机理论。

1950—1965年是成就动机研究的黄金时期，研究在以下两个层次上展开：

(1) 一个层次是宏观的研究，着重探察在特定社会中的成员如何在所处的社会文化影响下，通过社会化过程塑造成就动机，分析社会集体成员的成就动机水平与社会的经济、科技发展之间的关系。麦克利兰是这一层次研究的代表人物。

(2) 另一层次是微观的研究，注重成就动机的实质、成就动机的认知和归因，希望成功与害怕失败的动机等问题。阿特金森是这一层次研究的代表人物。

2. 成就动机理论的分类

1) 麦克利兰的成就动机理论

1948年，麦克利兰比较系统地开展了对成就动机的研究，他的工作对以后的研究产生了历史性的影响。麦克利兰的成就动机理论被称为情绪激发理论，认为成就动机是一个人人格中非常稳定的特质，个体记忆中存在着与成就相联系的愉快的经验，当情境能引起这些愉快体验时，就能激发人的成就动机欲望。成就动机强的人对工作和学习都非常积极，善于控制自己尽量不受外界环境影响，充分利用时间学习和工作，成绩优异。

麦克利兰通过主题统觉测试(TAT)对个体成就激励的强度进行了测量。该测量运用无结构性的图片以唤起被试的多种反应，包括墨迹图形和可以衍生出各种故事的图片，答案无对错之分，主要是为了准确地获得被试对于外部世界的主观认知。麦克利兰认为高成就动机者有以下三个特征：

(1) 高成就需求者喜欢设立具有适度挑战性的目标，不喜欢凭运气获得的成功，不喜欢接受那些在他们看来特别容易或特别困难的工作任务。他们不满足于漫无目的地随波逐流和随遇而安，而总是想有所作为。他们要是赢了，会要求应得的荣誉；要是输了，也勇于承担责任。

(2) 高成就需求者在选择目标时会回避过分的难度。他们喜欢中等难度的目标，既不是唾手可得没有一点成就感，也不是只凭运气。他们会揣度可能办到的程度，然后再选定一个力所能及的目标——能够取胜的最艰巨的挑战。对他们而言，当成败可能性均等时，才是一种能从自身的奋斗中体验成功的喜悦与满足的最佳机会。

(3) 高成就需求者喜欢能立即给予反馈的任务。目标对于他们非常重要，所以他们希望得到有关工作绩效的及时明确的反馈信息，从而了解自己是否有所进步。

麦克利兰发现，成就动机与工作绩效有着显著的正相关。一个企业乃至一个国家的兴旺发达，取决于具有成就动机的人数的多寡。一个国家的国民如果普遍的成就动机高，其经济发展水平也会高。1961年他发表了《取得成就的社会》一书，引起许多社会科学家的关注和重视。

麦克利兰等人对成就动机做了长期的实验研究，确立了成就动机在人类动机研究中的地位，对动机研究做出了重要贡献。但是，他们过分强调成就动机是决定个体复杂行为的根本原因的观点有失偏颇，忽视了其他因素对个体行为的重要影响。同时，他们把民族的成就动机看作是经济发展的唯一决定因素的观点也是片面的，因为社会经济发展受许多因素的综合影响。

阅读资料9-3

父母养育行为和成就需要的关系

麦克利兰和弗兰兹(D.C. McClelland & Carol Franz, 1992)进行了长期跟踪对比研究：在孩子们5岁时(1951)收集父母的养育行为资料，如：请父母就喂养、照看和训练孩子的行为做的简要说明。当孩子们41岁时(1987—1988)再收集他们的成就需要和收入资料，做了跟踪对比研究。麦克利兰与弗兰兹研究认为，当孩子的父母用严格的规则来喂养、照看和训练他们时，孩子就会感到高度的成就压力。早期的父母成就压力与孩子长大后的成就需要之间有一种正相关，经历成就压力高的孩子比经历成就压力小的同龄人每年要多挣1万美元。

(资料来源：理查德·格里格，菲利普·津巴多，等. 心理学与生活[M]. 王垒，王甦，译. 北京：人民邮电出版社，2003)

2) 阿特金森的成就动机理论

阿特金森于1963年对麦克兰德的理论作了进一步深化，提出了具有广泛影响的成就动机理论，该理论被认为是一种期望价值理论。该理论认为，成就动机强度(Ts)依赖于以下三大因素：①成就需要(Ms)，即主体追求成功的动机强度；②期望(Ps)，即成功完成任务的可能性大小；③成功诱因值(Is)，即对实现目标的价值判断。成就动机强度(Ts)是由成就需要(Ms)、期望(Ps)和成功诱因值(Is)的乘积来决定的。这三个因素发生综合影响，其关系可用下述公式表示：

$$Ts=Ms×Ps×Is$$

在此基础上,阿特金森进一步将个体的成就动机分为两类:一类是力求成功的动机,即人追求成功和由成功带来的积极情感的倾向性;另一类是避免失败的动机,即人避免失败和由失败带来的消极情感的倾向性。根据这两类动机在个体的动机系统中所占的强度,可以将个体分为力求成功者和避免失败者。在力求成功者的动机成分中力求成功的成分多于避免失败的成分。力求成功者将目标定位于获取成就,既然要获取成就,就不能不对任务的成功概率有所选择。研究表明,成功概率在 50%的任务是最能调动力求成功者的积极性的,因为这种任务对他们的能力最富挑战性,而那些根本不可能成功或稳操胜券的任务反而会降低他们的动机水平。对于力求避免失败者则相反,他们将心态定位在如何避免失败,所以他们往往倾向于选择大量非常容易或非常困难的任务。选择容易完成的任务可以确保成功,避免失败;而选择非常困难的任务,即使失败了也可以归因于任务的难度,得到他人的理解和原谅,从而减少失败感。

3. 影响成就动机的因素

影响成就动机形成与发展的因素有很多,包括个体的年龄、性别、能力、成败经验等主体因素,以及社会经济、文化背景、宗教信仰、家庭教养、任务难度等客体因素。学者研究认为影响成就动机的因素主要有以下几种:

(1) 成就动机的高低与童年所接受的家庭教育密切相关。父母的价值观、父母的成就动机、父母对子女的要求和教养方式都能影响儿童的成就动机。一般来说,父母要求子女独立自主而又能以身作则,容易培养儿童的成就动机。相反,父母对子女过分保护,就会限制儿童的独立性,较难培养儿童的成就动机。严格而温和式的教育方式对孩子的成长更为有利。

(2) 教师的言行影响学生成就动机的强弱。教师是学生学习的榜样,成就动机强的教师的言行有助于激发学生的成就动机。教师对学生的评语是激发学生成就动机的有效方法。

(3) 经常参加竞争和竞赛活动的人比不参加的人成就动机强。

(4) 学生的学习成绩与其成就动机呈正相关。学习成绩优秀的学生通常成就动机强,学习成绩差的学生通常成就动机弱。

(5) 个人对工作难度的看法影响成就动机。

(6) 个性因素影响成就动机。个人的理想、信念和世界观对成就动机有深刻的影响。

(7) 群体成就动机的强弱与自然环境和社会文化条件有关。当国家经济繁荣兴旺时,人民的成就动机就会提高。生活在城市里的人,竞争激烈,成就动机相对较强。

9.4.2 归因理论

归因(attribution)就是指从外部行为及其结果推测行为原因的过程。归因理论就是对自己和他人行为的原因加以解释和推测的认知动机理论。美国的社会心理学家海德(F.Heider)于1958年首次提出归因理论,罗特(T.B. Rotter)、凯利(H.Kelley)、韦纳(B.Weiner)、塞利格曼(M.Seligman)和德韦克(C.Dweck)等人又分别提出不同行为原因的解释模式,尽管这些模式的侧重点不同，但都是对人的行为原因做出的解释，并进而对人的行为做出预测和判断，特别是通过了解人的归因方式，做出优与劣的判断，进而通过归因训练来改变人的行为模式。

1. 海德的归因理论

海德(F.Heider，1958)认为，当人在工作和学习中体验到成功或失败时，会寻找成功或失败的原因。一般来说，人对行为的归因有两种：一种是环境归因(situational attribution)，即将行为原因归为环境，如他人的影响、奖励、运气、工作难易等都是环境归因。如果把行为原因归为环境，则个人对其行为结果可以不负什么责任。另一种是个人归因(personal attribution)，即将行为的影响归于个人，如人格、动机、情绪、态度、能力、努力等都是个人归因。海德认为，如果把行为原因归于个人，则个人对其行为结果应当负责。

2. 罗特的归因理论

在海德之后，美国社会心理学家罗特(T. B. Rotter，1966)根据"控制点"(locus of control)把人划分为两种：内控型和外控型。内控型的人认为自己可以控制周围的环境，不论成功还是失败，都是由于个人能力和努力等内部因素造成的；外控型的人感到自己无法控制周围的环境，不论成败都归因于他人的压力以及运气等外部因素。

3. 凯利的归因理论

凯利(H. Kelley，1967)对海德的思路进行了整理，他具体描述了人用来进行归因的几种变量。凯利认为，人行为的原因是十分复杂的，要推断他人行为的原因，必须在类似的情境中作多次观察，根据多条线索做出归因。凯利对归因的线索进行了研究，提出人在寻找原因时所利用的线索(信息资料)共有三类：一致性资料、一贯性资料、区别性资料。一致性资料是指某人的行为表现是否与其他人一致；一贯性资料是指某人的行为是一贯的还是偶然的；区别性资料是指某人的这次行为是否特别，这次行为与他本人类似的其他行为是否有所区别。

凯利认为，人在分析日常的活动和事件时就是从上述三个方面来收集信息并做出归因的。而归因的结果不外乎三种：归因于客观刺激物(刺激)、归因于行动者(人)、归因于所处的情境或条件(时间或形态)。观察者通过对一致性资料、一贯性资料和区别性资料这三个方面信息的组合，就可以对观察到的行为做出刺激、个人或情境的归因了。

应用举例：小明期末数学考试不及格的原因分析。

参照凯利的模式，可以从以下几个方面的信息进行分析：在这次期末考试中，其他同学的数学成绩如何(一致性)；小明在过去的数学考试中是否经常不及格(一贯性)；小明的其他课程考得如何(区别性)。假如班级中数学不及格的同学较多(高一致性)，而小明过去的数学成绩一直很好(低一贯性)，小明的其他课程考得都很好(高区别性)，说明这次数学试卷难度较大是导致小明数学不及格的主要原因，这是归因于刺激因素。通常，低一致性、高一贯性、低区别性的行为被归因于能力；低一致性、低一贯性、高区别性的行为被归因于情境。

4. 韦纳的归因理论

美国心理学家韦纳(B. Weiner)在剖析传统动机理论的基础上提出了认知动机理论，对行为结果的归因进行了系统的因素分析。

(1) 他把归因分为三维度六因素。三维度是指：内归因和外归因；稳定性归因和非稳定性归因；可控归因和不可控归因。行为责任的原因归结为六个因素：能力高低、努力程度、任务难易、运气(机遇)好坏、身心状态、外界环境。三维度与六因素的结合，如表 9-3 所示。

表 9-3　韦纳三维度六因素归因模式

维度 关系 因素	稳定性		内外在性		可控性	
	稳　定	不稳定	内　在	外　在	可　控	不可控
能力高低	+		+			+
努力程度		+	+		+	
任务难度	+			+		+
运气好坏		+		+		+
身心状态		+	+			+
外界环境		+		+		+

(2) 原因归因会使人出现情绪情感反应。一个人解释成功和失败的方式能影响他的情绪，甚至影响他完成任务的能力。例如，把成功归结为内部原因(能力、努力)，会使人感到满意或自豪；把成功归结为外部原因(任务容易或运气好)，会使人产生惊奇或感激。把失败归于内因，会使人感到羞耻和沮丧；把失败归于外因，会产生气愤和敌意。对于追求成功的人来讲，他们具有一种只要努力就定能成功的自信心。

(3) 原因稳定性归因会影响其成功期望和后续行为。把某一行为的结果归因于稳定原因的个体比归因于不稳定原因的个体更期望该行为再次发生。一般来说，追求成功的人把成功归因于自己的能力强，而把失败归因于自己的不努力。例如，如果把成功归于稳定因素(能力强)，会提高以后工作的积极性，会更期望该行为再次发生；如果把成功归因于不稳定因素(运气)，以后的工作积极性可能降低，该行为很可能不会再次发生。

归因理论在实际应用中的价值主要体现在以下三个方面：①了解心理与行为的因果关系。归因理论告诉我们人类的任何行为都有一定的原因，人会将自己在某种活动中的成功或失败自觉或不自觉地归于某种原因，对这种因果关系的研究有助于对人的心理与行为进行更有效的把握。②根据行为者当前的归因倾向预测他以后的动机。归因理论的一个重要价值就是人可以根据某个行为者当前的归因倾向预测他未来在此方面的动机。③归因训练有助于提高自我认识。让学生学会正确而有积极意义的归因是对学生进行心理教育的一项重要内容。学生学会归因的过程也就是提高自我认识的过程。张春兴(1998)说，通过归因训练培养学生在从了解自己到认识别人的过程中，建立起明确的自我观念是很重要的。

韦纳的归因理论将动机和归因两大心理学领域有机地结合起来，取得了突破性的进展。

该理论全面系统地阐述了一种基于归因的认知动机理论，并且理论的各个组成部分都经过了逻辑分析和实验验证，从而增强了理论说服力，是所有动机理论中较为深入、系统和严密的理论，对动机研究和教育心理研究有极大的贡献，在教育和管理等实际工作中有广泛的应用前景。

5. 塞利格曼关于归因的情绪反应研究

塞利格曼(M.Seligman)是归因研究领域的新秀。他专注于研究人解释事件时的情绪反应，即他们是乐观的还是悲观的。他发现，人在做归因时的情绪反应会影响人的主动性和被动性。

悲观的归因方式的焦点是认为失败的原因由内部产生，造成这种失败的不良环境和个人因素是稳定的和整体性的，会影响所有的事件。乐观的归因方式把失败看作是外部因素的结果，是不稳定的、可变化的或特定事件的结果。如"考试不公平"，如果我下次更加努力的话，我就会做得更好，并且这个挫折不会对我完成任何其他重要任务产生影响。

当触及成功的问题时，这些解释就会反过来。乐观主义者对成功抱以个人内部完全稳定的整体性的信心。悲观主义者把成功归因于外部不稳定的整体性因素，由于他们相信命中注定要失败，所以悲观者会比别人想象中做得还要差。例如，有一个研究记录了一家英国龙头保险公司中130名男性销售人员的解释方式(Corr & Gray, 1996)，具有乐观归因方式的销售人员有着更高的销售额。在日常生活中，对事件的解释方式会影响人对未来成就的动机水平。所以，我们应该努力发展一种对成功和失败的乐观解释方式。

6. 德韦克的内隐信念理论

美国心理学家德韦克(C.Dweck)研究发现，每个人都有关于自己和他人所处世界的内隐的基本信念，这些信念可引导人采取不同的目标取向。具有不同的信念和目标定向的个体，对成功或失败结果的认知判断、情感和行为反应就大相径庭。比如，同样面对失败，有的学生表现出一种无助的方式，体验到负面的自我认知和情感，"我不行""我太笨了"，由此引发厌烦、焦虑和厌学情绪；有的学生则表现出一种求精和进取的取向，他们会对自己说，"再想想办法，肯定能行"，他们体验到的是兴奋、激动，并热切地投入到新一轮拼搏之中。德韦克发现，这两种认知方式的个体有着不同的关于智力的内隐基本信念，追求着不同的目标。无助者对智力和能力持一种"存在信念"，认为智力是固定的、无法控制的，如果聪明，无须努力也能成功，而失败和困难则表明自己缺乏能力，他们在学习活动中追求的是成绩目标。求精取向者对智力和能力持一种"增长信念"，认为智力是可以训练的，成绩反映了自己的努力和策略的效用，困难和失败则代表着挑战和战胜它的机会，因此，他们力图提高自己的能力，所追求的是一种学习目标，而不是成绩目标。

阅读资料 9-4

习得性无助与归因训练

避免失败的一种极端形式就是习得性无助(learned helplessness)。习得性无助的学生通常会认为不管自己做什么，都注定要失败或毫无意义："做什么都无济于事。"就学习而言，习得性无助与个体对失败的内部、稳定的解释密切相关："我失败了，是因为我笨。这意味着我总是要失败。"(Diener & Dwek，1978)不断经历失败的学生可能会形成一种"防御性悲观主义"，以保护自己，避免否定反馈(Marsh & Debus，2001)。

习得性无助与儿童幼年时期不恰当的教养方式有一定关系(Hokoda & Fincham，1995)，也可能是由于教师给予的不一致、不可预测的奖惩引起的，使得学生形成这种观点：对于成功自己无能为力。教师可以通过以下方式避免或减轻学生的习得性无助：①将学习任务分成小步子，给学生提供成功的机会；②提供及时反馈；③最为重要的，对学生要有积极的、一贯的期待，也可以减少习得性无助，因为所有的学生都可以在某种程度上实现学习目标。

(资料来源：罗伯特·斯莱文. 教育心理学——理论与实践(第7版)[M]. 姚美林，等译.
北京：人民邮电出版社，2004)

9.4.3 自我效能感理论

1. 背景介绍

自我效能感理论是美国心理学家班杜拉(Albest Bandura)于1977年提出的。所谓自我效能(self-efficacy)，是指个体对自己是否有能力完成某一行为所进行的推测与判断，它与自我能力感是同义语。

2. 主要观点

班杜拉认为，人在有了相应的知识、技能和目标(诱因、强化)时，自我效能感就成为行为的决定因素。例如，学生虽然认识到取得好成绩的重要性，但如果感到那种期望的好成绩是力所难及的，就会望而却步。

在班杜拉看来，人的行为受两个因素影响：一是行为的结果因素，即强化；二是行为的先行因素，即期待。与传统行为主义不同的是，班杜拉没有将强化看成决定行为的唯一因素。他承认强化能够激发和维持行为动机以控制和调节人的行为，但同时认为，没有强化也能够获取有关信息，形成新的行为模式，这就是人在认知之后产生的期待，通过期待也可以形成新的行为模式。

班杜拉通过研究发现，期待有两种形式：一是结果期待，是人对自己的某一行为会导致某一结果的推测。如果个体预测某一特定行为会导致某一特定的结果，那么这一行为就可能被激活和被选择。例如，学生认识到只要刻苦学习，就能考上研究生，那他就会非常刻苦地学习。二是效能期待，是个体对自己能否实施某种成就行为的能力判断，即人对自己能力的推测。当确信自己有能力进行某一活动时，就会产生高度的自我效能感，并积极进行这一活动。例如，学生认为自己有能力考上研究生，只要刻苦用功即可，那他就会十分刻苦地去复习。班杜拉认为，人不仅仅会对行为可能带来良好的后果进行推测，而且会对自己是否具有这种能力进行判断，效能期待和结果期待是共同作用的。

影响自我效能感的因素有以下几种：①个体成败经验。个体成败经验有两类：一类是个体成败的亲身体验,即直接体验,是影响自我效能感的最重要因素。学习者具有丰富的成功经验会提高自我效能感;相反,屡次失败的教训会降低自我效能感。另一类是个体成败的替代性经验,即学习者看到与自己实力相当的示范者成功时,会增强自我效能感,"他行我也行";相反,会降低自我效能感,"他那么用功都失败了,我肯定不行"。②个体的归因特点。个体的归因方式也直接影响自我效能感的形成。把成功归因于内因、失败归因于外因的人自我效能感会加强;相反,把成功归因于外因、把失败归因于内因的人自我效能感比较低。③言语说服。通过说服、建议、劝告、解释和自我指导,来改变自我效能感。④保持良好的情绪和生理状态。积极的情绪和生理状态会提高自我效能感,消极的情绪和不良的生理状态会降低自我效能感。教师应积极培养和激发学生的自我效能感,特别是对一些学习成绩较差的学生,通过对他们的期待和鼓励,能够促进其自我效能感的增强,从而提高学习成绩。

9.5 学习动机

学习是人的一种重要活动,它贯穿于人的生命全过程。人们常用"活到老,学到老"来激励人坚持学习。在人的一生中,有一个相当长的时期,其主导活动就是学习,这就是一个人的学生时代。那么,促使学生学习的内部动因是什么?如何培养和激发学生学习的积极性,使学生从"要我学"的被动无奈转变为具有"我要学"的主动精神?要回答这些问题,就要研究学习动机。

9.5.1 学习动机的概念

1. 学习动机的定义

学习动机是引发和维持个体学习活动,并将学习活动引向一定学习目标的动力机制。这种动力机制表现为推力、拉力和压力三种动力因素之间的相互作用。推力因素与学生对学业成就本身的追求有关,是发自学生内心的学习愿望和要求,对学习起推动作用,如对学习的强烈兴趣和探究心向等;拉力因素与学习的外在后果有关,对学习起引诱作用,如学位、待遇及社会地位等;压力因素与客观现实环境对学生的要求有关,对学习起强制作用,如考试、竞赛和升学等。学习往往是在这三种动力因素的共同作用下被驱动的,在有意义学习中,拉力因素和压力因素通过推力因素而起作用。

2. 学习动机的结构

学习动机是由学习需要和诱因两个方面构成的。学习需要是学生追求学业成就的心理倾向,是社会、学校和家庭对学生的客观要求在学生头脑中的主观反映。学习需要是学习动机产生的基础,是激发学生进行各种学习活动的内部动力(即内驱力)。但是,学生有了明确的学习需要和满足学习需要的手段,并不等于他会为满足学习需要而采取行动,只有出现与学习需要相适应的外部诱因时,学习需要才能变成学习动机,导致学习活动的发生。所谓学习诱因,是指与学习需要相联系的外界刺激物,如家长的奖励、教师的表扬、同伴的赞许等。诱因可吸引学生进行定向的学习活动，以达到一定的学习目标，使需要得到满足，学习活动发生。

学生的学习行为往往取决于需要与诱因的相互作用。没有一定的学习需要，学生就不会通过学习活动去追求一定的学习目标；反之，没有学习行为的目标或诱因，学生也不容易产生某种特定的需要。

3. 学习动机的功能

一般说来，学习动机并不是通过直接卷入认知建构过程而对学习产生作用的，而是以学习情绪状态的唤醒、学习准备状态的增强、学习注意力的集中和学习意志努力的提高等因素为中介来影响认知建构过程的。学习情绪是学生认识客观要求和自身需要之间关系时所伴随的态度体验。如果客观要求与学生的学习需要一致或接近，学生就会产生积极的情绪，表现为对学习有兴趣，喜欢学习；如果两者相反或者无关，就会产生厌学情绪，在学习中采取被动态度。学习准备状态的增强有助于激活相关的背景知识，降低在学习过程中对事物知觉和反应的阈限，大大缩短反应时间，从而提高学习效率。学习注意状态的集中有助于学生将学习活动指向认知内容和目标，克服分心刺激的影响。意志或毅力反映了学生学习需要或学习驱动力的强弱，在学习遇到困难时，毅力强者继续维持学习活动，坚持达到学习目的；毅力弱者就会放弃及中断学习活动。这些中介因素综合起来就会使学习动机对学习产生影响。

9.5.2 学习动机的分类

学习动机的分类方式很多，按照不同的标准可分为不同的种类，在此只列举对教育实践有较大影响的三种分类方法。

1. 内部学习动机与外部学习动机

根据学习动机的动力来源，可将学习动机分为内部学习动机和外部学习动机。

内部学习动机是指个体对学习任务或活动本身的兴趣所引起的动机。动机的满足在活动之内，而不在活动之外，它不需要外界的诱因、惩罚来使行动指向目标。如学生读自己喜欢的故事书，解答自己感兴趣的数学题，活动本身就能给他们带来愉悦，其动机来源于活动本身的愉悦感带给他们的自我奖励，而不是这些活动对他们有什么功利价值。

外部学习动机是指向学习结果的学习动机，往往由外部诱因引起，与外部奖励相联系。动机的满足不在活动之内，而在活动之外，这时个体不是对学习本身感兴趣，而是对学习所带来的结果感兴趣。例如，有的学生学习是为了获得一个好分数，有的学生学习是为了取悦于父母、老师或朋友，这些都是来自学习情境之外的外部学习动机。

内部动机和外部动机决定着学生是否去持续掌握他们所学的知识。具有内部学习动机的学生能在学习活动中得到满足，他们积极地参与学习过程，而且在教师评估之前就能对自己的学业表现有所了解，他们具有好奇心，喜欢挑战，在解决问题时具有独立性。具有外部动机的学生，往往需要外部诱因激发其学习，这种学生一旦达到了目的，学习动机便会下降。另外，这类学生为了实现目标，往往会采取避免失败的做法，或是选择没有挑战性的任务，而且一旦失败，便一蹶不振。因此，相对于内部学习动机，外部学习动机效应微弱而短暂，不能使学习者的学习活动持之以恒。

2. 认知内驱力、自我提高内驱力与附属内驱力

根据学习动机的构成成分，奥苏贝尔(D. P. Ausubel)认为，学生课堂学习的主要动机是成就动机。学校情境中的成就动机由三个方面的内驱力构成，即认知内驱力、自我提高内驱力和附属内驱力。

(1) 认知内驱力(cognitive drive)：是个体渴望了解和理解知识，要求掌握知识以及系统地阐述问题并解决问题的倾向。在有意义的学习中，认知内驱力是一种最重要和最稳定的动机。这种动机指向学习任务本身(为了获得知识)，满足这种动机的奖励(知识的实际获得)是由学习本身提供的，因而也被称为内部动机。

(2) 自我提高内驱力(ego-enhancement drive)：是个体要求凭自己胜任工作的才能和工作成就而赢得相应地位的愿望。这种需要从儿童入学开始，日益显得重要，成为成就动机的主要组成部分。自我提高的内驱力与认知内驱力不一样，它不是直接指向学习任务和学习目标，而是指向在集体和他人心目中赢得怎样的地位。自我提高的内驱力把成就看作是赢得地位与自尊心的目的，它是一种外部动机。

(3) 附属内驱力(afflictive drive)：是指学生为了保持家长和教师等的赞许或认可而努力学习的一种需要。这种需要不是指向自我地位的提高，而是对长者在感情上的依附。它的产生常常有三个条件：①学生与长者在感情上具有依附性。②学生从长者的赞许或认可中获得一种派生的地位。所谓派生地位，不是由他本身的成就水平决定的，而是从他所自居和效法的某个人或某些人不断给予的赞许或认可中引申出来的。③享受到这种派生地位乐趣的人，会有意识地使自己的行为符合长者的标准和期望，借以获得并保持长者的赞许，这种赞许往往能使一个人的地位更确定、更巩固。附属内驱力显然也是一种外部动机。

在成就动机中表现出来的认知内驱力、自我提高内驱力与附属内驱力这三个组成部分的比重是不同的，通常随着年龄、性别、地位、人格特征等因素的不同而变化。

3. 远景性动机与近景性动机

根据学习动机的作用与学习活动的关系，可将学习动机分为远景性动机和近景性动机。

远景性动机是与长远目标相联系的一类动机。例如，我国多数的中小学生都能把自己的学习活动与祖国的未来相联系，树立起为祖国争光、为人民做贡献的学习动机，这些都属于远景性动机。这种动机一旦形成，往往不易为情境中的偶然因素所改变，能在较长时间内起作用，因而具有较高的稳定性和持久性。

近景性动机是指与近期目标相联系的一类动机。近景性动机可分为间接近景性动机与直接近景性动机。间接近景性动机是社会观念、父母意愿以及教师期望在学生头脑中的反映。例如，许多小学生"为老师的鼓励而努力学习""为同学们瞧得起自己而努力学习"等，就属于间接近景性动机。这种学习动机具有不稳定的特性，持久性较差。直接近景性动机主要是由学习活动本身直接引起的，表现为对学科内容或学习活动的直接兴趣和爱好。例如，为设计好航空模型而努力学习有关的物理知识。这种动机主要是由好奇、认知的需

要引起的，往往比较具体、强烈而有效。

9.5.3 学习动机的培养和激发

学习动机的培养和激发既有区别又有联系。动机培养是使学生把社会和教育的要求变为自己内在的学习需要的过程；而激发是侧重把已形成的学习需要调动起来，以提高学习的积极性。培养是激发的前提，而激发又必然会进一步加强已有的学习动机。

心理学家和教育学家认为学习动机不仅能促进学生学习，而且还能增强学生的自尊心。学习动机是掌握知识、形成高尚品格的重要组成因素。有人甚至认为动机是"学习过程的核心"。高动机的孩子热情，对外界充满兴趣，做事投入，有好奇心，他们学习努力，并能持之以恒，对挑战和困难勇于积极面对，自我感觉良好。但实际上，高动机的孩子在学校中并不多见。研究者发现从小学到高中，孩子的内在动机在逐渐减弱，并且越来越害怕学习(Harter，1981)。为什么学生的学习动机难以培养和激发？十几年来，心理学家和教育学家一直在寻找可以提高动机的因素。在此我们重点从内在动机和外在动机的培养和激发来阐述。

1. 培养和激发学生的内在动机

内在动机是学生对学习活动本身的动机，在学校中可采用下列途径来培养和激发。

1) 培养学生的学习兴趣和求知欲

(1) 创设问题情境，激发学生的求知欲。创设问题情境就是在讲授内容和学生求知心理之间制造一种"不协调"，将学生引入一种与问题有关的情境中。创设问题情境时应注意问题要小而具体、新颖有趣，有适当的难度、有启发性，善于将要解决的课题寓于学生实际掌握的基础知识之中，造成心理上的悬念。

(2) 丰富材料呈现方法。通过采用图画、幻灯、录像、报告会、实验演示、野外考察等多种方式来培养学生对学习材料的浓厚兴趣。教师也可以通过使学生参与学习活动过程来达到以上的目的。

(3) 利用学习动机的迁移。在学生没有明确的学习目的，缺乏学习动力的时候，教师可利用学习动机的迁移，因势利导地把学生已有的对其他活动的兴趣转移到学习上来。利用动机迁移原理时，教师要让学生明白只有在充分理解原有知识的基础上，才能学好即将要学习的知识，从而激发学生学习新知识的动机。

另外，这些做法主要适用于年龄较小的学生，随着年龄增长和年级升高，学生发展了间接兴趣，已经认识到学习结果的工具性价值，所以教师应着重引导高年级学生发展他们的间接兴趣，认识到习得的知识技能在未来学习和工作中的价值。

2) 通过归因训练，提高学生的自信心和自我效能感

要提高学生对能力的自信心和自我效能感，就必须改变学生不正确的归因。研究表明，通过归因训练，学生的不正确归因是可以改变的。心理学家已在归因研究的基础上设计了一些专门程序，对成绩不良且自甘失败的儿童进行训练。其基本做法是：教师进行内部归因示范，对学生在内部归因方面的认识予以系统强化，使学生逐步认识到，成绩不良是由

于自己缺乏努力的结果,进而增强学习信心。一个训练程序一般持续约 1 个月,先在某一学科上取得进步,然后促进训练效果迁移到其他学科。教师的一言一行都会影响学生的归因模式的发展和变化。

教师还可以采用如下策略提高学生的自信心和自我效能感:①让学生根据自己的实际水平完成某项新的学习任务;②为学生设置明确、具体和可以实现的目标;③强调学生自己前后比较,避免学生之间的横向比较;④为学生提供解决问题的示范。

3) 培养学生对成就的需要和成就感

据马斯洛需要层次理论,实现自我价值和力求成功是每一个人都具有的高级需要,但必须以爱和自尊等较低级需要满足为前提。培养学生成就需要和成就感主要是针对那些学习成绩不好、被人看不起、有些自暴自弃的学生。激励成就感较差、有些自暴自弃学生的学习动机的前提是教师(包括家人和同伴)应改变对他们的不良态度,给予他们更多的关爱和尊重。在成绩最差的学生身上也可以找到闪光点,如文化知识学习不好的学生可能有很强的动手能力,或者在体育上有超人的表现等。教师可以先找出这些闪光点并加以发扬,从而激发与培养他们的成就需要和成就感。

2. 培养和激发学生的外在动机

培养和激发学生的外在动机需要有效地利用各类强化措施,实践中可通过下列途径来培养和激发。

1) 使学生建立起明确适当的学习目标

学习目标是学生对学习结果的期待,实现学习目标学生会受到各种强化。可以从时间上把学习目标划分为长远目标和近期目标。在学习的各个环节,教师都要向学生提出明确而具体的学习目标,同时注意将近期目标与长远目标相结合。例如,有的同学只是笼统地给自己提出要在大学期间提高外语水平的要求,往往无从入手,抓抓停停,动力不大。倒不如有一个明确的目标,如争取在两年内达到外语四级水平。这样自己还会定出一个每学期的阶段目标,在词汇、听力、阅读和写作四个方面分配精力,分段达标,表现出较强的学习动力。

使学生建立起适当的目标还要注意帮助学生设立与自己能力一致的个人目标。目标过高,与学生本身的能力差距太大,学生可望而不可即,对学生不仅没有激励作用,而且还易使学生产生无力感;目标过低,缺乏挑战性,即使成功,强化作用也不大。只有在学生能力范围之内,具有适当难度的目标才具有激发动机的作用。

阅读资料 9-5

目标对动机的影响

美国心理学家耐特和瑞莫斯(Knight & Remmers)通过实验发现,如果被试认清学习的目标,那么就会产生强烈的学习动机。选择 10 名大学一年级学生组成实验组,并告诉他们如果要成为大学同学会会员,必须经过磨炼和测验,命令他们 5 天之内,不能沐浴理发;强迫吃生猪肝;每天只能睡两小时,期间要做苦工或做徒步旅行;并给予各种挫折及困扰。

> 第5天的深夜，告诉他们每人要接受7次计算测验，每次5分钟，测验的成绩将决定同学会的会员资格。另外，选取50名大学三年级学生组成对照组，进行同样次数和时间的计算测验，但不告诉测验的目的，并且测验前未受任何屈辱或困扰。结果发现，实验组的成绩几乎3倍于对照组。很显然，前者预先认清了学习目标，而后者只是盲目工作而已。
>
> (资料来源：卢家楣. 心理学[M]. 上海：上海人民出版社，2004)

2) 及时反馈学生的学习结果

对学生的学习结果给予及时反馈，可以增强他们的学习动机。学生在了解学习结果后，可以看到自己的进步，提高学习热情，增加努力程度；同时又能看到自己的不足，克服缺点，争取更好的成绩。教师要注意及时地批改和返还学生的作业、测验或试卷。由于班级学生数较多，教师可采用学生之间相互批改的方式，使学生及时地知道结果。

运用反馈方法时应注意以下几点：①对学生的学习结果应及时反馈，对低年级学生更应如此；②对学生的各种学习结果应给予全面反馈；③应提供基于掌握而不是社会比较的反馈；④对学生的反馈应以正面反馈为主；⑤应随时让学生了解距离自己定的学习目标还有多远；⑥对学习成绩不理想的学生，应从各个方面发现其可取之处并给予表扬与鼓励，以增强其自信心和上进心。

3) 适当使用表扬和批评

表扬、鼓励、奖励要比批评、指责、惩罚更有效地激发学习动机。赫洛克(E.B.Hunlock)曾把100名四、五年级的学生分成四个等组，在四种不同诱因的情况下进行加法练习，每天15分钟，共进行5天。第一组为受表扬组，每次练习后给予表扬和鼓励；第二组为受训斥组，每次练习后，严加训斥；第三组为观察组，每次练习后，既不给予表扬，也不给予批评，完全不注意他们，只让其静听其他两组受表扬和受批评；第四组为控制组，让他们与另外三组隔离，单独练习，不予任何评价。最后测量他们的成绩，结果如图9-5所示。就学习的平均成绩来看，三个实验组的成绩均优于控制组，受表扬组和受训斥组的成绩又明显优于观察组，而受表扬组的成绩不断上升。这表明对学习结果进行评价，能强化学习动机，对学习起促进作用。适当表扬的效果明显优于批评，而批评的效果比没有批评好。

图9-5 奖励与惩罚对学习结果的影响

对学生进步的赞扬要有普遍性。所有学生的所有进步都应当受到肯定、表扬和鼓励，使之体验成功，产生能力有效感。只奖励少数学生的课堂不能激发大多数学生的学习积极性，尤其是低成就和力求避免失败的学生，对他们来说，教师这种对表扬和奖励的"吝啬"和"偏向"只会产生副作用。假如一个人的学习从来未受到老师的肯定、关注、表扬，尤其对未成年人来说，失去学习的动力就不奇怪了。

对学生进步的认可，还要有针对性。任何的批评和表扬都应让学生感到是有理有据的，是对其努力和能力的肯定，过火与不及都有损动机作用。试想，当一个学生按任务要求做出难度较大的数学题时，教师却对作业的整洁大加赞扬会产生什么效果？而学生认为自己不费吹灰之力就完成一件作业，或作业做得不怎么样的时候，教师却把他大大表扬一通，这时学生很可能做出这样的归因：这么糟的东西，他竟然表扬我，一定以为我是个笨蛋。勃洛菲(J.E.Brophy, 1981)提出，表扬一定要针对真正的进步与成就，而且是在有客观的证据表明进步或成就出现时给予，要向学生说明理由。

4) 外部奖励的使用要适当

学生不可能在任何时候对任何学习内容都有兴趣，在这种时候适当使用外部奖励可以激发其学习动机。但是外部动机作用不会使学习活动指向掌握目标，学生不会在学习中采取积极的学习策略，难以产生成功感，从而培养能力信念。而且外部奖励使用不当比表扬的滥用危害更大，不仅会使学生产生消极归因，更有可能损害原来已经具有的宝贵的内源性动机。莱珀(M.R.Lepper, 1989)称之为外部奖励的隐蔽性代价，即对原来有内在兴趣的活动因不适当外在奖励而损害对活动本身的兴趣。所以，奖励并非越多越好，尤其是外部的物质性奖励应当慎用。教师应首先了解学生原有的学习兴趣，然后再考虑外部奖励是否必要。

5) 适当开展竞赛

竞赛能够有效地激发学生的学习动机。在竞争过程中，学生力求超过他人的好胜心理得到激发，克服困难和抗挫折能力增强，学习效果因此而得到提高。

需要注意的是，竞争也具有消极作用。过多的竞赛会造成紧张气氛，加重学生的学习负担，伤害学生的身心健康，学习成绩差的学生常因竞赛成绩差而产生失败感。为使竞赛能对大多数学生起到激励作用，竞赛就要适量，尽量使大多数同学都有获胜的机会。

6) 改革学校和课堂奖励结构

新近的学习动机研究表明，传统学校和课堂奖励结构以成就定向，追求升学率和考试成绩，注重学生之间的横向比较。这些做法奖励的是学生的成绩而不是学生真正地掌握知识，不利于调动学生学习的积极性。因此，心理学家呼吁重新建构学校和课堂奖励结构，使之从成绩定向转向掌握定向。按掌握定向的奖励结构，应保证每一个学生学有所得，只要他取得进步，就有权得到好的分数和评价。

阅读资料 9-6

学习动力自我测试

这个测试主要可帮助你了解自己在学习动机、学习兴趣、学习目标上是否存在困扰。共20个题目，请你实事求是地在与自己情况相符的题目后打个"√"号，不相符的题目后打个"×"号。

1. 如果别人不督促你，你极少主动地学习。（   ）
2. 你一读书就觉得疲劳与厌烦，只想睡觉。（   ）
3. 当你读书时，需要很长时间才能提起精神。（   ）
4. 除了老师指定的作业外，你不想再多看书。（   ）
5. 如有不懂的问题，你根本不想设法弄懂它。（   ）
6. 你常想自己不用花太多的时间学习成绩也会超过别人。（   ）
7. 你迫切希望自己在短时间内就能大幅度地提高自己的学习成绩。（   ）
8. 你常为短时间内成绩没能提高而烦恼不已。（   ）
9. 为了及时完成某项作业，你宁愿废寝忘食、通宵达旦。（   ）
10. 为了把功课学好，你放弃了许多自己感兴趣的活动，如体育锻炼、看电影与郊游等。（   ）
11. 你觉得读书没意思，想去找个工作做。（   ）
12. 你常认为课本上的基础知识没什么好学的，只有看高深的理论，读大部头作品才带劲。（   ）
13. 只在你喜欢的科目上狠下功夫，而对不喜欢的科目放任自流。（   ）
14. 你花在课外读物上的时间比花在教科书上的时间要多得多。（   ）
15. 你把自己的时间平均分配在各科上。（   ）
16. 你给自己定下的学习目标，多数因做不到而不得不放弃。（   ）
17. 你几乎毫不费力地就实现了自己的学习目标。（   ）
18. 你总是同时为实现几个学习目标忙得焦头烂额。（   ）
19. 为了对付每天的学习任务，你已经感到力不从心。（   ）
20. 为了实现一个大目标，你不再给自己制订循序渐进的小目标。（   ）

上述20个题目可分成4组，它们能分别测试出你在4个方面的困扰程度：1～5题测试你的学习动机是不是太弱；6～10题测试你的学习动机是不是太强；11～15题测试你的学习兴趣是否存在困扰；16～20题测试你在学习目标上是否存在困扰。假如你对某组(每组5题)中的大多数题目持认同的态度，则说明你在相应的学习欲望上存在一些不够正确的认识，或存在一定程度的困扰。

复习思考题

1. 名词解释：个性、需要、动机、诱因、成就动机、学习动机、归因
2. 试述个性的基本特征和心理结构。
3. 结合实际谈谈个性形成与发展的影响因素。
4. 述评马斯洛的需要层次理论。它对教育工作有哪些实际意义？
5. 试述动机产生的条件是什么？需要和动机之间的关系是怎样的？
6. 简述动机与行为效率之间的关系。
7. 成就动机理论的主要代表人物有哪些？其各自的主要观点是什么？在教学中如何

应用？

8. 高成就需要者与低成就需要者在面临中等难度的工作时行为上有何差异？
9. 归因理论的代表人物有哪些？其各自主要观点是什么？
10. 韦纳的三维度六因素归因理论的基本观点是什么？应如何引导学生做出积极而正确的归因？
11. 简述德韦克的内隐信念理论。
12. 自我效能感理论的主要观点是什么？在教学中应如何提高学生的自我效能感？
13. 试分析奥苏贝尔的课堂学习的三种内驱力的含义。
14. 怎样才能有效地培养和激发学生的学习动机？

教师资格证考试真题再现

1. (2012年11月)耶克斯和多德森在研究动机强度与学习效率之间的关系时发现( )。

   A. 动机越低，学习效率越高
   B. 动机越高，学习效率越高
   C. 任务难度不同，其最佳动机强度不同
   D. 任务难度不同，其最佳动机强度相同

2. (2013年11月)最近，王华为了通过下个月的出国考试而刻苦学习外语，这种学习动机是( )。

   A. 外在远景动机   B. 内在远景动机   C. 外在近景动机   D. 内在近景动机

3. (2014年3月)心理学研究表明，动机强度与问题解决效果的关系可以绘成( )。

   A. 波浪线   B. 斜线   C. U形曲线   D. 倒U形曲线

4. (2015年3月)进入初中后，小磊为了赢得在班级的地位和满足自尊需要而刻苦学习，根据奥苏伯尔的理论，小磊的学习动机属于( )。

   A. 认识内驱力   B. 自我提高内驱力   C. 附属内驱力   D. 生理内驱力

5. (2012年11月)辨析题：习得无力感与人们对失败的归因无关。

6. (2015年3月)辨析题：学习动机是学生进行学习活动的内部动力，学习动机越强，学习效率越好。

7. (2011年11月)李湘是一个十分聪明的学生，他的最大特点是贪玩，学习不用功。每次考试他都有侥幸心理，希望能够靠运气过关。这次期末考试考得不理想，他认为这次是自己的运气太差了。

请运用韦纳的归因理论来分析：

(1) 他的这种归因是否正确？这种归因对他以后的学习会产生怎样的影响？
(2) 如不正确，正确的归因应是怎样的？
(3) 对教师来讲，正确掌握韦纳归因理论有何意义？

8. (2013年3月)简述激发与维持内在学习动机的措施。

第 10 章 气 质

本章学习目标

- 气质的概念
- 气质的学说
- 高级神经活动类型与气质
- 气质的心理特征及气质类型
- 典型气质类型的行为表现
- 气质的测量
- 气质在实践活动中的作用

10.1 气 质 概 述

10.1.1 气质的概念

气质(temperament)就是人常说的"脾气""秉性",是个人生来就具有的典型而稳定的心理活动动力特征。所谓心理活动动力特征,是指心理活动的强度(如情绪体验的强弱、意志努力的程度)、心理活动的速度(如知觉的速度、思维的灵活程度)、心理活动的稳定性(如注意的稳定性、情绪的稳定性)和心理活动的指向性(指向于外部世界还是指向于个人的内心世界)等方面的特点。

气质是个体心理活动的动力特征,它影响着个体活动的一切方面。具有某种气质的人,在内容完全不同的活动中也会显示出同样性质的动力特征,仿佛使一个人的全部心理活动都染上了个人独特的色彩。比如,一个心理活动速度快的学生,他会表现出思维灵活,反应快、说话快,与人辩论伶牙俐齿;而一个心理活动速度慢的学生,则表现出反应较慢,思维不够敏捷但常常很有条理,说起话来慢慢悠悠,与人辩论不慌不忙等。

气质具有较强的稳定性。人们常说"江山易改,秉性难移",就是指气质是稳定的,不容易改变。有人曾对同卵双生子进行 14 年的追踪研究,发现他们的气质几乎没有什么变化。当然,气质具有先天性,并不意味着它完全不发生变化,在生活环境和教育影响下,以及性格的掩盖下,气质可以得到相当程度的改造,使之符合社会实践的要求,但其稳定性还是主要的。

气质受先天生物学因素影响较大。气质主要决定于个体的生物学因素,较多地受神经系统类型的影响,这也正是气质具有强稳定性的原因。研究表明,新生婴儿就已具有气质差异。在医院婴儿室可以看到,有的新生儿很爱哭、好动,而有的则文静一些。盖赛尔(Gesell)、斯卡尔(Scull)及我国心理学家林崇德等对同卵、异卵双生子的研究,均证实了气质的天赋性及个体间的差异性。

气质本身没有好坏之分。气质主要反映的是一个人与生俱来的某些自然特性,它与人的心理活动的内容、动机无关,只是使个性带有一定的色彩;气质也不决定个体社会成就的大小或生存价值的高低,任何一种气质类型的人都有可能在事业上取得成功,所以气质本身没有好坏之分。

10.1.2 气质的学说

从古至今,人们为了揭示气质的实质,探明气质的生理机制,进行了大量的研究探讨,创立了不同的气质学说。

1. 气质概念的萌芽

1) 四根说

在心理学史上,"气质"是一个很古老的概念。根据我国心理学家唐钺的研究,早在古希腊医学家恩培多克勒(Empedocles,约公元前 483—前 423)的"四根说"中就已经具有了气质和神经类型学说的萌芽。恩培多克勒认为,人的身体是由四根(土、水、火、空气)构成:固体的部分是土根,液体的部分是水根,血液主要是火根,维持生命的呼吸是空气根。他认为,思维是血液的作用(即火根的作用)。火根部分离开了身体,血液变冷些,人就入眠。火根全部离开身体,血液就全变冷,人就死亡。他还认为,人的心理特性依赖身体的特殊构造;人心理上的不同是由于身体上四根配合比例的不同造成的。他认为,演说家是舌头的四根配合最好的人,艺术家是手的四根配合最好的人。这可以说是后来的气质概念的萌芽。

2) 阴阳五行说

我国春秋战国时期的医书《黄帝内经》中,曾依据阴阳五行学说,把人的某些心理上的个别差异与生理解剖特点联系起来,归纳总结出金、木、水、火、土五种不同的类型。又按阴阳的强弱,把人分为太阴、少阴、太阳、少阳和阴阳平和五类,并分别叙述了每一类型的人的性情、体质和形态等。用阴阳五行学说划分人的类型,表明人的气质是由其内部阴阳矛盾的倾向性所决定,这与近代生理学研究的兴奋和抑制的关系有某种类似之处。如太阴之人,即多阴而无阳;少阴之人,即多阴少阳;太阳之人,即多阳无阴;少阳之人,即多阳少阴;阴阳平和之人,即阴阳均等。这种类型的划分虽然还缺乏科学依据,但医学界为了掌握个体差异,从不同角度对人的身心作了若干分类,在当时的历史条件下,还是起到一定作用的。

2. 气质的体液说

希波克拉底(Hippocrates,公元前 460—前 377)把四根说进一步发展为体液说。认为构成人体内的体液有四种:血液(harma)、粘液(phlegma)、黄胆汁(chole xanthe)、黑胆汁(chole melania)。血液产生于心脏，粘液产生于脑，黄胆汁产生于肝脏，黑胆汁产生于胃。并根据哪一种体液在人体内占优势，把人分为四种类型：多血质、粘液质、胆汁质和抑郁质。在体液的混合比例中血液占优势的人属多血质，粘液占优势的人属粘液质，黄胆汁占优势的人属胆汁质，黑胆汁占优势的人属抑郁质。希波克拉底认为，每一种体液都是由寒、热、湿、干四种性能中的两种性能混合而成，血液具有热—湿的性能，多血质的人温而润，好似春天一般；粘液具有寒—湿的性能，粘液质的人冷酷无情，似冬天一样；黄胆汁具有热-干的性能，黄胆汁的人热而躁，如夏季一般；黑胆汁具有寒—干的性能，抑郁质的人冷而躁，有如秋天一样。这四种体液配合恰当时，身体便健康；配合异常时，身体便生病。按照希波克拉底的原意，他所谓的四种气质类型，其含义是很广泛的——即决定人的整个体质(也包括气质)，而不是单指现在心理学上的所谓气质。

希波克拉底的体液说，在500年后被罗马医生盖仑(C.Galen，约130—200)发展，将四种体液进行相互配合而产生出13种气质类型，并用拉丁语 temperameteum 一词来表示气质这个概念，这便是近代"气质"(temperament)概念的来源。希波克拉底关于四种气质类型的概念，一直沿用至今。限于当时的条件用体液来解释气质类型无可厚非，但用现在的眼光看是缺乏科学依据的。

3. 气质的体型说

德国精神病学家克瑞奇米尔(E.Kretschmer, 1925)根据他对精神病患者的临床观察，提出按体型划分人的气质类型的理论。他认为人的身体结构与气质特点以及可能患的精神病种类有一定的关系。而精神病患者与正常人只有量的差别，没有质的区别。他把人分为三类：肥胖型、瘦长型、斗士型。

1) 肥胖型

肥胖型的人身材短胖，圆肩阔腰，具有躁郁性气质(cyclotymes temperament)，易患躁狂抑郁症。其特点是：好社交、通融、健谈、活泼、好动、表情丰富、情绪不定。

2) 瘦长型

瘦长型的人高瘦纤弱、细长、窄小，具有分裂性气质(schizothymes temperament)，易患精神分裂症。其特点是：不善社交、内向、退缩、世事通融、害羞沉静、寡言多思。

3) 斗士型

斗士型，又称筋骨型，这种类型的人骨肉均匀，体态与身高成比例，具有粘着性气质(visköses temperament)，易患癫痫症。其特点是：正义感强、注意礼仪、节俭、遵守纪律和秩序。

在克瑞奇米尔理论的基础上，美国心理学家谢尔顿(W.H.Sheldon)于1942年也主张体型与气质相关，他把人分为三类：内胚叶型、中胚叶型和外胚叶型。内胚叶型的人肥胖、贪食、体态松弛、反应缓慢、乐观、睡眠很深。中胚叶型的人肌肉骨骼发达、强而有力、体态线条鲜明呈矩形、好动、富有竞争性。外胚叶型的人瘦长、虚弱、神经敏感、反应迅速、睡眠很差、易疲劳。谢尔顿收集了几百个气质特征，并将这些特征整理为50个特征，经因素分析后发现上述三种体型与三种气质类型的正相关系数都很高，约为0.8，即体型与气质之间有密切的关系。他认为内胚叶型的人属于内脏气质型(或内脏优势型)，贪图舒服、闲适、乐群、好交际；中胚叶型的人属于肌肉气质型(或身体优势型)，精力充沛、好活动、自信、独立性强、爱冒险、不太谨慎；外胚叶型的人属于脑髓气质型(或脑优势型)，爱思考、拘谨、胆量小、内倾、压抑、约束、好孤独等，如表 10-1 所示。

表 10-1 谢尔顿关于体型与气质的关系

体 型		气 质	
类 型	特 征	类 型	特 征
内胚叶型	柔软而丰满、消化器官过度发达	内脏优势型	性喜悠闲、贪食、好交际
中胚叶型	肌肉发达、呈矩形、强有力	身体优势型	精力充沛、很自信、有胆识
外胚叶型	瘦长、虚弱、脑大、神经过敏	脑优势型	拘谨、胆量小、内倾、爱好艺术

(资料来源：阴国恩等. 普通心理学[M]. 南开大学出版社，1998)

气质的体型理论考虑到人的体型与气质之间的关系，有其合理之处。但是，体型理论的缺点也是明显的，主要表现为以下三点：

(1) 体型与气质之间存在一定的相关，但是这种相关并不是因果，用相关关系来替代因果关系是不正确的。

(2) 不同民族的人，体型差异比较大，而且同一个人在不同的年龄，其体型也有变化。

(3) 克瑞奇米尔的气质理论，把一切人都归入精神病患者的类型之中，这更是片面的。

4. 气质的血型说

气质的血型说是由日本学者古川竹二于 1927 年最先提出的，后经西冈一义等人加以发展。该学说认为血型和"性格"(日本学者一般对气质与性格不作区分)之间有着密切的关系，血型有 A 型、B 型、AB 型和 O 型，气质也有相应类型，可以根据人的血型判断其气质，甚至预测爱情和事业。

A 型气质的特点是理智，内向，不善交际；沉思好静，情绪稳定，忍耐力强；具有独立性，易于守规；做事细心谨慎，责任心强，固执；感情含蓄，注重仪表，但不新奇。

B 型气质的特点是外向，善交际；兴趣广泛多变，行动奔放，不习惯束缚，缺乏细心和毅力；不怕劳累，热心工作；动作语调富于感情，易引起他人注意。

AB 型气质属于复合气质类，特点是以 A 型为主，含有 B 型的成分，内里是 A 型，外表是 B 型。其特点是机智大方，办事干净利落，冷静、不浮夸；行动有计划，喜分担责任，兴趣广泛。

O 型气质的特点是外向直爽，热情好动，精力充沛，爱憎分明，见义勇为；有主见，有胆识，主观自信；志向坚强，好胜，霸道，不听从指挥，爱支配别人。具体如表 10-2 所示。

古川竹二的研究引起了许多人的兴趣，涉及人类学的许多未知领域。日本血型人类学家能见正比古认为："血型的真正含义指的是人体的体质和气质类型。"但是，许多学者认为，这种理论没有多少科学根据。因此，气质与血型的关系问题是一个有争议和需要进一步研究的问题。

表 10-2　血型与气质的关系

血　型	气　质	心　理　特　征
A	消极保守	理智，内向，不善交际，沉思好静，情绪稳定，忍耐力强，易于守规，做事细心谨慎，责任心强
B	积极进取	外向，善交际，兴趣广泛多变，行动奔放，不习惯束缚，缺乏细心和毅力，不怕劳累，热心工作
AB	A 型为主，含有 B 型成分	外表是 B 型，内里是 A 型
O	积极进取	志向坚强，好胜霸道，不听指挥，爱支配别人，有胆识，不愿吃亏

(资料来源：王有智，欧阳仑. 心理学基础——原理与应用[M]. 北京：首都经济贸易大学出版社，2006)

5. 气质的激素说

生理学家伯曼(L.Berman)等人提出，人的气质是由某种内分泌腺的活动所决定的。他以某种腺体特别发达或不发达为标准，将人分为五类：甲状腺型、脑垂体型、肾上腺型、副甲状腺型以及性腺过分活动型。例如，甲状腺型，其体态为身体健康、头发茂密、双眼明亮，其气质特征是知觉灵敏、意志坚强、不易疲劳；脑垂体型，其体态为发育较好、体格纤细，其气质特征是情绪温柔、自制力强等。

生理学的研究表明，内分泌腺的活动、激素的合成是受神经系统支配的，同时内分泌腺的活动也影响着神经系统的活动。虽然气质的某些特点与某些内分泌腺的活动有关，但是孤立地强调内分泌腺活动对人的气质的决定作用，则是片面的。气质的直接生理基础主要是神经系统的特征，但是从皮质与皮质下部位的相互关系以及从神经体液调节来看，内分泌腺的机能对气质的影响也是不可忽视的。

6. 气质的活动特性说

1975 年美国心理学家巴斯(A.H.Buss)与普朗明(R.Plomin)经过多年研究，用反应活动的特性为指标，区分出四种气质类型，形成了气质的活动特性说(又称 EASI 理论)。在他们看来，气质是人格的一部分，是指那些在生命第一年就出现、持续终生并得益于遗传的人格特点。这些特点主要有情绪性(Emotionality)、活动性(Activity)、社交性(Sociability)和冲动性(Impulsivity)，故称 EASI 理论。他们根据人反应活动的特性，把气质分为以下四种类型。

1) 活动型的人

活动型的人爱活动，总是抢先接受新任务，不知疲倦。在婴儿期表现为手脚不停地动；在儿童期表现为在教室里闲坐不住；在成年后表现为有强烈的事业心。

2) 社交型的人

社交型的人渴望与别人建立亲密的联系，爱好社交。在婴儿期要求其保护人在身边，孤单时常大哭大闹；在儿童期容易受环境的影响，易接受教育；成年后与他人的关系也很融洽。

3) 情绪型的人

情绪型的人觉醒程度和反应强度大。婴儿期经常哭闹；在儿童期容易激动；成年后喜怒无常，难以与他人合作相处。

4) 冲动型的人

冲动型的人缺乏控制能力。在婴儿期等不及成人喂饭、换尿布等；在儿童期注意力容易分散，常常坐立不安；成年后行动带有冲动性。

1984年，巴斯和普朗明发现冲动性并不是一个独立的气质特点，于是将其更名为EAS理论。EAS理论是当代气质理论中的典型代表，它所提出的几种气质特质及其测量方法为绝大多数气质研究者所接受和支持，所论及的气质的性别差异，气质与学习、环境的关系以及问题行为，都是气质研究中值得重视的问题。不过活动特性的生理基础是什么，巴斯却没有揭示出来。

7. 气质的维量理论

美国纽约大学医学中心教授托马斯(A.Thomas)和蔡斯(S.Chess)通过对新生儿大量的调查研究发现，在1～3个月新生儿中，存在着明显的、持久的气质特征，这些特征不容易被改变，并一直持续到成年。由此，他们认为应采用维量化方法对气质进行评定，并提出鉴别气质的九个维量，分别是：①活动水平；②生理机能(饥饿、睡眠、排泄等)的规律性；③对新环境或人接受的准备性；④适应变化的能力；⑤对声、光及其他感觉刺激的敏感性；⑥心境；⑦反应强度；⑧注意力的分散；⑨注意的广度和持久性。根据儿童的这九种特征的表现，托马斯等人将婴儿的气质划分为以下四种类型。

(1) "容易"儿童。他们往往是安静的，生理机能具有一定的规律性，对所有人都很友好。这类气质的婴儿占40%。

(2) "困难"儿童。其生活缺乏规律性，睡眠和进食都较少，常大声地哭或笑，会突然发脾气，细微的环境变化也能引起他较强的反应，在接触陌生人或面临新事物时常表现出退缩。这类气质的婴儿占10%。

(3) "逐渐热情"儿童。他们的反应是温和的，既有积极的也有消极的，他们不很喜欢新的情境，但能以自己的速度产生兴趣并进入新的情境，面临新事物时，也有退缩行为，但其退缩反应并不强烈。这类气质的婴儿占15%。

(4) "平均"类型。他们的各项反应都属于中等水平气质的这类气质的婴儿占35%。

托马斯从问题儿童入手，发现气质的作用是使一个人如何发生行为，而非意味着发生了什么行为。因此，气质可以被看作是人的行为风格。托马斯的理论认为，气质的早期差异同遗传有密切关系，但后天的生活环境仍可以对气质进行不断的塑造，因此，先天的气质会随着经验的增加而改变，但这种改变是非根本性的、局部的。

托马斯等人采用纵切面研究方法对气质进行长达20年的追踪研究，并进行了大量的观察，其科学性是比较高的，可以说他们的研究代表了迄今为止的较高水平，甚至有人称之为"世界上最过硬的心理学研究"。

10.1.3 高级神经活动类型与气质

1. 高级神经活动的特性

关于神经系统类型的概念是巴甫洛夫在 1909—1910 年期间第一次提出的。1935 年，巴甫洛夫在其《人和动物的高级神经活动的一般类型》一文中详细论述了高级神经活动的各种特性和判定方法。巴甫洛夫认为，高级神经活动(higher nervous activity)有两个基本过程：兴奋过程和抑制过程。这两个神经过程有三个基本特性：神经过程的强度、神经过程的平衡性和神经过程的灵活性。

1) 神经过程的强度

神经过程的强度是指个体的大脑皮层细胞经受强烈刺激或持久工作的能力，它有强弱之分。在一定限度内，强刺激引起强兴奋，弱刺激引起弱兴奋。但是，刺激很强时，并不是所有的有机体都能以相应的兴奋对它产生反应。兴奋过程强的人对于强的刺激能形成条件反射，已经形成的条件反射也能继续保持；兴奋过程弱的人对于强的刺激就难以形成条件反射，已经形成的条件反射当刺激强度增加到一定限度时，就会出现超限抑制，甚至会导致神经活动的"分裂"。抑制过程强的人对于要求持续较久的抑制过程能够忍受；而抑制过程较弱的人在这种情况下就可能导致抑制过程的破坏，甚至引起中枢神经系统的病理性变化。抑制过程强的动物可以忍受不间断的内抑制达 5~10 分钟，而抑制过程弱的动物则不能忍受持续的内抑制 15~30 秒。

2) 神经过程的平衡性

神经过程的平衡性是指个体的兴奋过程和抑制过程之间的强度是否相当。神经过程平衡的人这两种神经过程之间的强度是相近的、平衡的；而神经过程不平衡的人，其神经活动的兴奋和抑制的强度相差较大。在不平衡中又有哪一种神经过程占优势的问题，有的兴奋过程相对占优势，抑制过程较弱；有的抑制过程相对占优势，兴奋过程较弱。

3) 神经过程的灵活性

神经过程的灵活性是指个体对刺激的反应速度以及兴奋过程与抑制过程相互转换的难易程度。它保证有机体能适应外界环境的迅速变化，表现在各种条件刺激的更替是迅速还是缓慢、是容易还是困难等方面。人与人之间在兴奋和抑制的灵活性上存在差异，有的人灵活性强，有的人灵活性弱。

2. 高级神经活动的类型

高级神经过程的三个基本特性(神经过程的强度、平衡性和灵活性)的独特组合就形成了高级神经活动类型。巴甫洛夫发现人类存在四种基本的高级神经活动类型，具体如下：

1) 强而不平衡的类型(强而不平衡的类型，又称兴奋型)

这种类型的个体兴奋过程强于抑制过程，阳性条件反射比阴性条件反射容易形成，具有容易激动、奔放不羁的特点，所以也称为不可遏制型。

2) 强而平衡、灵活的类型(强而平衡、灵活的类型，又称活泼型)

这种类型的个体兴奋过程和抑制过程都较强，并且两者容易转化。具有反应灵敏、活泼、能很快适应变化着的外界环境的特点。

3) 强而平衡、不灵活的类型(强而平衡、不灵活的类型，又称安静型)

这种类型的个体兴奋过程和抑制过程都较强，但两者不易转化。具有坚韧、迟缓的行动特征。

4) 弱型(弱型，又称抑制型)

这种类型的个体兴奋过程和抑制过程都很弱，阳性条件反射和阴性条件反射的形成都很慢，而且弱的抑制过程比弱的兴奋过程占优势。具有胆小、经不起打击、消极防御的特征，持续的或过强的刺激能引起其精力的迅速消耗，甚至正常的高级神经活动也容易受破坏而患神经症。

3. 高级神经活动类型与气质的关系

巴甫洛夫认为，兴奋型相当于胆汁质，活泼型相当于多血质，安静型相当于粘液质，抑制型相当于抑郁质。高级神经活动类型与气质的关系如表10-3所示。这四种高级神经活动类型只是基本类型，还有许多过渡型或混合型。

表 10-3　高级神经活动类型与气质类型的对应关系

高级神经活动类型	气质类型	高级神经活动过程		
		强　度	平　衡　性	灵　活　性
兴奋型(不可遏制型)	胆汁质	强	不平衡(兴奋大于抑制)	灵活
活泼型	多血质	强	平衡	灵活
安静型	粘液质	强	平衡	不灵活
抑制型	抑郁质	弱	不平衡(抑制大于兴奋)	不灵活

巴甫洛夫在《神经系统类型的生理学说，即气质的生理学说》一文中，把高级神经活动类型与气质类型看成是同一个东西。他说："我们有充分的权利把在狗身上已经确立的神经系统类型……用于人类。显然，这些类型在人身上就是我们称之为气质的东西。气质是每个个别的人的最一般的特征，是他的神经系统的最基本的特征，而这种最基本的特征就给每个个体的所有活动都打上这样或那样的烙印。"

巴甫洛夫后来的研究表明，神经类型并不总是与气质类型相吻合。气质是心理特征，神经类型是气质的生理基础，气质不仅与大脑皮质的活动有关，而且与皮质下的活动有关，还与内分泌腺的活动有关。因此可以说整个个体的身体组织都影响着一个人的气质。

10.2　气质类型及测量

10.2.1　气质的心理特征及气质类型

1. 气质的心理特征

气质的心理结构十分复杂，它由许多心理活动的特征交织而成。根据苏联心理学家的研究，构成气质类型的特征主要包括以下几种。

1) 感受性

感受性是指人对外界刺激的最小强度产生心理反应的能力。它是神经过程强度特性的表现，用感觉阈限的大小来测量。

2) 耐受性

耐受性是人在时间上和强度上经受外界刺激的能力。它也是神经过程强度特性的反映。

3) 反应的敏捷性

反应的敏捷性包括两类特性：一类是不随意的反应性，即各种刺激引起心理的指向性，如不随意注意的指向性、不随意运动反应的指向性等；另一类指心理反应和心理过程进行的速度，如说话的速度、记忆的速度、思维的敏捷度、动作的灵活性等。反应的敏捷性主要是神经过程灵活性的表现。

4) 可塑性

可塑性是指人根据外界的变化而改变自己的行为以适应环境的难易程度。它是神经过程灵活性的表现。

5) 情绪兴奋性

情绪兴奋性是指以不同的速度对微弱刺激产生情绪反应的特性。它不仅表现神经过程的强度特性，而且还表现平衡性。例如，有人情绪兴奋性很强，而情绪抑制力弱，这就不仅表现了神经过程的强度，而且还明显地表现出神经过程不平衡的特点。情绪兴奋性还包括情绪向外表现的程度。同样兴奋的人，有些人有强烈的外部表现，有些人则无强烈的外部表现。

6) 倾向性

倾向性是指人的心理活动、言语和动作反应是表现于外还是表现于内的特性。表现于外叫外倾性，表现于内叫内倾性。倾向性与神经过程强度有关，外倾性是兴奋过程强的表现；内倾性是抑制过程强的表现。

2. 气质类型

气质类型是指在一类人身上共有的或相似的心理活动特征的有规律的结合。苏联心理学家认为，由上述气质心理特征的不同结合便构成各种不同的气质类型，如表 10-4 所示。

表 10-4 气质类型的心理指标

气质类型	感受性	耐受性	敏捷性	可塑性	情绪兴奋性	倾向性
胆汁质	低	较高	快、不灵活	小	高	外向
多血质	低	较高	快、灵活	大	高	外向
粘液质	低	高	慢、不灵活	稳定	低	内向
抑郁质	高	低	慢、不灵活	刻板	体验深刻	内向

1) 胆汁质(choleric temperament)

胆汁质的人感受性低而耐受性高；不随意反应性强，反应的不随意性占优势；外向性明显，情绪兴奋性高，抑制能力差；反应速度快而不灵活。

2) 多血质(sanguine temperament)

多血质的人感受性低而耐受性高；不随意反应性强，具有外向性和可塑性；情绪兴奋性高而且外部表现明显，反应速度快而灵活。

3) 粘液质(phlegmatic temperament)

粘液质的人感受性低而耐受性高；不随意的反应性和情绪兴奋性均低；内向性明显，外部表现少；反应速度慢而具有稳定性。

4) 抑郁质(melancholic temperament)

抑郁质的人感受性高而耐受性低；不随意的反应性低；严重内向；情绪兴奋性高并且体验深，反应速度慢；具有刻板性和不灵活性。

在西方心理学中以传统的四种气质类型进行分类的当推英国心理学家艾森克(H.J.Eysenck)。他提出了人格结构的层次性质理论，在该理论中，艾森克主要分出了人格结构的两个维度：内倾与外倾；情绪的稳定与不稳定。依据这两个维度可以把人分为以下四种类型：

(1) 稳定内倾型，相当于粘液质气质，表现为温和、镇定、安宁、善于克制自己。

(2) 稳定外倾型，相当于多血质气质，表现为活泼、悠闲、开朗、富于反应。

(3) 不稳定内倾型，相当于抑郁质气质，表现为严峻、慈爱、文静、易焦虑。

(4) 不稳定外倾型，相当于胆汁质气质，表现为好冲动、好斗、易激动等。具体如图 10-1 所示。图中小圆表示了四种传统的气质类型，大圆表示了按两个维度区分出的四种气质类型的特征。

图 10-1　艾森克两个维度区分气质类型(Eysenck，1967)

实际上一个人的人格结构比此要复杂得多，后来，艾森克及同事经研究又提出过四五种或更多的维度。艾森克人格问卷就是测定人格维度的自陈量表。该量表包括四个分量表：E(内外倾量表)，N(情绪稳定性量表)，P(精神质量表)，L(效度量表)。前三者为人格的三个维度，它们是彼此独立的。

10.2.2 气质类型的行为表现

人的气质主要分为胆汁质、多血质、粘液质和抑郁质四种典型类型，但实际生活中多数人是混合型的气质类型。下面主要介绍四种典型气质类型的特点及其行为表现。

1. 胆汁质

《水浒传》里的黑旋风李逵脾气暴躁、气力过人、为人耿直、忠义烈性、思想简单、行为冒失。心理学家把类似于李逵的气质叫作胆汁质。具有这种气质的人像"夏天里的一团火"，有股火爆的脾气，情绪爆发快，"一点就着"，但难持久，如同"一阵狂风、一场雷阵雨"，来去匆匆。

这种人在情绪方面，体验强烈，发生快，消退也快；在智力活动方面，对问题的理解具有粗枝大叶、不求甚解的倾向；在行动方面，生机勃勃、表里如一，在工作中表现出顽强有力，行为具有突发性。概括地说，胆汁质的人以精力旺盛、易于冲动、反应迅猛、易感情用事为特征。整个心理活动笼罩着迅速而突发的色彩，具有外倾性。

2. 多血质

浪子燕青聪明过人，灵活善变，使枪弄刀、弹琴吹箫、交结朋友等无所不会。心理学家把类似于燕青的气质叫作多血质。具有这种气质的人总是像春风一样"得意扬扬"，富有朝气。这种人乖巧伶俐，惹人喜爱。他们的情绪丰富而且外露，喜怒哀乐皆形于色，他们那副表情多变的脸折射出他们的内心世界。活泼、好动、乐观、灵活是他们的优点。他们喜欢与人交往，有种"自来熟"的本事，但交情粗浅。他们的语言表达力强而且富有感染力，一件平淡无奇的小事都能被他们描绘得精彩无比。

这种人在情绪方面，易表露，也容易变化，很敏感，遇到不如意的事情就情绪低落，但是只要稍加安慰，马上就会情绪高涨；在智力活动方面，思维灵活，反应迅速，但是常表现出对事和对问题不求甚解的特点；在行动方面，动作快，工作有热情，喜欢参加一切活动，但不能坚持较长时间，对环境的适应能力较强，好交际，但往往交往不深。概括地说，多血质的人以反应迅速、有朝气、活泼好动、动作敏捷，但灵活多变、情感体验不深为特征，具有外倾性。

3. 粘液质

豹子头林冲沉着老练，身负深仇大恨，尚能持久忍耐，几经挫折，万般无奈，终于逼上梁山。心理学家把类似于林冲的气质叫作黏液质。这种气质就像冬天一样无艳丽的色彩装点而"冰冷耐寒"，缺乏生气。这种人安静稳重，沉默寡言，喜欢沉思，表情平淡，情绪不易外露，但内心的情绪体验深刻，给人以貌似"冷"的感觉，很像外凉内热的"热水瓶"。他们与人交往适度，交情深厚，朋友少但却知心。虽学习和接受慢了些，但却很扎实，踏踏实实。他们平时总是四平八稳的，所以有时"火烧眉毛也不着急"。这种人的行为主动性比较差，经常是别人让他们去做某事才会去做，但并不是他们不想做。

这种人在情绪方面，兴奋性较弱，心情较平稳，变化缓慢；在智力活动方面，思维的灵活性差，但比较细致，喜欢沉思，头脑冷静；在行动方面，善于从事已经习惯了的工作且热情较高，对新工作较难适应，行动缓慢，但能坚决执行已经做出的决定，工作较踏实。概括地说，粘液质的人安静稳重、踏实、沉着，但缺乏生气、灵活不足、有些死板，具有内倾性。

4. 抑郁质

《红楼梦》中的林黛玉多愁善感，聪颖多疑，孤僻清高。心理学把类似于林黛玉式的气质叫作抑郁质。这种气质给人以"秋风落叶"般的无奈、忧愁的感觉。这种人情绪体验深刻、细腻而又持久，主导心境消极抑郁，多愁善感，给人以温柔怯懦的感觉。他们聪明而富于想象力，自制力强，注重内心世界，不善交际，孤僻离群，软弱胆小，萎靡不振。他们的行为举止缓慢而单调，虽然踏实稳重，但却优柔寡断。

这种人在情绪方面，情绪敏感，很少表露，但对情感的体验比较深刻和强烈，如果工作中有失误，会在较长时间内感到痛苦；在智力活动方面，观察力敏锐，能够观察到多数人所忽略的细节，对事物的反应有较高的敏感性，思维深刻；在行动方面，动作缓慢、单调，不爱与人交往，有孤独感，不愿意在大庭广众下出头露面，不喜欢表现自己，怯懦。概括地说，抑郁质的人以敏锐、稳重、体验深刻、怯懦、孤独、行动缓慢为特征，具有内倾性。

事实上，单纯地属于这四种典型气质之一的人并不多，在生活中绝大多数人是四种气质相互混合、渗透，兼而有之。具有上述四种气质类型典型特征者称为"典型型"，近似其中某一类型者称为"一般型"，具有两种或两种以上类型者称为"混合型"或"中间型"。在整个人口分布中，大多数人是气质的一般型和混合型，典型型的人只占少数。

阅读资料 10-1

四种典型气质类型的不同行为表现

苏联心理学家达维多娃曾用一个故事形象地描述了四种基本气质类型的人在同一情景中的不同行为表现。四个不同气质类型的人上剧院看戏，但是都迟到了。胆汁质的人和检票员争吵，企图闯入剧院。他辩解说，剧院里的钟表快了，他进去看戏不会影响别人，并且企图推开检票员进入剧院。多血质的人立刻明白，检票员是不会放他进入剧场的，但是通过楼厅进场容易，就跑到楼上去了。粘液质的人看到检票员不让他进入剧场，就想"第一场不太精彩，我在小卖部等一会儿，幕间休息时再进去"。抑郁质的人会说："我运气不好，偶尔看一次戏，就那样倒霉。"接着就回家去了。

丹麦的皮特斯特鲁普的一幅漫画也生动地描述了四种具有典型气质类型的人对同一事件的不同反映，如图 10-2 所示。

图 10-2 四种具有典型气质类型的人对同一事件的不同反映

(资料来源：卢家楣. 心理学[M]. 上海：上海人民出版社，2004)

10.2.3 气质的测量

气质表现在个体的心理活动和行为方式中，可以通过对人的行为特征的观察和了解来评定一个人的气质，但不能单凭对个体一时一事的行为特征的观察来确定个体的气质类型。由于气质的复杂性，有时个体的行为表现又会"掩盖"真实的气质特征。因此，对气质的测量应该综合运用多种方法，多方面收集资料，然后从中综合概括出一个人的气质特征和气质类型。气质测量常用的方法有：观察法、测验法、实验法、行为评定法。

1. 观察法

具有典型气质类型的人，其气质特点在日常生活中比较容易观察出来。不典型或混合型气质类型的人用观察法确定比较困难，只有用更多的时间去观察个体在不同情况下的行为表现，才能将一个人的偶然表现和稳定的气质特征区别开来。

为了便于观察，有的研究人员提出了四种气质类型的观察指标。例如，对胆汁质类型的人的观察指标是：日常活动带有强烈的情绪色彩。情绪高时，学习、工作热情高涨，肯出大力，反之对什么事都不感兴趣；是各项课外活动的积极参加者，喜欢每一项新的活动，甚至喜欢倡导一些别出心裁的活动，尤其喜欢运动量大和场面热烈的活动；完成作业匆匆忙忙，比谁都快，考试交卷争第一；工作效率高，想干的事未完成，饭可不吃，觉可不睡；学习的理解能力和接受能力很快，但不求甚解，答题总是未想好就先举手；说话快，喜欢与同学争辩，总想抢先发表自己的意见；容易激动，经常出口伤人而不自觉；喜欢在公开场合表现自己，坚信自己的见解；姿态举动强而有力，眼光锐利而富有生气，表情丰富而敏捷；喜欢看情节起伏、激动人心的小说和电影，不爱看表现日常生活题材的作品。这些观察指标可供人们观察时参考。

2. 测验法

测验法要求被试对一系列经过标准化的问题作答，然后再分析被试的气质特征、神经过程特性和气质类型。主要的气质测验法有下列几种。

1) 瑟斯顿气质量表

瑟斯顿气质量表是由美国心理学家瑟斯顿(L. L. Thurstone)等人于1953年用因素分析的方法首先提出了七种气质因素，然后根据这七种气质因素编制而成的。该量表共由140道题目组成，每个气质因素有20道题目。要求被试从每道题目的三个答案("是""否"和"不能肯定")中作出一个选择。测量的结果用百分等级来表示，完成测验的时间约为30分钟。瑟斯顿气质量表的七种因素分别是：活动性、健壮性、支配性、稳定性、社会性、沉思性、冲动性。

2) 艾森克个性问卷

艾森克个性问卷是由艾森克等人于1975年编制的，包括四个量表：精神质量表(P)、内外向量表(E)、情绪稳定性量表(N)和效度量表(L)，有成人和青少年两种形式。被试回答与规定的答案相符合者记1分，否则记0分。该问卷P分高表示被试倔强固执、粗暴强横和铁石心肠，P分低表示被试具有温柔心肠；E分高表示外向，E分低表示内向；N分高表示情绪不稳定，N分低表示情绪稳定；L分高表示回答中有虚假或掩饰。该量表在我国有多种修订本，北方地区有陈仲庚教授等人的修订本，南方地区有龚耀先教授等人的修订本，都有较高的信度和效度。

3) 斯特里劳气质调查表

斯特里劳气质调查表是由波兰心理学家斯特里劳(J. Strelau)根据巴甫洛夫关于高级神经活动基本特性的理论编制的，主要评定高级神经活动的兴奋性、抑制性和灵活性三个方面。斯特里劳最早编制了150道测验题目，每个方面有50道题目。经过大规模的施测后，他从150道题目中筛选出134道，其中测量神经活动兴奋性的有44道，测量抑制性的有44道，测量灵活性的有46道。高级神经活动的平衡性没有专门的题目，是通过被试回答以上3个方面的结果间接推算出来。在施测过程中，要求被试对每道题目从三个答案("是""否"和"不能肯定")中做出一个选择。

4) 陈会昌的气质调查表

陈会昌的气质调查表是由陈会昌等人根据四种气质类型编制的气质调查表(见附录B.3)，每种气质类型有15道题目，共60道题目。测验方式是自陈式，计分采用数字等级制。该调查表简便易行，信度和效度均较高。

3. 实验法

在实验室内通过专门仪器测量人的气质特征，主要依据以下四个项目进行：①感受性测量，测量外界刺激达到哪种强度能对被试产生心理影响；②耐受性测量，测定在不同的刺激情境中，被试的思维、情绪等是否保持稳定；③灵敏性测量，测定被试神经活动、特别是高级神经活动的灵活性；④兴奋性测量，测量在兴奋状态下被试是否能控制住自己而不轻易外露。

实验法要求严格控制各种因素，但由于不能完全避免被试思想、情绪等各种因素的干扰，因而也还存在着一定的不足。

4. 行为评定法

行为评定法是通过在自然条件下，观察和了解一个人气质特征的行为表现，进而对其气质类型作出评定的一种方法。

1) 安费莫夫检查表法

安费莫夫检查表法由苏联心理学者安费莫夫所编制。该检查表由一张印有随机排列的一行行俄文字母组成。在测试过程中，要求被试从最上面一行开始，从左到右将所看到的规定字母如 Н 划掉，通常先让被试做 5 分钟，然后休息 1 分钟，再做第二个 5 分钟。在进行第二个 5 分钟测试时，同样划掉字母 Н，但是，如果遇到 Н 和 И 在一起，即 "ИН" 时，字母 Н 则不能被划掉。

根据被试所划字母的结果评定其高级神经活动的特性和类型如下：

(1) 根据被试划去的字母总数，评定其神经活动的强度；
(2) 根据被试在 5 分钟内所划字母数的曲线形式评定其神经活动类型；
(3) 根据被试错划字母的多少评定其分化抑制的能力。

2) "80·8" 神经类型测试表

中国苏州大学的王文英和张卿华改进了安费莫夫的方法，他们考虑到被试知识经验可能会对测试结果产生影响，于是把安费莫夫测试表中随机排列的俄文字母改为随机排列的无意义图形符号，要求被试在 30 分钟内从左到右将事先规定的某个符号划掉。在具体的施测过程中，让被试先作业 5 分钟，休息 5 分钟，再作业 5 分钟，依次交替进行，共计 30 分钟。然后根据被试划掉规定符号的总数和漏、错划的百分率，评定被试的神经类型，从而达到评定被试气质类型的目的。

10.3 气质在实践活动中的作用

10.3.1 气质对能力的影响

气质不能决定一个人能力发展的水平。能力水平高的人可能具有不同的气质；相同气质的人可能表现出不同的智力水平。例如，著名的作家中四种气质的人都有。李白和普希金具有明显的胆汁质特征；郭沫若和赫尔岑具有多血质的特征；茅盾和克雷洛夫属于黏液质；杜甫和果戈理都属于抑郁质。他们在气质特征和气质类型上的不同，并不影响他们各自在文学上取得的杰出成就。

气质虽不能决定一个人能力发展的水平，但影响能力活动的特点和方式。林崇德教授指出："气质作为一种非智力因素，对能力发展有着不可忽视的影响。"他还认为：影响智力活动的气质因素主要包括以下两个方面。

(1) 心理活动的速度和灵活性。这影响到个人智力活动的快慢和灵活性的高低。研究发现：多血质和胆汁质类型的中小学生，解题速度和解题灵活性都明显超过粘液质和抑郁质类型的中小学生。

(2) 心理活动的强度。多血质和胆汁质的人，情绪感受和情绪表现都较强烈，而他们的抑制力又较差,故难从事需要细致和持久的智力活动;而粘液质和抑郁质的人,其情绪感受和表现较弱,但体验深刻,能经常地分析自己,因此他们较适合从事需要细致和持久特点的智力活动。

气质与能力彼此相互影响。某些气质特点有利于某些能力的发展,而有些气质特点则会阻碍某些能力的发展。对国家优秀运动员的研究表明,气质类型与运动能力的关系极为密切。例如,乒乓球运动员中进攻型选手以多血质、胆汁质者为多,防守型选手则以粘液质为多;短跑、跳高、击剑、摔跤等运动项目胆汁质者较为适宜;体操则以多血质者为宜;长跑、登山活动以粘液质者较佳。

10.3.2 气质与学校教育

了解和掌握气质类型的特点,有助于教育工作者根据学生的气质类型,有针对性地进行教学和教育工作,做到有的放矢,因材施教。

1. 教师要正确对待不同气质类型的学生,防止气质偏见

教师应当认识到每一个学生的气质都有优点和缺点,对学生的气质不应有任何偏见,不能笼统地认为某种气质类型好,某种气质类型不好,更不能偏爱某种气质类型的学生,讨厌另一种气质类型的学生。应该认识到每一种气质类型既有积极的方面,又有消极的方面。

苏联心理学家克鲁捷茨基指出,在教育过程中不应提出改变学生的气质,这是因为神经系统类型特性的改造非常缓慢,而且气质类型没有好坏之分,任何一种气质类型都能表现为积极的心理特征,也能表现为消极的心理特征。例如,多血质的人反应灵敏,容易适应新的环境,但缺乏适当的教育就可能导致肤浅,注意力不稳定和缺乏应有的沉思的倾向。胆汁质的人热情开朗、精力旺盛、刚强,但如果缺乏适当的教育就可能导致缺乏自制力、生硬急躁、经常发脾气的倾向。黏液质的人冷静、沉着、自制、踏实,但如缺乏适当的教育可能导致对生活漠然处之的倾向。抑郁质的人情绪敏感、情感深刻,但如缺乏适当的教育可能完全沉浸于个人的体验,过分的腼腆,等等。

2. 教师对不同气质类型的学生应采取不同的教育方式和方法

在对学生的气质类型保持正确态度的前提下,教师应深入了解学生的气质特征,采用不同的教育方式和方法对待不同气质的学生,利用和发扬其气质特征中积极的方面,塑造和发展优良的个性品质,防止个性品质向消极方面发展。

对胆汁质类型的学生,要着重培养其豪放、爽朗、勇于进取的个性品质,防止粗暴、任性、高傲等不良品质发生。在教育方法上,要采取有说服力的教育方法,既要触动他们的思想,又不要轻易激怒他们,以防过激反应,同时要让他们学会坚韧、自制、习惯于平稳而镇定地工作。

对多血质类型的学生,要着重培养其朝气蓬勃、满腔热忱、足智多谋等个性品质,防止朝三暮四、虎头蛇尾、粗心大意等不良品质。在教育方法上,不能放松对他们的要求,不能使他们感到无事可做,要在激起他们多方面兴趣的同时,注意培养他们的中心兴趣,

要使他们在多种有意义的活动中培养踏实、专一和克服困难的精神。

对黏液质类型的学生，要着重培养其热诚待人、工作踏实、顽强等优良品质，防止墨守成规、谨小慎微、执拗等不良品质。在教育方法上，对粘液质的学生要热情，不能操之过急，要允许他们有充分的时间考虑问题和做出反应，要让他们担任稳定而持久的工作，同时还要引导他们积极探索新问题，鼓励他们参加集体活动，发展他们的灵活性和积极性。

对抑郁质类型的学生，要着重培养敏感、机智、认真、细致等个性品质，防止怯懦、多疑、孤独等消极品质。在教育方法上，教师特别要关怀抑郁质的学生，要个别帮助他们，避免在公开场合指责他们，要指导他们多参加集体活动，在交往中消除疑虑，在集体中获得友谊和生活乐趣，要安排他们从事有一定困难的工作，鼓舞他们前进的勇气。

3. 教师要重视学生气质的年龄特征，以采取有效的教育策略提高教育效果

保加利亚彼罗夫等人研究发现，神经过程的兴奋型，多见于 5 岁的儿童，随着年龄的增长，兴奋型的比例逐渐下降，平衡型的比例逐渐增加，但到青春期，兴奋型又重新增多，青春期结束，兴奋型再次减少。一般地说，少年由于兴奋过程强，抑制过程弱，在活动中表现出好动、敏捷、积极、急躁、热情等特点；壮年人由于兴奋过程和抑制过程趋向平衡，在活动中表现出坚毅、深刻、活泼、机智等特点；老年人由于兴奋过程弱，抑制过程强，在活动中表现出沉着、安静、迟缓等特点。

刘明等人对气质发展变化的年龄趋势做了研究。研究表明：随着年龄的增长，儿童、青少年的气质类型也会发生变化，但各种气质类型所发生的变化是不同的。胆汁质、胆汁—多血质、胆汁—粘液质、胆汁—抑郁质明显地受年龄因素的影响；其他大多数气质类型不会因年龄增长而发生显著变化。

10.3.3 气质与职业选择

气质作为人的行为方式的影响因素，虽不能对活动效果起决定作用，但对职业活动，尤其是对一些特殊职业活动来说却具有重要作用。了解气质，有利于科学地认识气质的职业适应性，有助于大学生选择合适的职业，为人才选拔和职业选择提供一定的理论依据。

1. 不同职业对从业者有不同气质要求

气质具有一定的职业适应性。实践研究表明，某些气质类型为一个人从事某种职业活动提供了可能性或有利条件。例如，胆汁质、多血质的人环境适应能力较强，较易适应迅速灵活的工作；粘液质、抑郁质的人沉稳认真，则较易适应持久而细致的工作。因此，在选择职业时，应考虑气质特征的影响，以扬长避短，找到更适合个人气质特征的职业或工作。

不同气质的人对职业的适合度不同。研究发现，在律师、图书管理员这两种具有不同刺激负荷的职业中，被试的高、低反应性分布不同：在 19 名喜爱律师职业的被试中，有 14 人为低反应性个体；在 23 名喜欢图书管理员职业的被试中，有 15 人为高反应性个体。这说明气质特征与个体活动爱好有关，人可以通过选择活动、职业和环境来满足由自己气质特点决定的心理需求。

2. 气质与特殊职业

气质对职业活动的影响在一般职业人员中表现得并不明显，而在一些特殊职业人员中，对其气质特质的要求则较为严格。如宇航员、参加国际比赛的运动员、雷达观察员等职业的人必须经过气质特质的测定，进行严格的选择和培训，才能胜任这类活动。比如，情绪稳定性是成为宇航员的重要条件，苏联宇航员加加林在起飞前 7 分钟还能睡得很好。英国学者艾森克(H.J.Eysenck)指出，雷达管理员应该由内向的人来担任，因为外向的人不能很好地担任"警戒"任务。

复习思考题

1. 名词解释：气质、神经过程的强度、神经过程的平衡性、神经过程的灵活性、感受性、耐受性、反应的敏捷性、可塑性、情绪兴奋性、胆汁质、多血质、粘液质、抑郁质
2. 生活概念的"气质"和科学概念的"气质"有何区别？
3. 有哪些主要的气质学说？试作出评价。
4. 试用巴甫洛夫的高级神经活动类型学说解释气质。
5. 气质的心理特征是什么？
6. 试述艾森克的人格结构的层次性质理论是如何区分气质类型的。
7. 典型气质类型有哪几种？其各自的行为表现是什么？
8. 气质测量的主要方法有哪些？
9. 气质在实践活动中有什么作用？
10. 试分析自己的气质类型及如何对待自己的气质。

第 11 章 性　　格

本章学习目标

- 性格的概念
- 性格的结构特征
- 性格与气质的关系
- 性格的类型理论
- 性格的特质理论
- 性格的测量
- 性格形成与发展的影响因素

11.1 性格的概述

11.1.1 性格的概念

性格(character)是个体在对现实的稳定态度和习惯化了的行为方式中所表现出来的个性心理特征。在西方心理学中，人格与性格常常互相代用。

1. 性格与个体的态度和行为方式关系密切

性格是在社会实践活动中，在与客观环境相互作用的过程中形成，当客观事物作用于个体时，人往往会对它抱有一定的态度，并做出与这种态度相应的行为活动。个体对客体的态度和行为方式通过不断地重复得以保存和巩固下来，就构成了个人所特有的、稳定的态度和习惯化的行为方式。例如，有的人宽以待人、对人真诚；有的人尖刻、虚伪；有的人严于律己、谦虚谨慎；有的人则自高自大、盛气凌人；有的人遇到危险和困难时勇敢无畏；有的人则怯懦退缩等都是人的性格特征。

2. 性格是个体稳定的心理特征

偶然表现的、情境性的、一时性的态度和相应的行为方式不能称为性格，只有当它们巩固下来，成为对现实的稳定态度和习惯化的行为方式后，才能称之为性格。例如，某位学生在众人面前通常是健谈热情、乐观大方的，偶然一次显得沉默寡言、拘谨不安，这种偶然的表现不能看作是他的个性特征。

3. 性格是具有核心意义的个性心理特征

个体对现实的态度和行为方式是与他的意识倾向和世界观紧密相连的，体现了人的本质属性。人的性格具有社会历史制约性，在阶级社会中则具有一定的阶级色彩，包含有许多社会道德含义。在各种个性特征中，性格最能表征一个人的个性差异，它直接影响着气质、能力的表现特点与发展方向，是个性中最具核心意义的部分。例如，性格与社会进步相一致的人，无论其能力大小，气质类型如何，都可以对社会进步作出贡献；但性格与社会进步相违背的人，就会对社会产生危害，而且能力越强危害越大。性格中还有一些特征虽然与道德品质无直接联系，但对个体身心发展具有重要影响。例如，乐观与消极、勤奋与懒惰、勇敢与退缩、独立与顺从等性格特征，对个体身心发展具有重要影响。正因为如此，性格是个性中最具有核心意义的个性心理特征。

11.1.2 性格的结构

性格是由多侧面、多成分的心理特征构成的复杂的心理结构。通常，心理学将性格结构区分为以下四个方面的基本特征。

1. 性格的态度特征

性格的态度特征(attitudinal characteristics of character) 是指个体在对现实生活各个方面的态度中表现出来的一般特征。个体对现实的态度体系是性格最重要的组成部分，在人的性格结构中处于核心地位。

(1) 对社会、集体和他人的态度特征。例如，公而忘私、忠心耿耿、善交际、热爱集体、礼貌待人、正直、富有同情心；与此对立的态度特征有假公济私、三心二意、行为孤僻、自私自利、粗暴、虚伪、冷酷无情等。

(2) 对工作、劳动和学习的态度特征。例如，有责任心、勤劳、敢于创新、认真、细致、有进取心等；与此相对立的态度特征有不负责任、懒惰、墨守成规、马虎、粗心、安于现状等。

(3) 对自己的态度特征。例如，严于律己、谦虚谨慎、自强自尊、勇于自我批评、严于律己等；与此相对立的态度特征有放任自己、骄傲自大、自负自卑、自以为是、放任自流等。

2. 性格的意志特征

性格的意志特征(volitional characteristics of character)是指个体在调节自己的心理活动时表现出的心理特征。

(1) 自觉性，是指在行动之前有明确的目的，事先确定了行动的步骤、方法，并且在行动的过程中能克服困难，始终如一地执行。与之相反的是盲从或独断专行。

(2) 坚定性，是指能采取一定的方法克服困难，以实现自己的目标。与坚定性相反的是执拗性和动摇性。执拗性不会采取有效的方法，一味我行我素；动摇性则是轻易改变或放弃自己的计划。

(3) 果断性，是指善于在复杂的情境中辨别是非，迅速做出正确的决定。与果断性相反的是优柔寡断或武断、冒失。

(4) 自制力，是指善于控制自己的行为和情绪。与自制力相反的是任性。

3. 性格的情绪特征

性格的情绪特征(emotional characteristics of character)是指个体在情绪活动中经常表现出来的强度、稳定性、持久性以及主导心境方面的特征。

(1) 情绪的强度特征，主要表现为个人受情绪影响程度和情绪受意志控制的程度。如有的人情绪体验比较微弱，容易用意志控制；有的人情绪体验比较强烈，难以用意志控制。

(2) 情绪的稳定性特征，主要表现为情绪起伏波动的程度。如有的人情绪波动性大，情绪变化大；有的人则情绪稳定，心平气和。

(3) 情绪的持久性特征，主要表现为个人受情绪影响时间久暂的程度。例如，有的人情绪产生后很难平息，有的人情绪虽来势凶猛但转瞬即逝。

(4) 主导心境方面的性格特征，主要表现为个体不同主导心境。例如，有的人终日精神饱满、乐观开朗，有的人却整日愁眉苦脸、烦闷悲观等。

4. 性格的理智特征

性格的理智特征(rational characteristics of character)是指个体在认知活动中表现出来的心理特征。

(1) 感知方面的性格特征，有的人不易受环境的影响，而能按照一定的目的任务主动地观察，属于主动观察型，有的则明显地受环境刺激的影响，属于被动观察型；有的倾向于观察对象的细节，属于分析型，有的倾向于观察对象的整体和轮廓，属于综合型；有的倾向于快速感知，属于快速感知型，有的倾向于精确地感知，属于精确感知型。

(2) 记忆方面的性格特征，有主动记忆型和被动记忆型之分；有善于形象记忆和与善于抽象记忆之分等。

(3) 思维方面的性格特征，有的人善于独立思考，有的人喜欢人云亦云；有的人善于分析、抽象，有的人善于综合、概括。

(4) 想象方面的性格特征，有主动想象型和被动想象型之分；有广泛想象与狭隘想象之分等。

性格的各个方面的特征相互联系着，在个体身上结合为独特的统一体，形成不同于他人的独特性格。要了解一个人，就应对其性格的各个方面做全面分析，性格的态度特征和性格的意志特征是最主要的两个方面，其中性格的态度特征又更为重要，因为它直接体现了一个人对事物所特有的、稳定的倾向，也是一个人的本质属性和世界观的反映。

11.1.3 性格与气质的关系

在日常生活中，性格和气质这两个概念常常被人们混用。其实，性格与气质是既有区别又有联系的两个概念。

1. 性格与气质的区别

(1) 从起源上看，气质是先天的，产生在个体发生的早期阶段，主要体现为神经类型的自然表现。性格是后天的,在个体的生命开始时期并没有性格,它是人在活动中与社会环境相互作用的产物,反映了人的社会性。

(2) 从表现个性特征的角度上看,性格是从个体对待现实的态度和行为方式方面来表现其个性特征的;而气质则是从心理活动的强度、稳定性与灵活性、平衡性及趋向性来表现个性差异的。两者表现个性特征的角度不同。

(3) 从可塑性上看,气质的生理基础是高级神经活动类型特点,而个体的高级神经活动类型具有先天性,不容易改变,所以气质的可塑性较小;而性格的生理基础是高级神经活动类型特点与暂时神经联系系统的"合金",其中起主要作用的是个体在后天形成的各种暂时神经联系,这些暂时神经联系会受到环境的影响,因此相对于气质而言,性格的可塑性较大。

(4) 从社会意义上看,两者的社会意义不同。气质是个体心理活动和行为中的动力特征,它与心理活动和行为的内容没有太大的关系,所以没有好坏之分;性格则有善恶之别,符合某种社会规范的性格特征就被认为是善的,反之则被认为是恶的。

2. 性格与气质的联系

性格与气质的联系是密切而又复杂的。同一种气质类型的人,可能有不同的性格;有共同性格特征的人,可能属于不同的气质类型。二者的联系常常表现为以下三种情况。

(1) 气质以动力方式渲染性格。气质可以按照自己的动力方式,使性格特征具有独特的色彩。例如,同样是乐于助人的性格特征,多血质者在帮助别人时,往往动作敏捷,情感明显表露于外;而粘液质者则可能动作沉着,情感不表露于外。

(2) 气质影响性格形成与改变的速度。例如,要形成自制力,胆汁质的人往往需要做极大的努力和克制;而抑郁质的人则比较容易形成,用不着特别抑制自己就能办到。

(3) 性格对气质也有调节作用。性格可以在一定程度上掩盖和改造气质,使气质服从于生活实践的需要。例如,侦察兵必须具备冷静沉着、机智勇敢等性格特征。在严格的军事训练的实践活动中,这些性格特征的形成有可能掩盖或改造着胆汁质者易冲动、急躁的和不可遏制的气质特征。

总之,性格和气质是密切联系的。在日常生活中,甚至在心理学文献中,都很难把性格和气质这两类心理特征严格区分开来,因为人具有生物社会性,人的发展是生物因素和社会因素相互作用的结果。我们不能排除生物因素来看待性格的形成和发展,也不能排除社会因素来看待人的气质。但为了研究工作的需要,把气质和性格适当加以区分还是有必要的。

11.2 性 格 理 论

各种性格理论从不同角度描述了个性结构,其中最有代表性的是性格类型理论和性格特质理论。性格类型论是一种性格分类的理论,性格特质论是一种性格分析的理论。性格的类型理论是用一种或少数几种主要的特质来说明性格;性格的特质论是同时用多种特质来说明性格。

11.2.1 性格类型理论

性格的类型(type of character)指一类人身上所共有的或相似的性格特征的独特结合。这种结合使一类人的性格和另一类人的性格明显不同。性格的类型理论是根据某种原则把人划分为几大类型，以此来解释性格的一种理论，是一种性格分类的理论。由于性格现象的复杂性，性格的类型理论也有多种。

1. 机能类型说

该理论是英国心理学家培因(A.Bain，1818—1903)和法国心理学家李波特(T.Ribot，1839—1916)等人在19世纪提出的。该理论按理智、情绪、意志三种心理机能哪一种在性格结构中占优势，将人的性格分为理智型、情绪型和意志型。

理智型的人，以理智来衡量一切，并支配自己的行动，依靠理论思考来行事；情绪型的人，不善于思考，情绪体验深刻，行动受情绪左右；意志型的人具有明确的目的，行动主动。除了上述三种典型类型以外，还有中间类型，如理智—意志型、情绪—意志型等。

按心理机能来划分性格类型具有简单易行的特点，而且比较符合人们在日常生活中的认识。但这种类型划分是以机能心理学理论为基础的，它脱离人的心理生活内容和倾向性，把性格只看作心理过程或能力的简单组合。

2. A-B型性格

20世纪50年代，福利曼和罗斯曼(M. Friedman & R.H.Rosenman)根据人们在时间匆忙感、紧迫感及好胜心等特点上的差异，把人区分A型性格和B型性格。近年来，人们在研究性格和工作压力的关系时，常使用该理论。A型性格者的主要特点是：时间紧迫感特别强，总想一心二用或多用；总是把工作日程排得越满越好，工作投入，行动匆忙；不放心他人，总想亲自动手，看到别人做得慢或做得不好，恨不得抢过来自己做，习惯于指手画脚，给人以咄咄逼人的感觉，说话坦率，言词易得罪人；外向，争强好胜，急躁易怒，缺乏耐心，说话快，动作敏捷等。B型性格的典型特征为：安于现状，不好与人竞争；主动性、进取心不强；悠闲自在，对工作和生活的满足感强，无时间紧迫感，做事不慌不忙，喜欢慢步调的生活节奏；遇事从容不迫，耐心沉着，有耐性，能容忍，性情不温不火等。在需要审慎思考和耐心的工作中，B型人往往比A型人适应得更好。

A型性格的人常处于紧张、急躁、忙乱状态，情绪反应强烈，易患失眠、头痛、心脑血管疾病、消化系统疾病。美国20世纪60年代进行的一次调查表明，在257位患有冠心病的男性病人中A型性格的人数是B型性格人数的两倍多。

3. 内外向型性格

在心理学的类型论中，以瑞士心理学家荣格(C.G.Jung，1875—1961)所提出的内倾型和外倾型性格最为著名。1913年，荣格在慕尼黑国际精神分析会议上就已提出了内倾型和外倾型的性格。又在1921年发表的《心理类型学》一书中充分阐明了这两种性格类型。

荣格根据里比多(libido)的倾向划分性格类型。个体的里比多的活动倾向于外部环境，就是外倾性的人；里比多的活动倾向于自己，就是内倾性的人。外倾型(外向型)的人，重视外在世界、爱社交、活跃、开朗、自信、勇于进取、对周围一切事物都很感兴趣、容易适应环境的变化。内倾型(内向型)的人，重视主观世界、好沉思、善内省、常常沉浸在自我欣赏和陶醉之中、孤僻、缺乏自信、易害羞、冷漠、寡言、较难适应环境的变化。外倾型和内倾型是性格的两大态度类型，也就是性格反应特有情境的两种态度或方式。在荣格看来，任何人都具有外向和内向这两种特征，但其中一种可能占优势，据此确定一个人是内向还是外向。在实际生活中，绝大多数人是兼有内向型和外向型的中间型。

    荣格认为，人的心理活动有思维、感情、感觉和直觉四种基本机能。感觉(感官知觉)告诉我们存在着某种东西；思维告诉你它是什么；情感告诉你它是否令人满意；而直觉则告诉你它来自何方和去向何处。按照两种态度类型与四种机能的组合，荣格描述了性格的八种机能类型：①外向思维型。该类型的人尊重客观规律和伦理法则，不感情用事。②外向感情型。该类型的人对事物的评价往往感情用事，容易凭借主观判断来衡量外界事物的价值。③外向感觉型。该类型的人以具体事物为出发点，容易凭借感觉来估量生活的价值，遇事不假思索，随波逐流，但善于应付现实。④外向直觉型。该类型的人以主观态度探求各种现象，不接受过去的经验，只憧憬未来，容易悲观失望。⑤内向思维型。该类型的人不关心外部价值，以主观观念决定自己的思想，感情冷淡，好独断，偏执，易被人误解。⑥内向感情型。该类型的人情绪稳定，不露声色。⑦内向感觉型。该类型的人不能深入到事物的内部，在自己与事物之间常加入自己的感觉。⑧内向直觉型。该类型的人不关心外界事物，脱离实际，好幻想。

    由于荣格的性格类型的划分是根据他的里比多学说，而里比多是本能的力量，所以这一理论忽视了人格的社会性，并且带有神秘色彩。另外，荣格提出的八种机能类型，并不是从实际中归纳出来的，而是用数学的综合方法凭主观演绎出来的，各种类型之间界限不清，几种类型的特征也说不清楚。不过，他对内倾型和外倾型论述部分内容是符合实际的，这种理论已广泛地应用到教育、管理、医学和职业选择等领域，因为这种简单划分带来了使用上的方便。现在已有许多研究证实了内外倾是人格的主要特质(维度)，心理学家编制了测量内外倾的量表，在 EPQ 和 MMPI 等量表中也都包含有内外倾分量表。近年来，心理学家通过因素分析发现内倾性与外倾性具有复杂的结构，它们由许多特质构成。

4. 场性理论

    该理论是按照个体独立性的程度来确定性格类型的一种学说，也是西方比较流行的性格分类方法。美国心理学家威特金(H.A.Witkin, 1916—1979)根据认知方式的场依存性(主要是视觉线索)和场独立性(主要是身体线索)特点，将人的性格分成场依存型和场独立型两种类型。这两种不同性格的人按照两种对立的认知方式进行工作。场依存型性格的人倾向于以外界参照物作为认识事物的依据，他们容易受外界事物的影响，遇事缺乏主见，容易受他人暗示和其他因素的干扰，常常不加分析地接受别人的意见或屈从于权势，并且按照别人的意见办事，在紧急情况下表现出惊慌失措；场独立型性格的人善于独立思考，习惯于更多地利用内在参照，不容易受他人的暗示和周围环境因素的干扰，能够独立地发现问题和解决问题，自信心比较强，在紧急和困难的情况下也不易出现动摇或慌张，但是有时则失之于主观武断，喜欢把自己的意志强加于人。

该理论强调认识活动在个体性格中的作用，并以大量的实验结果为依据，有一定的科学性，对于从事教育或管理工作具有重要意义。但是，场独立性和场依存性只是个体性格的一个方面，不能包括性格的一切类型，而且仅从认知方式来说明性格类型，难免过于简单。

5. 独立顺从说

奥地利心理学家阿德勒(A.Adler，1870—1937)依据个体的竞争性不同，把性格分为独立型和顺从型。独立型的人，阿德勒称为追求优越感的人。这种类型的人特别好强，遇事不甘落后，发奋图强，力争上游，总想取得成就，胜过他人。顺从型的人，阿德勒称为具有自卑感的人。这种类型的人因身体或心理上有缺陷而产生自卑感，遇事不甘落后但又不喜欢与人竞争，所以有时表现出行为举止古怪。

该理论以竞争的结果来衡量人的性格，注重社会生活在个体性格中所起的作用，是有一定道理的。但是，这个理论认为每个人天生就有自卑感，并且认为自卑感是激励人奋发向上的主要因素，个体努力追求成功就是为了克服其自卑感，这是缺乏理论依据的。

6. 斯普兰格的类型论

德国哲学家、教育家斯普兰格(E.Spranger，1882—1963)等人用价值观来划分人格类型。他认为，社会生活有六个基本领域：理论、经济、审美、社会、权力和宗教。人会对这六个基本领域中的某一个领域产生特殊的兴趣，根据其社会生活方式、价值观在个人生活目标和行为方式上所占的优势，把人的性格划分为六种类型：理论型、经济型、审美型、社会型、权力型和宗教型。这六种类型是理论的模型，具体的个人通常是主要倾向于一种类型并兼有其他类型的特点。

1) 理论型的人

该类型的人以追求真理为目的，认识成为精神生活的主要活动，情感退到次要地位。总是冷静而客观地观察事物，关心理论，力图把握事物的本质。对实用和功利缺乏兴趣，碰到实际问题时往往束手无策，缺乏生存竞争能力。理论家和哲学家属于这种类型。

2) 经济型的人

该类型的人以经济观点看待一切事物，把经济价值提高到一切价值之上，以实际功利来评价事物的价值，重视人的能力和资力。从纯经济观点看待人类，把人类看成生产者、消费者或购买者，以获取财产和利益为其生活目的。实业家属于这种类型。

3) 审美型的人

该类型的人以美为最高人生的意义，对实际生活不大关心，总是从美的角度来评价事物的价值。自我完善和自我欣赏是他们的目的。艺术家属于这种类型。

4) 社会型的人

该类型的人重视爱，以爱他人为人生的最高价值。有献身精神，有志于增进社会福利。

社会型的最高和最普遍的形式是母爱。慈善、卫生和教育工作者都属于这种类型。

5) 权力型的人

该类型的人对权力有极大的兴趣，获取权力是他们行为的基本动机。凡是他所做的事情均由自己决定，有强烈地支配和命令他人的欲望。

6) 宗教型的人

该类型的人坚信宗教，生活在信仰中，把宗教信仰作为生活的最高价值。他们富有同情心，以慈善为怀，以爱人爱物为目的。宗教家属于这种类型。

斯普兰格从社会生活对人的影响和社会文化价值的观点来划分人的性格，比一味强调人的生物学因素对人的影响是一个进步。但该理论是根据西方社会生活的现象进行分类，对不同社会生活的应用有一定局限性。

7. 霍兰德的类型论

美国职业指导专家霍兰德(J. L. Holland)提出性格—职业匹配理论。他认为，个体的性格类型、兴趣与职业密切相关，兴趣是人们活动的巨大动力，凡是感兴趣的职业，人们就可以积极地、愉快地从事该职业。他把性格划分为六种类型：社会型、理智型、现实型、文艺型、贸易型和传统型。

1) 社会型

该性格类型的人具有爱好社交、活跃、友好、慷慨、乐于助人、易合作和合群等性格特征，适合从事社会工作、教师、护士等职业。

2) 理智型

该性格类型的人具有好奇、善于分析、精确、思维内向、富有理解力和聪明等性格特征，适合从事自然科学工作、电子学工作和计算机程序编制等。

3) 现实型

该性格类型的人具有直率、随和、重实践、节俭、稳定、坚定和不爱社交等性格特征，适合从事农业、制图、采矿、机械操作等。

4) 文艺型

该性格类型的人具有感情丰富、想象力强、富有创造性等性格特征，适合从事文学创作、艺术、雕刻、音乐、文艺评论等。

5) 贸易型

该性格类型的人具有外向、乐观、爱社交、健谈、好冒风险、支配和喜欢领导他人等性格特征，适合从事董事长、经理、营业部主任、营业员和推销员等工作。

6) 传统型

该性格类型的人具有务实、有条理、随和、友好、拘谨和保守等性格特征，适合从事办公室工作、秘书、会计和打字员等。

霍兰德认为，大多数人可以主要划为某一性格类型，每一种性格类型又都有两种相近的性格类型、两种中性关系的性格类型和一种相斥的性格类型(表11-1)。霍兰德把6种性格类型与456种职业进行匹配，经过长期研究认为，如果职业类型与性格类型相重合，个人会感兴趣，会感受到内在的满足，并最能发挥自己的聪明才智；如果职业类型与性格类型相近，个人经过努力，也能适应并做好工作；如果职业类型与性格类型相斥，则个人对职业毫无兴趣，不能胜任工作。

霍兰德是一位职业指导专家，他的性格—职业匹配理论，对职业指导具有重大意义。他十分重视兴趣与职业的关系，认为兴趣是工作的巨大动力，凡是符合自己兴趣的工作，就能提高人的积极性，使人积极愉快地从事这种工作。

表 11-1　性格关系类型

关系 性格类型	相　近	中　性	相　斥
社会型	文艺型、贸易型	传统型、理智型	现实型
理智型	文艺型、现实型	传统型、社会型	贸易型
现实型	理智型、传统型	文艺型、贸易型	社会型
文艺型	理智型、社会型	贸易型、现实型	传统型
贸易型	社会型、传统型	现实型、文艺型	理智型
传统型	现实型、贸易型	社会型、理智型	文艺型

综上所述，性格类型论是按照某一标准把人的性格归类为某种类型，在直观地了解人的性格时较为便利，具有一定的理论意义和应用价值。性格类型论最早是由于医疗实践的需要而发展起来的，现在已经广泛地运用在教育、医学、文艺、管理和职业选拔中。但同时也应该看到，性格类型论把人极端复杂的性格概括为几种类型，就容易忽视中间型；将一个人划入某种性格类型，就容易只注意这种类型中的有关特征，而忽视其他特征，这就可能导致将人的性格简单化、固定化、静止化，容易忽视性格的变化和发展，特别是容易忽视影响性格形成和发展的环境因素。

11.2.2　性格特质理论

性格特质理论起源于 20 世纪 40 年代的美国，主要代表人物是美国心理学家奥尔波特和卡特尔。特质理论认为，特质(trait)是指个人的遗传与环境相互作用而形成的对刺激发生反应的一种内在倾向。特质决定个体行为的基本特征，是构成性格的基本单位。性格特质是所有人共有的，在时间上具有稳定性，在空间上具有普遍性，但每一种特质在量上都是因人而异的，这就构成了人与人之间在性格上的差异。类型理论是一种性格的分类理论，而特质理论是一种性格分析的理论，是同时用人的多种特质来说明人的性格。例如，类型论说某人是一个内向的人；特质论说某人是沉静、较孤僻和处事谨慎的人。

1. 奥尔波特的特质理论

美国心理学家奥尔波特(C.W.Allport)于 1937 年首次提出了特质理论。他把性格特质分为两类：共同特质和个人特质。

1) 共同特质

共同特质(common trait)是指同一文化形态下群体都具有的特质，它是在共同的生活方式下所形成的，并普遍地存在于每一个人身上。共同特质被认为是一种概括化的性格倾向。

2) 个人特质

个人特质(individual trait)为个人所独有，代表个人的性格倾向。奥尔波特认为，世界上没有两个人具有相同的个人特质，只有个人特质才能表现个人的真正特质。他进一步把个人特质按照其对个体性格影响的大小和意义不同，划分为三个重叠和交叉的层次。

(1) 首要特质(cardinal trait)，是一个人最典型、最有概括性的特质，代表一个人的性格最独特之处，往往只有一个，在性格结构中处于支配的地位，影响一个人的全部行为。例如，吝啬被认为是葛朗台的首要特质，多愁善感可以说是林黛玉的首要特质。

(2) 中心特质(central trait)，又称"重要特质"，是构成个体独特性的几个重要的特质，每个人身上大约有 5~10 个。例如，林黛玉的清高、率直、聪慧、孤僻、内向、抑郁、敏感等都属于她的中心特质。中心特质虽不像首要特质那样对人的行为起支配作用，但也是行为的决定因素。

(3) 次要特质(secondary trait)，是个体的一些不太重要的特质，往往只在特定场合下表现出来。这些次要特质除了亲近他的人外，其他人很少知道。例如，一个人在外面很粗鲁，而在自己的母亲面前很顺从，"顺从"则是他的次要特质。

2. 卡特尔的特质理论

英国出生的美籍心理学家卡特尔(R.B.Cattell，1905—1998)受化学元素周期表的启发，用因素分析的方法对性格特质进行了分析，提出了一个理论模型。他把所有的性格特质划分为表面特质和根源特质。表面特质(surface trait)是直接与环境接触，常常随环境的变化而变化，是从外部可以观察到的行为。根源特质(source trait)隐藏在表面特质的后面，深藏于性格结构的内层，它是制约表面特质的潜在基础和性格的基本因素。根源特质是以表面特质为中介表现出来的，通过因素分析才能发现。例如，"自作主张""自以为是""高傲""指责别人"等表面特质，都是"支配性"这个根源特质的表现。卡特尔经过多年研究，通过因素分析，确定了 16 种根源特质(表 11-2)，这 16 种根源特质各自独立，并且普遍地存在于各种不同年龄和不同社会生活环境的人身上。但是，各个根源特质在每个人身上的强度都是不同的，这就造成了人与人之间在性格上的差异。

表 11-2 卡特尔的 16 种根源特质

因素	根源特质	低分者特征	高分者特征
A	乐群性	缄默孤独	热情外向
B	聪慧性	智力较低	智力较高
C	稳定性	情绪激动	情绪稳定
E	恃强性	谦逊顺从	好强固执
F	兴奋性	严肃稳重	轻松兴奋

续表

因　素	根源特质	低分者特征	高分者特征
G	有恒性	权宜敷衍	有恒负责
H	敢为性	畏缩退缩	冒险敢为
I	敏感性	理智、着重现实	敏感、感情用事
L	怀疑性	信赖随和	怀疑、刚愎
M	幻想性	合乎实际	富于幻想
N	世故性	坦白直率、天真	精明能干、世故
O	忧虑性	安详沉着	忧虑抑郁
Q_1	实验性	保守	勇于尝试实验
Q_2	独立性	依赖、附和	自立、当机立断
Q_3	自律性	矛盾冲突	自律严谨
Q_4	紧张性	心平气和	紧张困扰

卡特尔的特质理论为性格研究做出了巨大的贡献：①方法的独特性和科学性。卡特尔所运用的因素分析法，第一次对难以把握的性格心理问题进行量化分析，提高了性格心理研究的科学性和实证性。②根源特质说为人们研究外显行为的深层原因提供了新的途径。③16PF 人格因素调查表广泛运用在人格测验、职业预测、学业预测等许多领域，被认为是国际最有权威的人格量表之一，显示出较强的实践意义和现实意义。但卡特尔认为个体的行为是可以被精确预测的，虽树立了一种对行为预测的信念，但并没有真正找到把握人类行为动态的钥匙。

3. 现代特质理论

继卡特尔的主要工作之后，心理学家们继续用卡特尔的方法对人格特质进行了进一步的分析，使人格结构的研究取得了突破性的进展。至 20 世纪 90 年代，一些人格心理学家在主要的人格特质上提出了具有代表性的大五人格模式和大七人格模型。

1) 大五人格模式

美国心理学家麦克雷和考斯塔(McCrae & Costa，1985)在对多个人格特质理论分析研究的基础上，采用"神经质、外向性和开放性人格调查表"(NEO-PI)，通过因素分析发现，在人格特质中五种特质可以涵盖人格描述的所有方面，并构成了著名的"大五人格模式"(BIG5)，也称"五因素模型" (five—factor model，FFM)。

大五人格模式的五个因素是：①责任心(Conscientiousness)，这是五因素人格理论中最重要的因素，代表着责任感，对工作的敬业以及认真程度，包括两方面的含义：成就感(Achievement)与可靠性(Dependability)。成就感反映出一种渴望把工作做好的态度以及积极向上努力工作的行为。可靠性衡量了诚信、自律以及遵守规章制度的品质。②外向性(Extraversion)，是衡量内外向性格的指标，包括广泛社交、健谈、果断、雄心勃勃、充满热情的性格特征。③宜人性(Agreeableness)，也叫随和性，是衡量能否与他人和睦相处、相互协作的指标，包括和善友好、协作性、值得依赖的性格特征。④情绪稳定性(Emotional

Stability)，也叫神经质，是衡量情绪化程度的指标，包括冷静、性格温和、低焦虑、遇事沉着的性格特征。⑤经验开放性(Openness to Experience)，是衡量智慧水平的指标，包括经验的丰富性、高智商、富于想象力以及求知欲的特点。

当前，特质理论及其"大五人格因素测验量表"(NEO-PI-R)已广泛运用。许多研究表明，心理健康是与一个人的外向性、神经质、随和性特质密切相关；职业心理与外向性、开放性特质紧密联系；责任心特质是人事选拔工作中的重要参考依据。还有研究发现，高开放性、高责任心的学生，一般都具有优良的学习成绩；而低责任心、低宜人性的学生，一般就会出现较多的违法行为或成为问题少年。研究还表明，那些具有高外向性、低宜人性、低责任心特质的青少年，经常会与他人发生尖锐冲突；而那些高神经质、低责任心的青少年，则容易出现由内心冲突引起的心理困惑或精神疾患。通过大五人格因素可以大致反映出一个人未来的职场表现，因此，该模式被西方国家广泛应用在人才测评及职场招聘中。

2) 大七人格模型

由于大五人格模式也引起了一些争论，1987 年，特莱根(Tellegen)和瓦勒(Waller)采用不同的选词原则，通过对 400 个人物描述词的研究结果，经过因素分析后将评价维度引入人格结构，提出"大七人格模型"，又称"大七因素模型"。该模型中新增了正价(positive valence)和负价(negative valence)两个人格维度。属于描述正价的词语包括：老练的、机智的、勤劳多产的等；属于描述负价的词语包括心胸狭窄的、自负的、凶暴的等。其余五个维度与上述大五人格模式中的各维度有大致一一对应的关系。大七人格模型的七个因素是：正情绪性(positive emotionality)，负情绪性(negative emotionality)，正价(positive valence)，负价(negative valence)，可靠性(dependability)，宜人性(agreeableness)，习俗性(conventionality)。大七人格模型也有相应的人格评定量表，由 161 个项目组成。

研究者在验证时，基本肯定"大七"的稳定存在。许多研究表明，正价比大五人格模式中的任何维度都能够较好地体现自恋和边际人格障碍的特征；负价则能反映个体的反社会和施虐淫特征，特别能够揭示在习俗性和正情绪性特质词评价上的差异。但在国外"大七"不如"大五"流行。

总之，特质论为我们了解性格提供了知识和方法，但这类理论本身所关注的是现存的、静止的东西，只揭示内容而不探讨过程，只分析结果而不去寻找原因，是静态的研究而不是动态的研究。心理学家们(包括特质论者)往往要从特质的范畴之外去探索性格的形成与改变的问题。

11.3 性格的测量

11.3.1 自陈量表法

自陈量表法(self-report inventory)是让被试按自己的意见，对自己的性格特质进行评价的一种方法。下面主要介绍四种有代表性的量表。

1. **明尼苏达多相人格问卷**

该问卷是20世纪40年代由美国明尼苏达大学教授哈撒韦(B.R.Hathaway)和心理治疗学家麦金利(J.C.Mckinley)共同编制的。由于它可以测量人格的多种特质，因此称为"多相"人格问卷。

明尼苏达多相人格问卷(Minnesota Multiphasic Personality Inventory，MMPI)可以鉴别癔症、强迫症、偏执症、精神分裂症、精神病症、抑郁症等。该量表经过多年的不断修订，1966年修订版(MMPI-R)确定共有566道题目，包括14个分量表。其中10个临床量表为：疑病(Hs)、抑郁(D)、癔病(Hy)、精神病(Pd)、男子气—女子气(Mf)、妄想狂(Pa)、精神衰弱(Pt)、精神分裂症(Sc)、轻躁狂(Ma)、社会内向(Si)。4个效度量表为：说谎量表(L)、诈病分数(F)、校正分数(K)、疑问分数(Q)。量表中的内容涉及身体各方面情况和主观体验以及对多种社会问题的态度。这个量表最初只是一种测量人格病理倾向的工具，目前已成为适用于年满16岁、具有小学以上文化水平的国际上广泛应用的个性问卷。

美国MMPI标准化委员会对MMPI进行了重大的修订，于1989年明尼苏达大学出版了《MMPI-2施测与计分手册》，包括567个项目，其中没有重复项目。1992年，中国科学院心理研究所宋维真教授等基本完成了对MMPI-2的中国版修订和常模制定，还编制了简短式的MMPI，称心理健康测查表，包括168个题目，更适合我国现状，具有较高的信度和效度。

2. **加州心理问卷**

美国加州大学心理学教授高夫(H. G. Cough)设计了加州心理量表(Galifornia psychology inventory，CPI)。该问卷1948年编制，并在1951年正式出版，1956年再版时扩充至18个量表，由480个"是否型"的题目组成，分为4大量表群：人际关系适应能力；社会化、成熟度、责任心和价值观；成就能力和智力；个人的生活态度和倾向。该问卷有一半题目来自MMPI，另一半题目反映正常青少年和成人的个性，与MMPI不同的是它更强调正常，适用于13岁以上的正常人，有男性常模和女性常模，可以个人施测，也可以团体施测。除测量被试现在的性格特征外，还可以预测被试今后的学业成绩、犯罪倾向和职业成功的可能性。

1983年，中国科学院心理研究所宋维真教授将该问卷译成中文，并做了初步修订。1993年杨坚和龚耀先教授完成了CPI的修订(CPI-RC)，包含440题，具有较高的信度和效度。

3. **卡特尔16种人格因素问卷**

美国伊利诺州立大学的卡特尔教授于20世纪50年代编制了16种人格因素问卷(Sixteen Personality Factor Questionnaire，16PF)，共有187道题目。16PF适用于具有阅读能力的16岁以上的青年、中年和老年人。可以个别测验，也可团体测验。

16PF不仅可以描绘被试的16种人格特质，还可以推算出4种双重因素(适应—焦虑；内向—外向；感情用事—安详机警；怯懦—果断)，以及4项社会成就因素(心理健康因素、专业成就因素、创造力因素和环境适应因素)。16PF是进行大范围人格调查分析和研究的较理想的问卷，在我国已有多种修订本。

4. 艾森克个性问卷

艾森克个性问卷(Eysenck Personality Questionnaire，EPQ)是由英国伦敦大学教授艾森克(H.J.Eysenck)等人编制的。有成人问卷和青少年问卷两种，分别适合测量 16 岁以上和 7～15 岁两个年龄阶段的人群。问卷都包括四个分量表：精神质量表(P)、外内倾量表(E)、情绪稳定性量表(N)和效度量表(L)。英国版 EPQ 成人问卷有 90 题，青少年问卷有 81 题。E、N、P 分别代表艾森克人格结构的三个维度：内外向、情绪性和心理变态倾向，L 是后来加进的一个效度量表。E 分数高表示人格外向，分数低表示人格内向；N 的两极是情绪稳定和神经过敏；P 也称精神质，并非指精神病，它在所有人身上都存在，只是程度不同，但如果在此维度上的分数明显较高，则易发展成行为异常；L 测量被试的掩饰、假托或自身隐蔽的程度。L 与其他量表的功能有联系，它本身也代表一种稳定的人格功能。

EPQ 问卷涉及的人格维度较少，实测方便，得到广泛应用，在我国也有多种修订本。

11.3.2 投射测验

投射测验(projective test)是主试向被试提供无确定含义的刺激，让被试在不知不觉中把自己的思想感情投射出来，以确定其性格特征。投射测验有利于主试对被试做整体性的解释、探讨潜意识。但是，投射测验计分困难，目前还缺乏方便、有效的信度和效度标准。以下介绍两种影响最大的投射测验：罗夏墨渍测验和主题统觉测验。

1. 罗夏墨渍测验

罗夏墨渍测验(Rorschach Ink-Blot Test)是由瑞士精神病学家罗夏(H. Rorschach)于 1921 年设计的。罗夏墨渍测验共有 10 张墨渍图片(5 张是黑白的、3 张是彩色的、2 张是黑白和红色的)，每张卡片上都印有一个双侧对称的墨渍图。当初制作这些图片时，是将墨汁滴于纸片中央，然后把纸对折使墨汁蔓延开去，形成对称的但形状不定的图形，图 11-1 是图例。

施测时按一定的顺序，每次向被试呈现一张图片，并问被试："你看到什么？""这像什么东西？""这使你想到什么？"允许图片转动，从各个角度观看。10 张图片的问题都回答完后，主试从以下四个方面记分：①反应的部位。被试对墨渍图着重反应的是什么部位？是全体、部分、小部分、细节或空白。②反应的关键点。影响被试反应的决定因素是什么？是墨渍的形状，还是颜色，或是明暗、质地等。③反应的内容。被试把墨渍看成什么？是人，是动物，还是物体。④反应的普遍性。被试的反应与一般人的反应相同，还是不相同？

2. 主题统觉测验

主题统觉测验(Thematic Apperception Test，TAT)是由美国心理学家默里(H. A. Murray)和摩根(C. D. Morgan)于 1935 年编制。所谓统觉在这里是指根据先前的经验以一定的方式去观察和理解事物。主题统觉测验就是要求被试根据自己的统觉来解释含义不明的图画。全套测验共 31 张(黑白图片 30 张和 1 张空白卡片)，有些图片比较明显，有些图片比较模糊。

图 11-2 是例图。

图 11-1　罗夏墨渍图图例

图 11-2　主题统觉测验图例

测验时，根据被试的年龄和性别把图片分成四组，每组选用 20 张图片(其中一张是白卡)。分两次实施，每次使用图片 10 张。每次呈现一张图片时，要求被试根据图画内容的主题，通过想象活动，自由地编一个故事。故事内容要求包括：①图画所描述的是什么？发生了什么事情？②什么原因导致此情境的发生？③可能会有什么结果？④当事人的思想感受如何？被试在看图编故事时，通过描述和解释不确定的社会情境，就会不知不觉地将内在的性格特点表露出来。

投射测验有详尽的评分手册，并且由专业人员来施测和解释，但评分仍然带有相当的主观性或直觉性，其信度和效度的研究结果不太令人满意。但投射测验还是有一定作用的，有经验的专业人员往往使用它对被试的性格做出尝试性的解释，然后根据其他资料来决定接受还是抛弃这种解释。

11.4　性格的形成与发展

人的性格不是天生的，是在先天素质的基础上，通过后天的家庭、学校、社会环境的影响，经过个体的社会生活实践逐渐形成的，是遗传因素和环境因素相互作用的结果。主要影响因素有五个方面：生物遗传因素、家庭环境因素、学校教育因素、社会环境因素和个体主观因素。

11.4.1　生物遗传因素

人的性格虽然不是天生且不是直接来自机体因素，但其形成与发展却受生物遗传因素的影响。生物遗传因素是性格形成的自然基础，它为性格的形成与发展提供了可能性。

1. 神经系统的特性对性格形成与发展的影响

某些神经系统的遗传特性影响特定性格的形成与发展，这种影响或起加速作用，或起延缓作用。巴甫洛夫(1923)指出,"类型是动物神经活动的一种生来就具有的体质形态。性格是类型特征和外在环境所引起的各种变化的合金"。

心理学家通常用双生子研究法来研究遗传对性格的影响。双生子有同卵双生和异卵双生,前者来自同一受精卵,一定是同性别,遗传基因相同;后者来自两个受精卵,可能同性别也可能不同性别,遗传基因不同(与普通兄弟姐妹一样)。艾森克(Eysenck,1985)研究得:在相同环境中成长,同卵双生子神经质方面的相关为 0.53,而异卵双生子的相关为 0.11;在外向性方面,同卵双生子的相关为 0.61,异卵双生子的相关为-0.17。说明遗传因素对性格有重要影响作用。

2. 外表特征对性格形成与发展的影响

身高、体重、体型和外貌等生理上的特征对个体性格的形成与发展也有影响。外表特征之所以对性格形成有影响,主要是社会文化评价的作用。符合社会赞同的标准的人比不符合标准的人得到更多的社会认同,社会顺应性好,个人问题少。例如,一个长相可爱的孩子,常常得到周围人的喜爱和亲近,容易形成自信、乐观、活泼开朗的性格。相反,有生理缺陷的孩子,容易被人讥笑或怜悯,就会以消极的方式去应对外部世界,容易形成内向、自卑的性格特征。

3. 性别差异对性格形成与发展的影响

性别差异对个体性格有明显的影响,这与男女性激素有关,也受到社会环境的影响。一般来说,男性比女性更具有攻击性、独立性、支配性、逻辑性和冒险精神等性格特征;而女性比男性更具依赖性、顺从性、易受暗示性、忍耐性强等性格特征。

4. 生理成熟对性格形成与发展的影响

一般来说,生理成熟早的孩子常表现出社会化程度高的性格特征,如责任感强、较遵守社会准则、容易理解别人和处理人际关系等。而生理成熟晚的孩子则常表现出社会化程度低的性格特征,如感情用事、责任感较差、不太遵守社会准则等。

以上概括介绍了影响性格形成的生物遗传因素,这些因素为性格的发展提供了可能性和遗传潜势。

阅读资料 11-1

脑损伤或脑病变对性格的影响

一位额叶受伤的病人盖奇,病后在性格上发生了明显的变化。盖奇曾是一个能干的工头,一日被铁棍扎穿了脑部额叶,这以后盖奇的个性发生了变化:他动静无常,说话无礼,有时爱说粗俗的下流话(他以往没有这种习惯),对伙伴很少尊重,不能容忍约束或劝告;时而极端顽固、犹豫不决,又反复无常;他为将来的工作设计许多方案,但很快又都放弃了……他的性情完全变了,因此他的朋友和熟人说他不再是盖奇了。(Rowe & Fulton, 1979)盖奇的例子显示了脑损伤对性格的影响,也表明大脑皮层的额叶与人的性格密切关联。

> 我国心理学家陈仲庚认为，脑组织的破坏容易使已经存在着的一些性格倾向更加明朗化或加剧。如在脑损伤后，一向有点多疑的人可以变为一个类偏执狂者。一个一向有条理和敏感的人，病后却可以变得极端死板和易激怒。
>
> (资料来源：陈仲庚，张雨新．人格心理学．沈阳：辽宁人民出版社，1986)

11.4.2 家庭环境因素

家庭是社会的基本单位和社会生活中各种道德观念的集合点，也是儿童出生后最先接触并长期生活的场所，家庭中的亲子关系、教育方式、家庭气氛、出生次序等因素都对性格形成和发展起着重要作用。从这个意义上讲，家庭是"制造人类性格的工厂"。

1. 亲子关系

亲子关系即父母与子女之间的关系，是儿童最早建立的人际关系。这种关系的好坏不仅直接影响儿童的身心发展，而且也影响到儿童以后形成的各层次的人际关系。霍妮(K.Horney)把亲子关系看作性格发展的主要动力。儿童是无能的，要满足需要完全依赖于父母。如果父母对子女是慈爱和温暖的，儿童的安全需要就得到满足，儿童心理就得到正常发展；如果父母对子女的态度是冷淡的，或是憎恨的，甚至是敌意的，儿童安全需要就得不到满足，儿童心理就得不到正常发展。

母爱在儿童的性格形成和发展中起着重要作用，是儿童性格健康发展的重要条件。日本心理学家松原达哉指出："婴儿生长的环境是由母亲准备的，……对婴儿的未来而言，母亲的存在、家庭生活方式是无法估量的重要。"

父亲对儿童性格的形成和发展也起着重要作用。有研究认为，幼年没有与父亲接触过的儿童，在性别的社会化方面往往是不完整的。在性别角色发展上，父亲为男孩提供模仿同化的榜样，为女孩提供与异性成人交往的机会。

2. 教养态度和教育方式

父母用什么教养态度和教育方式教育儿童，也是影响儿童性格形成的重要因素。有的心理学家把父母对子女的教养态度和教育方式分成民主型(或宽容型)、权威型(或独断型)以及放纵型(或溺爱型)三种，并提出不同的教养态度和教育方式可能导致不同性格特点的形成。例如，民主型父母以民主的态度教育子女，他们既满足孩子的正当要求，又在某种程度上给以限制或禁止；既保护孩子的活动，又给以社会和文化的训练，父母与子女间的关系非常和谐。在这种态度和方式影响下，儿童大多表现得谦虚、有礼貌、待人亲切而诚恳。权威型父母在教育子女时表现得过于支配，孩子的一举一动横加干涉、限制、斥责、甚至经常进行打、骂，他们对孩子缺乏耐心，希望子女唯命是从。在这种环境下长大的孩子容易产生恐惧心理，形成消极、被动、依赖、服从、懦弱，缺乏自信心，往往以说谎自卫。严重者或丧失自尊心、自暴自弃，一旦摆脱父母的权威，就可能走上行为越轨或犯罪的道路，或以父母为榜样，在家挨打受骂，出门打人骂人，性格变得很暴躁。放纵型父母对孩子过于溺爱，百依百顺，没有约束，没有要求，父母对孩子的教育有时达到失控状态。

在这种环境下长大的孩子容易变得好吃懒做、自私自利、蛮不讲理、任性、执拗、没有礼貌、独立性差、唯我独尊等。由此可见，家庭确实是"人类性格的工厂"，它塑造了人们不同的性格特质。

另外，父母对孩子的教养态度和方式要统一。若父母的态度不一致，方式不统一，则会大大降低父母在孩子心目中的权威性，孩子易形成不尊敬父母、言行不一，甚至性情暴躁等不好的性格特征。

3. 家庭气氛

家庭中夫妻关系以及其他成员之间的关系会造成家庭特有的气氛，其中夫妻关系对孩子性格的形成和发展影响最大。夫妻和睦，成员之间友爱的家庭，孩子往往会感到安全踏实、充满信心，同时也对人友善。如果家庭成员之间经常争执，存在隔阂，这种家庭一般比较压抑，孩子常会感觉紧张、缺乏安全感，情绪不稳定，容易紧张和焦虑等。许多研究表明，破裂家庭的孩子由于得不到家庭的温暖和健康的教育，容易形成悲观、孤僻等不良性格特征。

4. 出生次序

19世纪80年代以来，许多心理学家就儿童的出生次序对性格发展的影响进行了研究。阿德勒特别强调出生次序对儿童性格的影响，认为儿童在家庭中的出生次序和所处的地位影响着儿童的生活风格，对他们性格的形成和发展起重大作用。高尔顿研究了著名科学家的出生次序，发现长子和独生子女的比例相当高。艾森伯格(P. Eisenberg)研究认为，长子或独子比中间的孩子具有更多的优越感。孩子在家庭中越是受重视，对家庭的作用越是重要，其性格发展越自信、独立、优越感强。出生次序对孩子性格的影响并不是由于孩子出生的先后所决定，而是由于父母对孩子的态度和孩子在家庭中的地位及其变化所决定的。

阅读资料 11-2

出生次序与性格类型

儿童在家庭中出生的次序和所处的地位，对他的性格形成有重大影响。老大、独生子女、居中者和老小的性格特点，往往有着明显的差异。美国心理学家莱蒙(K.Leman)在《排行学》(1987)一书中，对各种排行的人的性格特点进行了系统分析，并提出了一套如何利用自己的排行来认识和掌握自己命运的方法。

1. 完美主义的老大

老大的典型性格特征如下：①富有完美主义色彩，值得信赖，真心诚意，计划性强，有主见，苛求，严谨，富有学者风度。②以目标为中心，事业上卓有成就，富有自我献身精神，善于取悦他人，思想保守，严守法令，崇拜权威，注意形式，忠心耿耿，自信心强。③严肃认真，对待生活一丝不苟，不爱想入非非，善于了解事物的真相，善于把握自己，有很强的组织性和时间观念。

老大有两种基本类型：伏贴讨好型和敢作敢为型。伏贴讨好型老大一般都诚心诚意，关心他人，愿意为他人服务；他们凡事都要征得他人的批准，需要父母给予允诺，需要老板给予批准，需要爱人给予认可；他们是模范孩子，能讨大人或上司的欢心，受人信赖，别人让他做事时，他总是说"是"，而不说"不"。总有一些人爱占他的便宜，而老大又往往把自己的不满深深埋在心里，但这种不满情绪一旦爆发，其威力可想而知。敢作敢为型老大意志坚强，坚韧不拔，武断专横；有集权思想，追逐权力；在事业上能取得巨大成就；他们往往是难以驾驭的人，他们的梦想是有朝一日能出人头地，不流芳百世就遗臭万年。

2. 生不逢时的居中者

居中者是指排行介于老大与老小之间的人。他们往往"生不逢时"，因出生太晚而无法享受老大所得到的特殊照顾，因出生太早而享受不到老小所拥有的自由，使他们常常具有以下的性格特点：①居中者常常是不爱惹是生非的折中主义者和调和主义者。②居中者的性格往往与老大相反。如果老大是一个彻头彻尾的唯命是从者和老实鬼，那么，老二很可能是一个十足的刺儿头。③居中者在家中似乎是一个多余的人，不受重视。因此，他便走出家庭，花费大量时间与自己的伙伴相处。通常老大的朋友屈指可数，而居中者却是社交明星，朋友遍天下。④居中者为使自己的失落感保持平衡，常以自己具有"心灵自由"为骄傲。他常常接受自己参与的团体(如文艺队、体育队或俱乐部)的价值观，而抵制家庭中的清规戒律。

3. 后来居上的老小

老小有以下性格特点：①无忧无虑，活泼愉快；感情丰富，思想单纯，有时还会心不在焉；他们对生活的热情会给人们带来欢笑。②不甘寂寞，爱出洋相，爱出风头，喜欢在人多的场合抛头露面、大显身手，有时还会哗众取宠、操纵别人。③与大多数人合得来，是社交明星。④喜欢得到别人的赞扬和鼓励。⑤反叛性强，对人严厉，娇生惯养，容易冲动，情绪急躁、多变。

4. 超级老大：独生子女

自我国实行计划生育政策以来，独生子女不断增多，独生子女问题日益受到重视。有些研究者强调独生子女的积极方面，认为他们在生长发育快、早熟、性格和行为特征等许多方面优越于非独生子女。有些研究者认为，独生子女身上必然存在许多消极性格特征，如任性、自我中心、依赖、顺应不良、胆怯、孤僻、爱发脾气、不讨人喜欢等，被称为"小皇帝"。

个人在家庭的出生次序不是决定个人性格的唯一因素，其他的一些诸如性别、体质、社会地位等变量，都会改变出生顺序对性格形成的影响。

(资料来源：莱蒙·凯文. 排行学. 西安：华岳文艺出版社，1988)

11.4.3 学校教育因素

学校的教育对儿童性格的形成起主导作用。人生有相当长的时期是在学校度过的，而这个时期也是一个人性格形成以至定型的重要时期。学校中影响人性格形成的因素主要有：教师、班集体和课堂教学活动。

1. 教师

教师在学生心目中往往比父母更具有权威性，而成为学生模仿的对象。教师的性格特质本身就是影响学生性格形成的重要因素。教师的言传身教对学生性格特征的发展起着潜移默化的影响。好的师生关系和差的师生关系都可能对学生造成持续终生的影响。有研究发现，喜欢教师的学生说谎少，容易形成诚实的特征；不喜欢教师的学生则经常说谎，容易形成不诚实的特征。一般地说，学生年龄越小，受教师的影响越大。

2. 班集体

学校的基本组织形式是班集体。班集体是有共同目的、共同活动、有组织、有纪律的群体，也是学生集体生活的大课堂。班集体的特点、要求、舆论、评价对学生都是一种无形的、巨大的教育力量。优秀的班集体，在教师的指导下，能充分发挥和调动所有成员的主动性、自觉性，它以自身强大的吸引力感染着每一个成员，有利于学生良好性格的形成；不良的班风可能使学生养成懒散、无组织、无纪律等不良性格。

每一个学生在班级里都处于不同的地位，扮演着不同的角色，这种角色地位和班集体的舆论、评价对学生都是一种无形的、巨大的教育力量，对学生的性格形成具有巨大作用。学生往往希望自己被同伴团体认同以产生归属感，如果自己被排斥在同伴团体之外，就会产生孤立感。真诚的交往环境能促进个体具有安全感、自信心、合作性、关心人、同情人等性格特征；缺乏朋友、不善社交甚至被朋友遗弃的学生，常有消极情感体验，不被他人理解、不为社会承认，往往会对其性格发展产生不良影响。

3. 课堂教学

学习是一种艰苦的劳动，学生通过课堂教学接受系统的科学知识，通过学习可以发展学生的坚持性、自制力、主动性和独立性等良好的性格特征。学生在接受系统的科学知识过程中，形成科学的世界观，科学世界观的形成对发展学生良好的性格特征具有重要的意义。

总之，学校教育对学生性格的影响是方方面面的，除了上述因素外，学校的传统与校风、师生关系、同伴关系、班集体气氛和学校里的各种教育活动等都对学生的性格形成产生影响。

11.4.4 社会环境因素

1. 社会环境在儿童性格的形成和发展中的作用

儿童都是在某种文化、某种社会和某种特定的经济地位中被教养起来的。社会制度、社会风尚、文化背景、大众传媒等都会对儿童性格的形成和发展产生深刻的影响。就一般的文化背景而言，不同的民族、不同的文化、不同的社会生活条件和不同的自然环境，都会在个体的性格上打下烙印，从而形成不同时代、不同民族的典型性格。

社会环境的影响是复杂的，对儿童性格形成的影响主要是通过文化媒介传播进行的，如文学作品、报纸杂志、电影、电视、网络等。文化媒介中的英雄榜样、典型人物常常是儿童学习和模仿的对象，激起他们强烈的情感和丰富的想象，成为他们前进的动力。而格调低下、恶劣的文化媒介则污染儿童的心灵，诱发不健康的联想和体验，甚至使他们走上错误和犯罪道路。随着信息时代的到来，通过网络传播的各种信息，也会对儿童性格的形成和发展产生种种影响，如果成人对儿童的引导与教育不当或者不及时就会产生一定的消极影响。

2. 社会实践活动在儿童性格的形成和发展中的作用

劳动是人最基本的实践活动。学生走上工作岗位后，职业的要求对性格发展也有重要作用。人长期地从事某种特定的职业，社会要求他反复地扮演某种角色，进行和职业相应的活动，从而相应地形成不同的性格特征。例如，科技工作者实事求是，善于独立思考，一丝不苟；文艺工作者活泼开朗、富于想象、感情丰富；飞行员冷静、沉着，有高度责任感；各种运动项目对运动员的性格特征有不同的要求，也培养着不同的性格特征，等等。

11.4.5　个体主观因素

家庭、学校教育、社会环境因素等都是性格形成的外部条件，虽然它们对于性格的形成和发展起着巨大的影响作用，但却不能直接形成人的性格。性格形成的外部条件必须通过个体内部的主观因素才能起作用。性格的形成过程是个体把其接受的外部社会要求，逐渐内化为自己内部要求的过程。在这个内化过程中，个人的理解和领悟、个人的需要、动机和态度等主观因素起着调节和控制作用。如果外部要求与个人的需要和动机相吻合，就可以转化为内部要求，并见之于行动，形成个人的性格特征。相反，如果外部要求不符合个人的需要和动机，那么外部的要求就很难转化为内部主观需要，当然，也就不能形成个人的性格特征。

在儿童的成长过程中，自我意识明显地影响着性格的形成。儿童把自己从客观环境中区分出来是性格形成的开始。从此以后，儿童便开始了自我教育、自我塑造的努力。随着儿童自我意识的发展，这种自我教育、自我塑造的力量也会越来越强，逐渐从被控者变为自我控制者。在同样的环境下，不同的个体会形成不同的性格。可以说，人是一个高度的自我调节系统，一切外来的影响都要通过自我调节而起作用。布特曼(Bultmann)说："每一个人都是他自己性格的工程师。"从这个意义上说，每个人都在自己塑造着自己的性格。

综上所述，人的性格形成和发展的影响因素是多方面的，生物遗传因素是性格的自然前提，环境因素对性格的形成和发展起决定作用。性格是先天和后天的合金，是人在实践活动中、在人和环境相互作用的过程中形成和发展起来的，是一个人生活经历的反映。

复习思考题

1. 名词解释：性格、共同特质、个人特质、首要特质、中心特质、次要特质、表面特质、根源特质、自陈量表法、投射测验
2. 为什么说性格是具有核心意义的心理特征？
3. 简述性格结构的基本特征。试分析自己的性格特征。

4. 试述性格与气质的关系。
5. 性格的类型理论主要包括哪几种学说？其各自的主要观点是什么？
6. 性格的特质理论主要包括哪几种学说？其各自的主要观点是什么？
7. 性格测量的方法主要有哪些？
8. 举例说明一个人的性格是怎样形成和发展的。

第 12 章 能　　力

本章学习目标

- 能力的概念、种类
- 能力与知识、技能的关系
- 智力的理论
- 能力差异与能力发展
- 能力形成与发展的影响因素
- 能力测验

12.1 能 力 概 述

12.1.1 能力的概念

能力(ability)是直接影响活动效率，并使活动顺利完成的个性心理特征。

能力总是和人的某种活动相联系并表现在活动中。离开了具体活动，能力就无法形成和表现。例如，一个有绘画能力的人，只有在绘画活动中才能施展自己的能力；一个教师的组织能力，只有在教育教学活动中才能显示出来。我们只有通过活动才能了解一个人能力的大小。

能力是顺利完成某种活动的直接有效的心理特征，而不是顺利完成某种活动的全部心理条件。成功完成某种活动受许多主观因素的影响，如知识经验、性格特征、兴趣与爱好等，但这些因素不能直接决定活动的完成。例如，在绘画活动中人们可能表现出性格开朗、脾气急躁，也可能表现出性格内向、情绪稳定，这些心理特征也会对活动的完成产生一定的影响，但是不能直接决定绘画活动的完成，而色彩鉴别力、形象记忆力、空间知觉能力等直接决定绘画活动的完成，是绘画最必需的能力因素。因此，能力是直接影响活动的效率，是完成某种活动所必备的心理特征。

12.1.2 能力的种类

依照能力的特征和功能，可以从不同的角度对能力进行分类。

1. 根据能力的范围分类

根据能力的范围可将能力划分为一般能力和特殊能力。

(1) 一般能力(general ability)，也称为智力(intelligence)，是指在个体从事的各种活动中共同需要的能力，如观察力、记忆力、思维力、想象力和创造力等。思维力中的抽象概括能力是一般能力的核心。

(2) 特殊能力(special ability)，又称专门能力，是指在某种专业活动中表现出来的能力，是顺利完成某种专业或特殊活动所必需的心理条件。例如，音乐能力、运动能力和绘画能力等均属特殊能力。

2. 根据能力的创造性程度分类

根据能力的创造性程度大小不同，可分为模仿能力和创造能力。

(1) 模仿能力，又称再造能力，是指人们通过观察别人的行为和活动来学习各种知识技能，然后以相同的方式做出反应的能力。模仿能力是个体早期获得知识经验的重要手段。例如，婴儿学习说话、儿童学习一些生活技能等，都是通过观察成人的行为而模仿出来的。

(2) 创造能力，是利用已知信息创造出某种新颖、独特、有社会或个人价值产品的能力。例如，作家在头脑中构思新的人物形象，创造新的作品，是创造能力的表现。在创造能力中，创造性思维和创造性想象起着重要作用。

3. 根据能力的特殊功能分类

根据能力的特殊功能，可将能力划分为认知能力、操作能力和社交能力。

(1) 认知能力，是指人脑接收、加工、储存与应用信息的能力，它反映在人的认识活动中，是获得各种知识的心理潜能。人们认识客观世界，获得各种各样的知识，主要依赖于人的认识能力。

(2) 操作能力，是指操作自己的肢体以完成各项活动的能力。如劳动能力、实验操作能力、艺术表演能力、体育运动能力等。操作能力是在操作技能的基础上发展起来的，又成为顺利掌握操作技能的重要条件。

(3) 社交能力，是在社会交往活动中表现出来的能力。如言语表达能力、组织管理能力、判断决策能力、解决纠纷能力等。这种能力对组织团队、促进人际交往和信息沟通有重要作用。

4. 根据认知活动的对象分类

根据认知活动的对象不同，可分为认知能力与元认知能力。

(1) 认知能力，是指个体接收信息、加工信息和运用信息的能力，它表现在人对客观世界的认识活动中。如人在探索宇宙奥秘时就需要具备认知能力。

(2) 元认知能力，是指个体对自己认知过程进行认识的能力，它表现为人对内心正在发生的认知活动的认识、体验和监控。认知能力的活动对象是认知信息(即客观事物)，而元认知能力的活动对象是认知活动本身。元认知能力包括个体怎样评价自己的认知活动，怎样从已知的可能性中选择解决问题的确切方法，怎样集中注意力，怎样决定及时停止做一件困难的工作，怎样判断目标是否与自己的能力一致等。

12.1.3　能力与知识、技能的关系

能力与知识、技能的关系密切，它们既有区别又有联系。

1. 能力、知识、技能的区别

(1) 能力、知识、技能属于不同的范畴。知识是对人类实践经验的概括和总结，属于经验系统。技能是指通过练习而获得的自动化的动作方式和动作系统。知识、技能表现了人已经达到的成就水平。而能力是指顺利实现活动的心理条件，它预示着一个人在活动中可能达到的成就水平。

(2) 知识与技能的掌握与能力的发展不是同步的。人的能力发展要比知识、技能的掌握慢得多。人们通过掌握知识技能到发展能力是一个量变到质变的过程，只有掌握的知识技能达到一定的熟练程度才会引起能力(如观察力、概括能力等)的量变和质变。

2. 能力与知识、技能的联系

(1) 能力是掌握知识、技能的前提。一个能力强的人较容易获得某方面的知识和技能；而一个能力弱的人，可能要付出加倍的努力才能获得同样的知识和技能。

(2) 能力在掌握知识、技能的过程中表现。从一个人掌握知识、技能的速度与质量上可以看出一个人的能力大小，离开了掌握知识、技能的活动，能力既无从表现，也无从得到客观的鉴定。

(3) 能力是在知识、技能的基础上发展而来的。人们在掌握知识、技能的过程中，同时也发展了自己的能力。例如，人在观察自然与社会的过程中发展了观察能力，在牢固掌握知识的过程中，提高了记忆力等。

知识、技能不等同于能力，但熟练的知识、技能是人们顺利完成活动必不可少的条件。一个有经验的人比一个没有经验的人处理同一件事情要快得多，成功的把握大得多。从这个意义上讲知识、技能是能力形成的基本要素，即由于知识、技能的概括化和广泛迁移而逐渐形成的能力。总之，能力是掌握知识、技能的前提，又是掌握知识、技能的结果，它们是相互转化、相互促进的。

12.2　智力的理论

智力是具有复杂结构的各种心理品质的总和。分析智力的结构，对于深入了解智力的本质，合理设计智力的测量手段，科学地设定智力培养计划都有重要的意义。心理学家对人类智力的结构提出了许多理论，下面选择三大最具代表性的理论加以介绍：智力的因素理论、智力的结构理论和智力的信息加工理论。

12.2.1　智力的因素理论

20世纪，心理学家陆续提出了几个著名的智力因素理论，尽管这些理论在具体内容上

有所差异，但它们都是以因素分析为基础来确定智力的成分，探讨智力的测量和个体差异问题。

1. 二因素论

二因素论是由英国心理学家、统计学家斯皮尔曼(C.E.Spearman，1863—1945)于1904年提出的。他认为人的智力由两种因素构成：一般因素(General factor，简称G因素)和特殊因素(Special factor，简称S因素)。一般因素是人完成各项活动所需的主要因素，是人的基本心理潜能(能量)，是决定一个人智力高低的主要因素。特殊因素是完成特定活动所必需的智力因素。成功完成某种作业任务都必须同时具备G因素和S因素。例如，一个人完成算术推理测验作业需要 $G+S_1$，完成言语测验作业需要 $G+S_2$，完成机械操作作业则需要 $G+S_3$……由于每种作业都包含各不相同的S因素，而G因素则始终不变，因此G因素是智力结构的基础和关键，是决定个体智力高低的主要因素，是智力测验的主体，各种智力测验就是通过广泛取样而得出G因素的。

虽然人们都有G因素这种能力，但每个人具有这种能力的大小却是不同的。每个人具有的S因素既有大小的区别，也有有无的区别。不论个人有几种S因素，这些S因素之间，可能彼此互相独立，也可能彼此有些重叠，但是它们必定都含有一部分的G因素。在个体完成的智力作业中，如果包含的G因素越多，则各种作业成绩的正相关值就越高。相反，如果包含的S因素越多，则其成绩的正相关值就越低。图12-1是二因素论的图示。

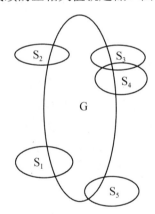

图12-1 斯皮尔曼的二因素论

斯皮尔曼的理论简单明确，对我们理解智力的结果有重要的启发。近半个世纪以来智力测验的理论绝大多数是在这个理论的基础上建立起来的。当然，这个理论也有它自身局限性，因为斯皮尔曼早期是否定群因素存在的；同时他强调一般因素和特殊因素的区别，并将它们绝对对立起来。其实一般因素和特殊因素也是相互联系的，在一定条件下是可以相互转化的。

2. 群因素论

群因素论又称基本心理能力论(primary mental abilities)，由美国心理学家、心理计量学家瑟斯顿(L.L.Thurstone)1938年提出。他凭借着多因素分析的方法，突破过去的智力因素理论的框架,认为个体的智力由七种基本心理能力构成:①语词理解(V)、②语词流畅(W)、③计算(N)、④空间知觉(S)、⑤记忆(M)、⑥知觉速度(P)、⑦推理(R)。这些心理能力的不同搭配便构成了每个个体独特的智力结构。

最初,瑟斯顿认为这七种心理能力在功能上是相对独立的,但通过研究发现,每种心理能力和其余六种心理能力之间存在着不同程度的正相关。1941年,瑟斯顿修正和发展了自己的群因素论,认为在七种心理能力以外,还存在次级因素(second order factor)。可见,瑟斯顿的群因素论和斯皮尔曼的二因素论存在一定的相似之处,只是瑟斯顿将斯皮尔曼的一般因素视为次级因素而已。

群因素论提出的因素分析的方法为后来深入研究智力开辟了一条新的道路,提出的七种基本心理能力成为研究智力结构的重要资料,而且他的研究也促进了智力测验的发展。在现代智力因素理论中,群因素论起着承前启后的重要作用。

3. 智力因素分析理论

美国心理学家卡特尔(Cattell,1965)等人在因素分析中发现了斯皮尔曼等人没有注意的一个重要事实,即他在再次进行因素分析时,发现一般因素不是一个,而是两个:流体智力和晶体智力。

流体智力(fluid intelligence)是一个人生来就能进行智力活动的能力,即学习和解决问题的能力。它依赖于先天的禀赋,随神经系统的成熟而提高的。如知觉速度、机械记忆、识别图形关系等不受教育与文化影响。

晶体智力(crystallized intelligence)是指对从社会文化中习得的解决问题的方法进行应用的能力,是在实践(学习、生活和劳动)中形成的能力。这种智力在人的整个一生中都在增长,因为它包括了习得的知识和技能。例如,词汇理解和计算方面的能力等。

在人的一生中,流体智力和晶体智力表现出不同的发展形态。流体智力随机体的衰老而衰退,随生理的成长而变化。晶体智力达到它的最高点的时间比流体智力晚,下降也要晚。根据卡特尔的研究,流体智力在40岁以前就开始下降,但晶体智力在老年还能保持在高水平。对健康的85岁老人进行晶体智力方面的词汇测验,他们的成绩几乎与中青年人一样,如图12-2所示。

图12-2 流体智力和晶体智力的发展

12.2.2 智力的结构理论

与因素理论不同,结构理论把智力看成是具有多种成分的复杂结构,最具代表性的智力结构理论是:阜南的智力层次结构理论和吉尔福特的智力三维结构模型理论。

1. 智力的层次结构理论

该理论是由英国心理学家阜南(P.E.Vernon)在1961年提出的。他以一般因素为基础,在继承和发展了斯皮尔曼的二因素论,提出了智力的四层次结构模型(图12-3)。认为智力结构是按层次排列的,分为四个层次:最高层次是普遍因素(G);第二层次分为两个大因素群(言语和教育方面的因素、机械和操作方面的因素);第三层次分为几个小因素群(言语理解、数量、机械信息、空间能力和手工操作等);第四层次指各种特殊因素,即斯皮尔曼的S。

阜南的智力层次结构模型在一般因素和特殊因素之间增加了大因素群和小因素群两个层次,尤其把大因素群分为言语和教育方面的因素、操作和机械方面的因素,这在一定程度上得到了脑科学研究成果的支持,即大脑左半球以言语机能为主,右半球以空间图像感知机能为主。

图12-3 阜南的智力层次结构模型

2. 智力三维结构模型理论

智力三维结构模型理论由美国心理学家吉尔福特(Guilford)于1967年提出。他认为智力可以分为三个维度:内容、操作、产物。①智力活动的内容(contents),即智力活动的对象或材料类型,包括图形、符号、语义、行为4个因素。②智力操作,即智力活动的过程,包括认知、记忆、发散思维、聚合思维、评价5个因素。③智力活动的产物,即信息加工所产生的结果,包括单元、类别、关系、系统、转换和蕴含6个因素。由于三个维度和多种形式的存在,人的智力可以在理论上区分为4×5×6=120种智力因素构成。1971年,他把内容维度中的图形改为视觉与听觉,使其增为5个因素,这样智力组成因素就成为5×5×6=150种。1988年,他又将操作维度中记忆分为短时记忆与长时记忆,使其由5个因素变为6个因素,因而智力因素便增加到5×6×6=180种,如图12-4所示,图上的每一小块方体代表一种智力因素。吉尔福特认为,每种因素就是一种独特的能力,可以通过不同的测验来检验。1971年,吉尔福特通过研究已经证实了三维结构模型中的105种因素的存在,这对智力测验的理论与实践无疑是一巨大的鼓舞。

图 12-4　吉尔福特的智力三维结构模型

智力三维结构模型丰富了人们对智力本质，特别是智力复杂性的认识，对推动智力测验起了重要的作用。吉尔福特的智力结构理论虽然否定了 G 因素的存在，坚持智力因素的独立性，但他却提出了创造能力的研究和创造性测验，这为研究智力提供了新的线索。

12.2.3　智力的信息加工理论

20 世纪 70 年代以来，随着认知心理学的不断发展，心理学家开始用信息加工的观点来研究智力结构，把人的智力看成是一个过程，是在一定的心理结构中进行的信息加工，最具代表性的理论有：多元智力理论、三元结构理论和 PASS 模型。

1. 多元智力理论

多元智力理论是由美国心理学家、哈佛大学教授霍华德·加德纳(Howard Gardner)提出的。1983 年，他出版著作《智力的结构》，提出了多元智力(multiple intelligence)的理论观点。他反对传统的智力一元结构论，认为智力是一个多元结构，不是一种能力而是一组能力，各种能力不是以整合的形式存在而是以相对独立的形式存在。加德纳通过对脑损伤病人的研究及对智力特殊群体的分析，提出人类的神经系统经过 100 多万年的演变，已经形成了互不相干的多种智力。在临床上发现，一些脑损伤患者可能会发生某些能力上的障碍，但其他能力仍然健全。在世界各地发现的所谓"白痴学者"，这些人虽然智商低、语言能力差、自闭，但在某个方面具有十分出色的能力。有的几乎已经丧失语言能力，但其计算速度与准确性却跟电脑差不多。加德纳认为，这些事实充分说明，智力不是单一元素而是由多种元素构成的。

加德纳试图对每个智力元素建立操作定义，这意味着能够通过对智力操作来揭示智力的内涵。他认为，社会环境中的各种信息都可以用不同符号加以表征，人脑中预存着各种表象模块，能够构成各种符号操作系统。每种智力都是一种特定符号系统，具有一组特定的操作功能。基于这样的观点，加德纳重新定义了智力的概念："智力是在某一特定文化情境或社群中所展现出的、解决问题或制作生产的能力，是一种使个体逐步形成与特定内容相适应的思维方式的潜力。"加德纳认为存在八种相互独立的智力在大脑中按各自的规则运行，它们具体包括以下内容。

(1) 空间智力：这种智力用于导航或环境中的移动，也用于看地图和绘画中。
(2) 音乐智力：这种智力用在演奏乐器、唱歌或欣赏音乐方面。
(3) 言语智力：这种智力渗透在所有语言能力之中，包括语言和文字的理解与表达。
(4) 逻辑数学智力：这种智力在解决抽象逻辑/数学问题以及逻辑推理问题上特别重要。
(5) 人际智力：这种智力用于与人交往，对别人有同情心并且善解人意。
(6) 内省智力：这种智力对自己内部世界具有极高的敏感性。
(7) 身体运动智力：这种智力涉及控制精细的身体运动。
(8) 自然智力：是认识世界、适应世界的能力，是一种在自然世界里辨别差异的能力。

加德纳的智力理论包容了更多的智力，丰富了智力的概念，使人们破除了传统的 IQ 式思维，跳出了传统心理学所框架出的界限，能更深入地了解人类智力的本质。加德纳的多元智力理论在教育领域引起了广泛关注，对教育实践产生了重大影响。

2. 智力三元论

1985 年，美国心理学家斯腾伯格(R. J. Sternberg)在《超越智商》一书中从信息加工心理学的角度出发，提出了智力三元理论(triarchic theory of intelligence)。他认为，现代的智力因素理论只是对智力特质的描述，而没有阐明智力活动的过程，应该用实验方法分析智力活动过程，对智力活动过程的要素进行分析，并提出了智力的三元结构理论。该理论包括三个亚理论：成分亚理论(揭示智力活动的内在心理结构)；情境亚理论(阐明智力与环境的关系)；经验亚理论(阐述智力与个人经验的关系)(如图 12-5 所示)。

(1) 成分亚理论(componential subtheory of intelligence)是指构成智力行为的结构和机制。有三个成分对于认知加工非常重要，即元成分、操作成分和知识获得成分。元成分控制信息加工过程，并使个体监督和评价这一过程；操作成分执行元成分构建的计划；知识获得成分进行选择性编码，联结新信息，并选择性地比较新旧信息，以便个体学习新信息。其中元成分在功能上与元认知完全相同。斯腾伯格将元认知列入智力范畴，认为元成分是三种成分中最高级的、最重要的成分，始终处于高层次的管理地位，直接反映与促进了一个人的智力发展。

(2) 情境亚理论(contextual subtheory of intelligence)是指个体在日常生活中，运用学得的知识经验处理日常事务的能力，阐明智力与环境的关系。它包括对现实环境的适应、选择合适的环境以及有效地改变环境以适应个人的需要。个体在情境方面的反应能力被称为情境智力。研究表明，即便没有较高智商的人，也可以具有较高的情境智力。

(3) 经验亚理论(experiential subtheory of intelligence)表明在特定任务或环境中，与情境相适应的行为。它包括两种能力，一种是处理新任务和新环境时所要求的能力，另一种是信息加工过程自动化的能力。例如，当一群人共同面临突发事件陷入困境时，你会认为能够率先解决问题的人最聪明；而当人们面对日复一日、烦琐的工作时，你会欣赏毫无怨言、坚持完成工作的人。也就是说，无论在新异或突发的情境中，还是在日常的平凡工作中，都可以反映一个人的智力水平。

斯腾伯格的三元智力理论是对传统智力观的超越，从主体的内部世界、现实的外部世界，以及联系内、外世界的主体经验世界这三个角度来分析智力，充分考虑情境和经验水平对智力的影响，对深入了解智力的实质都有重要的意义。

图 12-5　斯腾伯格的智力三元模型

3. PASS 模型

智力的 PASS 模型是由戴斯(J. P. Das)及其助手纳格利里(J. A. Naglieri)在 1990 年提出的。所谓 PASS 模型(Plan Attention Simultaneous Successive Processing Model)是指"计划—注意—同时性加工—继时性加工"，包含三个认知功能系统。

三个认知功能系统分别包括以下内容，如图 12-6 所示。

(1) 注意—唤醒系统，它在智力活动中的主要功能是激活和唤醒，它直接影响另外两个系统的工作，影响个体对信息的编码加工和做出计划。这个系统是整个系统的基础。

(2) 同时性加工—继时性加工系统，它主要是通过同时性和继时性这两种加工方式，对外界输入的信息进行接收、解释、转换、再编码、储存等加工。这个系统在 PASS 模型中处于关键地位，因为大部分的智力活动都是在这个系统中进行的。

(3) 计划系统，它主要负责确定目标，制定和选择策略，同时监控和调节另外两个系统的活动。这个系统是 PASS 模型中最高层次的部分，是最核心的认知系统。

戴斯的智力 PASS 模型是在信息加工理论、认知心理学新的研究方法基础上建立，从一个新的角度来提出自己的智力理论，力图取代传统的智力理论，它的三个认知功能系统是以神经心理学家鲁利亚(A. R. Luria)的大脑功能区理论为基础的，具有一定的实证性，不是纯粹的思辨。这三个功能系统各自独立，分别完成特定的功能，但三者之间又是相互联系、相互作用的，共同协调完成一定的智力活动。同时，戴斯还根据 PASS 的智力模型设计了一个新的智力测验，称为认知评价系统，用于测量计划、注意、同时性加工和继时性加工等基本的认知功能，这对进一步地研究智力问题具有非常重要的作用。

图 12-6　智力的 PASS 模型

综上所述，几种智力信息加工理论存在某些方面的共同点：都强调智力的生物学基础，认为智力是一种基本加工机制，存在一系列多重智力、模块、认知潜能；都特别强调个体所处的背景，即影响智力的环境因素的作用。由此可见，对智力的研究将继续探索生理与环境之间复杂的相互作用，这也是当今心理学研究的焦点。

12.3　能力差异与能力发展

12.3.1　能力差异

人与人之间在能力上存在着明显的个体差异，这种差异主要表现为：能力类型差异、能力发展水平的差异和能力表现早晚的差异。

1. 能力类型的差异

能力类型差异是指构成能力的各种因素存在质的差异，表现在知觉、记忆、言语和思维等方面。

1) 知觉方面

知觉方面的类型差异有：分析型，知觉的分析能力较强，对事物的细节能清晰地感知，但对事物的整体知觉较差；综合型，知觉具有概括性和整体性，但分析能力较弱；分析综合型，知觉兼有上述两种类型的特点。

2) 记忆方面

根据记忆材料的方式，记忆的类型差异可分为：视觉型，视觉识记的效果较好，画家多属于这种类型；听觉型，听觉识记的效果较好，音乐家多属于这种类型；运动型，有运动觉参与时，识记效果较好，运动员属于这种类型；混合型，运用多种表象时识记的效果较好，大部分人都属于混合型。

3) 言语和思维方面

言语和思维方面的类型差异有：生动的言语类型或形象思维类型，这种人在思维和言语中有丰富的形象性，情绪因素占优势；逻辑联系的言语类型或抽象思维类型，这种人的思维和言语富有概括性，逻辑因素占优势；中间型，是居于上述两者之间的类型。

2. 能力发展水平的差异

能力发展水平的差异主要是指智力上的差异，它表明人的能力发展有高有低。研究发现，就一般能力来看，在全世界人口中，智力水平基本呈常态分布，即智力极低和智力极高的人很少，绝大多数的人属于中等智力水平。智商的分布如表12-1所示。

表 12-1　智商的分布

智商	名称	占全人口总数的比例/%
130 以上	智力超常	1
110～129	智力偏高	19
90～109	智力中常	60
70～89	智力偏低	19
70 以下	智力低常	1

心理学家根据智力发展水平把儿童分为三个等级：超常儿童、常态儿童和低常儿童。

1) 超常儿童

超常儿童是指智力发展或某种才能显著超过同龄儿童平均水平的儿童，又称"神童"。超常儿童的智商一般在130以上，大约占全人口的1%，其共同的心理特征表现为：具有浓厚的认识兴趣和旺盛的求知欲；思维敏捷，理解力强，有独创性；具有敏锐的感知觉、良好的观察力；注意力集中并易转移，记忆速度快而准；进取心强，勤奋，有毅力。

2) 常态儿童

常态儿童是指智商在70~130的儿童，大多数儿童都处于该智力范围。

3) 低常儿童

低常儿童是指智力发展明显低于同龄儿童平均水平并有适应性行为障碍的儿童，又称智力落后儿童。低常儿童的智商一般在70分以下。按智商低下的程度不同，可将低常儿童分为三个等级：①轻度，智商69～50，生活能自理，能从事简单劳动，但应付新奇复杂的环境有困难，学习有困难，很难领会学习中抽象的科目。②中度，智商49～25，生活能半自理，动作基本可以或部分有障碍，只能说简单的字或极少的生活用语。③重度，智商在25以下，生活不能自理，动作、生活都有困难。

3. 能力表现早晚的差异

有的人能力表现较早，有的人能力表现较晚，人与人之间在能力表现上有早晚的差异。

1) 能力的早期表现

能力的早期表现又称人才早熟。古今中外都有许多在童年期就表现出优异能力的神童。例如，我国唐代诗人白居易，1岁开始识字，5～6岁就会作诗，9岁已精通声韵。唐初王勃6岁就善于文辞，27岁时写下了著名的《滕王阁序》。再如，德国大数学家高斯3岁时就会心算，8～9岁时就会解级数求和的问题(从1累积加到100的和等于首尾之和乘以级数个数的1/2，即5050)，他的大部分发现是在14～17岁这个阶段做出的。意大利语言学家塔尔雅维尼12岁时已经掌握了7种语言，22岁时已掌握15种语言。奥地利作曲家莫扎特5岁开始作曲，8岁试作交响乐，11岁时创作歌剧。

2) 中年成才

中年是成才和创造发明的最佳年龄，是人生的黄金时代，成才的人最多。我国张笛梅、王通讯等人对公元600—1960年间的1243位科学家、发明家做出1911项重大科学创造发明进行统计，绘出科学人才成功曲线图，如图12-7所示。一般认为，30～45岁是人的智力最佳年龄阶段，其峰值在37岁左右。中年期是个人成就最多，对社会贡献最多的时期。

图 12-7 人才成功曲线图

3) 能力的晚期表现

能力的晚期表现又称大器晚成，指智力的充分发展在较晚的年龄才表现出来。例如，达尔文年轻时被人认为是智力低下，以后成为进化论的创始人。画家齐白石少年时只读过半年书，做过15年木匠，后来投师学画，40岁时才表现出绘画才能，50岁时才成为著名画家。

12.3.2 能力发展

1. 一般能力的发展趋势

智力是人脑的机能，它有一个发展的过程。智力随年龄的增长而增长，但智力的增长不是等速的，一般是先快后慢，到了一定年龄则停止增长，随着人的衰老智力又开始下降。

许多研究都表明，出生后的头几年是智力发展最快的时期，这个阶段在适宜的环境影响下，智力发展迅速。皮亚杰(J.Piaget)认为从出生到4岁是人的智力发展的决定性时期。布卢姆(B.S.Bloom)1964年对1000名被试跟踪研究认为,如果把一个人的智力以17岁的水平作为100%,那么,5岁之前就可以达到50%,5～8岁又增长30%,剩余的20%是在8～17岁获得的。贝利(N．Bayley) 1968年用3种智力量表,对同一组被试追踪考察达36年(从出生到36岁),在不同年龄对智力发展进行了测量,绘制出智力成长的年龄曲线,研究表明:13岁以前智力是直线上升的发展,以后开始缓慢到25岁达到最高峰,26～35岁保持高原水平,35岁开始有下降趋势,如图12-8所示。沙因(K.W.Schaie)和斯特罗瑟(C.R.Strother)等人根据五种主要能力测验,如词的流畅性和知觉速度等,发现一般人的智力在35岁达到高峰,60岁以后迅速下降,如图12-9所示。由此可见,智力增长曲线从总体上看呈负加速度增长的趋势,早期是智力发展最重要的时期。

图12-8 智力发展曲线(贝利,1970)　　图12-9 智力发展的年龄变化(沙因和斯特罗瑟,1968)

2. 能力不同侧面的发展趋势

人类各种能力的发展是不同的,有些能力发展或成熟较早,有些能力发展或成熟较迟,各种能力的衰退速度也不一样。美国心理学家迈尔斯(W.R.Miles)等人研究了几种能力的发展,发现能力的不同侧面的发展和衰退是不同的,如表12-2所示,知觉能力发展较早,但下降也早;其次是记忆能力;然后是思维能力,比较和判断能力在80岁时才开始迅速下降;动作及反应速度在18～29岁时发展达到高峰,在以后的年龄阶段中仍保持较高的水平。

瑟斯顿(L.L.Thurstone)通过智力测验对不同智力成分的发展趋势进行了研究,发现不同智力成分存在着不同的发展速度。他考察了七种基本能力的发展发现,如图12-10所示:知觉速度、空间知觉、推理能力、计算能力和记忆能力发展较早;语词理解和语词流畅发展较迟。他还研究了其中四种基本能力的发展过程,如果以成人的水平为100%,那么达到成人能力80%的年龄阶段为:知觉速度是12岁左右,推理能力是14岁左右,词语理解是18岁左右,语言流畅是20岁以后。美国心理学家韦克斯勒(D.Weehsler)用韦氏成人智力量表对年龄在16～75岁之间2052名被试进行测试,结果表明:言语方面和操作方面的智力都在25岁左右达到最高峰,但是言语方面的智力下降较慢,操作方面的智力下降较快。

表 12-2　不同能力的平均发展水平

年龄/岁	10～17	18～29	30～49	50～69	70～89
知觉	100	95	93	76	46
记忆	95	100	92	83	55
比较和判断	72	100	100	87	69
动作及反应速度	88	100	97	92	71

图 12-10　四种主要能力的成长(瑟斯顿，1955)

12.3.3　能力形成与发展的影响因素

人与人之间能力的差别是显而易见的。那么，能力的个体差异究竟是怎样形成的呢？一般而言，它是多种因素交互作用的结果。其影响因素主要有：遗传素质、环境和教育因素、社会实践因素和个人的主观能动性。

1. 遗传素质在能力发展中的作用

遗传素质是人与生俱来的解剖生理特点，主要包括感觉器官、运动器官以及神经系统的特性，特别是脑的结构和机能。遗传素质是能力形成和发展的生理基础、自然前提和物质条件，为能力的形成和发展提供前提和可能性。

心理学家一般从三个方面研究遗传素质在能力形成和发展中的作用。一是研究血缘关系疏密不同的人在能力上的相似程度；二是研究养子女与亲生父母和养父母能力发展之间的相关；三是对同卵双生子进行追踪研究，求其能力之间的相关。1963 年厄伦迈耶—金林和贾维克(Ertenmeyer-Kimling and Jarvik)总结了半个世纪以来 8 个国家 52 项关于遗传与环境关系的研究成果，如图 12-11、表 12-3 所示。

这个研究结果表明，血缘关系接近的人在智力发展水平上确实有接近的趋势。同卵双生子之间的智商相关最高，无血缘关系者之间的智商相关最低；生父母与子女之间的智商相关比养父母与子女间智商相关高(表 12-3 中第 4 项比第 3 项高)；在不同环境下长大的同卵双生子智力相关仍很高，这说明遗传因素对智力发展的确有一定的作用。这些材料同样也表明环境在智力发展中的作用也很重要,即对所有被试来说,在同一环境中生活者的智力相关都比在不同环境中生活者高一些。可见,遗传素质对能力形成和发展的确有一定的作用,但这种作用只是为能力形成和发展提供前提和可能性,它并不能决定能力发展的方向和程度。

图 12-11　不同血缘关系者智商的相关系数

(注:水平线代表智力测验上得分的相关系数范围,×代表其平均值)

表 12-3　不同血缘关系者的智商相关

关　系	相关系数
无血缘关系又生活在不同环境者	0.00
无血缘关系在同一环境长大者	0.20
养父母与养子女	0.30
亲生父母与亲生子女(生活在一起)	0.50
同胞兄弟姐妹在不同环境长大者	0.35
同胞兄弟姐妹在同一环境长大者	0.50
不同性别的异卵双生子在同一环境长大者	0.50
同性别的异卵双生子在同一环境长大者	0.60
同卵双生子在不同环境长大者	0.75
同卵双生子在同一环境长大者	0.88

2. 环境和教育因素在能力发展中的作用

环境和教育是能力形成和发展的客观条件,它决定着能力形成和发展的现实水平。

1)　产前环境的影响

胎儿在母体中的生长环境对胎儿的成长发育及出生后的能力发展有重要的影响。许多研究发现，母亲怀孕的年龄和母亲怀孕期的营养状况、心理状态、工作环境等都会影响胎儿的能力发展。如孕妇年龄低于 29 岁的，唐氏综合征的发病率只有 1/3000；而孕妇年龄在 45～49 岁间的，其发病率为 1/40。再如，大量吸烟、遭受过多的辐射、服药与患病等，会使胎儿细胞中的染色体受损，或发生基因突变，使胎儿发育受到影响，甚至直接影响出生后婴儿智力的正常发展。

2) 早期生活环境的影响

早期生活环境包括自然环境和社会环境。早期生活环境、早期经验对个体能力发展有重要作用。德尼斯(D.Dennis)等人在孤儿院做过研究，发现留在孤儿院的儿童的智力发展慢，智商平均只有 53，而被领养的儿童智商发展快，平均智商达到 80，特别是年龄很小时就被领养的儿童，他们的智商可以达到 100，如图 12-12 所示。据多项研究结果显示，贫乏的环境使儿童智力发展更加落后，而丰富的环境则会促进儿童智力的发展。

图 12-12　智力发展与环境

3) 学校教育的作用

学校教育在学生能力发展中起主导作用，因为学校教育是有计划、有组织、有目的地对学生施加影响的。学生通过学校教育不但掌握了知识和技能，同时也促进了能力的发展。学校教育发展学生的能力关键依赖教师教育、教学内容的正确选择，教学过程的合理安排，教学方法的恰当使用等条件。例如，强师手下出高徒，就说明优质教育、训练对能力的作用。

3. 社会实践活动在能力发展中的作用

人的能力是在社会实践活动中形成和发展起来的。离开了实践活动，即使有良好的素质和环境，能力也得不到发展。一个人的能力水平与他所从事活动的积极性成正比。恩格斯指出："人的智力是按照人如何学会改变自然界而发展的。"我国古代哲学家王充曾提出"施用累能"，即能力是在使用过程中积累起来的；又提出"科用累能"，即从事各种不同活动、不同职业积累各种不同能力。社会分工使社会成员长期从事某一方面的实践活动，他们的能力也就在这一方面发展。

4. 个人的主观能动性在能力发展中的作用

环境和教育是能力形成和发展的外部条件，一个人要想提高能力，除了有良好的外部条件外，还离不开个人的主观努力，即人的自觉能动性。一个人刻苦努力，积极向上，具有广泛的兴趣和强烈的求知欲，他的能力就可能得到发展。相反，一个人饱食终日、无所用心，工作上没要求，事业上毫无大志，对周围的一切事物态度冷淡、没兴趣，他的能力就不可能得到较好的发展。高尔基说，"才能不是别的什么东西，而是对事业的热爱。当人们迷恋自己的工作，对工作情绪洋溢时，会给能力的发展提供巨大的动力"。我国著名数学家华罗庚先生说，"所谓天才就是坚持不懈地努力"。坚强的意志对能力的发展有重要意义，一些人的成功往往不是因为他们具有高于常人的天分，而是由于他们有坚强的意志品质。

总之，能力的形成和发展依赖于多种因素的交互作用，虽然无法精确估算各种影响因素在能力发展历程中的比重，但有一点是不可否定的，即遗传、环境和教育、实践活动及个人的主观努力在能力发展中的作用是缺一不可的。

12.4 能力的测量

能力测量就是确定能力的广度和发展水平。能力测验可以用于测定儿童的智力、对各种专业人员的选拔，以及对某些心理疾病作出早期诊断和检验智力结构理论等。能力测量可以有不同的分类。按能力种类分，有智力测验、特殊能力测验和创造力测验；按测验方式来分，有个人测试和团体测试；按测验内容的表达形式来分，有文字测验的和非文字的测验。在此，按照智力测验、特殊能力测验和创造力测验的分类进行介绍。

12.4.1 智力测验

智力测验(Intelligence Test)即一般能力测验，是通过测验来衡量人的智力水平高低的一种科学方法。在心理测量中，智力测验是被人们研究得最为广泛、最为深入的一类测验。智力测验有很多，目前国际上常用的三种：斯坦福-比奈智力测验、韦克斯勒智力测验和瑞文推理测验。

1. 斯坦福-比奈智力测验

1905年法国心理学家比奈(A.Binet，1857—1911)和医生西蒙(T.Simon，1873—1961)编制了比奈—西蒙智力量表(Binet-Simon Scale)，标志着智力测验的正式诞生。比奈早年就从事测验的研究，并于1903年出版了《智力的实验研究》一书。1904年，比奈受法国教育部的委托，研制一套测定呆傻儿童的方法，以便把他们从一般儿童中区分出来。1905年，比奈在西蒙的帮助下，编制了这套量表。比奈-西蒙智力测验最先采用了"心理年龄"(Mental Age，MA)的概念，也叫智力年龄，用以表示智力所达到的某一年龄水平。量表中除成人组外，每个年龄组都有6个条目，每个条目都代表两个月的智力。心理年龄根据智力测验结果而得出，它采用年龄量表的形式，以通过多少项目作为区分智力的标准，即个体能通过哪个年龄组的项目就说明他具有这一年龄的智力水平。但是，心理年龄可以对同一年龄的儿童的智力发展水平进行比较，但不能比较不同年龄儿童的智力发展水平。

1916年，美国斯坦福大学心理学家推孟(L. M. Terman，1877—1956)对比奈-西蒙量表进行了修订，使它进一步标准化，称斯坦福-比奈量表(Stanford-Binet Scale)。推孟正式引用了"智力商数"的概念。

智力商数(Intelligence Quotient，IQ)简称智商，是心理年龄(MA)与实足年龄(Chronological Age，CA)之比，为了去掉小数，将商数乘以100。计算公式为：

$$智商(IQ) = \frac{智力年龄(MA)}{实足年龄(CA)} \times 100$$

按照这个公式，就能比较不同年龄儿童的智力发展水平。例如，甲儿童的实足年龄为8岁，其智力年龄为10岁；乙儿童的实足年龄为5岁，其智力年龄为6岁。甲儿童的智商为125，乙儿童的智商为120，甲儿童的智力比乙儿童的智力高。该公式用智龄和实足年龄的比率来代表智商，也叫比率智商(ratio IQ)。但比率智商有一个明显的缺点，即一个人的智力年龄和实际年龄不是同步增长的，人的实际年龄逐年在增加，而他的智力发展到一定阶段却可能稳定在一个水平上，采用比率智商来表示人的智力水平会出现年龄越大智商偏低的现象。

阅读资料 12-1

斯坦福-比奈智力量表(1960)举例

2岁组
1. 形式板。把三个几何体放入三孔形式板中。
2. 延迟反应。延迟10秒后指出隐藏物体的位置。
3. 指出洋娃娃面貌的各个部分。
4. 模仿主试者叠好四块积木。
5. 图形词汇。看图说出普通物体的名称。
6. 词的连用。自发连用两个词。

10岁组
1. 词汇。在45个词中正确解释11个。
2. 在一个三维的图中数立方体的数目。
3. 解释抽象词。
4. 说明理由。说出一种规则和偏好的理由。
5. 1分钟内说出28个词。
6. 复述6位数。
备用：指出一段话的荒谬之处。

普通成人组
1. 词汇。45个词中正确解释20个。

2. 机敏。用大小不同的容器量出所需要的水。
3. 区别抽象词。指出两个有关的抽象词之间的不同点。
4. 算术推理。包括几个简单的文字算术题。
5. 解释谚语。
6. 确定方向。根据一段改变方向的言语陈述确定方向。
7. 区别概念。指出两个相互关联的概念的主要区别。
8. 解释抽象词。

备用：剪纸。

从上面的项目可以看出：2岁组的项目主要测验被试的感觉—运动能力、执行指示和辨认身体和物体各部分的能力；10岁组的项目包括许多抽象概念，强调言语技能；成人组的项目几乎全部是符号、言语和抽象材料。

(资料来源：叶奕乾，何存道，梁宁建.普通心理学(修订二版).上海：华东师范大学出版社，2004)

2. 韦克斯勒智力测验

美国心理学家韦克斯勒(D.Wechsler，1896—1981) 为了更真实地反映出一个人的智力状况，按年龄编制了三套智力测验量表，每套量表都包括言语和操作两个分量表，整个测验量表适用的年龄范围从幼年到老年。三套量表分别是：韦氏成人智力量表(Wechsler Adult Intelligence Scale，WAIS，1955)，适用于16岁以上的成人；韦氏儿童智力量表(Wechsler Intelligence Scale for Children，WISC，1949)，适用于6～16岁儿童；韦氏学前儿童智力量表(Wechsler Preschool and Primary Scale of Intelligence，WPPSI，1963)，适用于4～6岁半的儿童。

韦克斯勒革新了智商的计算方法，把比率智商改成离差智商(deviation IQ)。离差智商以智力的正态分布曲线为基础(图 12-13)，用以确定被试的智力在同龄人中的相对位置，它实质上就是一个人的成绩和同年龄组被试的平均成绩比较而得出来的相对分数。

图 12-13 人类智商的正态分布

韦克斯勒假定，人的智商是平均数为100和标准差为15的正态分布。离差智商的计算公式是：

$$IQ=100+15Z$$

其中，

$$Z=(X-\bar{x})\div S$$

上述公式中的 Z 代表标准分数，X 代表个体测验得分，$\bar{x}$ 代表团体的平均分数，S 代表团体分数的标准差。

例如，某个年龄组的平均分数为 80 分，标准差是 10 分，某人得 90 分，他的得分比他所在的年龄组的平均分高出一个标准差，他的智商 IQ=100+15×(90-80)÷10=115。根据智力正态分布的原理，他的智商比 84%的同龄人要高。

韦氏量表包含了言语和操作两个分量表，可以分别度量个体的言语能力和操作能力。韦氏这一改进有明显的好处，韦氏智力测验不仅可以算出全量表智商，而且还可以算出被试的言语智商和操作智商以及各分测验的量表分。图 12-14 是用韦氏成人智力量表测试一名 18 岁男孩的智力剖视图，可以通过手册把分数转换成智商。被试的言语智商 108，操作智商 121，操作智商比言语智商高 13。因此，韦克斯勒智力量表不仅可以了解被试的一般智力高低，而且还可以了解被试分量表智商。可以在人与人之间进行具体的比较，来了解一个人的智力结构。

图 12-14　韦克斯勒成人智力测验量表(WAIS)的剖视

韦克斯勒智力量表是国内外心理学界公认的较好的智力测验工具，它可用于测量人的一般智力，也可用于诊断智力损伤或由脑外伤引起的智力衰退、精神障碍或其他病理状态。

3. 瑞文推理测验

瑞文推理测验(Raven's Progressive Matrices)由英国心理学家瑞文(J.C.Raven)于 1938 年创制。它是一种非文字的团体智力测验，用以测验一个人的观察力及清晰思维的能力。瑞文测验在 20 世纪 50～60 年代几经修订，目前发展成三种形式：瑞文标准推理测验、瑞文彩图推理测验、瑞文高级推理测验。每种测验均由两种形式的题目组成：一种是从一个完整图形中挖掉一块；另一种是在一个图形矩阵中缺少一个图形，要求被试从提供的几个备选答案中选出一个能够完成图形或符合一定结构规律的图案。

由于瑞文测验具有一般文字智力测验所没有的特殊功能，可以在言语交流不便的情况下使用，适用于各种跨文化的比较研究，测验对象不受文化、种族与语言等条件的限制，适用的年龄范围也很宽，从 5 岁半直至老年。我国心理学工作者在 1985 年完成了对瑞文推理测验的修订，此测验有 60 道题目，可以单独或团体施测。

12.4.2　特殊能力测验

在现代化的生产和生活的要求下，人的社会分工越来越精细，形成了不同实践领域所需要的特殊能力。智力测验提供了对人的一般能力的了解，这种了解远远不能满足社会对选拔和使用各种人才的迫切需要。研究表明，智力与各种特殊能力之间的相关并不大，各种特殊能力都有自己的结构。为了测定从事某种专业活动的能力，就要对这种活动进行分析研究，找出它所要求的心理特征，然后根据这些心理特征，列出测验项目，设计测验，以便测量特殊能力。

特殊能力测验(Special Ability Test)就是使用不同的方法和手段来度量这些特殊能力。特殊能力具有独特的能力结构。例如，通过测定一个人对音调、音响、和谐、节律的感受和分辨，可以了解他的音乐能力；通过测定人对仪表的认读、空间定向、对仪器的理解、对物体运动速度的判断和手指的灵活性等，可以判断一个人的飞行驾驶能力等。可见，特殊能力测验同样是对某种能力的结构成分做出分析，然后采取适当的手段来进行度量。目前，主要的特殊能力测验有：音乐能力测验；美术能力测验；飞行能力测验；机械能力测验；文书能力测验等。

特殊能力测验具有较强的针对性，因而对职业定向指导、安置和选拔人员、发现和培养具有特殊能力的儿童有重要意义。但这种测验发展较晚，因而测验的标准化问题尚未得到较满意的解决。

12.4.3　创造力测验

创造力测验(Creativity Test)是用于测量人的创造能力的测验，是能力测验之一，通常以发散性思维为指标。创造力测验的内容，不强调对现成知识的记忆和理解，而是强调思维流畅性、灵活性、变通性、独创性、精致性等，问题的答案也非唯一和固定的。

从 20 世纪 50 年代末期开始，在古尔福持(J. P. Gullford)提出创造力理论后，心理学工作者针对过去智力测验的不足之处，编制了着重测量发散思维的创造力测验。目前所编制的创造力测验还主要是实验的形式，用于科学研究，测验的题目多属开放型，在评分和确定测验效度和信度方面都有困难。创造力测验一般分为语言式和绘画式两种类型，主要的创造力测验有以下内容：

(1) 南加利福尼亚大学发散性思维测验，是由美国心理学家吉尔福特等编制，这套测验包含 10 个分测验，其中 5 个语言的(语义的)测验和 5 个图形的测验。在 10 个分测验中，有 7 个测验用于成人测验。

(2) 托兰斯创造性思维测验，是由美国明尼苏达大学心理学家托兰斯(E.P.Torrance)等人编制，整套测验由 12 个分测验组成，分成语言测验(即关于词的创造性思维)、画图测验(即关于形象的创造性思维测验)和听觉测验(即关于声音和词的创造性思维)。这套测验适用于幼儿园至成人。

(3) 芝加哥大学创造力测验，由美国芝加哥大学心理学家盖泽尔斯(J.W. Getzels)和杰克逊(P.W.Jackson)等人在20世纪60年代初编制。这套测验包括下列五个项目：语词联想测验；用途测验；隐蔽图形测验；完成寓言测验；组成问题测验。这套测验适用于小学高年级至高中阶段的青少年，适用于团体测试，并且有时间限制。

人的创造力在现代生活中有重要意义，创造力测验也引起人们的普遍重视。但是这类测验与特殊能力测验一样，研究的历史还不长，测验的标准化程度还不够。某些测验虽然取得了一些有科研价值的资料，但离实际应用——预测和控制人的创造行为，还有很远的距离。

复习思考题

1. 名词解释：能力、一般能力、特殊能力、模仿能力、创造能力、超常儿童、低常儿童、智商
2. 试述能力与知识、技能的关系。
3. 能力的种类有哪些？试说明各种能力的特点与作用。
4. 怎样理解一般智力和特殊智力？它们的关系怎样？
5. 智力的因素理论的学说有哪些？其各自的基本观点是什么？
6. 智力的结构理论的学说有哪些？其各自的基本观点是什么？
7. 试述吉尔福特的智力三维结构模型理论、加纳德的多元智力理论、斯腾伯格的智力三元论、智力的PASS模型的基本观点，分别给您带来什么启示？
8. 举例说明能力差异的主要表现。
9. 试述能力发展的一般趋势。
10. 影响能力发展的因素有哪些？
11. 述评常用的智力测验。
12. 分析自己的能力特点，以及在今后发展中如何更有效地发展自己的能力？

第 13 章 学习的基本理论

本章学习目标

> 学习的实质
> 学习的分类
> 巴甫洛夫的经典性条件作用论
> 桑代克的联结说
> 斯金纳的操作性条件作用论
> 班杜拉的社会学习理论
> 布鲁纳的认知结构学习理论
> 奥苏伯尔的认知同化论
> 加涅的信息加工学习理论
> 建构主义的学习理论
> 人本主义的学习理论

学习理论是教育心理学中最基本、最核心的内容之一。但由于学习问题本身的复杂性，研究者的文化背景、知识经验，以及指导思想和研究方法的不同，对学习的某些根本问题的理解存在分歧，从而形成了各种不同派别的学习理论。学习和掌握这些理论，可以从不同的角度和层面帮助我们理解、研究和解决学习的本质和规律问题。

13.1 学习概述

13.1.1 学习的实质

1. 学习的含义

学习的实质要回答的核心问题是学习究竟是什么。从心理学的角度来看，广义的学习是指人和动物在生活过程中，凭借经验而产生的行为或行为潜能的相对持久的变化。狭义的学习是指人类的学习是在社会生活实践中，以语言为中介，自觉地、积极主动地掌握社会的和个体的经验的过程。

具体来说，可以从以下三个方面来理解学习的含义。

（1）学习表现为行为或行为潜能的变化。从不知到知，从不会到会，从不懂到懂就是一个变化过程。这种变化有时是明显的，可以很容易观察到；有时是不明显、潜在的，很难观察到。例如，对现代艺术鉴赏的学习或道德规范的学习，往往不是在当前行为中就立即表现出来的。

(2) 学习所引起的行为或行为潜能的变化是相对持久的。学习引起的变化相对可以保持较长的时间，具有一定的稳定性。例如，学会游泳后即使多年不下水，只要稍加练习，就能自如地在水中完成游泳动作。个体的变化也可能由生理状态、疲劳、药物等引起，但这种行为水平变化相对是暂时的。

(3) 学习是由反复经验而引起的。由经验而产生的学习主要有两种类型：一种是由有计划的练习或训练而产生的正规学习，如中小学生在学校中的学习；另一种则是由偶然的生活经历而产生的随机学习，如路遇交通事故而体会到遵守交通法规的重要性等。个体的学习只能在其经验的改变中发生，没有经验也就无所谓学习。例如，疲劳、药物(如兴奋剂、镇定剂等)、醉酒等因素也会引起个体行为的变化，但这种变化不是由经验或练习引起的，故我们不能把它们称为学习。

从上述分析可知，学习是指学习者由经验而引起的行为、能力和心理倾向的比较持久的变化。任何水平的学习都将引起适应性的行为变化，不一定表现出外显行为的变化，也有潜在的个体内部经验的改组和重建，而且这些变化是相对持久的。但是不能把个体一切持久的行为变化都归之为学习，那些由于疲劳、成熟、机体损伤以及其他生理变化所导致的行为变化就不属于学习，只有通过反复经验或练习使个体行为或行为潜能发生相对持久的变化才能称为学习。

2. 人类的学习和学生的学习

1) 人类的学习

人类的学习与动物的学习的区别表现为以下三个方面：

(1) 人类的学习除了要获得个体的行为经验外，还要掌握人类世世代代积累起来的社会历史经验和科学文化知识；

(2) 人类的学习是在改造客观世界的生活实践中，在与其他人的交往过程中，通过语言的中介作用而进行的；

(3) 人类的学习是一种有目的的、自觉的、积极主动的过程。

2) 学生的学习

学生的学习是人类的学习中一种特殊形式。它是在教师的指导下，有目的、有计划、有组织、有系统地进行的，是在较短的时间内接受前人所积累的文化科学知识，并以此来充实自己的过程。

13.1.2 学习的分类

从不同角度看，学习可以分为不同类型，而不同类型的学习往往在学习过程和规律上有所不同。

1. 加涅的学习结果分类

美国著名教育心理学家加涅(R.M.Gagne，1916—2002)在其著名的《学习的条件》一书中，根据学习情境由简到繁把学习分为 8 个层次水平：信号学习、刺激—反应学习、连锁学习、言语联想学习、辨别学习、概念学习、规则学习、解决问题学习。同时，他又提出按照学习结果的不同，将学习分为以下 5 种类型。

(1) 言语信息的学习。言语信息的学习是指学生掌握的是以言语信息传递(通过言语交往或印刷物的形式)的内容或者学生的学习结果是以言语信息表达出来的。这一类的学习通常要掌握大量的名称、事实、事件的特性以及许多有组织的观念等。

(2) 智慧技能的学习。智慧技能的学习是指学习者使用符号与环境相互作用的能力。学习者要掌握概念、规则并将其应用于新情境中。言语信息的学习是帮助学生解决"是什么"的问题，而智慧技能的学习则要解决"怎么做"的问题。加涅认为，智慧技能按照其复杂程度又可分为 4 种：辨别学习、概念学习、规则学习、解决问题或高级规则学习。

(3) 认知策略的学习。认知策略的学习是指学生对内部认知过程进行调节与控制的能力。学生要学会调节与控制自己的注意、记忆、思维和问题解决过程等。加涅认为，认知策略与智慧技能的不同在于，智慧技能是处理对外认知加工的能力，而认知策略是处理对内认知加工的能力，它支配着学生在应对环境时自身的行为。

(4) 态度的学习。态度是通过学习获得的内部状态，这种状态影响着个人对某种事物、人物及事件所采取的行动。态度学习是个体认知、情感和行为意向三个方面的综合结果。所以态度学习包括对认知对象的认识，对活动所伴随的情感体验和由此表现出来的个人行为意向。

(5) 动作技能的学习。动作技能的学习是指通过练习获得的、按一定规则协调自身运动的能力。动作技能的获得不仅包括外显的动作反应，还包括所受到的内部心理加工的控制。

加涅认为，上述 5 类学习不存在等级关系，其顺序是随意排列的，它们只是一些不同的学习。这 5 种学习又分为 3 个领域：前 3 种学习结果属于认知领域(包括知识、技能和策略)，第 4 种学习结果属于情感领域，第 5 种学习结果属于动作技能领域。把人类的学习结果分为认知、情感和动作技能 3 个领域几乎成了所有学习心理学家和教育心理学家的共识。由于学校教学目标也就是预期的学生学习结果，因此，从学习结果对学习进行分类，对教师确定教学目标，指导学生的学习，更好地组织教学具有现实意义。

2. 奥苏伯尔的学习分类

当代美国教育心理学家奥苏伯尔(D.P.Ausubel)更为关注对在校学生学习的研究。20 世纪 60 年代，他提出了学习类型划分，并在其《教育心理学——认知观点》一书中，对这一分类进一步做了系统阐述。他根据自己的理解从两个独立维度上对认知领域的学习进行了划分：一是根据学习的方式，将学习分为接受学习和发现学习；二是根据学习材料与学习者原有知识的关系，将学习分为机械学习和意义学习。在奥苏伯尔的理论中特别重视有意义的接受学习，这是该理论的核心。

1) 接受学习与发现学习

奥苏伯尔认为，接受学习是讲授者以定论的形式，把学习的内容传授给学习者，学习者"被动"接受,把学习的内容内化为自身的知识,在适当的时候能够提取出来或应用。发现学习是讲授者不直接把学习内容教给学生,而是让学生独立地去发现这些内容并将其内化。换言之,接受学习与发现学习之间有着明显区别,发现学习只是比接受学习多了发现要学习的内容这一环节。

2) 意义学习和机械学习

在奥苏伯尔的理论中,意义学习是指学习者利用原有经验来进行新的学习,建立新旧经验的联系。这样,学生不仅能够记住符号,而且能理解学习内容的实质。而机械学习则是学习者对学习内容和已有经验之间不做实质性的联系。这样,学生只能记住符号本身,而不能理解内容,从而导致死记硬背。

奥苏伯尔认为,无论是接受学习还是发现学习,都既可能是机械的也可能是意义的。如果在接受学习中讲授得法,并不一定导致学生机械地接受,也可能是意义地接受学习。同样,发现学习也不一定保证学生进行的是意义学习。如果学生仅仅机械地记住了解决问题的典型步骤,而对自己正在做什么、为什么这样做非常模糊,他们也可能得到正确答案,但这并不比机械学习更有意义。为了清楚地说明接受学习、发现学习与意义学习、机械学习的关系,奥苏伯尔从两个维度对学校中的学习进行了分类,如图 13-1 所示。不难发现,意义学习与机械学习、接受学习与发现学习都是一个发展连续体上的两个极端,许多真实的学习是处于两者之间的某一点上。在现实课堂教学中,有意义地接受学习被认为是最常见也是最有效的学习形式。

图 13-1 奥苏伯尔的学习类型示意图

3. 我国学者冯忠良的学习分类

我国学者冯忠良(2000)根据国外的研究并结合我国教育实际,将学生学习分为以下 3 种类型。

1) 知识的学习

知识是主体与环境相互作用后获得的信息及其组织,是客观事物的主观表征。知识的学习是通过一系列的认知活动,在头脑中构建相应的认知结构而实现的。

2) 技能的学习

技能是建立合乎一定规则的活动方式过程,包括外部技能和内部技能。技能的学习通过练习在头脑中构建起相应的动作结构。技能的学习不仅要解决知道做什么，还要学会怎样去做。

3) 社会规范的学习

社会规范也叫行为规范，是人类用以调节人们的社会行为、实现社会控制、维持社会秩序的学习。社会规范学习的目的是在认识与实践的基础上，在头脑中构建起相应的品德结构，从而实现对个人行为的调节。

13.2 行为主义的学习理论

自从华生于1913年发表《一个行为主义者眼中的心理学》，首次打出行为主义心理学旗帜之后，行为主义曾一度占据心理学的主流。行为主义强调外部环境对人的学习的决定作用，强调研究可观察的行为，认为学习过程是个体在一定的条件下形成刺激与反应的联系，从而获得新的经验的过程。其基本观点如下：①以 S-R 公式作为所有心理现象的最高解释原则，将一切心理现象归结为 S-R 联结的形成；②强调学习发生的原因在于外部强化，主张研究学习就在于研究其外部条件，而忽略对学习内在过程和内部条件的研究。行为主义学习理论的代表人物主要有巴甫洛夫、桑代克、斯金纳与班杜拉等。

13.2.1 巴甫洛夫的经典性条件反射学习理论

巴甫洛夫(Иван Петрович Павлов，1849—1936)是苏联著名生理学家和心理学家，他最早用精确的实验对条件反射做了研究，获得1904年诺贝尔生理学奖。他通过对动物的实验研究，提出了经典性条件反射理论。其主要原理如下。

1. 巴甫洛夫的经典实验

巴甫洛夫在研究狗的消化腺的分泌变化时发现，当把食物送给一个饥饿的狗时，它就会分泌很多唾液，这是一种先天的无条件发射，食物作为一种无条件刺激引起了分泌唾液这种无条件反应。如果在出示食物时伴随或稍前出现一种与分泌唾液毫无关系的中性刺激，比如，脚步声或铃声，经过多次重复结合后，这种中性刺激单独出现也会引起狗的唾液分泌。这样，原来的中性刺激(如脚步声)通过与无条件刺激(如食物)反复结合，变成了一种条件刺激，分泌唾液成了由这种条件刺激引起的条件反应，这就建立了一种条件反射(conditional reflex)，后人称之为"经典条件反射"(classical conditioning)。

经典条件反射的形成条件如下：①无条件刺激：指本来就能引起某种固定反应的刺激；②无条件反应：指由无条件刺激原本就可以引起的固定反应；③条件刺激：指原来的中性刺激；④条件反应：指条件反射形成后由条件刺激引起的反应。条件反射的建立过程可以用表13-1来表示。

表 13-1 经典性条件反射的形成过程

建立前	无条件刺激 (食物) →	无条件反应 (唾液分泌)
	中性刺激 (铃声) →	引起注意 但无唾液分泌
建立中 (多次重复)	中性刺激 (铃声) 无条件刺激 (食物) →	无条件反应 (唾液分泌)
建立后	条件刺激 (铃声) →	条件反应 (唾液分泌)

2. 经典性条件反射的基本规律

1) 获得与消退

获得是指将条件刺激与无条件刺激多次结合呈现，可以获得条件反应和加强条件反应。例如，将声音刺激与喂食结合呈现给狗，狗便会获得对声音的唾液分泌反应。在条件作用的获得过程中，条件刺激与无条件刺激之间的时间间隔十分重要。

消退是指对条件刺激反应不再重复呈现无条件刺激，即不予强化，反复多次后，已习惯的反应就会逐渐消失。例如，狗学会对铃声产生唾液分泌，在一段时间听到铃声而不喂食之后，可能对铃声不再产生唾液分泌反应。然而，要完全消除一个已经形成的条件反应则比获得这个反应要困难得多。

2) 泛化与分化

泛化是指某种特定条件刺激形成条件反应后，其他与该条件刺激相类似的刺激也能诱发相同的条件反应。例如，曾经被一条大狗咬过的人，看见小狗也可能产生恐惧。"一朝被蛇咬，十年怕草绳"就是获得与泛化的例证。

分化是通过选择性强化和消退使个体学会对与条件刺激相类似的刺激做出不同的反应。例如，为了使狗区分开圆形和椭圆形光圈，只在圆形光圈出现时才给予食物强化，而在呈现椭圆形光圈时则不给予强化，那么狗便可以学会区分圆形和椭圆形光圈。

泛化和分化是一个互补的过程，泛化是对事物相似性的反应，分化则是对事物差异的反应。泛化能使我们的学习从一种情境迁移到另一种情境，而分化则能使我们对不同的情境做出不同的恰当反应，从而避免盲目行动。

3. 简评

巴甫洛夫虽然不属于行为主义心理学家，但是他对动物研究所发现的条件作用原理，却对以后美国行为主义的兴起产生了先导作用。巴甫洛夫对条件反射的研究是开创性的，而且他的实验方法与研究结果被后来的心理学家所广泛接受。然而，经典性条件作用要成功地解释所有的学习，前提就是个体所有的行为都可以由某个无条件刺激引发出来，但是事实并非如此，所以用经典性条件反射来说明个体的学习就受到了限制。

13.2.2 桑代克的"试误—联结"学习理论

桑代克(E. L. Thorndike, 1874—1949)是美国著名心理学家，是科学教育心理学的开创者，是第一个系统论述教育心理学的心理学家，人们一般把他推崇为"教育心理学之父"。他采用实证主义的取向，使教育心理学研究走向了科学化的道路，将传统哲学教育心理学转化为科学教育心理学。

1. 桑代克的经典实验

桑代克是最早用动物实验来研究学习规律的心理学家。他从1896年开始以动物为对象进行学习方面的研究。桑代克早期以猫来研究动物的学习，最著名的实验是"猫开笼取食"实验。他把饥饿的猫关入迷笼中，把食物放在笼外猫看得见却摸不到的地方，猫进入迷笼，本能地做出许多反应。后来偶然碰到了开门的踏板，打开了笼门，吃到了食物。经过多次尝试错误，猫学会了碰踏板以开笼门的行为，这说明猫学会了正确的反应。

2. 桑代克关于学习实质的基本观点

1) 学习的实质在于形成情境与反应之间的联结

1898年桑代克发表了博士论文《动物的智慧：动物联想过程的实验研究》，对动物实验的结果进行了总结，提出了著名的"学习的联结理论"。该文指出：学习即联结。所谓联结，指的是某种情境仅能引起某种反应，而不能唤起其他反应的倾向。学习的实质在于形成情境与反应之间的联结，二者之间是直接的因果关系，不需要任何中介因素，不需要观念或思维的参与。桑代克认为人类所有的思想、行为和活动都能分解为基本的单位——刺激与反应的联结。

2) 学习的过程是不断地尝试与错误的过程

桑代克认为，刺激—反应联结是通过尝试错误、不断修正行为而形成的，是随着错误反应的逐渐减少和正确反应的逐渐增加而形成的。学习是一种渐进的、盲目的尝试与错误的过程，因此，他的学说又被称为"尝试错误说"(简称试误说)。

3. 桑代克关于学习规律的基本观点

桑代克在用动物进行实验的过程中，总结了影响学习(联结的形成)的一些规律性东西，并提出了3条主要的学习律：准备律、练习律和效果律。

(1) 准备律：桑代克认为，学习者在进入某种情境时所具有的预备性反应倾向会影响到学习的反应。学习者有准备而且给予活动就感到满意，有准备而无活动就会感到烦恼，学习者无准备而强制其活动也会感到烦恼。准备律实际上体现了学习的动机原则。

(2) 练习律：练习次数的多少，影响刺激和反应之间稳固的程度。练习律包括应用律和失用律。应用律是一个已形成的可以改变的联结，若加以应用就会使这个联结增强；失用律是一个已形成的可以改变的联结，如不应用就会使这个联结减弱。

(3) 效果律：一个联结的后果会对这个联结有加强或削弱作用。如果行为得到满意的结果，行为将增强；如果行为得到惩罚的结果，行为将减弱。

4. 简评

桑代克的学习联结说以实验研究为基础，提出了教育心理学史上最早、最系统的学习理论。他用刺激—反应之间的联结取代了传统联想主义的观念之间的联结，提出学习无须意识参与的观点，受到后来的行为主义者的关注。但他又特别强调先天本性以及满意、烦恼、定势(心向)等因素的影响，这与后来的华生等的行为主义又是不相容的，在这种意义上桑代克又不完全是行为主义者。桑代克理论的主要缺陷在于机械论和简单化，抹杀了人类学习的主观能动作用，也把复杂的学习过程简单化了。他热衷于发现普遍适用的学习规律，但这些规律实际上只能解释简单的、机械的学习。

13.2.3 斯金纳的操作性条件反射学习理论

斯金纳(B.F.Skinner，1904—1990)是美国著名的新行为主义心理学家，他在桑代克的联结主义学习理论的基础上，通过对动物的实验研究，提出了操作性条件反射理论。其主要原理如下。

1. 斯金纳的经典实验

斯金纳的理论也是建立在动物的研究基础之上的。在斯金纳以白鼠等动物为被试进行的精密实验研究中，运用了一种特殊的实验装置——"斯金纳箱"。箱内装有一个小杠杆，杠杆连接一个食物盘，只要按压杠杆，就会有一粒食物丸滚到食物盘内。斯金纳将饥饿的白鼠关在箱内，白鼠便在箱内不安地乱跑，活动中偶然压到了杠杆，则食物丸滚到食物盘内，白鼠也就吃到了食物丸。白鼠经过几次尝试，会不断按压杠杆，直到吃饱为止。斯金纳发现，如果一个操作(自发反应)出现以后，有强化刺激尾随，则该操作的概率就会增加；反之，如果没有强化刺激尾随，则该操作发生的概率就会减弱，甚至消失。他认为，学习实质上是一种反应概率上的变化，而强化是增强反应概率的手段。由此，他提出了操作性条件反射(operant conditioning)学习理论。

2. 操作性条件作用的基本规律

斯金纳认为，人和动物存在两种类型的学习：一类是应答性行为，是由特定刺激所引起的，是经典条件作用的研究对象；另一类是操作性行为，是不与任何特定刺激相联系，是个体自发做出的随意反应，是操作性条件作用的研究对象。在日常生活中，人的行为大部分都是操作性行为，影响行为巩固或再次出现的关键因素是行为后所得到的结果，即强化(reinforcement)。

1) 强化

强化是指通过某一事物增强某种行为的过程。强化也是一种操作。强化的作用在于增强同类反应在将来发生的概率。强化物则是一些刺激物，它们的呈现或撤除能够增加反应发生的概率。

(1) 强化的类型。

强化有正强化与负强化之分。正强化(positive reinforcement)是指在行为之后,伴随的一种积极刺激。正强化的功能是实施奖励,增加行为出现的次数。例如,饥饿的白鼠按压杠杆得到食物丸是正强化。负强化(negative reinforcement)是指当期望的行为不出现时,就实施某种消极刺激,直到所期望的行为出现,才撤销这种消极刺激。负强化的功能是撤销惩罚,增加行为出现的次数。例如,白鼠处于轻微的电击中,一旦按压杠杆,电击解除,它同样能增加动物的压杆反应。负强化物通常是一种厌恶刺激,是个体力图回避的。需要注意的是,无论是正强化物还是负强化物,其结果都是增加行为再次出现的概率,促进行为的发生。

在条件作用中,凡能使个体操作性反应的频率增加的一切安排均称为强化。在经典条件反射中,是指使无条件刺激与条件刺激相结合,用前者强化后者。在操作条件反射中,是指正确反应后所给予的奖励(正强化)或撤销惩罚(负强化)。

(2) 强化的程式。

强化的程式是指反应在什么时候受到强化或受到强化的次数。斯金纳认为,在行为实验中,强化程式是最容易控制的、最有效的变量。

图13-2 强化程式的分类

强化的程式多种多样,每一种不同的程式都会产生相应的反应模式,如图13-2所示。①连续式强化是指每次行为之后都予以强化,在学习新的反应时最为有效。②间隔式强化比起连续式强化具有更高的反应率和更低的消退率,可分为时间式和比率式两类。③时间式强化又可细分为定时距式强化和变时距式强化。定时距式强化,即强化的时间间隔是固定的。个体会根据强化的时间进行反应,个体在强化到来之前反应率达到高峰。如学生在期末考试前临时抱佛脚就证明了这一点。④变时距式强化,即强化的时间间隔是变化的。个体不知何时出现强化,但总有一种就要出现的预想,所以反应速度比较稳定,较少出现停顿。如不定期的卫生检查就属此类强化。⑤比率式强化又可细分为定比率式强化和变比率式强化。定比率式强化,即强化与反应次数之间成一定比例。在这种强化条件下,个体做出的反应越多,得到的强化也越多,个体完全依靠自己的反应去控制强化,反应速度较快。例如,儿童每完成一定量的作业就允许玩一会儿就属此类强化。⑥变比率式强化,即强化与反应次数之间的比例是变化的。个体做出的反应就越多,得到的强化也就越多,但个体不知强化的标准,不能完全控制强化,反应速度也很快。变比率式强化对维持反应的稳定性和频率最为有效。如日常生活中家长、教师对儿童的表扬、批评多属于此类强化。

根据强化的上述特点，在教学中应注意以下问题：①教授新任务时，要进行即时强化，不要进行延缓强化。强化紧跟着行为出现比延缓出现要有效得多。②在任务的早期阶段，强化每一个正确的反应，随着学习的发生，逐渐地转到间隔式强化。③强化要保证做到朝正确方向促进或引导。不要坚持一开始就做到完美，不要强化不希望的行为。总之，强化程式的组合和强化物的运用在学习中起着关键作用。

2) 逃避条件作用与回避条件作用

逃避条件作用与回避条件作用都是负强化。负强化的功能是撤销惩罚，增加行为出现的次数。逃避条件作用是指当厌恶刺激出现时，个体做出某种反应逃避了厌恶刺激，则该反应在以后的类似情境中发生的概率便增加。例如，看见路上的垃圾绕道走开，感觉屋内人声嘈杂暂时离屋等。回避条件作用是指当预示厌恶刺激即将出现的刺激信号呈现时，个体也可以自发地做出某种反应避免厌恶刺激，则该反应在以后的类似情境中发生的概率便增加。例如，小红对豆类过敏，听说领导要请大家去豆腐连锁饭店吃饭，便找借口推辞了。

3) 消退

消退是指个体做出以前曾被强化过的反应，如果在这一反应之后不再有强化物相伴，那么，此类反应在将来发生的概率便降低。在操作性条件作用中，无论是正强化的奖赏，还是负强化的逃避与回避条件作用，其作用都在于增加某种反应在将来发生的概率，以达到塑造行为的目的。而消退是一种无强化的过程，其作用在于降低某种反应在将来发生的概率，以达到消除某种行为的目的，因此，消退是减少不良行为、消除坏习惯的有效方法。

4) 惩罚

惩罚是指当个体做出某种反应以后，呈现一个厌恶刺激，以消除或抑制此类反应的过程。惩罚与负强化不同，负强化是通过厌恶刺激的排除来增加反应在将来发生的概率，惩罚则是通过厌恶刺激的呈现来降低反应在将来发生的概率。但是，惩罚并不能使行为发生永久性的改变，它只能暂时抑制行为，而不能根除行为。惩罚只能让学生明白什么不能做，但并不能让学生知道能做什么和应该怎么做。因此，对惩罚的运用必须慎重，惩罚一种不良行为应与强化一种良好行为结合起来，才能取得预期的效果。

总之，根据操作性条件学说，在教育过程中，教师应多用正强化的手段来塑造学生的良性行为，用不予强化的消退方法来消除或减少不良行为，应慎重地运用惩罚。

3. 操作性条件反射学习理论在教学中的应用

程序教学是基于操作性条件反射和积极强化的原理而设计的教学模式。所谓程序教学，是指将各门学科的知识按其中的内在逻辑联系分解为一系列的知识项目，这些知识项目之间前后衔接，逐渐加深，然后让学生按照知识项目的顺序逐个学习，对每个知识项目的学习及时给予反馈和强化，使学生最终能够掌握所学的知识，达到预定的教学目的。可见，精心设置知识项目序列和强化程序是程序教学能否成功的关键因素。

程序教学遵循以下原则：①小的步子：知识项目分解为许多具有逻辑联系的小步子，可方便学生顺利地学习。②积极反应：学生对每个知识项目的问题都要做出积极反应。③及时反馈：对学生的反应及时给出反馈信息，及时强化。④低错误率：将错误率降到最低限度，使学生尽可能每次都做出正确反应。⑤自定步调：学生可以根据自己的实际情况确定学习的进度，而不必要求每个学生同时同步学习同一知识项目。

4. 简评

斯金纳一生中最大的贡献就是提出了操作性条件作用的原理，并对各种强化程序安排的效果做了较为科学而又详细的考察。他根据强化原理所设计的一些应用性技术，不仅使实验室内的动物行为发生了变化，而且被广泛应用于人类社会情境。他所提出的程序教学，对于提高人的学习效率和发展教育心理学都有积极的意义。但他的研究局限在实验室中动物的简单学习上，缺乏对人的高级学习活动的探讨，而且他只研究外显行为，避免涉及个体的内部状态，在这两点上他与华生等行为主义者有着同样的缺陷。

13.2.4 班杜拉的社会学习理论

班杜拉(A. Bandura)是美国心理学家，社会学习理论的奠基人。自20世纪60年代，在大量实验研究的基础上，他逐渐从行为主义研究中脱离出来，提出了一系列的思想，逐渐从偏重于外部因素作用的行为主义者向强调外在与内在两者并重转化，建立起具有自己特色的理论。他认为，社会学习的主要形式是模仿，模仿的前提是观察。儿童通过观察他们生活中重要人物的行为而习得社会行为。其主要观点如下。

1. 交互作用论

班杜拉通过对以往学习理论的分析，提出了三元交互决定论(reciprocal determinism)的思想。他认为在行为的发生过程中，行为、个体(主要指认知和其他个人的因素)和环境三类因素综合起作用，如图13-3所示。这三类因素是"你中有我，我中有你"的关系，它们互为因果，彼此联系，共同决定了行为的发生。班杜拉认为，学习不但受外部环境的影响，而且也受到认知的调节和自我调节。人的行为是内部因素和外部环境相互作用的产物，坚持了多因素相互作用共同决定的观点。该观点可概括为：①个体的行为、认知以及环境因素互为因果，组成了相互作用系统；②三因素交互作用，导致一果多因，一因多果。这在学习理论的研究中是一个很大的进步。

图13-3 个体、环境与行为三者的关系图

2. 观察学习

班杜拉认为，人类的学习有两种形式，一种是直接学习，另一种是间接学习。观察学习是一种间接学习的形式。人类的大多数行为是通过观察而习得的。人们可以通过观察他

人的行为及行为的后果，获得榜样行为的符号表征和经验教训，并可引导观察者今后的行为。按照班杜拉的观点，观察学习的心理过程可分为注意、保持、动作再现和动机4个阶段，如图13-4所示。

(1) 注意过程(attention processes)，是指调节观察者对示范活动的探索和知觉，决定观察者在大量的榜样影响中选择什么作为观察的对象，抽取榜样哪些信息等。影响注意过程的因素主要有三个：榜样行为的特性、榜样的特征、观察者的特点。

(2) 保持过程(retention processes)，是指使得学习者把瞬间的经验转变为符号概念，形成示范活动的内部表征。示范信息的保持主要依赖于两种符号系统：表象系统和言语系统。同时，动作的演练也可作为一种重要的记忆支柱。

图13-4 观察学习的基本过程

(3) 动作再现过程(motor reproduction processes)，是指以内部表征为指导，把原有的行为成分组合成信息的反应模式。通俗地讲，动作再现过程就是观察后的模仿过程。班杜拉认为，个体对榜样行为的再现过程可以划分成：反应的认知组织、反应的发起和监控，以及在信息反馈基础上的演练。在行为实施的初始阶段，反应在认知水平上得到筛选和组织。自我效能感是影响动作再现过程的一个重要因素。

(4) 动机过程(motivation processes)，是指个体不仅观察、习得榜样身上的行为，而且也愿意在适当的时机将学到的行为表现出来。班杜拉把行为习得与行为表现相区分，认为习得的行为不一定表现，习得的行为是否表现除了受对行为的直接强化影响外，还受替代强化(vicarious reinforcement)和自我强化(self-reinforcement)的影响。班杜拉尤其强调替代强化和自我强化的重要作用。所谓替代强化，是指观察者在模仿榜样的行为时，是以榜样做出反应时所受到的强化为动力的。所谓自我强化，指的是人能够自发地预测自己行为的结果，并依靠信息反馈进行自我评价和调节。这无疑强调了学习的认知性和学习者在学习中的主观能动作用。

3. 自我效能感

20世纪70年代末期以后，班杜拉的研究兴趣开始转移到个体自我效能感(见第9章的动机理论部分)。班杜拉认为除了结果期望外，还有一种效能期望。自我效能感与人的行为动机之间有着密切的联系，这是因为人们对自己的能力判断影响着其对自己将来行为的期待。自我效能感通过决定着人试图做什么，以及在做的过程中要付出多大努力的预期而对个体行为起着重要的引导作用。例如，如果一个人觉得榜样的行为在自己的能力范围之内，那么，他就会设法去模仿这一行为；如果一个人的自我效能感很低，觉得榜样的行为超乎其能力之外，就会妨碍其采取积极的行为。因此，从自我效能感的功能来看，自我效能感高的人更倾向于选择具有一定难度和挑战性的任务，活动更具有坚持性，并伴随积极的情绪体验。

班杜拉对自我效能感的形成条件进行了大量的研究，认为增加儿童的成功体验、转换观察比较对象等是提高儿童自我效能感的有效措施。

4. 简评

班杜拉在行为主义和认知理论之间形成了一种有机的联系，其社会学习理论对当代学习理论研究和教育实践产生了巨大影响。班杜拉的观点与其他早期的学习理论不同，他的社会认知学习理论建立在设计严密的实验研究基础之上，主要以人为被试进行，所构建的理论对人类的学习具有较强的解释力。班杜拉的社会学习理论揭示了人类的一种极为普遍的学习形式，强调多因素相互作用、共同决定行为的观点以及重视观察、模仿、自我效能感在学习中的作用等思想。该理论无论在行为习惯和道德品质的学习方面，还是在语言知识及人际交往方面，都有重要的指导作用和参考价值。

13.3　认知派的学习理论

认知派的学习理论认为，学习不是在外部环境的支配下被动地形成 S-R 联结，而是主动地在头脑内部构造认知结构；学习不是通过练习与强化形成反应习惯，而是通过顿悟与理解获得期待；学习受主体的预期所引导，而不是受习惯所支配。个体当前的学习依赖于他原有的认知结构和当前的刺激情境，教学的目标在于帮助学习者把外界客观事物(知识及其结构)内化为其内部的认知结构。认知派学习理论的代表人物主要有布鲁纳、奥苏伯尔和加涅等，他们的主要观点如下。

13.3.1　布鲁纳的认知—发现学习理论

20世纪50年代，行为主义心理学在美国心理学界处于绝对主导地位，以斯金纳等人的理论为基础的行为主义的教学理论被用到教育实践当中。1957年，苏联率先发射了第一颗人造地球卫星，这个事件震惊了美国教育界，人们当即反省，认定美国太空科技的落后根源于美国中小学科学教育的落后，认为斯金纳的理论只能让学生在控制的环境中机械、被动地学习一些固定的、零碎的知识，无法培养出能够创造性地解决问题的学生。在这一背景下，认知学习理论受到了人们的重视，并得以迅速发展。

美国哈佛大学教授布鲁纳(J. S. Bruner)自1951年开始对儿童思维行为进行研究，1956年出版了《儿童思维之研究》一文。布鲁纳强调，要想了解儿童的学习行为，就必须到教室去研究他们，不能以在实验室内研究老鼠或鸽子的学习现象去推论解释儿童的心理。布鲁纳主张学习的目的在于以发现学习的方式，使学科的基本结构转变为学生头脑中的认知结构，因此，他的理论常被称为认知—发现学习理论，也称为认知—结构论。

1. 学习观

1) 学习的实质是主动地形成认知结构

布鲁纳认为，学习的实质是主动地形成认知结构，而不是被动地形成刺激—反应的联结。布鲁纳十分强调学习的主动性和认知结构的重要性。什么是认知结构呢？概括地说，认知结构就是人关于现实世界的内在的编码系统(coding system)，是一系列相互关联的、非具体性的类目，它是人用以感知外界的分类模式，是新信息借以加工的依据，也是人的推理活动的参照框架。学生不是被动地接受知识，而是主动地获取知识，并通过把新获得的知识和已有的认知结构联系起来，积极地构建知识体系。因此，布鲁纳十分强调主动地形成认知结构在学习过程中的作用。

2) 发现学习是学习知识的最佳方式

布鲁纳认为，学习知识的最佳方式是发现学习。所谓发现学习，是指学生利用教材或教师提供的条件独立思考，自行发现知识，掌握原理和规律。布鲁纳认为，尽管学生所学习的知识都是经过人类长期的实践已经知晓并证明了的事物，但是学生依靠自己的努力独立地认识和总结出的原理、规律，对学生而言仍然是一种"发现"(准确地说是一种"再发现")。在他看来，学生的这种发现和科学家在科学研究领域里对人类以前未知的现象、规律进行探索而获得的新知识的发现，其本质是一样的，都是把现象重新组织或转化，使人能超越现象再进行组合，从而获得新的领悟而已。

3) 学习包括知识的获得、转化和评价三个过程

布鲁纳认为，学习包括三个几乎同时发生的过程，具体如下：①获得是个体运用已有的认知经验，使新输入的信息与原有的认知结构发生联系，理解新知识的意义，使之与已有的知识建立各种联系。②转化是对新知识进一步分析和概括，用获得的新知识对原有的认知结构进行重构，运用外推、内推或转换的方法，把知识整理成另一种形式，以便超越所给予的信息。③评价是对知识转化的一种检验，检验我们对新知识的分类是否正确、运用推导出的信息解决问题是否合适，以及新形成的认知结构是否合理等。

总之，布鲁纳认为学习任何一门学科的最终目的在于构建学生良好的认知结构。教师首先应明确所要建构的学生认知结构包含哪些组成要素，并能画出各组成要素的关系图解。在此基础上，教师应采取有效措施来帮助学生获得、转化和评价知识，使学科的知识结构转化为学生的认知结构，使书本的死知识变为学生自己的活知识。

2. 教学观

布鲁纳根据其学习理论，提出了非常有影响的"结构—发现"教学理论。他认为，教学活动应该最大限度地促进学生主动地形成认知结构，并在此基础上提出了结构教学观和发现法教学模式。

1) 结构教学观

布鲁纳强调学习的结果是形成认知结构，因此他强调在学科知识的教学过程中，促使学生掌握学科基本结构的重要性，认为教学的最终目标是促进"对学科结构的一般理解"。学科基本结构包括基本概念、基本原理及其内部规律。布鲁纳提倡将学科基本结构放在

编写教材和设计课程的中心地位。他认为理解学科基本结构至少有如下几个方面的好处：①理解了基本结构更有利于学生理解学科的具体内容。因为多数具体的问题只是一些原理、法则的具体化或变形而已。②有助于学习内容的记忆。一门学科的基本结构实际上是一种高度概括化、结构化、系统化的储存知识的网络，它本身有简化记忆、利于检索和提取信息的作用。③有助于迁移。学科的基本结构具有强大的概括力和解释力，因而也是最容易被迁移的知识。④有助于激发学生的学习动机和学习兴趣。布鲁纳认为好的学科结构本身就具有巨大的吸引力，能使学生产生强烈的兴趣和求知欲，让学生认为这些知识是值得学习的，并从学习过程中主动进行自我激励，从而获得自我效能感。⑤有助于儿童智力的发展。因此，教学必须适应各个年龄阶段的儿童的特点，并按照他们观察和理解事物的方式去表现学科的结构，使他们能够理解学科的基本结构。

2) 发现法教学模式

发现法教学模式是根据发现法学习而提出的，其指导思想是教师不应当让学生处于被动接受知识的状态，而是要为学生提供一定的材料，创设问题情境，引导学生独立地发现解决问题的方法，从中发现事物之间的联系和规律，获得相应的知识，形成或改造认知结构的过程。发现法教学没有一个固定的程序和模式，灵活性和自发性都很大，具体采用什么材料和组织形式要视不同学生的特点和不同学科的具体知识而定。

布鲁纳认为，发现法教学模式的特点如下：①教学围绕一个问题情境而展开，而不是围绕某一个知识项目而展开。②教学中以学生的"发现"活动为主，教师只起引导作用。③没有固定的组织形式。其最大优点是能最大限度地发挥学生在学习中的主体性和创造性。

布鲁纳提出了发现法教学的基本步骤，具体如下：①提出和明确使学生感兴趣的问题；②让学生对问题体验到某种程度的不确定性，以激发探究；③提供解决问题的各种材料和线索；④协助学生分析材料和证据，提出可能的假设，帮助学生对材料、线索进行分析审查，搜集和组织可用于作出判断的资料；⑤协助、引导学生审查假设，得出结论。引导学生对有关假设进行比较，找出最佳或可行的方法去解决问题。

在发现法教学过程中，教师的主要任务如下：①鼓励学生发现的自信心；②激发学生的好奇心，使之产生求知欲；③帮助学生寻找新问题与已有经验的联系；④训练学生运用知识解决问题的能力；⑤协助学生进行自我评价；⑥启发学生进行对比。由此可以看出，教师的主要任务在于引导学生去发现和对其发现技巧与方法的培养，而不是直接去教给学生解决问题的方法。

3. 简评

布鲁纳反对以 S-R 联结和对动物的行为习得的研究来解释人类的学习活动，克服了以往学习理论根据动物实验的结果而推演到人的学习的种种缺陷，针对学生在课堂教学情境下学习各种知识的活动提出自己的学习与教学理论，把研究的重点放在学生获得知识的内部认知过程和教师如何组织课堂以促进学生"发现"知识的问题上。他强调学生学习的主动性，强调学习的认知过程，重视认知结构的形成，注重学习者的知识结构、内在动机、独立性与积极性在学习中的作用，对学习理论的发展做出了突出的贡献。可以说，布鲁纳推动了教育心理学从行为主义向认知心理学的转变，从实验室研究向课堂研究的转变，从学习研究向教学研究的重大转变。然而，布鲁纳的发现法是建立在完美的教师素养和学生具备一定的知识经验的基础上的。在实际的教学中由于发现法耗时过多，不宜于在短时间内完成教学活动，操作起来有一定难度。

13.3.2 奥苏伯尔的接受—同化学习理论

奥苏伯尔是美国当代著名的认知派教育心理学家。他致力于课堂教学中学生对言语材料学习的研究，并在此基础上提出了接受—同化学习理论。他反对传统的学习理论，认为这些学习理论并不探讨在课堂里发生的学习，而只是根据实验室里的学习不加分析地外推。奥苏伯尔认为，学生的学习与科学家的研究活动存在本质上的区别，学习是对环境的一种主动活动过程，影响学习的唯一的最重要的因素是学生的经验。教学必须引导学生通过接受学习寻求解决问题的最佳方案，获取学科的基本概念和基本原理。他指出要根据学生原有知识运用"先行组织者"策略组织教学。这一原理是奥苏伯尔整个理论体系的核心，他的所有理论观点都是围绕这条原理展开的。

1. 学生的学习主要是有意义的接受学习

奥苏伯尔的理论与布鲁纳的理论同中有异，同属于认知结构学习理论。奥苏伯尔认为，传统教育心理学所研究的动物或人的学习基本上是机械学习，而学生的学习主要是有意义地接受学习。

1) 有意义学习的实质

有意义学习(meaningful learning)是指在学习知识的过程中，符号所代表的新知识与学习者认知结构中已有的适当观念建立实质性的、非人为的联系的过程。这也是划分机械学习与有意义学习的标准。所谓实质性联系(substantive contact)，是指新符号或符号所代表的新知识观念能与学习者认知结构中已有的表象、有意义的符号、概念或命题建立内在的联系，而不仅仅是字面上的联系。建立了实质性联系的新知识可以摆脱字面的表述形式的限制，用不同的语言来表达这一概念的含义。在教学中，教师经常把学生能否用不同表述作为判断有意义学习的一种重要指标。所谓非人为的联系(nonarbitrary contact)，是指新知识与认知结构中的有关观念具有某种人们可以理解的合乎逻辑的联系，而不是一种任意附加上去的联系。例如，"等边三角形"与"三角形"之间的联系不是任意附加上去的联系，它符合一般与特殊的关系。

2) 有意义学习的条件

有意义学习的产生既受学习材料性质的影响，也受学习者自身因素的影响。有意义学习有以下三个方面的条件：①学习材料的逻辑意义。材料本身与人类学习能力范围内的有关观念可以建立非人为的和实质性的联系。②有意义学习的心向。学习者具有积极主动地把符号所代表的新知识与学习者认知结构中原有的适当知识加以联系的倾向性。③学习者认知结构中必须具有适当的知识，以便与新知识进行联系。总之，学习者必须积极主动地将具有潜在意义的新知识与他认知结构中有关的旧知识发生相互作用，从而使旧知识得到改造，使新知识获得实际意义。

3) 接受学习的实质

奥苏伯尔认为，接受学习是在教师的指导下，学习者接受事物意义的学习。接受学习也是概念同化的过程，是课堂学习的主要形式。在接受学习中，所要学习的内容大多是现成的、已有定论的、科学的基础知识，通过教科书或教师的讲述，用定义的方式直接向学习者呈现，使学习者接受这些已有的知识，掌握它们的意义。接受学习绝非被动学习，学习者仍然是主动的。有人认为接受学习必然是机械学习，发现学习必然是有意义的学习。奥苏伯尔认为，这种看法是不正确的，无论是发现学习还是接受学习，都既可以是有意义的学习，也可以是机械的学习，关键在于学生如何进行学习。例如，照套公式解题就是一种机械的发现学习。任何学习，只要在新旧知识之间建立的联系是实质性的、非人为的，都是有意义学习的过程。

2. 有意义学习的内部心理机制是同化

奥苏伯尔对行为主义持批评态度，认为这种理论在本质上是一种外周论，没有说明学习的内部心理机制。奥苏伯尔强调学习过程是自上而下的同化过程，用同化来解释有意义学习的内部心理机制。同化实质是新知识通过与已有的认知结构中的起固定作用的知识或观念，建立实质性的、非人为的联系，进而被同化到已有的认知结构中来。其结果一方面是使新知识被学习者理解，获得心理意义；另一方面是使已有的认知结构发生改变，增加了新的内容，建立了更广泛的联系。

奥苏伯尔认为，认知结构是有一定层次性的，按照新旧观念的概括水平及其联系方式的不同，可以分为以下三种同化模式。

1) 下位学习

下位学习又称为类属学习，是指将概括程度或包容范围较低的新概念或命题，归属到认知结构中原有的概括程度或包容范围较高的适当概念或命题之下，从而获得新概念或新命题的意义。例如，先学习"油"，再学习"汽油、柴油、菜籽油、玉米油、花生油"等，学生就会更清楚"油"的意义。

2) 上位学习

上位学习也称总括学习，是指在认知结构中原有的几个观念的基础上学习一个包容性程度更高的命题，即原有的观念是从属观念，而新学习的观念是总括性观念。例如，儿童在熟悉了"胡萝卜""菠菜"这类下位概念之后，再学习"蔬菜"这一上位概念就比较容易理解了。

3) 组合学习

当学生新概念或新命题与认知结构中已有的观念既不产生下位关系，又不产生上位关系时，它们之间可能存在组合关系，这种只能凭借组合关系来理解意义的学习就是组合学习。例如，质量与能量、需求与价格等。在这种学习中，实际上学习者头脑中没有最直接的可以利用的观念，而只能在更一般的知识背景中为新知识寻找适当的固定点。

奥苏伯尔认为，当新知识与原有认知结构合理地联系起来，有意义学习便发生了。学生能否习得新知识，主要取决于他们认知结构中已有的有关观念，有意义学习是通过新信息与学生认知结构中已有的有关观念的相互作用才得以发生的，这种相互作用的结果导致了新旧知识的意义的同化。在奥苏伯尔看来，学生对教材进行机械学习的主要原因之一，就是在他们还没有具备起固定作用的观念之前，教师就要求他们学习新的内容，如果学生认知结构中还没有可以与新知识建立联系的有关观念，就会使新知识失去潜在意义。

3. 有意义学习的结果是形成认知结构

奥苏伯尔认为，有意义学习的结果是形成认知结构。奥苏伯尔与布鲁纳关于认知结构的见解尽管提法不同，实质上却是一致的，他们都将认知结构看作是按照概括程度高低层级组织起来的概念与规则体系。奥苏伯尔认为，认知结构是按层次的形式组织起来的诸多类属者，类属者即概念或观念，众多的类属者按照层次组织起来就是认知结构。换句话说，认知结构是指学生现有知识的数量、清晰度和组织方式，它由学生当前能回想起来的事实、概念、命题、理论等构成，既是学生学习的结果，又是学生进行学习的基础。他认为，当学生把教学内容与自己的认知结构联系起来时，意义学习便发生了，因而认知结构是影响有意义地接受学习的最重要的因素。

奥苏伯尔认为，要促进新知识的学习，需要注意以下两个方面：①要尽可能先传授具有最大包摄性、概括性和最有说服力的概念和原理，使学生能对学习内容加以组织和综合。②要注意渐进性，使用最有效的方法安排学习内容的顺序，构成学习内容的内存逻辑。

4. 先行组织者策略

奥苏伯尔根据其"接受—同化"学习理论提出整套教学理论与主张，其中先行组织者教学策略是他提出的一种重要的教学策略，也是他对知识教学的独特贡献。

所谓"先行组织者"，就是先于学习任务本身呈现的一种引导性材料，它要比学习任务本身有较高的抽象、概括和综合水平，并且能清晰地与认知结构中原有的观念和新的学习任务关联起来。设计"组织者"的目的，是为新的学习任务提供观念上的固定点，增加新旧知识之间的可辨别性，以促进下位学习。

奥苏伯尔曾用实验来研究先行组织者在知识学习中的作用，结果证明，合理地使用先行组织者，不仅可以促进知识的学习，也有利于知识的保持。

5. 简评

奥苏伯尔区分了接受学习和发现学习、机械学习和有意义学习，肯定了学生的学习主要是意义接受学习，在此基础上阐明了意义接受学习的准则和条件，突出了学生的认知结构和有意义学习在知识获得中的重要作用，对于我们反思传统的教学方法具有借鉴意义。奥苏伯尔与其他一些心理学家相比，更加关注课堂教学实践，提出的先行组织者教学策略等有助于教师设计教学内容、安排教学序列，有助于学生对知识的学习、保持、迁移和运用。然而，奥苏伯尔的理论也存在一定的局限性，主要表现为以下两点：他过于强调接受学习与讲授方法，没有给予发现学习应有的重视。他更偏重于学生对知识的掌握，对学生能力的培养尤其是创造能力的培养不够重视。

13.3.3 加涅的信息加工学习理论

加涅是美国著名心理学家,他早年接受了行为主义的学习观,但从20世纪60年代起,开始转为信息加工认知学习观点,被公认为是行为主义与认知心理学派的折中主义者。加涅一方面承认行为的基本单位是刺激与反应的联结,另一方面又注重探讨刺激与反应之间的中介因素——心智活动。在70年代后,他在对学习理论的探讨中,试图阐明学生的认知结构,并着重用信息加工模式来解释学习活动,对学习的信息加工过程及其条件做了深入探讨。

1. 学习的信息加工模式

加涅根据现代信息加工理论提出了学习过程的基本模式,如图13-5所示。这一模式展示了学习过程的信息流程,对于理解教学和教学过程、安排教学和教学过程、安排教学事件具有重要的应用意义。

图13-5 加涅的学习模式

根据该模型,我们可以看到信息从一个假设的结构流到另一个假设的结构中去的过程。首先,学生通过感受器从环境中接受刺激,感受器将刺激的物理信息转换为神经信息,信息进入了感觉登记,这是非常短暂的记忆储存。哪些信息被登记,哪些信息消逝了,这涉及注意或选择性知觉的问题。被感觉登记的信息很快进入短时记忆,信息在这里可以持续20～30秒钟。短时记忆的容量有限,一般只能储存7个左右的信息项目。一旦超过了这个数目,新的信息进来,就会把部分原有信息赶走。如果想要保持信息,就必须采取复述的策略。但复述只能有利于保持信息以便进行编码,并不能增加短时记忆的容量。信息通过编码进入长时记忆。所谓编码,不是把有关信息收集在一起,而是用各种方式把信息组织起来。一般认为,长时记忆是一个永久性的信息储存库。当需要使用信息时,要经过检索提取信息。被提取出来的信息可以直接通向反应发生器,从而产生反应;也可以再回到短时记忆,对该信息的合适性作进一步的考虑,结果可能是进一步寻找信息,也可能是通过反应发生器作出反应。

在信息加工学习模式中,学生的预期与执行控制在这一过程中起着极为重要的作用。预期是指学生期望达到的目标,即学习的动机。执行控制,即加涅学习分类中的认知策略,执行控制过程决定哪些信息从感觉登记进入短时记忆,如何进行编码,采用何种提取策略等。

2. 学习阶段

加涅认为，学习由学生与环境相互作用的一系列事件构成，尽管有些事件学生不能观察，甚至没有意识到，但一个学习行动的阶段就是构成单个学习的内部和外部事件的系列或锁链。每一个阶段都有它各自的内部过程和外部事件。在学习的信息加工模式基础上，加涅将学习过程分为八个阶段，如图 13-6 所示。左边是学习阶段，其中方框上面是该阶段的名称，里面是该阶段内部的主要学习过程；右边则是教学事件。这样，学生内部的学习过程一环接一环，形成一个锁链，与此相应的学习阶段把这些内部过程与构成教学的外部事件联系起来了。

图 13-6　加涅提出的学习阶段及其相应的心理过程

1) 动机阶段

动机阶段，与之相应的心理过程是期望。有效地学习必须激发起学生的学习动机，学习动机可以与期望建立联系。期望是指学生对完成学习任务后将会得到满意结果的一种预期，它可以为随后的学习指明方向。要促进学生的学习，教师就要使学生具有一种奔向某个目标的动力，并把学习目标与学生的实际学习活动联系起来，激发学生的学习动机。

2) 领会阶段

领会阶段，与之相应的心理过程是对学习材料的注意、选择性知觉。学习必须注意与学习有关的刺激，而无视其他刺激。当学生把所注意的刺激特征从其他刺激中分化出来时，这个过程就是选择性知觉。具有较高学习动机的学生容易选择外部刺激，使外部信息进入自己的信息加工系统，并储存到自己的记忆中。教师可以通过指导把学生的注意引向与学习有关的某一方面，可以使学生有选择地知觉某些刺激。

3) 习得阶段

习得阶段，与之相应的心理过程是编码、储存登记。习得阶段是把感知到的材料在短时记忆系统中进行编码的过程。在这一阶段，经过编码过程的信息与最初的信息并不完全相同，有时会对信息加以修饰，有时信息会被规则化，有时则会被歪曲。因此，教师要帮助学生采用较好的编码策略，以利于信息的获得。

4) 保持阶段

保持阶段，与之相应的心理过程是记忆储存。保持阶段是使短时记忆中编码的知识进入长时记忆并储存起来。知识到达长时记忆后，还会继续对材料进行加工，使之能永久保持。

5) 回忆阶段

回忆阶段，与之相应的心理过程是提取。回忆阶段就是把已经在长时记忆系统中保持住的信息给予重现的过程。在这个阶段中，线索是很重要的，线索有助于回忆起那些难以回忆起来的信息，因此，教师要提供一些有利于记忆和回忆的线索，教会学生检索、回忆信息的方法和策略。

6) 概括阶段

概括阶段，与之相应的心理过程是迁移。概括阶段是对学习材料进行总结、整理、归纳，形成体系或结构，并将知识和技能应用到各种新的情境中的过程，即让学习能产生迁移。

7) 作业阶段

作业阶段，也叫操作阶段，与之相应的心理过程是反应。在此阶段，教学的主要任务是提供应用知识的机会，提供各种形式的作业，使学生展示出学习的效果，并且为下阶段的反馈做准备。

8) 反馈阶段

反馈阶段，与之相应的心理过程是强化。反馈阶段是对作业的效果进行评价的过程。教学过程中教师应及时给予反馈，让学生知道自己的作业是否正确，从而使第一阶段所建立的期望和动机在最后阶段得到证实和强化。加涅认为，强化主宰着人类的学习。

总之，加涅认为教师是教学活动的设计者和管理者，也是学生学习效果的评定者。一个完整的学习过程是由上述八个阶段组成的。在每个学习阶段，学生头脑内部都进行着信息加工活动，使信息由一种形态转变为另一种形态，直到学生用作业的方式做出反映为止。教学程序必须根据学习的基本原理来进行。在学习结果(即言语信息、认知策略、智慧技能、动作技能、态度)确定之后，它们必须按照教学工作的适当顺序安排。有效的教学要求教师根据学生的内部学习条件，创设或安排适当的外部条件，促进学生有效地学习，以实现预期的教学目标。

3. 简评

加涅的学习理论融合了行为主义与认知心理学的观点，试图通过综合来解释学习的过程。他提出的学习信息加工模式也被广泛引用，提出的学习过程的基本阶段，对于理解教学和教学过程、进行教学设计提供了具有可操作性的思路。加涅把学生的学习过程分为八个阶段并详细地设计了每一阶段的教学要求，因此其学习理论很容易转化为教学理论。但是，加涅的学习理论作为一种综合的理论是个典型的折中主义者，缺乏独创性和严密的逻辑性，也缺少必要的实验证明，许多概念还处在经验思辨阶段。

13.4 建构主义的学习理论

20世纪90年代以来，随着心理学家对人类学习过程认知规律研究的不断深入，认知学习理论的一个重要分支——建构主义(constructivism)学习理论在西方逐渐盛行。建构主义学习理论是行为主义发展到认知主义以后的进一步发展，被誉为当代教育心理学中的一场革命。

13.4.1 建构主义学习理论概述

20世纪90年代以来，建构主义学习理论在科学哲学、新进化论，以及后现代哲学等当代哲学思想的影响下，在东西方逐渐流行开来。其思想来源繁杂，流派纷呈，先后受到了皮亚杰、杜威、维果斯基、布鲁纳、奥苏伯尔等重要人物的影响。

建构主义学习观与行为主义学习观和认知学习观的根本区别在于：行为主义学习观和认知学习观的共同主题是把学习看成学习者个体的活动，二者所不同的是行为观指向个体的外部(行为反应)，认知观指向个体的内部(信息加工过程)；而建构主义学习观则将学习作为个体原有经验与社会环境互动的加工过程。在教育心理学中，建构是指学习者通过新旧知识经验之间反复、双向的相互作用，形成和调整自己的经验结构的过程。

建构主义主张，世界是客观存在的，但是对于世界的理解和赋予意义却是由每个人自己决定的。我们是以自己的经验为基础来建构现实、解释现实的。我们个人的经验世界是用我们自己的头脑创建的，由于我们的经验以及对经验的信念不同，于是我们对外部世界的理解也有所不同，因此在学习上建构主义更加关注学生如何以原有的经验、心理结构和信念为基础来建构知识，强调学习的主动性、社会性和情境性，对学习和教学提出了许多新的见解。

目前，建构主义的理论观点可以细分为六种：激进建构主义、社会建构主义、社会文化认知观、信息加工建构主义、社会建构论和控制系统观。尽管许多心理学家和教育学家都在使用"建构主义"一词，但他们所表达的事物通常是不同的。有些人着重强调个体是如何获得意义的，有些人则强调知识的共享和社会建构等，这些主要跟他们的理论渊源有关系。

13.4.2 建构主义学习理论的基本观点

1. 新知识观

建构主义是与客观主义相对立的，对知识的客观性和确定性提出了质疑。按照客观主义的观点，事物是客观存在的，知识是对事物的表征，科学概念是与各种事物相对应的，科学命题、定理等是经过科学验证了的对事物的唯一正确的、真实的解释。而且只要掌握了这些知识，我们便掌握了这个世界的运转法则，便具有了支配世界的力量。

建构主义认为，知识并不是对现实的准确表征，它只是一种解释、一种假设，它并不是问题的最终答案。知识会随着人类的进步而不断地被"革命"掉，并随之出现新的假设。知识并不能精确地概括世界的法则，在具体问题中，我们需要针对具体情境进行再创造。另外，建构主义认为，知识不可能以实体的形式存在于具体个体之外，尽管我们通过语言符号赋予了知识一定的外在形式，甚至这些命题还得到了较普遍的认可，但这并不意味着学习者会对这些命题有同样的理解，因为这些理解只能由个体学习者基于自己的经验背景而建构起来，这取决于特定情境下的学习历程。总之，建构主义对知识的客观性、可靠性和确定性提出了怀疑，这种知识观尽管不免过于激进，但它向传统的教学和课程理论提出了巨大挑战，值得我们深思。

2. 新学生观

怎样看待学生？怎样看待他们的经验世界？建构主义强调，学生是信息加工的主体，是意义的主动建构者，而不是知识的被动接受者和被灌输的对象。学生并不是空着脑袋走进教室的，在以往的学习中，他们已经形成了从自然现象到社会生活的一些自己的看法。在学生建构自己的知识过程中，现有的知识经验和信念起着重要作用。即使有些问题他们还没有接触过，没有现成的经验，但当问题一旦呈现在他们面前时，他们往往也可以基于相关的经验，依靠他们的认知能力，形成对问题的某种解释。这种解释并不都是胡乱猜测，而是从他们的经验背景出发推出的合乎逻辑的假设。所以，教学不能无视学生的这些经验而另起炉灶，也不能无视学习者的原有知识经验而简单粗暴地从外部对学习者实施知识的灌输，而应该从学习者原有的知识经验中"生长"出新的知识经验。由于经验背景的差异，学生对问题的理解常常是不同的，在学生的共同体之中，这些差异本身对学习者来说就是一种宝贵的学习资源。

3. 新学习观

建构主义对学习的理解首先是从对传统学习理论的反思出发的，认为当前之所以很多学生学习无效，一个主要原因就在于目前教育教学实践所依赖的有关学习假设是错误的。

1) 学习是认知结构的改变过程

学习过程并非简单的信息输入、存储和提取，而是新旧知识或经验之间的相互作用过程，涉及同化和顺应两种机制。也就是说，建构主义认为个体的学习是双向建构的过程。学生不仅需要从头脑中提取与新知识一致的旧有经验作为同化新知识的固着点，而且也要关注到与当前知识不一致的已有经验，看到新旧知识之间的冲突，并设法通过调整来解决这些冲突，有时甚至需要改变原有的错误观念。

以往的学习理论(比如奥苏伯尔的"同化论")重在从同化的一面来解释学习过程，强调以原有的知识为基础来理解和记忆新知识，而对原有知识经验因为新知识而发生的顺应则重视不够。例如，儿童有大量的经验表明，轻物体要比重物体落地慢，而现在要教给他伽利略的原理:"两个物体同时落地",这两者就是相互冲突的,这时即便儿童理解了课本所描述的定理的含义,他也很可能想不通,并不相信它,尽管他可能把它记忆下来,考试时按照这一说法作答,但他并不能真正把它变成自己的经验结构的一部分,在实际情况面前,他还是按自己的经验行事。可见,同化不是机械记忆,但也不是简单的理解性记忆,它不仅意味着学生"知道"某种知识,而且意味着"相信"它,相信这一说法的合理性和有效性,使新知识真正与已有的知识经验一体化,成为自己的经验。因此,学习不仅是新的知识经验的获得,同时还意味着对既有知识经验的改造,学习是认知结构的改变过程。

2) 学习是个体主动建构自己知识的过程

建构主义认为,学习不是知识由教师向学生的传递,而是学生主动建构自己知识的过程。学习者不是被动的刺激接受者,而是主动地选择、加工、建构信息的意义,是知识意义的主动建构者,这种建构不可能由其他人代替。建构主义认为,学习是个体建构自己知识的过程,这意味着学习是主动的,学生是学习的主体,每个学生都必须根据自己的知识经验对建构的对象做出解释。学习的实质是学习者通过新旧知识经验之间双向的相互作用来形成、充实或改造自己的经验体系的过程,这种观点与以往的学习理论有所不同。

3) 情境、协作、会话、意义建构是学习环境设计的四大要素

在建构主义看来,学习是在一定社会文化背景下,借助他人的帮助,即通过人际间的协作活动而实现的意义建构过程。也就是说学习者主动地对外来信息进行选择加工,从不同角度和背景出发,在教师和他人的协助下,通过独特的信息加工活动,建构起自己对现实世界意义的过程。因此,情境、协作、会话和意义建构就成了学习环境中的四大要素。其中,情境是意义建构的基本条件,师生之间、学生之间的协作和会话是意义建构的具体过程,而意义建构则是学习的最终目的。

4. 新教师观

建构主义提倡在教师指导下以学习者为中心的学习,也就是说,既要强调学习者的主体作用,又不能忽视教师的主导作用。教师是意义建构的帮助者、促进者,而不是知识的提供者和灌输者。教师为学生提供复杂的真实问题,激励学生寻找解决问题的多种答案。教师要为学习者创设一种良好的学习环境,使之可以在这种环境中通过实验、探究、合作学习等方式来学习。教师应该重视学生对各种现象的不同理解,倾听他们的想法,洞察这些想法的由来,以此为基础,引导学生丰富和调整自己的解释。教师还要注意培养学生批判性的认知加工策略,以及自己建构知识的心理模式。因此,在教师的教学目标中至少应包括认知目标和情感目标。

5. 新教学观

建构主义者认为,未来的教学主要是给学习者提供建构的知识框架、思维方式、学习情境以及有关的线索,而不是知识内容的多少。学习者也正是依据这些内容不断地建构新的知识,发展他们的自主学习能力和创新能力。建构主义在教学目标、教学活动安排和教学过程方面都提出了独特的观点。

1) 教学目标

传统的教学往往以知识传授为主要目标，而且教学目标的实现就是学习的终点，是一种单向的教学目标观。建构主义认为，教学应该以培养学生的探究能力和创新能力为目标，而且教学与学习之间是互为促进的循环过程。教师的教学目标应该为学生提供有关知识的"主题、图式和框架"，而不应是具体的学习内容。只有这样，教学目标才能适用于不同的人、不同的内容以及不同的学习环境。教学就是围绕着上述目标展开的一系列的有关知识的建构过程，学生从中不断获得意义并进一步完善认知结构，发展创新能力。因此，教学的中心任务应是如何培养学生的探究能力和创造性思维。

2) 教学活动

建构主义非常重视教学活动的安排，认为一个好的教学活动应该具备以下特点：①教学活动应该在一个丰富的真实教学情境中进行，使学习者有足够的自我建构知识的空间。②教学活动应保证学习者总是在其"最近发展区"中学习。这就需要教师精心组织，在教学中及时对学生进行判断，使教学活动能最大限度地促进学生的发展。③教学活动应促进和接受学习者的自主精神和首创精神。教师引领的教学活动不应按照自己的观念世界、经验世界和认知结构来组织教学，而是应按照学生的观念世界、经验世界和认知结构来组织教学活动。为此，教师在教学活动中必须要促进学生的相互对话并与学生对话，同时放弃教给学生现成答案的教学行为。

3) 教学过程

建构主义反对以往的传统教学过程观。传统的教学过程观是以客观主义认识论为基础的，知识被看作是对客观世界的真实反映。教学也就成为大量客观知识的传递过程。教师的任务只是让学生学会复制这些知识，而很少给学生呈现这些知识被建构的真实情境。

建构主义认为，教学过程是建构和理解的过程。知识是学习者在适应环境过程中所建构起来的，每个学习者都只能认识自己所建构的经验世界，而对外部世界无从知晓。教学应该是一个循环往复、反省的互动过程，即在教师的促进下，学生积极主动地建构自己对特定事物的理解和体验。

13.4.3 建构主义理论在教育中的应用

目前，建构主义理论在实际教育中已得到了日益广泛的应用，形成了一些可促进学生心理发展的具体教学技术。其中相对比较成熟的教学技术主要包括：随机通达教学、支架式教学、情境性教学和合作学习等。

1. 随机通达教学

随机通达教学(Random Access Instruction)是指学习者可以随意通过不同途径、不同方式进入同样教学内容的学习，从而获得对同一事物或同一问题多方面的认识与理解。由于学习者对信息的意义建构不同，所获得的理解可能会漏掉事物的某些方面，以及在运用已有知识解决实际问题时存在着复杂概念和实例间的差异等，所以，建构主义主张对同一内容的学习要多次进行，每次的学习情境都是经过改组的。这不是为巩固知识技能而进行的简单重复，而是使学习者对学习能够获得新的、多维的理解。

2. 支架式教学

支架式教学(Scaffolding Instruction)是指在教学过程中，为学习者提供或建构一种对知识理解有意义的概念框架，用于促进学习者对问题的进一步理解。这种框架中的概念是学习所必需的，就像建筑行业所使用的脚手架一样，学生沿支架逐渐攀升，由开始教师的指导逐渐过渡到独立构建。建构主义认为，在支架式教学中，教师引导着教学，使学生掌握和内化那些能使其从事更高认识活动的技能，通过教师的帮助，把管理调控学习的任务逐渐由教师转移给学生。这种掌握和内化是与其年龄和认知水平相一致的。

3. 情境性教学

情境性教学(Situated or Anchored Instruction)是指教学活动方式与现实生活相结合，使学生学到的知识更具有意义，以解决学生在现实生活中遇到的问题为目标。情境性教学的学习内容要选择真实性任务。由于现实中真实问题往往与多种概念、原理相关，所以，建构主义主张教师在教学中要弱化学科界限，强调学科之间的交叉。教师要在课题上展示专家解决类似问题的探索过程，提供解决问题的原型，指导学生探索。情境性教学并不需要独立于教学过程的测验，而是采用融合式测验或进行与学习过程一致的情境化的评估，因为学习中具体问题的解决过程本身就反映了学习的效果。

4. 合作学习

合作学习(Cooperative Learning)是当前很受研究者重视的一种学习形式，学生在小组中展开学习活动，这种小组要足够小，以便让所有的人都能参与到明确的集体任务中，而且，学生们是在没有教师直接、即时管理的情况下来进行学习的。它强调集体性任务，强调教师放权给学生小组，与传统教学中的小组活动不同。合作学习的关键在于小组成员之间相互依赖、相互沟通、相互合作，共同负责，从而达到共同的目标。

在合作学习中，教师必须注意以下几点：①成员之间面对面地互动。②良性的相互依赖。让学生体验到自己需要同伴的支持、解释和指导。③明确各成员的职责。每个成员都要承担学习的职责，以保证完成集体性任务。④传授合作技巧。教师在安排小组完成某一学习任务之前，需要事先给学生讲解如何提供建设性反馈、如何达成共识、如何吸引每个成员参与等技巧，并加以必要练习。⑤实施成员监控。成员要监控本小组的学习进程和成员人际关系，以保证本小组高效率地开展工作并及时掌握小组活动的动力状况。

13.4.4 简评

建构主义理论是继行为主义理论、认知学习理论之后的又一影响深远的学习理论。建构主义学习理论提出了一系列有关学习与教学的崭新理论观点，是对传统学习理论的一次重大突破。建构主义提出新的知识观、学生观、教师观、学习观和教学观，强调知识的动态性，强调学习是一个主动建构的过程，并提出了随机通达教学、支架式教学、情境性教学和合作学习等富有创见的教学设计模式。这些观点对改革传统教学具有重要的启示，对进一步推动学习与教学理论的发展有重要的意义，对于指导教育实践也具有积极的作用。

然而，建构主义尚在发展和完善之中，不同倾向的建构主义者还存在着较大的分歧。有的建构主义者过于强调知识的相对性，否认知识的客观性；有的过于强调学生学习过程的信息加工活动的个别性，否认其本质上的共同性；有的过于强调学生学习知识的情境性、非结构性，完全否认知识的逻辑性与系统性等，使建构主义表现出了一定的相对主义和工具主义的色彩。

13.5 人本主义学习理论

人本主义主张心理学应当把人作为一个整体来研究，而不是将人的心理分解为不能整合的几个部分。应当研究正常的人，而且更应关注人的高级心理活动内容。人本主义学习理论从成人教育的视角阐释了学习者整个人的成长历程及发展人性，重点研究如何为学习者创造一个良好的环境，让其从自己的角度感知世界，发展出对世界的理解，达到自我实现的最高境界。对教育最具影响的人本主义心理学家的学习理论包括康布斯的学习理论和罗杰斯的学习理论。

13.5.1 康布斯的学习理论

康布斯(Combs，1974)是美国人本主义心理学家，他认为个体的行为基本上是由他对自己和周围世界的知觉(perception)而定的。康布斯主张，教育的目的绝不只限于教学生知识或谋生技能，更重要的是针对学生的情感需求，使他们能在认知和情感方面均衡发展，从而培养健全人格。

1. 教师对学生的知觉是有效教学的前提

知觉(perception)一词，在人本心理学概念上，与认知心理学上的用法完全不同。认知心理家所指的知觉是理性的，而人本心理学家把知觉解释为一种感受，是个人对其所知觉者产生的感受，属于感情范畴，是决定个人行为取向的基础。他们认为，知觉是构成信念的基础，不同的知觉产生不同的信念。因此，要理解人的行为，必须理解行为者知觉的世界。要改变一个人的行为，也不能仅从行为表现上加以矫正，而必须设法改变他的知觉或信念。教师要想了解学生在某种情境下表现的某种行为，必须先了解学生如何知觉该情境。教师可能认为学生某种行为是怪异且不应该的，而学生却认为是正常且应该的。学校的要求有时不被学生所认同，学生不遵守校规校纪，往往是由于学生对此行为规范所产生的知觉和信念未能与学校一致造成的。例如，明知破坏学校财物是违规行为，但仍然会那样去做，很可能是他自知不能以优异的成绩取悦于老师，宁愿以反常的行为获得朋友的"赞赏"。康布斯曾经提醒教师说："一个学生犯规，并不是他明知道错误而犯规，而是他知道自己那样做才能得到满足。"(Combs，et al.，1971)因此，每当教师抱怨"学生缺乏动机"时，应该稍加补充为"学生对读书缺乏动机"。事实上，换一个读书以外的环境，同样是那些学生，很可能就会有强烈的动机。原因很简单，对这些学生而言，读书一事在知觉和信念上都缺乏意义。

2. 个人的知觉与其学习行为有密切关系

康布斯认为，对学生而言，学习有两种含义：一是学到一种新知识；二是新知识使个人产生了新意义(Combs，et al．，1971)。教学中，学生并不一定会按"适当"教材的安排来学习，因为"意义"并不存在于教材表面，而是蕴含在教材中。只有学生专注其中，才会真正获得意义。由此可见，成功的教学不在于教师教给学生多少知识，而在于教师能启迪学生使知识个人化，从而获得意义。

3. 教育的目的是培养健全人格

康布斯还主张，教育的目的绝不只限于教学生知识或谋生技能，更重要的是针对学生的情感需求(affective need)，使他们能在认知和情感方面均衡发展，从而培养健全人格。学生的情感需求，是指他们在情绪、情操、态度、道德以及价值判断等多方面的需求。这些需求关系到人与人之间的关系，是人在社会生活方面律己、待人、处事所需要的能力。

13.5.2 罗杰斯的学习理论

在人本主义心理学所形成的改革运动中，在心理学理论上，马斯洛居于首要地位，被心理学史学家誉为"人本主义心理学之父"(Schultz & Schultz，1987)。然而，在教育实践方面发生影响最大的，却是罗杰斯(Carl Ransom Rogers，1902—1987)。20世纪60年代，罗杰斯将他的"当事人中心治疗法"(Person-Centered Therapy)移植到教育领域，创立了"以学生为中心"的教育和教学理论，成为20世纪最重要的教育理论之一。罗杰斯的学习理论主要有以下观点。

1. 知情统一的教学目标观

罗杰斯认为，情感和认知是人类精神世界中两个不可分割的有机组成部分，彼此是融为一体的。因此，罗杰斯的教育理想就是要培养既用认知的方式也用情感的方式行事的知情合一的人。这种知情融为一体的人，他称为"完人"(Whole Person)或"功能完善者"(Fully Functioning Person)。当然，"完人"或"功能完善者"只是一种理想化的人的模式，而要想最终实现这一教育理想，应该有一个现实的教学目标，这就是"促进变化和学习，培养能够适应变化和知道如何学习的人"。他说："只有意识到没有任何可靠的知识，只有寻求知识的过程才是可靠的人。只有学会如何学习和如何适应变化的人，才是真正有教养的人。在现代世界中，变化是唯一可以作为确立教育目标的依据，这种变化取决于过程而不是静止的知识。"可见，人本主义重视的是教学过程并不是教学内容，重视的是教学方法而不是教学结果。

2. 有意义的自由学习观

人本主义认为，学习是学生在好奇心的驱使下去吸收任何他们觉得有趣和需要的知识，教学的目标在于促进学习。怎样才能促使学习变得生动活泼且有意义呢？罗杰斯认为，要想使学习生动活泼且有意义，就应该让学生有意义地自由学习。

所谓有意义学习(Significant Learning)，不仅仅是一种增长知识的学习，而且是一种与每个人各部分经验都融合在一起的学习，是一种个体的行为、态度、个性以及在未来选择行动方针时发生重大变化的学习。在这里，我们必须注意罗杰斯的意义学习和奥苏伯尔的意义学习(Meaningful Learning)的区别。前者关注的是学习内容与个人之间的关系；后者则强调新旧知识之间的联系，它只涉及理智，而不涉及个人意义。因此，按照罗杰斯的观点，奥苏伯尔的意义学习只是一种"在颈部以上发生的学习"，并不是罗杰斯所指的有意义学习。对于有意义学习，罗杰斯认为其具有以下4个特征：①全神贯注。整个人的认知和情感均投入到学习活动之中。②自动自发。学习者由于内在的愿望主动去探索、发现和了解事件的意义。③全面发展。学习者的行为、态度、人格等获得全面发展。④自我评估。学习者自己评估自己的学习需求、学习目标是否完成。因此，学习能对学习者产生意义，并能纳入学习者的经验系统之中。

罗杰斯认为，具有自由性的有意义学习的10原则是：①人类具有天赋的学习潜能。只要建立起良好的师生关系，这些潜能和愿望就能释放出来。②学习内容有意义且符合学生学习目的和发展需求，有意义学习便会产生。③学生倾向于拒绝那些引起自我组织变化的学习，尤其是当这种改变带有明显的外部威胁。④当外部威胁降至最低限度时，学生比较容易同化自我的学习内容。当具有某种学习能力缺陷的学生处于一种相互理解、相互支持、相互尊重，没有压力和环境中，才会愿意接受提高这种学习能力的训练，从而逐步提高该学习能力。⑤当外部环境对自我的威胁相当微弱时，学生会用一种辨别的方式来学习。⑥大多数有意义学习的方式是"做中学"。⑦当学生负责任地参与学习过程时，就会促进有意义学习。⑧学生的情感和理智全部投入的学习是自动发起的学习，也是最持久、最深刻的学习。⑨当学生以自我评价作为学习的主要依据时，就会促进独立性、创造性和自主性学习。创造性才能只有在自由的氛围中才会生长。⑩在现代社会中最有用的学习是了解学习过程，对经验始终持开放的态度，并将自己与变化的过程相结合。以此为基础，学生就能自由学习，从而使身心得到全面发展。

3. 学生中心的教学观

罗杰斯从人本主义的学习观出发，认为教师的任务不是教学生学习知识(这是行为主义者所强调的)，也不是教学生如何学习(这是认知主义者所重视的)，而是为学生提供各种学习的资源，提供一种促进学习的氛围，让学生自己决定如何学习。罗杰斯认为，促进学生学习的关键不在于教师的教学技巧、专业知识、课程计划、视听辅导材料、演示和讲解、丰富的书籍，而在于特定的心理气氛因素，这些因素存在于"教师"与"学生"的人际关系之中。

那么，促进学习的心理气氛因素有哪些呢？罗杰斯认为，这与心理治疗领域中治疗者对来访者的心理气氛因素是一致的。罗杰斯提出了以下三个基本条件：①真诚一致(congruence)，是指治疗者在态度上必须真诚一致，使当事人觉得他是自然、诚恳且有人情味的。②无条件积极关注(unconditional positive regard)，是指治疗者对当事人的关心是没有任何条件的。③同理心(empathy)，是指治疗者对当事人的痛苦除了同情之外，更能设身处地了解当事人的心境。罗杰斯以同样的理念，认为学生们各有其求知向上的潜在能力，只需设置一个良好的学习环境。在这样一种心理气氛下的学习，是以学生为中心的，教师只是学习的促进者、协作者或是伙伴、朋友。教学是开放性的，学生就会学到他们所需要的，是一种无结构取向的、鼓励思考的、重视接纳的教学。这样的学习过程就是学习的目的之所在。

那么，教师在促进学生的自由学习方面起什么作用呢？罗杰斯认为，教师的作用主要体现在以下10个方面：①构建真实的问题情境，让学生面临对他们个人有意义的问题；②提供大量的学习资源，提供各种学习方式，让学生自由选择；③使用契约，让学生自己负责在课程规定的范围内确定学习目标、选择学习方法、确立评价准则；④充分利用社区的学习资源，让学生成为知识的探索者；⑤开展同伴教学，发挥同伴之间的个别指导作用；⑥采用分组学习，让学生自由选择自动学习或被动学习的方式；⑦提供探究的环境，进行探究的训练，使学生体验到科学是不断发展的；⑧适当使用程序教学，使学生直接体验到满足感；⑨建立交朋友小组，为个体提供一种坦诚交往的情境；⑩鼓励自我评价，使学生感到自己有责任去追求特定的学习目标。

13.5.3 简评

人本主义的学习理论是一种新观点、新思潮，对学习与教育理论的进步做出了重要的贡献。人本主义学习理论将学习与人的整体发展联系起来，强调学习的目的是促进人格的发展，是使学习者成为一个具有适应变化的能力、具有内在自由特性的人，使学习与教学的目标发生了重大变化，对只注重学科知识学习与教学的传统理论提出了挑战。同时，人本主义学习理论强调要关注学生的情感与愿望，重视个人的选择，让学生处于一种和谐、融洽、被人关爱和理解的氛围，强调无条件积极关注在个体成长过程中的重要作用，对纯粹从认知角度进行的传统理论也是一种突破。然而，人本主义学习理论片面强调学生的天赋潜能的作用，忽视人的本质的社会性，过分强调学生的中心地位，注重学习与教学要符合学生个人自发的兴趣与爱好，忽视教学内容的系统逻辑性和教师在学科学习中的主导作用，降低了教育与教学的效能。

复习思考题

1. 名词解释：经典条件反射、操作条件反射、强化、正强化、负强化、逃避条件作用、回避条件作用、消退、惩罚、下位学习、上位学习、组合学习、先行组织者
2. 学习的实质是什么？学习对个体有什么作用？
3. 学生的学习有哪些特点？为什么说学生的学习不同于人类一般的学习？
4. 加涅与奥苏伯尔是怎样对学习进行分类的？
5. 桑代克的"试误—联结"学习理论的基本观点是什么？提出的学习规律是什么？对

其学习理论进行评述。

6. 斯金纳学习理论的基本观点是什么?他的程序教学思想的基本点是什么?

7. 布鲁纳学习理论的基本观点是什么?什么是他的认知结构和发现学习?他为什么强调学习学科的基本结构和提出发现学习?

8. 奥苏伯尔学习理论的基本观点是什么?什么是有意义学习?

9. 加涅信息加工学习理论的基本观点是什么?评述其学习理论。

10. 建构主义学习理论对教学有何启发作用?

11. 简要评述人本主义学习理论。

教师资格证考试真题再现

1. (2011年11月)一名调皮的学生屡次扰乱课堂,教师请其站到教室后面,教师运用了( )。

    A. 正强化   B. 负强化   C. 惩罚   D. 消退

2. (2014年11月)小伟为获得老师和同学的关注,在课堂上总扮鬼脸,老师和同学都不予理睬,于是他扮鬼脸的行为逐渐减少。这体现了( )强化原理。

    A. 消退   B. 负强化   C. 惩罚   D. 正强化

3. (2015年11月)董老师总是希望在课堂上尽可能地满足学生爱与被爱的需要。董老师的做法体现了( )课堂管理策略。

    A. 建构取向   B. 行为取向   C. 认知取向   D. 人本取向

4. (2012年11月)辨析题:负强化就是惩罚。

第 14 章　学习策略和学习迁移

本章学习目标

- 学习策略
- 认知策略
- 元认知策略
- 资源管理策略
- 学习策略的训练
- 学习迁移
- 学习迁移的基本理论
- 学习迁移与教学

14.1　学 习 策 略

14.1.1　学习策略的概念

1. 学习策略的定义

学习策略(learning strategies)是指学习者为了提高学习的效果和效率,有目的、有意识地制定的有关学习过程的复杂的方案。对于学习策略的理解,要把握以下四个方面的特征:①主动性。学习者采用学习策略的过程,是一个有意识的心理过程,是学习者为了完成学习目标而积极主动地使用的。②有效性。学习策略是有效学习所必需的。③过程性。学习策略是对整个学习过程的规划和计划,对于学什么和不学什么,先学什么,后学什么,如何学,达到什么样的学习程度等都进行计划。④程序性。学习策略是学习者制订的学习计划,由规则和技能构成。严格说来,所有学习活动的计划都是不相同的,每一次学习都有相应的计划。学习策略是一种程序性知识,由规则系统或技能构成,是学习技巧或学习技能的组合。

学习策略与学习方法属不同层次的范畴。学习方法比较直接、具体、单一,具体的学习方法与具体的学习任务相联系,用于解决具体问题,有特定的程序和步骤,一旦学习者熟练掌握就可运用。学习方法是学习策略的知识和技能基础,是学习策略的一个基本组成部分。学习策略有一定的概括性,它是怎样恰当地选用学习方法的方法,对学习方法具有选择、应用上的指导意义。学习策略比学习方法高一层次,高在"选择""组织"与"调控"上,是与元认知相联系的,它的功能在于调节与控制整个学习过程及具体学习方法的选用。从理论上说，学习方法属于"战术"的范畴，而学习策略则属于"战略"的范畴。在学习实践中，我们可以把一些复杂的包括调节、控制学习活动及其方法的方法称为学习策略。

2. 学习策略的分类

学习策略有不同的分类。如丹瑟路(Dansereau,1985)根据学习策略所起的作用，把学习策略分为基本策略和支持策略两类。基本策略是指直接操作材料的各种学习策略，主要包括信息的获得、储存、信息的检索和应用的策略。支持策略主要指帮助学习者维持适当的学习心理状态，以保证基础策略有效操作的策略，如集中注意策略。

目前，应用最广的一种分类是迈克卡等人根据学习策略所涵盖的内容，把学习策略分为三种成分：认知策略、元认知策略与资源管理策略(如图 14-1 所示)。认知策略包括复述策略、精细加工策略、组织策略；元认知策略包括计划策略、监控策略和调节策略；资源管理策略包括时间管理策略、学习环境管理策略、个体付出努力管理策略及社会资源利用策略等，是辅助学生管理可用的环境和资源的策略，对学生的动机具有重要的作用。成功的学生使用这些策略帮助他们适应环境、调节环境以适应自己的需要。

图 14-1 迈克卡学习策略分类

14.1.2 认知策略

认知策略是加工信息的一些方法和技术，有助于有效地从记忆中提取信息。一般而言，认知策略指学习者对学习材料的信息加工策略，亦即个体在理解和记忆学习材料时所采用的各种方法和技术的总称，主要有复述策略、精细加工策略和组织策略。

1. 复述策略

复述策略是在工作记忆中为了保持信息，运用内部语言在大脑中重现学习材料或刺激，以便将注意力维持在学习材料上的方法。在学习中，复述是一种主要的记忆方法，其内容已经在记忆一章详细介绍，如有效地利用无意识记与有意识记、排除前摄抑制与倒摄抑制的干扰、合理组织复习、多种感官参与、部分学习和整体学习、反复阅读与尝试背诵相结合、过度学习等，在此就不再重复介绍。

画线是阅读时常用的一种复述策略。在教学生画线时，教给学生一些圈点批注的方法与画线策略一起使用：①圈出不知道的词；②标明定义和例子；③列出观点原因或事件序号；④在重要的段落前面加上星号；⑤在混乱的章节前画上问号；⑥自己做注释；⑦标出可能的测验项目；⑧画箭头表明关系；⑨注上评论，记下不同点和相似点；⑩标出总结性的陈述。

2. 精细加工策略

精细加工策略是一种将新学材料与头脑中已有知识联系起来从而增加新信息意义的深层加工策略。一个新信息与其他信息联系的越多，能回忆出该信息原貌的途径就越多，也就是提取的线索越多，回忆就越容易。因此，精细加工策略是一种理解性的记忆策略，和复述策略结合使用，可以显著提高记忆效果。

1) 记忆术

在陈述性知识学习中，记忆术是最常用的方法。常用的记忆术有：①位置记忆法，就是学习者在头脑中创建一幅熟悉的场景，在这个场景中确定一条明确的路线，在这条路线上确定一些特定的点。然后将所要记的项目全都视觉化，并按顺序和这条路线上的各个点联系起来。回忆时，按这条路线上的各个点提取所记的项目。位置记忆法对于记忆有顺序的系列项目特别有用。②缩简和编歌诀，缩简就是将识记材料的每条内容简化成一个关键性的字，然后变成自己所熟悉的事物，从而将材料与过去经验联系起来。编歌诀就是将材料缩简成歌诀。歌诀韵律和谐，抑扬顿挫，有助于记忆。③谐音联想法，就是学习一种新材料时运用联想，假借意义，对记忆有帮助。例如，有人记忆马克思诞生的日期"1818年5月5日"时，联想为"马克思一巴掌一巴掌打得资产阶级呜呜地哭"。④关键词法，就是将新词或概念与相似的声音线索词，通过视觉表象联系起来。例如，学习单词：gloom 忧郁。运用关键词法: g 哥哥 + loo(100) + m(meter) 米 = 我让哥哥在地上爬 100 米，他非常郁闷。这种方法在教外语词汇时非常有用。⑤视觉想象，许多有效力的记忆术的基础都是通过形成心理想象来帮助人们记忆的。联想时，想象越奇特，加工越深入越细致，记忆就越牢。可以使用夸张、动态、奇异的手段进行联想。例如，可以将"飞机—箱子"想象为"飞机穿过箱子"。⑥语义联想，就是通过联想，将新材料与头脑中的旧知识联系在一起，赋予新材料更多的意义。实际上，就是在理解的基础上，把过去旧知识当作"衣钩"来"挂住"所要记住的新材料。例如，在记一个公式或原理时，要想一想新公式或原理是如何从以前的公式或原理推导出来的。

2) 做笔记

做笔记是阅读和听课时常用的一种精细加工策略。研究表明，做笔记有助于建立新知识与旧知识之间的联系。笔记要发挥预期的作用，有人建议采用以下三步做听课笔记：①留下笔记本每页右边的 1/4 或 1/3；②记下听课的内容；③整理笔记，在笔记的留出部分加边注、评语等，这不仅可以促进学生的理解，而且可以为他们今后的回忆提供线索。

3) 提问

无论阅读还是听课，学生要经常评估自己的理解状况，经常提出这样一些问题：这一信息意味着什么？与课文中的其他信息以及过去所学的信息有什么联系？还能用什么样的例子来说明这种新知识？如果教学生在阅读时多提一些"谁""什么""哪儿"和"如何"等问题，则有助于理解所学新知识。

4) 生成性学习

生成性学习就是要训练学生对他们所阅读的东西产生一个类比或表象，如图形、图像、表格和图解等，以加强其深层理解。生成性教学是指在弹性预设的前提下，在教学的展开过程中由教师和学生根据不同的教学情境自主构建教学活动的过程。学习是一个主动的过程，学习者积极参与其中并非被动地接收信息，而是主动地构建自己对信息的解释，并从中做出推论。这种方法最重要的一点，就是需要积极地加工，而不是简简单单地记录和记忆信息，并不是从书中寻章摘句或稍加改动，而是要改动对这些信息的知觉。

5) 利用背景知识，联系实际

精细加工强调在新学信息和已有知识之间建立联系，背景知识的多少在学习中是非常重要的。对于某一事物，我们到底能学会多少，一个重要的决定因素是我们对该事物已经知道多少。事实上，背景知识比一般学习能力更能使我们预测学生能学会多少。一个学习者如果非常了解某一课题，那他就有更完美的图式融合新的知识。但是，学习者往往不会使用他们先前的知识来帮助他们学习新的材料。教师一定要引导学生把新的学习和他们已有的背景知识联系起来。

3. 组织策略

组织策略是整合所学新知识之间、新旧知识之间的内在联系，形成新的知识结构的策略。运用组织策略可以使学习内容由繁到简、由混乱到有序，从而帮助学生理解学习内容，形成较为清晰的知识网络。下面是一些常用的组织策略。

1) 列提纲

列提纲时，先对材料进行系统的分析、归纳和总结，然后，用简要的语词，按材料中的逻辑关系，写下主要和次要观点。所列出的提纲要具有概括性和条理性，但其效果取决于学习者是如何使用它的。一个有效的方法是让学生每读完一段后用一句话做概括，或者让学生准备一个提纲来帮助别人，这样可以促使学生认真考虑什么重要、什么不重要。

2) 利用图示

图示是用来图解各种知识如何联系的。具体做法是先提炼出主要知识点，然后识别这些知识点之间的关系，再用适当的解释来标明这些知识点的联系。常用的策略有：①系统结构图。学完某一学科知识，对学习材料进行归类整理，将主要信息归成不同水平或不同部分，然后形成一个系统结构图。复杂的信息一旦被整理成一个金字塔式的层次结构，就容易理解和记忆多了。在金字塔结构里，较具体的概念要放在较抽象概念之下。②流程图。流程图可用来表现步骤、事件和阶段的顺序。流程图一般是从左向右或从上到下展开，用箭头连接各步。流程图可以与层次结构图相结合。③模式图或模型示意图。模式图就是利用图解的方式来说明在某个过程中各要素之间是如何相互联系的。模型示意图是用简图表示事物的位置(静态关系)，以及各部分的操作过程(动态关系)。④网络关系图。利用关系图可以图解各种观点是如何相互联系的。做关系图时，首先找出课中的主要观点；然后找出次要的观点或支持主要观点的部分；接着标出这些部分，并将次要的观点和主要的观点联系起来。在关系图中，主要观点位于图正中，支持性的观点位于主要观点的周围。目前，网络关系图越来越受重视，在学习、教学和测评中被加以广泛利用，人们也将它称为概念图(concept map)。

3) 利用表格

利用表格常用的方法有：①一览表。首先，对材料进行全面综合的分析，然后抽取主要信息，并从一个角度出发，将这些信息全部列出来，力求反映材料的整体面貌。例如，学习中国历史时，可以时间为轴，将朝代、主要历史人物、历史事件全部展现出来，制成一幅中国历史发展一览表。②双向表。双向表是从纵横两个维度罗列材料中的主要信息。层次结构图和流程图都可以衍变成双向表。

14.1.3 元认知策略

1. 元认知

元认知是对认知的认知，即是个体关于自己认知过程的知识和调节这些过程的能力。根据弗拉维尔(J. H. Flavell)的观点，元认知包括元认知知识、元认知体验和元认知监控三种成分。这三种成分是相互联系、密不可分的。

1) 元认知知识

元认知知识是有关认知的知识，即人们对于什么因素影响人的认知活动的过程与结果、这些因素是如何起作用的、它们之间又是怎样相互作用的等问题的认识。元认知知识包括以下三方面内容：①有关认知个体的知识。在完成某一任务时，学习者首先要有对自己或他人作为学习者、思维者或认知加工者的一切特征的认识。②对任务的认识。在有关认知材料方面，学习者应当认识到，材料的性质、材料的长度、材料的熟悉性、材料的结构特点、材料的呈现方式、材料的逻辑性等因素都会影响我们的认知活动的进行和结果。③对有关学习策略及其使用方面的认识。

2) 元认知体验

元认知体验是指伴随认知活动产生的认知体验和情感体验，既包括已知的体验，也包括不知的体验，在内容上可简单也可复杂，既可以在认知活动前，也可以在认知活动后，还可以在认知活动中产生。

3) 元认知监控

元认知监控是指个体在认知活动过程中，能不断评价认知过程，获得认知活动质量的信息，找出认知偏差，及时调整计划，选用恰当的策略，从而保证任务的完成。换言之，个体能将自己正在进行的认知活动作为意识对象，不断地对其进行积极、自觉的监视、控制和调节。元认知监控包括以下几个方面：①制订计划；②实行控制，及时评价、反馈认知活动进行的各种情况，发现认知活动中存在的不足，并据此及时修正、调整认知策略；③检验结果；④采取补救措施。

2. 元认知策略

所谓元认知策略，指个体对自己学习过程进行计划、调节、有效监视与控制的策略。元认知策略包括：计划策略、监控策略和调节策略。

1) 计划策略

计划策略是根据认知活动的特定目标，在一项认知活动之前计划各种活动，预计结果、选择策略，想出各种解决问题的方法，并预估其有效性。元认知计划策略包括设置学习目标、浏览阅读材料、产生待回答的问题以及分析如何完成学习任务。成功的学习者并不只是被动地听课、做笔记和等待老师布置作业。他们会预测完成作业需要多长时间，在做作业前将各种相关知识融会贯通，在考试前复习笔记，在必要时组成学习小组，等等。通过这些设定的计划，学习者对自己的学习过程进行监控，经常对学习过程与原先的计划设想进行比较，及时发现问题，进行调整。

2) 监控策略

监控策略是指学习者对自己应用策略的情况进行监控，保证策略在学习过程中有效地运用。元认知监控策略包括阅读时对注意加以跟踪、使用自我提问法，考试时监视自己的速度和时间等等。这些策略使学习者警觉自己在注意和理解方面可能出现的问题，以便找出加以修改。例如，当为了应考而学习时，会向自己提出问题，并且会意识到某些章节自己不懂、自己的阅读和记笔记方法对这些章节行不通，需要尝试其他的学习策略。

3) 调节策略

调节策略是根据对认知活动结果的检查，采取相应的补救措施，根据对认知策略效果的检查，及时修正、调整认知策略。元认知调节策略与监控策略有关。例如，当学习者意识到他不理解课文的某一部分时，他们就会退回去读困难的段落；在阅读困难或不熟的材料时放慢速度；在测验时跳过某个难题先做简单的题目等。调节策略能帮助学生矫正他们的学习行为，补救理解上的不足。

元认知策略的这三个方面是相互联系在一起工作的。元认知策略总是和认知策略一道起作用的。认知策略是学习内容必不可少的工具，元认知策略则监督和指导认知策略的应用，也就是说，可以教学生使用多种认知策略，但如果没有元认知策略来帮助学生决定在某种情况下使用哪种认知策略或改变认知策略，学生的学习也难以成功。

14.1.4 资源管理策略

资源管理策略属于支持性学习策略，是辅助学生管理可用的环境和资源的策略，其实质是各种可用的学习条件的选择、组织与运用。有关研究表明，资源管理策略与学生学业成就密切相关。资源管理策略主要包括以下三种具体策略。

1. 学习时间管理策略

学习时间安排是学生对自己学习活动的一种管理，又称为时间管理。尤其是课余时间的安排更为重要。因为课内时间主要是由教师安排，学生没有多少自主权，而课余时间大多可以由学生自己自由支配，这里的计划性与有序性就显得比较重要了。

在对学生进行学习时间的计划与管理的辅导时,辅导者应注意以下几方面:①统筹安排学习时间。每个人都应当根据自己的总体目标,对时间做出总体安排,并通过阶段性的时间表来落实。对每一天的活动,都要列出一张活动优先表。在制订学习计划时,要注意将学习计划落实在学习成果上。在执行学习计划时,要有效防止拖拉作风。②高效利用最佳学习时间。研究发现,在不同的时间里,人的体力、情绪和智力状态是不一样的,学习质量也是不一样的。在一天中不同个体体内的新陈代谢状况和大脑机能状况是各不相同的,不同人的最佳学习时间也是因人而异的。有些人的最佳时间在白天,而有些人在黑夜,因此,每个人要根据自己的模式,安排学习内容,确保在状态最佳时间学习最重要的内容。③中小学生的一次学习时间不宜太长,要指导学生注意劳逸结合,张弛有度,既要考虑学习,也要考虑休息和娱乐。④培养学生养成守时的习惯,什么时候该玩,什么时候该学习,应该心中有数,不要等到火烧眉毛了,才去临时抱佛脚,晚上通宵达旦开夜车。⑤要注意学习时间的合理分配。中小学生的学习内容较多,特别是中学生的课程更多,不同课程的难度不同,个人的兴趣、爱好、基础等不一样,这就要求不同的学习者针对自身的实际情况,合理地分配自己的时间。⑥灵活利用零碎时间。可以利用零碎时间处理学习上的杂事,可以读短篇或看报纸杂志,拓宽自己的知识面,或者背诵诗词和外文单词等。

2. 学习环境管理策略

任何学习活动都发生在特定的环境中,环境的好坏会直接影响学习的效果。因此,在学习策略的辅导中,帮助学生掌握学习环境的自我管理技能是不可缺少的。学习环境主要包括三个方面:自然环境、物质环境与心理环境。

1) 自然环境

学习的自然环境,包括空气、温度、光线、噪音等。舒适的温度对人体各部位机能的正常发挥具有明显的影响。研究表明,从事脑力劳动最适宜的温度是摄氏16~21度。温度高于摄氏40度或低于摄氏5度,都会使人产生不适、情绪烦躁、反应缓慢等症状,从而影响学习效率。因此,要在学习环境中安置通风和调温设施,保证空气的流通与气温适宜,同时让学生养成定时到室外呼吸新鲜空气的良好习惯。

学习环境中的光线应均匀分布,切忌刺眼或明暗反差强烈的光。学习环境中的光源可分为自然和人工照明两种。白天以自然照明为主,学习时应避免因背光产生的阴影落在书本上,也不应该有阳光直射或反射出现的眩光现象。研究表明,书桌面上的光照度应以200~500勒克斯为宜,最低不能少于100勒克斯,即一盏30~40瓦的白炽灯的照明要求。

2) 物质环境

在学习的物质环境,包括学习的空间范围、室内布置、用具的摆设等。如果条件允许,家庭应为孩子提供一间书房,作为相对固定的学习场所,这样可在一定程度上减少家庭成员之间的相互干扰,形成相对安静的学习环境。书房最好是南北开窗,通风透气,结构简洁实用。

另外,要注意调整好桌椅的陈设。研究表明,适度的肌肉紧张可以促进智力活动,直着身体坐在硬椅子上,比躺在柔软的沙发里或舒适的床上工作效率要高。因此,在桌椅的设计上应该合理，使学习者能产生一定的肌肉紧张。一般来说，书桌椅的高差间距应便于学生采取前倾和微后倾的坐姿，使坐着时前胸不受挤压，两足着地，眼与书的距离保持在30~35厘米。书桌的摆设一般放在窗户的右侧墙壁边，这样既可以保持有充足的光线，又可以避免强光的直射。

3) 心理环境

学习的心理环境，包括影响学生身心发展的学习、生活、游戏、交往的全部空间，分为学校内部心理环境和学校外部心理环境。良好的心理环境对学习具有重要的促进作用，对学生的心理健康所起的作用也是不可估量的，因此要注意心理环境的调整。一般来说，高兴、快乐、喜悦、热情的情绪对学习有促进作用，而焦虑、痛苦、忧伤、愤怒、冷漠的情绪对学习起阻碍作用。

3. 学习资源的利用策略

学习永远离不开对学习资源的利用，如参考资料、讨论、向他人寻求帮助等。但许多中小学生不能充分有效地利用这些资源，或者是用之不当。这不仅浪费了大量的学习资源，而且产生了一定的负面影响。因此，在进行学习辅导时，有必要指导学生充分利用已有的学习资源。

1) 参考资料的选择与利用

参考资料是为了拓宽学生的知识面、扩大视野、活跃思维而编写的辅助学习材料。但目前由于各种各样的原因，市面上的参考资料虽多如牛毛，但良莠不齐，优劣难分。因此，有必要对学生进行一定的指导。参考资料并不是越多越好、越厚越好，由于学生目前的学业负担本来就不轻，因此，参考资料宜少不宜多，宜精不宜杂；要选择权威机构或权威人士编写的参考资料；参考资料的内容不应该是对书本内容简要的重复，也不应是常识的简单概括，而是对书本内容的深化，能启发学生的思维，但也不能完全超越学生的接受水平。学生在利用参考资料时，不能完全依赖资料，忽视教科书，对参考资料也不一定是从头到尾整篇通读，而是有选择性地进行学习。

2) 广播电视节目选择与充分利用

在一般人的认知里，广播电视节目纯粹是消遣娱乐，收听广播与收看电视被认为是浪费时间，因此，不少家长一味禁止自己的孩子看电视，这其实是不对的。不少的广播与电视节目对学生的知识面的扩充还是有很大益处的，如新闻调查、科技博览、军事天地、时事纵横、文艺欣赏、曲艺杂谈等，对中小学生开阔眼界、积累知识大有裨益。当然，收看电视节目不能毫无节制，毕竟中小学生的学习内容很多，而时间又有限，因此，要控制好时间。

3) 因特网信息资源的充分利用

随着科技的迅猛发展，家用计算机的普及以及教学条件的明显改善，因特网在我们生活和学习中的重要性越来越明显。我们可以坐在一台计算机前不出家门而周游世界，了解世界各地发生的各种各样的重要事件，也可以学习到各种各样的知识。但是，同时，因特网上也充满着五花八门的不健康的东西，由于中小学生的辨别能力和自控能力相对较差，因此，特别需要成人的正确指导。在因特网上浏览的内容、上网的时间、网络游戏的选择等方面成人应耐心加以指导，否则，学生可能因为不健康的内容而沉湎于网络，那是本末倒置、得不偿失的。

14.1.5 学习策略的训练

教育的目标之一是要帮助学生学会使用有效的学习策略。常常有许多学生把学习中的困难归因于缺少能力，而实际上，他们的问题是没有掌握有效的学习策略，从来没有人教过他们如何学习。教师的任务不仅是结合教学内容教学生学习策略，而且，要教学生积极地、适时地选用有效的学习策略。

1. 学习策略训练的原则

人们在学习时常使用各种不同的策略，但很少有什么学习策略总是有效或总是无效。显然，学习策略的价值依赖于其根据具体情况如何去使用。在进行学习的训练时，不管教什么策略、怎么教这些策略，都应该遵循一定的基本的原则。

1) 主体性原则

主体性原则指任何学习策略的使用都有赖于学生主动性和能动性的充分发挥。主体性原则既是学习策略训练的目的，又是必要的方法和途径，如果学生处于一种被动状态，学习目标、过程、方法都由他人包办代替，学习的效果也由他人评价，那么也就无从谈起学会学习了。

2) 内化性原则

内化性原则是指训练学生不断实践各种学习策略，逐步将其内化成自己的学习能力，并能在新的情境中加以灵活应用。内化过程需要学生将所学的新策略与头脑中已有的有关策略的知识整合在一起，并能熟练地加以应用，形成新的认知和能力。

3) 特定性原则

学习策略一定要适于学习目标和学生的类型。同样一个策略，不同年龄的学生，学习水平不同的学生，用起来的效果是不一样的。因此，教师要针对学生的发展水平，确定最有用的策略。同时，教师还要考虑学习策略的层次，给学生制定各种各样的策略，不仅有一般的策略，而且还要有非常具体的策略。

4) 生成性原则

生成性原则是指学习者要利用学习策略对学习材料进行重新加工，生成某种新的东西。要想使一种学习策略有效，做这种深层次的心理加工是必不可少的。生成性程度高的策略有：写内容提要、向别人提问、将笔记列成提纲、图解要点之间的关系、向同伴讲授课的内容要求等。生成性程度低的策略有：不加区分的画线，不抓要点的记录，抓不住重要信息的肤浅的提要等，这对学习都是无益的。

5) 有效地监控原则

有效地监控原则是指学生应当知道何时、如何应用他们的学习策略并能反思和描述自己对学习策略的运用过程。

6) 个人自我效能感原则

个人自我效能感原则是指教师给学生一些机会使他们感受到策略的效力以及自己使用策略的能力。即使学生可能知道学习策略，但是，如果他们不愿意使用这些策略，他们的学习能力也是不会得到提高的。教师一定要给学生一些机会使学生感受到策略的效力，采取学习策略训练，包括动机训练，让学生清楚地意识到一份努力一份收获。

2. 学习策略训练的方法

1) 指导教学模式

指导教学模式是在教学中，教师先向学生解释所选定学习策略的具体步骤和条件，在具体应用中不断给以提示，让其口头叙述和明确解释所操作的每一个步骤，以及报告自己应用学习策略时的思维，通过不断重复这种内部定向思维，加强学生对学习策略的感知、理解与保持。同时，教师选择恰当的事例来说明每种策略应用的可能性，使学生形成对策略的概括化认识。

2) 程序化训练模式

程序化训练是将活动的基本技能，分解成若干有条理的小步骤，在其适宜的范围内，作为固定程序，要求活动主体按此进行活动，并经过反复练习使之达到自动化程度。程序化训练的基本步骤是：①将某一活动技能，按有关原理，分解成可执行、易操作的小步骤，而且可使用简练的词语来标志每个步骤的含义。例如，PQ4R 阅读策略，包括预览(Preview)、提问(Question)、阅读(Read)、反思(Reflect)、背诵(Recite)、复习(Review)六个步骤。②通过活动实例示范各个步骤，并要求学生按步骤活动。③要求学生记忆各步骤，并坚持练习，直至使其达到自动化程度。

3) 完形训练模式

完形训练是在直接讲解策略之后，提供不同程度的完整性材料，促使学生练习策略的某一个成分或步骤，然后，逐步降低完整性程度，直至完全由学生自己完成所有成分或步骤。例如，在教学生列提纲时，教师可先提供一个比较好的提纲，然后解释这些提纲是如何统领材料的。然后，给学生提供一个不完整的提纲，分步对学生进行训练：①提供一个几乎完整的提纲，需要学生听课或阅读时填写一些支持性的细节；②提供一个只有主题的提纲，要求填写所有的支持性细节；③只提供支持性细节，而要求填写主要的观点。最后，对学生以适当的练习，就能学会写出很好的提纲来。完形训练的好处就在于能够使学生有意注意每一个成分或步骤，而且，每一步训练所需的心理努力都是学生所能够胜任的，更为重要的是，每一步训练都给学生以策略应用的整体印象。

4) 交互式教学模式

交互式教学模式主要是用来帮助成绩差的学生进行阅读理解。它是由教师和一小组学生(约 6 人)一起进行的，旨在教学生四种策略：①总结，总结段落内容；②提问，提与要点有关的问题；③析疑，明确材料中的难点；④预测，预测下文会出现什么。例如，朗读一段课文，并就其核心内容进行提问，直到最后概括出本段课文的中心大意。提问是为了引起讨论，概括大意则有助于预测下文，为阅读下一段课文做准备。然后，教师指定一个学生扮演"教师",效仿教师的步骤,带领大家分析下一段内容。学生们轮流担当"教师"。在这里,教师先树立一些榜样性行为,示范四种主要策略,然后改变自己的角色,在学生尝试使用策略时给以必要的帮助,起一个促进者和组织者的作用。研究表明,这种策略能提高成绩差的学生的成绩。

  5) 合作学习模式

  合作学习模式就是在学习活动中,两个学生一组,一部分一部分地彼此轮流向对方总结材料,当一个学生主讲时,另一个学生听着,纠正错误和遗漏。然后,两个学生变换角色,直到学完所学材料为止。研究证明,这种形式学习比独自总结或单纯地阅读材料,其学习和保持效果好得多。而且,合作性讲解的两个参与者都能从这种学习活动中受益,主讲者比听者获益更大。

  在实际教学中,教师不管采用什么方法进行学习策略的教学,都要结合学科知识实施。学习策略不是孤立的,不能脱离专门知识。专门领域的基础知识是有效利用策略的前提条件,脱离知识内容的单纯训练容易导致形式化倾向,难以保证学生提高学习策略水平。教师要善于不断探索优化自己的教学步骤,为学生提供可以仿效的活动程序。同时,要根据学生原有的学习方式和基础来启发学生的思路,让他们有意识地内化有效的学习策略。

14.2 学习的迁移

  学习的目的不仅在于获得有关知识、技能,更重要的还在于能够将所学的知识、技能应用到新的情境中去,达到"举一反三""触类旁通"的目的,这就牵涉学习迁移的问题。

14.2.1 学习迁移概念

1. 学习迁移的定义

  学习迁移(transfer of learning)也称训练迁移,是指一种学习对另一种学习所产生的影响。它包括先前学习对后继学习的影响,也包括后继学习对先前学习的影响;包括积极影响,也包括消极影响。学习迁移现象普遍地存在于人们的各种学习、工作和生活活动中。例如,学会了打羽毛球,有助于打网球,这是动作技能的迁移;学会了平面几何,有助于学习立体几何,这是知识的迁移;从小养成认真勤奋的学习态度,会影响人的中学、大学乃至一生,会在许多方面对自己的态度和行为习惯严格要求,这是态度与行为习惯的迁移。

2. 学习迁移的种类

  迁移的种类可以从许多角度来划分,常见的划分有如下几种。

  1) 正迁移与负迁移

  根据迁移的性质不同、迁移的影响效果不同,可将迁移划分为正迁移和负迁移。正迁移(positive transfer)指的是一种学习能促进另一种学习。例如,学好数学有利于学习物理;钢笔字写得好有利于写好毛笔字等等。负迁移(negative transfer)指的是一种学习阻碍和干扰了另一种学习。例如，掌握了汉语语法，在初学英语语法时，总是出现用汉语语法去套英语语法的现象，从而影响了英语语法的正确掌握。

2) 横向迁移与纵向迁移

根据迁移内容不同抽象与概括水平进行的，可将迁移划分为横向迁移与纵向迁移。横向迁移(lateral transfer)又称作水平迁移，是指处于同一概括水平的经验之间的相互影响。例如，化学中锂、钠、钾等金属元素之间的关系是并列的，都处于同一抽象和概括层次，各概念之间的相互影响即横向迁移。

纵向迁移(vertical transfer)又称为垂直迁移，指处于不同概括水平的经验之间的相互影响。具体讲，是具有较高的概括水平的上位经验与具有较低的概括水平的下位经验之间的相互影响。纵向迁移表现在两个方面：一是自下而上的迁移，二是自上而下的迁移。自下而上的迁移指下位较低层次的经验影响上位较高层次经验的学习，常见于归纳式的学习中。例如，数学学习中由数字运算到字母运算的转化，就包含着自下而上的迁移。自上而下的迁移指上位较高层次的经验影响下位较低层次经验的学习，常见于演绎式的学习中。例如，一般平行四边形的学习影响着菱形的学习，就包含着自上而下的迁移。

3) 一般迁移与特殊迁移

根据迁移内容的不同进行划分，可将迁移划分为一般迁移与特殊迁移。一般迁移(general transfer)也称普遍迁移，是将一种学习中习得的一般原理、方法、策略和态度等迁移到另一种学习中去。例如，数学学习中形成的认真审题的态度、审题的方法也将影响到化学、物理等学科中的审题活动。

特殊迁移(specific transfer)也称具体迁移，指一种学习中习得的具体的、特殊的经验直接迁移到另一种学习中去，或经过某种要素的重新组合迁移到新情境中去。例如，英语学习中，当学完单词 eye(眼睛)后，再学习 eyeball(眼球)时，即产生特殊迁移。特殊迁移的范围往往不如一般迁移广，仅适用于非常有限的情境中，但这并不意味着特殊迁移是不重要的，相反，它对于系统掌握某一领域的知识是非常必要的。

4) 顺向迁移与逆向迁移

根据迁移的不同方向可以将迁移划分为顺向迁移与逆向迁移。顺向迁移(forward transfer)是指先前学习对后继学习的影响。例如，通常所说的"举一反三""触类旁通"就是顺向迁移的例子。逆向迁移(backward transfer)是指后继学习对先前学习的影响。例如，发展心理学和教育心理学的学习对先前普通心理学的理解产生影响，这就是逆向迁移。逆向迁移可以使原有的经验、知识结构得到充实、修正、重组或者重构等。不管是顺向迁移抑或逆向迁移，其影响的效果都有积极与消极之分。

5) 同化性迁移、顺应性迁移与重组性迁移

这是根据迁移过程中所需的内在心理机制的不同进行的划分。同化性迁移(assimilative transfer)是指不改变原有的认知结构，直接将原有的认知经验应用到本质特征相同的一类事物中去。原有认知结构在迁移过程中不发生实质性的改变，只是得到某种充实。例如，原有认知结构中的概念"鱼"，由带鱼、草鱼、黄鱼等概念组成，当前要学习鳗鱼，把它纳入"鱼"的原有结构中，既扩充了鱼的概念，又获得了鳗鱼这一新概念的意义。"举一反

三""闻一知十"也都属于同化性迁移。

顺应性迁移(conformance transfer)指将原有认知经验应用于新情境中时，需调整原有的经验或对新旧经验加以概括，形成一种能包容新旧经验的更高一级的认知结构，以适应外界的变化。例如，学生原认为空气没有质量，经过科学研究之后发现是自己错了。

重组性迁移(recombinative transfer)指重新组合原有认知系统中某些构成要素或成分，调整各成分间的关系或建立新的联系，从而应用于新情境。在重组过程中，基本经验成分不变，但各成分间的结合关系发生了变化，即进行了调整或重新组合。例如，在操作技能形成过程中，许多不同成分的动作被结合成连续的整体动作，其中不涉及新的动作的增加，只是各动作成分的重新结合、重新排列。

3. 学习迁移的作用

(1) 学习迁移对于提高解决问题的能力具有直接的促进作用。学习的最终目的并不是将知识经验储存于头脑中，也不是仅用于解决书本上的问题，而是要应用于各种不同的实际情境中，解决现实中的各种问题。在学校情境中，大部分的问题解决是通过迁移来实现的，迁移是学生进行问题解决的一种具体体现。要将校内所学的知识技能用于解决校外的现实问题，这同样也依赖于迁移。要培养解决问题的能力，就必须从迁移能力的培养入手，否则问题解决也就成为空谈。

(2) 学习迁移是习得的经验得以概括化、系统化的有效途径，是能力与品德形成的关键环节。只有通过广泛的迁移，原有的经验才得以改造，原有的经验结构才更为完善、充实，从而建立起能稳定地调节个体活动的心理结构。迁移是习得的知识、技能与行为规范向能力与品德转化的关键环节。

(3) 学习迁移规律对学习者、教育工作者具有重要的指导作用。应用有效的迁移原则，学习者可以在有限的时间内学得更快、更好，并在适当的情境中主动、准确地应用原有的经验，防止原有经验的惰性化。教育工作者应用迁移规律进行教学设计，在课程设置、教材编排、教学方法的确定、教学活动的安排、教学成效的考核方面利用迁移规律，可以加快教育教学的进程。

14.2.2 学习迁移的基本理论

尽管人们早就注意到学习迁移现象的存在，但真正对迁移现象进行研究则是近一两百年的事，这期间，不同的研究者对迁移的本质及其基本过程做出了不懈的探索，形成了不同的学习迁移理论。

1. 形式训练说

最古老的迁移理论应首推"形式训练说(formal or mental discipline theory)"，由德国的沃尔夫(Wolff, 1734)提出，该学说是以"官能心理学"(faculty psychology)为基础，因此也有人称其为"官能说"。形式训练说的基本观点包括以下内容。

(1) 个体心理的组成成分是各种官能。形式训练说认为，人的各种活动都由相应的官能所主宰，各种官能分别从事不同的活动，例如，利用记忆官能进行回忆活动，利用思维官能从事思维活动。人的心理由意志、记忆、思维、推理等各种分立的官能组成，它们遵循着用进废退的原则。迁移要经过一个"形式训练"的过程才能产生。对官能的训练就如同对肌肉的训练一样，通过练习才能得到发展和加强。如果一种官能在某种学习情境中得到改造，就可在与该官能有关的所有情境中自动地起作用，从而表现出迁移的效应。例如，记忆官能增强后，可以更好地学会和记住各种东西。

(2) 心理是由各种成分组成的整体，一种官能的改进会加强其他所有官能。形式训练说认为，各种官能不仅可以一个个孤立地加以训练使其提高或增多，而且一种官能经过训练得以增强后能自动强化其他官能的作用。心理的各种官能，可由一种科目或一种题材受到训练而产生迁移，并使整体都得到发展。

(3) 教学最重要的目标就是训练和改进心理的各种官能。形式训练说认为，训练迁移的学习内容并不重要，重要的是所学的东西的难度及其训练价值。学习要收到最大的迁移效果，就应该经历一个"痛苦的"过程，即锻炼的项目越困难，官能得到的训练就越多；学校作业越难，学习就越有效。由于拉丁语、数学和自然科学学习起来似乎特别艰苦，因而它们的训练价值比别的学科高，从而成为训练心理官能的最好材料。

形式训练说在欧洲和北美盛行了 200 多年，在国内外教学实践中至今还起着一定的作用。形式训练说重视学习的迁移，重视能力的训练和培养。这种观点不仅对后来的学习迁移理论研究有很大的影响，而且还在教育上形成了"形式教育说"。但是，该理论也有许多缺陷，如心理的各种官能是否经过训练就能提高，从而自动迁移到以后的学习活动中呢？学生的学习内容是否真不重要？训练和改进各种学习官能是否能够脱离开学习内容而进行？在回答这个问题上，该学说还缺乏充分的科学依据。19 世纪末 20 世纪初，一些心理学家借助实验，对形式训练说提出了质疑。

2. 共同要素说

共同要素说(identical elements theory) 又称相同要素说，是 19 世纪末 20 世纪初在大量实验基础上，由美国著名心理学家桑代克和伍德沃斯提出，是对形式训练说的一种挑战。

1) 实验研究

许多心理学家纷纷设计严密的实验，从各种不同角度开展迁移问题的研究，其中最有影响的是桑代克的研究。桑代克首先在形状知觉方面进行迁移训练的实验研究。1901 年，他以大学生为被试，训练他们判断各种大小和形状不同的图形的面积，结果发现，通过 90 个平行四边形面积判断的训练，被试对矩形面积的判断成绩提高了，但他们对三角形、圆形和不规则图形面积的判断成绩并没有提高。此外，桑代克在长度估计实验中，让被试估计 2.5~4 厘米长的线段，经过练习取得一定进步后，再让被试估计 15~30 厘米长的线段，结果发现，其长短估计能力并不因先前的训练而有所增进。在注意和记忆方面，桑代克也做过类似实验，同样发现，在注意和记忆方面的训练并未能迁移到不相似的活动中去。桑代克进一步设想让学生选学某些特殊课程，并经过较长时间的训练，是否能提高学生的一般智力呢？为此他在 1924 年和 1927 年做了两次规模很大的实验。受试的学生达 13 000 多人，学生分别选修的科目包括几何、拉丁语、公民课、戏剧、化学、簿记和法语，学习时间为 1 年。实验测验了学生学习这些科目前后的智商变化，结果并未发现某些学科对改善学生智力特别有效。

桑代克的实验结果显然与形式训练说的迁移理论不相符。他的实验结果证明，特殊的训练确实存在一定的迁移，但只是特殊经验的事实、技能、方法乃至态度的迁移。特殊的训练并不能由此而提高一般的观察力、记忆力、注意力等。桑代克根据这些实验的结果指出，之所以产生迁移，是因为练习课题与迁移课题之间具有共同的要素，练习任务与测验任务越接近，测验任务的成绩越好。

2) 共同要素说的基本观点

在实验的基础上，桑代克提出了迁移的共同要素说，后来又被伍德沃斯(R.S.Woodworth)修改为共同成分说(common components)。伍德沃斯认为只有当学习情境和迁移测验情境存在共同成分时，一种学习才能影响另一种学习，即才会产生学习的迁移。桑代克认为，只有当两种心理机能具有共同成分作为因素时，一种心理机能的改进才能引起另一种心理机能的改进；迁移是非常具体的、有条件的，要有共同的要素。

3) 共同要素说的理论价值及现实意义

共同要素说在学习迁移方面做了大量的实验研究，充分揭露了形式训练说的缺陷，推进了学习迁移的实验研究。桑代克的共同要素说揭示了迁移现象中的一些事实，在当时的教育界起到了一定的积极作用，它使学校脱离了那种在形式训练影响下不考虑实际生活，只注重所谓的形式训练的教学状况；学校在各方面开始注意重视应用学科，教学内容的安排也尽量与将来的实际应用相结合。但是，共同要素说只注重学习情境客观方面的特点对迁移的影响，而忽略了学习主体特点对迁移的影响，否认了迁移中复杂的主体认知因素的作用，使迁移的范围大为缩小。该迁移理论表现出机械、片面的色彩，使人们对迁移产生了悲观的态度。

3. 概括说

概括说(generalization theory)，亦称类化说，由美国心理学家贾德(Judd, 1908)提出，强调原理、原则的概括对迁移的作用，并做了大量的实验加以验证。

1) 实验研究

贾德于 1908 年进行过一个很著名的"水下击靶"实验，这个实验被看作是概括化理论的经典实验。该实验以小学五、六年级学生为被试，根据教师的评定把他们分为能力相等的甲、乙两个组，让他们射击置于水中的靶子。甲组在事前学习光学折射原理，乙组则不学。最初射击潜于水下 3 厘米的靶子时，这两个组的成绩基本相同，说明理论不能代替实际的练习。但当情境改变，将靶子置于水下 10 厘米时，学习了光学折射原理的甲组学生，无论在速度，还是在准确度上，都大大超过没有学过光学折射原理的乙组学生。贾德认为这是由于经过原理学习的儿童对不同深度的目标可以做出更适当的调整，将折射原理概括化，并运用到特殊情境中去。

2) 概括说的基本观点

根据其实验研究，贾德强调原理、原则的概括对迁移的作用，认为在先期学习中所获得的东西，之所以能迁移到后期的学习，是因为在先期学习时获得了一般原理。根据这一理论，两个学习活动之间存在的共同成分只是产生迁移的必要前提，而产生迁移的关键是学习者在两种活动中概括出它们之间的共同原理，学习者概括水平越高，迁移的可能性越大。贾德十分强调经验概括化的重要性，认为学生需要先掌握原理，形成类化，才能迁移到具体的类似的活动中去。掌握原理是学习迁移发生的一个先决条件。

3) 概括说的理论价值及现实意义

贾德的概括化理论十分强调学习者掌握有关的原则和原理，这是对相同要素说的发展。它揭示出造成学习迁移的关键原因是两种学习遵循着共同的原理，而不仅仅是相同的成分，从而使学习迁移范围大为扩大。另外，概括不是一个自动的过程，而是与教学方法有密切的关系，即同样的教材内容，由于教学方法不同，教学效果就会差异悬殊，迁移效应也大不相同。因此，教师在教学过程中，应注重引导学生对学习材料进行广泛概括，从而发现导致学习迁移发生的一般原理的原则。

4. 认知结构迁移理论

自20世纪60年代以来，由于认知心理学的兴起，学习迁移的研究也较多地集中到知识学习迁移上来。其中研究最多的是认知结构与学习迁移的关系问题。1963年，美国心理学家奥苏伯尔(D.P.Ausubel)在有意义言语学习理论的基础上提出认知结构迁移理论，其基本观点包括以下内容。

1) 一切有意义的学习必然包括迁移

奥苏伯尔认为，一切新的有意义学习都是在原有学习基础上产生的，不受学习者原有认知结构影响的有意义学习是不存在的。一切有意义的学习必然包括迁移，迁移是以认知结构为中介进行的，先前学习所获得的新经验，通过影响原有认知结构的有关特征影响新学习。

2) 认知结构变量是影响学习迁移的重要因素

认知结构即学生头脑里的知识结构。广义地说，认知结构是学生已有的观念的全部内容及其组织；狭义地说，认知结构是学生在某一学科的特殊知识领域内的观念的全部内容及其组织。学生的认知结构各有特点，主要表现为认知结构变量各异。认知结构变量，指个人认知结构在内容和组织方面的特征。奥苏伯尔提出了三个主要的影响有意义学习和迁移的认知结构变量：认知结构的可利用性、认知结构的可辨别性、认知结构的稳定性。

(1) 认知结构的可利用性：是指面对新知识的学习时，学习者原有认知结构中是否具有用来同化新知识的适当观念。认知结构中如果具有处于较高抽象、概括水平的观念，就会给新的学习提供最佳关系和固定点，从而产生类属学习、总括学习或者并列结合学习。如果学习者的认知结构中没有适当的、起固定作用的观念可以用来同化新知识，那么，个体往往只能进行机械学习，新知识不能有效地被固定在认知结构中，从而引起不稳定的和含糊的意义。

(2) 认知结构的可辨别性：是指面对新知识的学习时，学习者能否清晰分辨新旧知识间的异同。这一特征涉及新学习的知识与同化它的相关知识的可分辨度，两者的可分辨程度越高，则越有助于迁移并避免因混淆而带来的干扰。

(3) 认知结构的稳定性：是指面对新知识的学习时，用来同化新知识的原有知识是否已被牢固掌握。这一特征是指同化新知识的原有知识的巩固程度。原有知识巩固程度越高，则越有助于迁移。

如果学生在某一领域的认知结构越具有可利用性、可辨别性和稳定性，那么就越容易导致正迁移。如果他的认知结构是不稳定的、含糊不清的、无组织的或组织混乱的，就会抑制新材料的学习和保持或导致负迁移。奥苏伯尔的认知结构迁移理论代表了从认知观点来解释迁移的一种主流倾向。

3) 认知结构迁移理论的价值

较之传统的学习迁移理论，奥苏伯尔的认知结构迁移理论更为科学和完善，更能令人信服地阐释迁移的实质。奥苏伯尔认知观的理论价值及实践意义体现在以下几个方面。

(1) 对学习迁移的研究更接近学校实践。传统的学习迁移理论是在实验室中孤立地研究，而且研究更多地集中在简单的、操作的学习迁移方面。认知结构迁移理论指出，一切有意义的学习都存在着迁移。在教学中，可以通过改革教材内容和教材呈现方式等改进学生的原有认知结构变量以达到迁移的目的。

(2) 迁移是以认知结构为中介进行的，与以往的传统迁移理论的解释不同。奥苏伯尔认为，在学习课题 A 时所得到的最新经验，并不是直接同课题 B 的刺激—反应成分发生相互作用，而是由于它影响学习者原有认知结构的有关特征，从而间接影响新的学习或迁移。

(3) 对迁移效果的解释也更为广泛。在奥苏伯尔的认知结构迁移理论中，迁移的效果不仅是指运用一般原理于特殊事例的派生类属学习的能力，而且指提高了相关类属学习、总括学习和并列结合学习的能力。

14.2.3 学习迁移与教学

"为迁移而教"是当前教育界推崇的口号。要实现"为迁移而教"的目标，就要了解影响迁移的因素，并以此为根据改进教学，以促进积极迁移的产生。

1. 影响学习迁移的因素

1) 影响学习迁移的客体因素

(1) 学习材料的相似性。学习材料的相似性是影响学习迁移能否产生的重要因素之一。学习材料相似性的大小主要是由两任务中含有的共同成分决定的，较多的共同成分将产生较大的相似性，并导致迁移的产生。共同成分既可以是学习材料、学习中的环境线索、学习过程、学习目标、学习结果等方面的，也可以是态度、情感等方面的。早期的研究主要关注外在的刺激与外在的反应的相似性对迁移的影响，现代的研究对迁移中所需的内在心理特性的相似性也给予了充分的关注。迁移的产生既受到客观相似性的影响，也受到主观相似性的影响。

(2) 学习情境的相似性。学习情境如学习场所、环境的布置、教学或测验人员等条件的相似性，能不同程度地提供学生有关的原有学习的线索，促进学习或问题解决中迁移的出现。

(3) 教师的指导。教师在教学过程中，有意识地引导学生发现不同的知识之间或情境之间的共同点，启发学生去概括总结，指导学生运用已学到的原理知识去解决具体问题，要求学生将所学的知识举一反三，指导或教会学生如何学习，都有利于促进积极迁移的产生。

2) 影响学习迁移的主体因素

(1) 学生的分析与概括能力。学生分析与概括能力的高低是决定迁移能否产生的重要因素之一。分析与概括能力高的学生，能有效地根据自己已有的知识经验对当前复杂的问题进行分解，概括出问题所隐含的原理原则，从而加强对新旧知识之间关系的识别，促进积极迁移的产生。

(2) 学习的心向与定势。学习的心向是指学生随时将已学的知识经验迁移到新场合的心理准备状态。这种心向的产生有利于学习迁移的实现。定势的形成往往是由于先前的反复经验，会支配个体以同样的方式去对待后继的同类问题，正因如此，定势在迁移过程中也起到一定的作用。心向与定势常常是指的同一种现象，即先于一定的活动而又指向该活动的一种动力准备状态。它们对迁移的影响也分为两种：促进和阻碍。既可以成为积极的正迁移的心理背景，也可以成为负迁移的心理背景。

(3) 认知策略与元认知。学生在原有学习过程中能否形成一种有组织的、方法得当的思考方式或解决问题的方式方法，这也是影响迁移的一个重要因素。认知策略反映的是人类认识活动的规律性知识，一般带有很高的概括性，在应用时有很大的灵活性。心理学研究认为，要使认知策略的训练实现在多种任务情境中的迁移，一个重要的条件是提高学习者的元认知水平。

2. 促进学习迁移的教学

学生迁移能力的形成有赖于教学，促进迁移的有效教学应从以下几方面考虑。

1) 精选教材

要想使学生在有限的时间内掌握大量的有用的经验，教学内容就必须精选。教师应选择那些具有广泛迁移价值的科学成果作为教材的基本内容，而每一门学科中的基本知识(如基本概念、基本原理)、技能和行为规范具有广泛的适应性，其迁移价值较大。布鲁纳认为所掌握的内容越基本、越概括，则对新情况、新问题的适应性就越广，也就越能产生广泛的迁移。

2) 合理编排教学内容

精选的教材只有通过合理的编排才能充分发挥其迁移的效能，否则迁移效果小，甚至阻碍迁移的产生。从迁移的角度来看，合理编排的标准就是使教材达到结构化、一体化、网络化。结构化是指教材内容的各构成要素具有科学的、合理的逻辑联系，能体现事物的各种内在关系，如上下、并列、交叉等关系。一体化指教材的各构成要素能整合为具有内在联系的有机整体。为此，既要防止教材中各要素之间的相互割裂、支离破碎，又要防止相互干扰或机械重复。网络化是一体化的引申，指教材各要素之间上下左右、纵横交叉联系要沟通，要突出各种基本经验的联结点、联结线，这既有助于了解原有学习中存在的断裂带或断裂点，也有助于预测以后学习的发展带、发展点，为迁移的产生提供直接的支撑。

3) 合理安排教学程序

教学程序是使有效的教材发挥功效的最直接的环节。合理编排的教学内容是通过合理的教学程序得以体现、实施的。无论是宏观的整体的教学规划，还是微观的每一节课的教学活动都应体现迁移规律，处理好教学与学习的先后次序。在宏观上，教学中应将基本的知识、技能和态度作为教学的主干结构，并依此进行教学。在微观上，应注重学习目标与学习过程的相似性，或有意识地沟通具有相似性的学习。简言之，在教学过程中的每一个环节都应努力体现迁移规律。

4) 教授学习策略，提高迁移意识

授之以鱼，不如授之以渔。这意味着仅教给学生组织良好的信息是不够的，还必须使学生了解在什么条件下迁移所学的内容、迁移的有效性如何等。掌握必要的学习策略及其元认知策略是达到这一目标的有效手段，许多研究证明，学习策略及元认知策略具有广泛的迁移性，同时它们又能够提高学习者的迁移意识。结合实际学科的教学来教授有关的学习策略和元认知策略，不仅可以促进对所学内容的掌握，而且可以改善学生的学习能力，使学生学会学习，提高迁移的意识，从根本上促进迁移的产生。

复习思考题

1. 名词解释：学习策略、认知策略、元认知策略、资源管理策略、复述策略、精细加工策略、组织策略、元认知、计划策略、目标策略、监控策略、调节策略、学习迁移、正迁移、负迁移、横向迁移、纵向迁移、一般迁移、特殊迁移、顺向迁移、逆向迁移、同化性迁移、顺应性迁移、重组性迁移
2. 认知策略主要有哪些？如何使用？
3. 元认知策略主要有哪些？如何使用？
4. 资源管理策略主要有哪些？如何使用？
5. 教师应如何进行学习策略的训练？
6. 什么是学习迁移？学习迁移的意义和作用何在？
7. 形式训练说的主要观点是什么？共同要素说的主要观点是什么？
8. 述评概括说认知结构迁移理论。
9. 影响学习迁移的因素是什么？结合教学实践，谈谈如何促进学生正迁移的形成。
10. 结合素质教育与学生学习的实际，谈谈学习策略的意义。
11. 结合自身学习经验，谈谈如何应用所学的有关学习策略的知识。
12. 在教学上为什么提出"为迁移而教"？

教师资格证考试真题再现

1. (2011年11月)一位初中语文老师教学生用列课文结构提纲、画网络图的方法促进学习，这里所教的学习策略是(　　)。
   A. 复述策略　　　B. 组织策略　　　C. 精致策略　　　D. 组块策略
2. (2013年11月)林琳在听课时，经常将学习内容要点以画线的方式在书上作标记，这种学习策略属于(　　)。
   A. 复述策略　　　B. 调节策略　　　C. 监控策略　　　D. 计划策略
3. (2013年3月)丁力有意识地对自己的学习活动进行检查与监控，他所运用的学习策略属于(　　)。
   A. 复述策略　　　B. 精细加工策略　　　C. 组织策略　　　D. 元认知策略
4. (2011年11月)一初中生在地理学习中学会了画概念地图的方法后，将这种方法运用到生物学习中去，这是一种(　　)。
   A. 负迁移　　　B. 一般迁移　　　C. 特殊迁移　　　D. 逆向迁移
5. (2012年11月)李红学习了英语语法后，加深了对以前学过的中文语法的理解，这种现象属于(　　)。
   A. 负向迁移　　　B. 垂直迁移　　　C. 顺向迁移　　　D. 逆向迁移
6. (2013年3月)老师问："一张桌子四个角，锯掉一个角，还有几个角？"张冬不假思索地回答说："三个角。"老师又问："还有其他答案吗？"张冬想了想，没有回答出来。这表明张冬在解决问题时受到哪种因素的影响？(　　)
   A. 功能固着　　　B. 原型启发　　　C. 心理定势　　　D. 垂直迁移
7. (2013年3月)辨析题：逆向迁移就是负迁移。
8. (2012年3月)辨析题：学习迁移是学习过程中常见的现象，它对新知识、新技能的学习起促进作用。
9. (2014年3月)材料：

学生A：中学学习英语语法对以后学习英语帮助很大。

学生B：平面几何学得好，后来学习立体几何就简单了，知识之间有很大联系。

学生A：不光知识这样，弹琴也是，会弹电子琴，学弹钢琴也快。

学生B：可有时候也不一样，会骑自行车反而影响骑三轮车。

学生A：有意思，学习很奇妙。

(1) 请分析材料中两位同学谈话用到的学习原理。

(2) 教师应该如何利用这一原理促进学生的学习。

10. (2012年3月)简述学习策略的类型。

第 15 章　青少年心理健康与教育

本章学习目标

- 心理健康的定义及标准
- 心理正常与心理异常，心理健康与不健康
- 心理健康教育实施的原则及方法
- 青少年常见心理问题与辅导
- 常见心理障碍及典型表现

15.1　心理健康概述

15.1.1　心理健康的概念

1948 年世界卫生组织(WHO)成立时，把健康定义为："健康乃是一种生理、心理和社会适应都日臻完满的状态，而不仅仅是没有疾病和虚弱的状态。"从而形成了健康的生理、心理、社会模式。1989 年，世界卫生组织又明确提出："健康不仅是没有疾病，而且包括躯体健康、心理健康、社会适应良好和道德健康。"

1. 心理健康的定义

心理健康是完整健康概念的重要组成部分，国内外学者曾就心理健康的定义与内涵，从不同角度进行过多方面的阐述与探索。1946 年第三届国际心理卫生大会认为："所谓心理健康，是指在身体、智能以及情感上与他人的心理健康不相矛盾的范围内，将个人心境发展成最佳的状态。"实际上，可以从广义和狭义两种角度来定义心理健康。从广义上讲，心理健康是指一种高效而满意的、持续的心理状态；从狭义上讲，心理健康是指人的基本心理活动的过程内容完整、协调一致，即认识、情感、意志、行为、人格完整和协调，能顺应社会，与社会保持同步。

2. 心理健康的标准

心理健康标准是心理健康概念的具体化。由于确立心理健康标准的依据不同，迄今为止，还没有一个公认的一致标准。而且，随着社会的发展和进步，人类对心理健康的认识也在不断深化和提高。

1) 国际心理卫生大会(1946)提出的标准

(1) 身体、智力、情绪十分调和。

(2) 适应环境，人际关系中彼此能谦让。
(3) 有幸福感。
(4) 在工作和职业中，能充分发挥自己的能力，过有效率的生活。
2) 马斯洛的心理健康十标准
(1) 充分的安全感。
(2) 充分了解自己，并对自己的能力做适当的估价。
(3) 生活的目标切合实际。
(4) 与现实的环境保持接触。
(5) 能保持人格的完整与和谐。
(6) 具有从经验中学习的能力。
(7) 能保持良好的人际关系。
(8) 适度的情绪表达与控制。
(9) 在不违背社会规范的条件下，对个人的基本需要做恰当的满足。
(10) 在不违背集体要求的前提下，较好地发挥自己的个性。
3) 常用的心理健康的标准
(1) 了解自我，悦纳自我。
(2) 健康的情绪体验。
(3) 正常的认知能力。
(4) 接受他人、善与人处。
(5) 正视现实，接受现实。
(6) 热爱生活，乐于学习和工作。
(7) 行为正常，人格完整和谐。
(8) 心理行为符合年龄特征。
4) 中学生(青春期)心理健康标准
(1) 智力发育正常。个体智力发展水平与其实际年龄相称。
(2) 情绪稳定。尽管会有悲哀、困惑、失败、挫折等，但不会持续长久。
(3) 正确认识自己。清楚自己存在的价值，有自己的理想，对未来充满信心。
(4) 良好的人际关系。尊重理解他人，学习他人长处，友善、宽容地与人相处。
(5) 稳定、协调的个性。能对自己个性倾向和个性心理特征进行有效控制和调节。
(6) 热爱生活。能充分发挥自己各方面的潜力，不因挫折和失败而对生活失去信心。

3. 心理正常与异常，心理健康与不健康

日常生活中，心理正常、心理异常、心理健康、心理不健康，这几个概念易被混淆，对它们之间的区别和关系在此加以简要说明。

1) 心理正常与心理异常

心理学家们围绕如何区分正常心理与异常心理展开了深入的研究，提出了多种区分方法与原则，例如，常识性区分、标准化区分、非标准化区分、心理学区分、等等。其中，郭念锋教授提出的心理学的区分原则在临床上被广泛应用，被称为区分心理正常与否的三

条"金标准",即主观世界与客观世界统一,心理活动内在协调一致,人格相对稳定。一个人的心理活动如果符合这三条标准,就属于心理正常;三条中的任何一条发生了改变,就属于心理异常。

(1) 主观世界与客观世界统一。心理是大脑对客观现实的能动反映,任何心理活动在形式和内容上应该与客观现实保持一致。比如,我们听到说话声,就一定会找到说话的人或者现实的声源;如果只听到说话声,却找不到人或者声源,且此人却对此坚信不疑,甚至做出荒谬的解释,临床上称这种症状为幻听,属于心理异常。

(2) 心理活动内在协调一致。人的心理活动包括知、情、意、行等,这几部分是个完整、协调的统一体。比如,一个人经历高兴的事情,就会出现愉悦的知、情、意、行;如果他经历悲伤的事情,没有悲伤的知、情、意、行,却出现了愉悦情绪和开心表情及动作,说明他的心理已经偏离了正常,出现了异常。

(3) 人格相对稳定。一个人的人格在十八岁基本形成,而且在其一生中表现得相对稳定,如果没有重大变故发生,一个正常人的人格在短时间内不会发生巨变。比如,一个不善于表达的内向、吝啬的人,突然变成了一个外向、不知疲倦、滔滔不绝的"演讲家",而且非常慷慨,把自己的钱到处发放,说明这个人的心理出现了异常。

2) 心理健康和心理不健康

心理健康是指一个人各类心理活动正常、关系协调、主观反应的内容和现实刺激一致、人格相对稳定的状态。每个人的心理活动总是在不断变化的,要随着时间、地点、环境、人物的变化而不断变化。因此,从动态角度来看,心理健康是一种动态的平衡。

心理不健康状态是一个动态失衡的过程,只要及时进行调整,平衡即可以得到恢复。当自身或内外环境发生了剧烈变化的时候,平衡就可能被打破,心理活动也就有可能会发生偏离,使心理活动处于一种相对失衡的状态。当心理活动变得相对失衡,而且对个体的生存发展和稳定生活质量起负面影响的时候,心理活动便处于"心理不健康"状态。

3) 心理正常与异常、心理健康与不健康的关系

心理正常与异常、心理健康与不健康这两组概念之间的关系非常重要,务必要区分清楚。心理正常和心理异常是标明有无精神障碍的一对范畴,心理健康和心理不健康是在心理正常范围内,讨论正常心理水平的高低和程度的一对范畴。两组概念之间的关系如图15-1所示。也就是说,心理正常的人是心理咨询工作的主要对象。

图 15-1 心理正常与异常、心理健康与不健康的逻辑关系

15.1.2　影响青少年心理健康的因素

心理健康是一个极为复杂的动态平衡过程，因此，影响青少年心理健康的因素也是复杂多样的，既有复杂的社会背景，又有家庭环境的影响因素，还有学校教育以及个体自身的心理素质等综合性因素的影响。

1. 家庭环境因素

家庭环境是一个人成长的基础，是塑造性格、开发智力、培养情感、锻炼意志，形成健康心理的重要场所，因此，帕森斯把家庭称为"制造人格的工厂"。家庭环境对青少年心理健康的影响具体表现在以下几方面。

1) 家庭的环境氛围及成员的关系

家庭环境是一个特定的社会环境，它包括物质环境、文化环境和人际心理环境等。这些环境对青少年的成长起着巨大的作用。如果一个青少年生长在一个充满亲情、互敬互爱的和睦家庭，子女与父母之间的关系就容易保持平等、民主、互相尊重、彼此宽容的心理状态，子女就会体会到安全感、幸福感，有利于良好的道德品质和行为习惯的养成，也能最大限度地发挥潜能；如果一个青少年生长在单调、贫乏、毫无生气的家庭环境中，其心理发展就会受到阻碍，并且会抑制他们潜能的发挥；如果青少年生活在一个充斥暴力和庸俗书刊、不健康不文明的图像环境中，或者生活在语言粗野、赌博成瘾的家庭环境里，其心理品质、个性特征、道德行为都会受到污染甚至会导致心理疾病的产生。

2) 家庭的结构与教育方式

随着社会的发展和变迁，我国的家庭结构出现新的变化。比如，夫妇核心家庭为主，三代直系家庭逐渐减少，隔代直系家庭、单亲家庭、离异家庭明显增长。后三种家庭的家庭教育功能明显欠缺，子女在缺父养、少母爱的家庭环境中，容易产生自卑、孤独、烦躁、恐惧和抑郁的心理。有的家长因其子女缺少父爱或母爱，而过度的溺爱娇宠子女，不能施以正常的管教，因而易导致人格畸形发展，行为难以控制，感情好冲动，甚至出现危害社会的行为。

3) 家长的素质及示范作用

德国教育家福禄贝尔说过："一个国家的命运与其说操纵在掌权者手中，不如说握在母亲手中。"父母的素质、道德行为、文化修养对子女的成长起到至关重要的作用。父母的身心健康状态、人格素养、社会责任感对子女良好的品格形成起着潜移默化的作用。

2. 学校教育因素

学校是培养人才的基地。学校通过有目的、有计划、有系统的教育，对青少年心理施以积极的影响，这种影响占据了主导地位。学校对青少年心理健康的影响，主要是通过学校的管理方式、教学活动、学生与教师和同学之间的关系等几方面表现出来。

1) 管理因素

目前，我国相当一部分中小学校仍然没有摆脱应试教育的模式，存在着以升学率为目标，以考分为轴心的唯分数教育。许多地区的教育行政部门把中考、高考的升学率、分数情况作为学校或区域竞争、评价的硬指标，这便加重了学生的身心压力和课业负担，诱发了学校教育思想的片面性。

2) 教学因素

在一些学校的教学中，教学内容随意拔高，增加宽度和难度，教学过程中压缩讲授内容，延长复习时间。学生的休息、娱乐时间被"补课"挤占，作业过量，考试频繁，学生整日埋在书山题海之中。学生成为学习的机器，考试的奴隶，严重影响了学生的身心健康。

3) 师生关系因素

学校是以教师和学生之间的相互关系为主轴的聚合体，师生关系是影响青少年心理健康的重要因素。在12～17岁年龄段的青少年中，72%的学生认为，师生交往应是朋友式的、平等、互敬，并且可以互相袒露内心的想法。但有的教师看到的只是学生的成绩，或者只看到了学生的缺点，不能把学生当作一个完整的人来看待。有的教师处事不公平、对学生有偏见、喜优厌差、随意挖苦贬人、惩罚学生，经常与学生关系紧张，进而会影响学生心理健康发展。

3. 社会影响因素

青少年的心理健康与社会环境、社会传媒导向以及社会心理保健机构等社会因素，都有密切联系。

1) 社会环境的影响

近几年来，随着社会生活节奏的加快，青少年群体的社会竞争异常激烈，广大青少年学生，生存在一个无时无刻不在竞争、无时无刻不充满矛盾的社会。社会矛盾使青少年思想产生动荡，心理出现迷惘、困惑。社会不良风气，如拉关系、走后门、请客送礼、生活奢侈腐化等现象，给青少年心理健康带来了消极的影响。

2) 社会传媒导向

在深化改革开放、发展市场经济、繁荣文化生活的同时，一些低格调的影视、不健康的文学作品，以及不健康的生活方式、不健康的娱乐场所，也极大地影响着青少年的心理健康。

3) 社会心理保健机构滞后发展

在发达国家，对青少年成长注意配备专职的心理辅导老师。美国学校专职心理辅导老师与学生的比例是：小学 1：500；初中 1：400；高中 1：350。在我国台湾的学校则每10个班配备 1 名心理咨询老师，专门负责学生的心理问题咨询。在我国大陆地区，心理健康教育才刚刚起步，心理咨询与心理治疗的社会机构发展滞后，人们对心理健康的认识落后于生理健康的认识。虽然教育部有明文规定，每个学校都要设置心理辅导室，且至少应配备一名专职或兼职心理健康教育教师，但事实上执行结果并不理想。

4. 个体因素

青少年时期(12～18岁)正处于生理和心理急剧变化的青春期，正是"躁动不安"的时期，是心理矛盾、心理冲突的多发期，因此很容易发生这样或那样的心理问题，主要表现以下几方面。

1) 性心理矛盾与困惑

处于青春期的青少年,他们在性意识、性心理等方面存在许多迷惑难解的问题。例如,为什么看见异性心里怦怦直跳,自感脸发热、发红?为什么自己已经上了中学,发育却没有别人那样健美。青少年常为性的问题而产生苦恼、烦躁、自卑、焦虑或抑郁心理。有些青少年因一些身心的变化而心绪烦乱、心神不安,影响学习和生活。如果长时间不予调整,不掌握合理的排解方法,就会引发心理问题的出现。

2) 心理承受能力偏低

现代许多青少年从小受到父母、长辈的百般呵护和过多的溺爱,缺乏挫折与失败的经验,缺乏应付紧张与环境变化的适应能力,以及战胜困难和挫折的心理准备。在处人、处事和学习中,依赖性强、独立性差、情感脆弱、意志薄弱,一旦遇到不顺心之事,便难以克制自己的情绪和行为,承受不住打击。

3) 自我意识偏颇

处于身心尚未成熟、人生观正待形成的青少年,他们对人生和自我的思考往往比较偏激。如果思想教育的主渠道偏差,缺乏对消极心态的引导,烦恼、自卑、嫉妒、抑郁等不良心理现象就会出现。

在青少年的成长中,家庭、学校、社会、个体自身,每一种因素都相互渗透、互相影响,综合发生作用。因此,对青少年进行心理健康教育,就要发挥家庭、学校、社会及个体多方合力的作用,协同配合,形成强有力的教育网络,共同架起一座"爱"的桥梁,让青少年一代健康茁壮地成长。

15.2 心理健康教育的实施原则及方法

15.2.1 心理健康教育的实施原则

1. 个性化与社会化相协调的原则

个性化就是随着身心的发展和成熟,一个人越来越显现出与他人相区别的独特的人格特征。社会化是指特定社会通过各种措施使个人形成该社会所规定的具有一定共同性的行为模式或人格特征。个性化和社会化是心理品质发展过程中的两个方面,它们相辅相成,互为补充,不可偏废。因此,在青少年心理健康教育中,应遵循个性化与社会化相协调的原则,既要重视学生的社会化,培养社会发展所需的共同性的心理特征,又不能忽视他们的个性化,抹杀他们的个性特点,并且还要通过各种个别性教育措施来促进学生的特长和独特性的发展。

2. 渗透性原则

青少年学生心理健康教育应该渗透到教育的各个方面和各个环节之中,因为心理健康教育是一个全方位的和长时期的熏陶、教育和训练过程,任何课程都不能单独实现心理健康教育的总目标。应该从心理健康教育的角度重新考虑教育者、教育环境、课程和教学方法，等等。教育者不是"教书匠"，而是受教育者的楷模和仿效的榜样，教育者的心理品质在一定程度上决定了心理健康教育的成功和失败。因此，教师应该自觉地加强自身的人格修养与心理健康教育，提高自己的人格水平，发展良好的心理品质。在各种具体教育活动中，教师不仅要传授专门知识和相关能力，而且要有意识地培养学生的心理品质。例如，在体育课中，不仅要训练学生的体能，讲授有关体育运动知识和技巧，而且要训练学生勇敢、坚强的人格特征；在音乐、美术课程中，要注重培养学生的美感；在语言教学中，通过讲述伟人的英雄事迹，塑造学生的心理品质等。总之，要把心理健康教育渗透到学生教育的每个侧面和每个教育环节。

3. 认知教育与行为训练相结合的原则

心理品质既不是单纯的思想观念，也不是单纯的行为方式，而是认知与行为紧密联系的综合体。要培养良好心理品质，不仅要从内在思想观念入手进行认知教育，而且还要从外在行为方式入手进行行为训练，只有把两种心理健康教育方式有机结合起来才能有效地促进学生良好心理品质的形成和发展。

4. 适应青少年年龄发展特点的原则

青少年身心发展有规律、有顺序。要根据学生发展的规律与顺序，预测他们下一阶段的发展，做好相应的教育准备。心理健康教育目标与内容的确定，心理健康教育方法与措施的选择要考虑青少年的年龄特点。青少年学生具有热情、好动及直接体验性等特点，心理健康教育要通过各种活动及直接经验的教育方式，让学生获得更多的感受，在愉快的活动中学习，这样会学得更快更好。另外，青少年学生具有情绪波动性的特点，教师需要细心观察学生的行为表现，了解他们的想法与愿望，理解他们，并在教育中不怕反复，保持足够的耐心。

5. 学校、家庭和社会协同教育的原则

在青少年心理发展中，学校、家庭与社会环境都起着重要的作用，这几方面应该相互协调一致，才能取得最大的效果。如果家庭教育不符合学生心理健康教育的要求，要通过家长会、家长学校等各种途径影响家长，使他们做出适当的调整。对于社会环境中存在的对学生心理发展的消极影响，要采取适当的措施给予限制和消除。因此，要通过家庭、学校和社会协同教育来促进学生心理品质发展。

15.2.2 心理健康教育的方法

1. 个别咨询的实施

心理咨询，不论是解决什么问题，采取什么具体的方法，总是按照一定的步骤进行的。在整个咨询过程中，教师和来访学生之间如何交谈、讨论、反应，以至产生影响，使学生产生心理改变，总要经历一连串的步骤和程序，不仅每次咨询有一个先、中、后的步骤，整个心理咨询的过程也如此。学生心理咨询的实施步骤可分为：开始阶段→指导与帮助阶

段→巩固与结束阶段。

1) 开始阶段

开始阶段是心理咨询的第一步，它在整个心理咨询过程中具有十分重要的、基础性的作用，直接影响其后续阶段的效果。开始阶段需要完成的任务有三项：建立咨询关系，掌握学生的材料，进行分析诊断。

(1) 建立咨询关系。教师与学生建立起信任、真诚、接纳的咨询关系，是心理咨询的起始点和基础，是构成咨询的主要媒介。对学生而言，基于积极的关系，才会与教师积极合作，对心理咨询抱有热情和信心，从而有助于提高咨询效果。

(2) 掌握学生的资料。要收集与学生有关的各种资料，通过会谈、观察、倾听、心理测验等方式，了解对方的基本情况及存在的心理问题。

(3) 进行分析诊断。在收集资料的同时，分析诊断相伴出现。分析诊断就是在收集资料的基础上，进一步明确心理问题的实质、程度及原因，并对其做出正确的评估。

2) 指导与帮助阶段

该阶段后的心理咨询进入了解决问题阶段，主要完成的任务有三项：制定咨询目标、选择咨询方案和实施指导帮助。

(1) 制定咨询目标。咨询目标的确立，在咨询过程中占有重要的地位。首先，它使咨询双方都清醒地意识到努力的方向，从而不仅能详细地制订实现目标的计划、步骤，而且可以在实施过程中根据目标对实施方案进行必要的校正，保证咨询双方的努力始终方向明确。其次，它有助于咨询双方的积极合作，因为有了明确的目标，学生看到了希望，增强了信心，产生了强大的动力，同时也明确了努力方向，从而使学生成为咨询过程的主动参与者，咨询双方能积极合作，协调一致。再次，它使心理咨询的评估成为可能，通过咨询目标，学生可以清楚地看到自己的变化，从而认识到心理咨询在自我成长中发挥的作用，咨询双方也可以借此评价咨询方案的适用性及心理咨询的进展程度。

(2) 选择咨询方案。包括方法的选定以及为实施这些方法而制订的计划。解决学生心理问题的方法是多种多样的，有许多方法可供利用。如"支持与安慰"，即通过言语和行动给学生以理解、指导，使他感到自己并不孤单，能够与其他人融洽相处；"内省与领悟"，即通过言语和情境作用，使学生了解自己意识和潜意识的动机，发现自己产生心理问题的根源，以求得改变；"训练与学习"，即通过专门的训练，改变学生的不良行为习惯，学习良好的行为习惯，进而形成良好的个性；"疏导与宣泄"，即通过专门的技术和适宜的环境，把学生内心压抑的冲动释放出来。每种咨询方法都需要有与其相应的实施过程，按其实施过程的相应要求制订计划，确定咨询方案。

(3) 实施指导与帮助。在与学生共同选择方法并制订计划后，就进入了指导与帮助的实施过程。不同咨询方法有不同实施过程的要求与做法。可以灵活运用鼓励、指导与解释，对学生的积极方面给以真诚的表扬、鼓励和支持，增强学生的自信心，促进其积极行为的增长；也可以直接指导学生做某件事，说某些话或以某种方式行动；还可以通过解释，使学生从一个全新、全面的角度面对自己的问题，认识其自身以及周围的环境，从而提高学生的自知力，促进其人格的完善和问题的解决。

3) 巩固与结束阶段

这是心理咨询的最后阶段。经过咨询双方的共同努力，基本达到既定的咨询目标后，进入心理咨询的巩固与结束阶段。该阶段需要完成的任务有两项：巩固效果和追踪调查任务。

(1) 巩固效果。巩固已经取得的咨询效果，是结束咨询之前必须完成的一项任务。

(2) 追踪调查。为了了解学生能否运用获得的经验适应生活环境，了解整个咨询过程是否成功，教师应该对学生进行追踪调查。追踪调查应在咨询基本结束后的数月至 1 年间进行。

咨询结束的过程并非是一蹴而就的，需有意识地掌握一定的结束咨询过程的技巧。在整个咨询过程结束之前，需让学生明白咨询关系即将终止，使其对结束后的生活有一定的心理准备。

以上是学校心理咨询的操作步骤，视学生心理问题的性质和程度不同，所需的时间也长短不一，有的一次即可，有的可能要花上几个月甚至更长的时间。短期咨询所呈现的前、中、后的步骤有时并不明显，但仍要遵循一定的流程。

阅读资料 15-1

友谊不等于爱情

夏飞，一名高二女生，性格外向，活泼开朗，学习成绩优秀，爱好广泛，在班级担任文艺委员，是校广播站播音员。简而言之，她是一位多才多艺、活泼可爱的女孩。

本学期以来，她上课总是一副魂不守舍的样子，无精打采，低着头想心事。请假的次数也比以前明显多了。她从穿着朴素，变得喜欢打扮了，从活泼好动变得不喜欢与别人交往了。与此同时，她一旦和李杰(同班的一名男生)在一起，话就变得多起来，精神也足了。后来，他俩上自习课时，就和别的同学换座位以便能坐在一起。下课后，别的同学都走了，可他俩仍在教室里聊天。当老师问他们为什么还没回家时，他们说他们正研究学习上的问题。

随着时间的推移，他俩的关系越来越密切了，常常一起在公园散步或去看电影，有时在班上也表现得让同学们不能接受。为此，班主任老师曾提醒她，注意处理同学间的交往。她只是说："老师，您放心，我俩只是互相帮助，没有别的想法。"渐渐地，她发现自己离不开他了，看着自己的学习成绩直线下滑，她着急了，心想，这样下去，考上大学是没指望了。可她又摆脱不了这份特殊的情感，无论白天晚上，只要一坐在桌前看书，脑子里就浮现李杰的影子，这可怎么办？

显然，夏飞同学的表现属于青春萌动期对异性产生的爱慕和依恋。这一时期，如果不进行正确的指导，很容易使他们进入"早恋"误区。针对夏飞这一情况，可采取倾诉法、疏导法帮她领悟什么是友谊，什么是爱情，正确处理与异性同学的交往。

倾诉法，就是让她将自己的心里话全说出来。这就需要老师与之建立良好的咨访关系，赢得她的信任。老师可以从理解她的痛苦与忧愁的角度，对她的情感表示理解，愿意以一位知心朋友的身份，帮助她走出困境。

　　疏导法，在取得她的信任后，可以采取自由式谈话来缩短彼此间的心理距离。帮助她分析自己的实际情况，告诉她男女同学之间的交往和同性同学之间的交往是不同的，交往一定要注意适度。男女同学之间的互相帮助，是形成友谊的基础，但必须明白友谊不等于爱情，中学生涉足爱情为时尚早。与此同时，帮她把注意力转移到学习上去。和她一起制定学习目标、学习计划，这样就有了新的追求目标，对以往的事情的回想就会大大减少。

　　青春期的中学生，正处于春心萌动的季节，一种捉摸不定的感情潜流在看似平静的教室中流动。中学生要慎重把握这份情感的航向，别误入爱的港湾，因为还不是时候。

（资料来源：郑雪. 中学生心理健康教育. 广州：暨南大学出版社，2001）

2. 心理辅导课程的实施

　　美国、英国早在20世纪中期就在学校开设了心理学科课程。我国近年来也陆续在部分学校尝试开设心理辅导课程。心理辅导作为一门课程，具体实施时教师应重点掌握心理辅导课程独特的教学方法。心理辅导课有别于其他学科，它重在活动，重在学生的参与，通过师生共同活动达到辅导目的。常用的方法如下面几种。

　　1) 角色扮演法

　　角色扮演法是一种通过行为模仿或行为替代来影响个体心理过程的方法。结合教学内容让学生扮演活动中的角色，进行现场表演，通过观察体验进行分析讨论，从而使学生受到辅导。在排演时，要求学生扮演他们所想到的、所感觉到的，或在某情境中他们会做什么。另一方面是反角色扮演，即要求他们猜测与自己不同角色的观点。通过两种角色扮演鼓励他们同理、共情，增进双方的了解。

　　(1) 运用角色扮演法的原则。由于角色扮演法是一种当众表演，需要有较强的参与意识，在运用角色扮演法时应遵循以下原则：①假如学生明显地表现出害怕，不要勉强让他们扮演，而是分给他们一些其他任务，直到他们自动参与。②鼓励学生把角色扮演当作一种游戏。③把注意力集中在所扮演的角色上；注重角色所表现出的意义和感觉，而不是学生表演得多么好；创造一种非批判的气氛，使学生有信心，喜欢表达他们自己。④应使课堂气氛活跃，非表演同学积极关注表演者，给予表演者更多的支持和鼓励。

　　(2) 具体方法及适用对象。角色扮演法的具体方法多种多样，常用的有角色互换、小品表演等。①角色互换。此方法是让学生先后分别扮演不同的角色，分别体验不同角色的感受，学会不同角色应有不同的社会言行，每个人的言行应符合他所承担的角色。表演可以是一人也可以是多人互相配合，如"我来当教师""失败时的我""三人座谈""假如我是他"，等等。此类表演适合于自我意识训练、情感辅导、个性塑造和交往指导。②小品表演。这种方法是把幽默、讽刺或赞许的语言与滑稽的动作结合起来，展示生活、学习中的一些事情，使同学们明白其中的道理及处理问题的方式等。小品表演大多为多个同学参与，以期接近生活，情境显得较真实，富有感染力，如"同学病了""同学来我家做客""给妈妈过生日"等内容。此类表演有一定难度，从辅导内容上看，适用于自我意识、情感、个性、交往等方面的训练。

2) 价值观辨析法

价值观辨析法就是在教师的安排下，学生通过讨论、辩论等方法，利用理性思维和情绪体验来检查自己的行为模式，并把自己的行为模式与他人的行为模式进行比较，解决价值冲突，进而按照较符合社会要求的价值观支配自己的言行。

(1) 运用价值观辨析法的原则。运用价值观辨析法应遵循以下原则：①教师首先必须诱发学生的态度和价值陈述。②教师必须无批评地接受学生的思想、情感、信念和观点。③教师必须向学生提出问题以帮助学生思考自己的价值。

(2) 具体方法及适用对象。价值观辨析法的具体方法多种多样，常用的有：①小组讨论法。针对某一问题情境，问题应为开放性问题，教师把学生分成小组。每个小组内成员充分发表自己的看法，畅所欲言，最后形成小组意见。接下来小组与小组讨论或辩论，最后由老师作总结。在讨论过程中，教师主要的功能是使讨论顺利进行，并使讨论不离开主题，鼓励成员多贡献意见。此方法需要一定的认知基础，适合于学生自我评价、学习态度、个性、人际交往等方面的辅导。②两难问题法。教师利用假定的、设计的或真实的两难问题，让学生进行判断，激起他们的内心价值冲突，触动原有的心理认知结构，使他们产生不满足感，以达到改变自己原有认知结构的目的，从而提高心理水平。教师应启发学生积极思考，主动交流或辩论，做出判断，寻找自己认为正确的答案。此方法在辅导内容方面适用于个性塑造和品德形成等方面的辅导。③脑力激荡法。此方法允许学生对一个问题自由地考虑可采用的方法。脑力激荡法可以帮助学生产生很多的概念，它的目的是在一种兴奋、有趣、安全及接纳的气氛下产生一般和非惯例的概念，鼓励学生真诚地贡献意见，不管意见有无价值，甚至类似开玩笑或引人注意的意见，也要接纳它，特别鼓励有创意的学生。在讨论时，教师不作评价，只在最后进行总结。该方法适合于各年级学生，在辅导内容方面多适用于学生智力训练。

3) 榜样引导法

教师利用学生的模仿特点，让他们观察榜样的行为，使自身受到强化，模仿榜样的言行，从而实现受辅导的目的。榜样可以是真实的也可以是符号性的(通过传播媒介来呈现的榜样)。

(1) 使用榜样引导法的原则。运用榜样引导法应遵循以下原则：①榜样的选取必须是可亲、可敬、可信并与学习者有较大相似性的。②榜样行为的展现应是渐进的。③呈现榜样的同时，最好配以讲评，突出模仿行为。④为学生模仿行为提供心理安全，促使大胆模仿。⑤为学生提供及时的反馈信息，强化模仿行为。

(2) 具体方法及适用对象。榜样引导法的具体方法多种多样，常用的有：①参观访问。参观工厂、农村、公园、学校等，走访工人、农民和优秀学生，听其言，观其行，激发学生向榜样学习的强烈愿望并指导他们从身边做起，加强自身修养，养成良好行为习惯。此方法适合个性塑造、美感形成、良好行为习惯的养成等。②媒体教学。通过传播媒介来呈现榜样，让学生观察榜样，进行模仿学习。这种榜样比真实榜样更能突出要求模仿的行为，所以在心理辅导上不失为一个很好的方式。由于这种教学方式辅导性兼容艺术性，形象、生动、有趣，颇受学生欢迎，可对不同年级的学生施教，教学内容可涵盖多个方面。

15.3　青少年常见心理问题与辅导

15.3.1　常见心理问题的分类及辅导范围

俗话说：人心不同，各如其面。人的心理问题正如人的面孔一样，各不相同。根据不同的线索，可以把心理问题做不同的划分。通常，人们按严重程度把青少年常见心理问题由轻到重地分成以下三类。

第一类心理问题：心理困扰。常见的有：学习心理问题、情绪问题、个性问题、人际交往问题、适应问题、生涯规划、恋爱及感情问题等。这一类心理问题是学校心理辅导工作的主要对象，依据学校心理辅导的基本原则，运用尊重、真诚、温暖与热情、共情、积极关注等基本的咨询技能，运用学校心理辅导常用方法，参考各章节相应的心理学知识及理论，一般能取得较好的咨询效果。

第二类心理问题：心理障碍。包括各种神经症、人格障碍、性心理障碍等。对于第二类心理问题，存在一些争议，有人认为应该由精神专科医生对其进行治疗。但由于受传统观念及现实因素的影响，多数患者本人及家人往往愿意求助于心理咨询师，因此，第二类心理问题往往不可避免地成为学校心理辅导老师的工作对象。

第三类心理问题：心理/精神疾病。如精神分裂症、抑郁症等。对于第三类心理问题，按照《中华人民共和国精神卫生法》第二十三条的规定，学校心理辅导教师必须对其进行转介，由专科医生进行医学诊断及治疗。在其康复期，心理辅导教师方可进行辅助性的心理咨询工作，协助其心理及社会功能的康复。

限于篇幅，下面仅就青少年中常见的部分心理障碍进行简单介绍。

15.3.2　青少年常见心理困扰与辅导

青少年常见第一类心理问题，即心理困扰有：学习心理问题、情绪问题(参见情绪一章)、个性问题和人际交往问题。

1. 学习心理问题与辅导

1) 厌学症

(1) 表现。厌学症主要表现为缺乏学习欲望，对学习产生畏难情绪，感到无能为力，看不到目标与希望。厌学症有四个特点：①对学习丧失了兴趣，缺乏敏感与好奇心，丧失了自发的学习动力；②学习无目标、无计划、得过且过；③缺乏意志与毅力，对学习产生了畏难情绪；④产生了消极的学习体验，逃避学习情境。

(2) 产生的原因。家庭、学校教育以及学生自身因素都会造成厌学症。从家庭因素看，家长对孩子的教养态度失当，要么对孩子的学习不关心、不过问，使其觉得学习好坏无所谓；要么家长期望过高、要求过严，超出其能力水平。无论何种情况，如果当成绩不理想时，家长便痛斥或体罚学生，使之对学习产生消极的情绪体验，导致厌学情绪的产生。从学校因素看，教师教法单一失当，引不起学生的学习兴趣；或学校学习生活单调，应试教育的压力大等都会使学生对学习产生厌倦情绪。从个人自身原因看，或因基础差或缺乏学习能力，使其感到学习困难；或因缺乏自信心与毅力，自感不能克服学习上的困难；当成绩下滑，在学校生活中经历连续失败时便对学习产生迷惘、困惑、无力、无助的感觉。

(3) 辅导要点。厌学症常用的辅导方法与策略有：①家长改变自己的教养态度，自觉履行教育子女的职责，改变只养不教的放任型或过分干涉的专制型教养方式，采取民主式教养方式，创建和谐、民主的家庭气氛，避免粗暴干涉和体罚孩子。②教师通过灵活多样的课堂教学活动和丰富多彩的第二课堂活动来吸引学生的好奇心，培养学生多方面的兴趣和爱好，以调动其学习的积极性。③坚持多表扬、少批评的教育原则，肯定优点、发挥特长，以培养学生的自信心；制定适当的学习目标，使其能不断地体验到学习的成功，以增强个人效能感。④注重环境陶冶和情感的熏陶，创建良好的校园环境，建立和谐融洽的师生关系与生生关系，使之产生积极向上的情绪体验和奋发向上的学习态度。

2) 注意力分散

(1) 表现。越是想学习的时候，越是无法集中注意力，头脑被一些莫名其妙的怪念头占据着，无法摆脱。有时候，脑子里一片空白，上课老"走神"，不知道老师都讲了些什么。若这种情况长久出现，则影响学习效率和学习成绩。

(2) 产生的原因。对于学生来说，主要是由于学习负担重，心理压力过大而造成高度紧张和焦虑，从而导致了注意力无法集中。另外，睡眠不足，大脑得不到充分休息，也可能出现注意力涣散的情况。

(3) 辅导要点。注意力分散常用的辅导方法与策略有：①养成早睡早起的习惯。一些同学贪黑熬夜，学到深夜，结果早晨不能按时起床，即使勉强起来，头脑也是昏沉沉的，一整天都打不起精神。作为学生，主要的学习任务要在白天完成，白天无精打采，学习效率必然下降，所以，一定要早睡早起，养足精神，提高白天的学习效率。②学会自我减压。学生的学习负担本来已经很重，老师、家长的期望又给学生在心理上加上一道砝码，一些学生对自己的成绩、考试又看得很重，无疑是自己给自己加压，这样，必然不堪重负，变得疲惫、紧张和焦虑。因此，要学会自我减压，别把考试成绩看得太重，只要平日努力了就可以了。③做些放松训练。舒适地坐在椅子上或躺在床上，做放松训练。先从左脚开始到躯干，使肌肉绷紧，然后松弛，同时暗示它休息。再从右脚到躯干，然后从左右手放松到躯干。这时，再从躯干开始到颈部、头部、脸部做全身放松训练。

2. 个性问题与辅导

良好的个性是心理健康的重要保证，心理健康水平的高低，在很大程度上反映着一个人的个性发展水平。由于中学阶段处于个性形成和发展的关键时期，这也为个性培养提出了重要的课题。调控不良个性是中学生心理辅导的重要内容。下面介绍几种中学生常见个性问题的咨询方法。

1) 孤僻

(1) 表现。不愿与他人接触，对周围的人常有厌烦、鄙视或戒备的心理。这种人常常表现出神经质的特点，其特征是做作和神经过敏。他们总认为别人瞧不起自己，所以凡事故意漠不关心，做出一副瞧不起人的样子，使自己显得盛气凌人一些，其实内心很脆弱，很怕被别人刺伤，于是就把自己禁锢起来不与人交往。然而一旦别人真的不理他时，他们又认为自尊心受了伤害。由于这种人猜疑心极重，办事喜欢独来独往，因而越发与别人格格不入，人际关系不良使他们陷入孤独、寂寞、抑郁之中，长此以往，还容易导致种种身心疾病。

(2) 辅导要点。改变孤僻的性格特点，主要是找出孤僻的原因，通过人际交往实现个性的转变。应有意识做到以下几点：①主动与人交往。尽可能恢复与往日旧友的关系，恢复已经失去的联系，在此基础上，寻求与其他人的新关系。可以从最简单的主动与认识的人打招呼做起，每天都坚持与周围人愉快地聊天，慢慢摆脱孤独。②深交几个朋友。要选择几个正直、有思想、坦诚的良师益友深交下去，并珍重朋友间的友谊。先将自己充分地暴露给对方，把自己的喜怒哀乐告诉你的朋友，不要顾忌太多。一旦你打开了闭锁的心灵，对方也一定愿意向你暴露他自己。双方的自我暴露有助于自己和他人获得心灵的沟通、理解，这样的人际交往有助于增强建立人际关系的信心，孤僻感也会在这种深厚友谊的温暖中消融。③多参加活动。主动参加各种文娱、体育、社交活动，不要老是把自己关在屋子里，或束缚在单独的小圈子里。④主动关心别人。友谊在于培养，不在于等待；在于奉献，不在于单方索取。有的人对别人的事不闻不问、毫无热情，这种冷漠的态度正是孤僻态度的孪生兄弟。冷漠导致疏远，疏远又导致感情上的距离和裂痕。要体贴别人，善于在别人需要帮助时主动给予帮助，对于同学、朋友要经常给予关注和关心。

2) 自卑

(1) 表现。总感觉自己的能力、才智不如别人，什么都比别人差，做什么事都缺乏信心，担心做不好，怕被人耻笑；一旦学习成绩不好或下降，就处处贬低自己，孤立自己，不愿与人交往，总感觉别人瞧不起自己，封闭自己，在自己的小天地里备受煎熬；情绪低落、忧郁，还伴有焦虑、失眠等。

(2) 辅导要点。怎样才能做到不自卑呢？①自卑者必须明确意识到自己在什么地方自卑，然后找出原因。找出原因就等于问题解决了一半，找出自卑的来源就有助于放弃或解决它。自卑有的来源于社会，有的来源于家庭教育，也有的来源于自身的经历。家庭教育的失误常常是导致自卑的主要原因。破裂及不完整的家庭，孩子从小没有得到足够的父爱或母爱，这种心理上的缺憾或感受在日后会成为妨碍其社会化的重要因素，影响与他人的交往，形成自卑。父母要求过分完美地做好每件事，做不到时，就会受到指责，这时就容易怀疑自己的某种能力，甚至产生"我一无是处"的自卑感。②重新认识自卑。必须明确自卑对于人来说是常见的，每个人都有自卑感，只是程度不同，表现在不同的方面罢了。没有自卑感也许就没有改变目前状况与走出劣境的心理动力。③自卑补偿法。一方面的自卑可以通过其他方面的优越来补偿并纠正。如长相一般可以通过学习，用超出一般人的努力来补偿先天的不足；社交能力不行，可以通过学习诸如书法、雕刻、绘画、武术、摄影、雕塑、收藏等，获得他人所不及的能力。④欣赏自我形象。把最满意的照片或最得意的成果摆在你常学习的地方，以此激励自己，增强信心。注意端正外表，衣冠整齐。⑤调整理想的自我。理想自我的目标定得太高或根本不适合自己，就会在实践中不可避免地一次又一次地失败，理想的自我永远不能实现，自然就建立不了自信。理想自我的目标定得过低，就会失去前进的动力，安于现状，不求进取，也建立不了自信。所以要在老师、家长和其他同学的帮助下定出适合自己的理想目标，因为自卑者总是低估了自己的能力，有他人帮助则比较合乎自己的客观情况。不断取得成功的过程，也就是建立自信的过程，成功有望，自信弥坚。

3. 人际交往问题与辅导

青少年在交往时并非时时、处处都一帆风顺，人际交往问题时有发生，有时似乎并没有产生大的冲突，但人际关系却并不和谐、融洽。因此，要改变人际交往的状况，重要的是要帮助和指导他们克服在人际交往中产生的各种心理问题。

1) 异性交往紧张

(1) 表现。随着青春期的来临，少男少女在生理和心理上都发生了很大变化。生理上的变化促使心理上也发生相应的变化，开始表现出对异性的倾慕与向往，他们希望自己能更多地与异性交往，有什么苦衷和心里话也愿意向异性朋友倾诉。但也有很多学生，在和异性同学讲话时，总感到不好意思、心慌，有时会紧张得连话都说错，这是需要克服的。

(2) 辅导要点。改变异性交往紧张问题要注意以下几点：①端正认识。这种在同龄异性面前所表现出的羞涩和不安，是每一个人在心理发展上都必经的一个阶段——性疏远期。一些心理学家指出，性疏远期是由于生理原因引起的，确切地说，是由于第一性征的变化和第二性征的出现引起的。男女青少年的这种相互疏远，一般要持续1年左右，有时甚至会更长一些。在这个时期，男女少年只要悄悄说上几句话，甚至被老师叫到黑板前一起演算习题，立即会在教室引起反应。女生会窃笑、讥讽，男生会嘲弄、起哄，这就使他们更惧怕相互之间接近。因此，女孩子在和男孩子讲话时感到害羞，是处于性疏远期的青少年的正常心理表现，不必以此为怪。②讲究方式。在与异性接触时，不要过多地考虑对方的性别和年龄，而要把对方当作自己的朋友或亲人来看待。在与对方商量事情、讨论问题时，要力求做到诚恳大方、自然亲切。这样能使对方有一种轻松感；反之，如果你面红耳赤，羞羞答答，说话时欲说又止，前言不搭后语，对方也会手足无措，局促不安。这样一来，同龄异性自然也就不愿再接触了。

2) 师生交往困难

(1) 表现。不轻易向教师袒露内心世界，自我封闭；不主动接触老师，消极观望；对老师的话置若罔闻，不予理睬；产生失望心理，对抗情绪；躲避老师，感情淡漠，对老师百般挑剔，拿老师的缺点做笑谈；惧怕老师，不敢与老师交换意见等。

(2) 辅导要点。改变师生交往困难要注意以下几点：①培养尊师的真挚感情。尊师就应该在思想上认识到老师的可尊之处。老师之所以令人尊敬，是因为老师最不保守，总想把自己所知道的东西毫无保留地教给学生，他们担负着培养人、教育人的重任，但从不为个人着想。尊师，就应在行动上有所表现。在学习中，应尊重老师的劳动，按时上课，不迟到，认真听讲，按时完成作业；在生活中，对老师应该有礼貌，多关心体贴老师。②调整自己的心理结构。首先，明确师生关系的性质。师生之间的关系是和谐的、亲密的，是平等的，不应该在心理上形成两个对立阵营，与老师交往不必羞怯，不必自卑，大大方方，友好往来。其次，客观、全面地评价老师。不能求全责备，不能要求过高，更不能把老师偶像化。最后，正确认识自我。作为学生，应明确自己的身份，看到自己的长处和缺点，为了使自己更快、更好地成长，应积极主动地与老师交往，求得老师的指导和帮助。应向老师敞开自己的内心世界，让老师从不同的侧面来了解自己，并虚心向老师学习。

3) 代沟

(1) 表现。进入青春期的青少年因依附性减弱，独立性增强，从而使亲子两代人在对待事物的认识上产生一定的差异，由于态度的不同及意见分歧，出现了一条心理上的代沟。这种心理上的代沟致使青少年朋友认为父母不了解他们，不关心他们，有事不愿与家长谈，宁可与同学谈，甚至以不满、顶撞、反抗、违法等方式试图摆脱成人或社会的监护，以自己的方式行事，坚持自己的理想和判断是非的标准。

(2) 辅导要点。改变代沟问题要注意以下几点：①找到代沟形成的原因。由于两代人生长环境的差异、两代人在个体发展过程上存在差异、两代人在社会上所扮演角色的差异、两代人适应环境变化的能力差异等，难免使两代人的态度、价值观念及行为方式也就不尽相同，于是两代人之间便容易出现摩擦。②承认代沟的存在，不要回避，及时进行沟通。两代人之间要加强交流，各自说出自己的观点、意见及理由。可能是一方接纳了另一方的意见或态度，可能双方可以寻求一种途径，将双方的意见融合成为一个新的意见。③在相互沟通的时候，每一方都应多从对方的立场和观点去设想。尊重对方的想法，给对方以一种理解和开明的态度，这样有助于双方在意见上达成一致，即使不一致，也可以同时接受新知识，求大同存小异。

15.3.3 常见心理障碍与辅导

1. 焦虑症

1) 典型表现

焦虑性神经症，简称焦虑症，是常见的一种神经症，可分为广泛性焦虑和急性焦虑发作(惊恐发作)两种形式。

广泛性焦虑是指在没有明显诱因的情况下，患者出现与现实情境不符的过分担心、紧张害怕，这种紧张害怕常常没有明确的对象和内容，以焦虑情绪体验为主要特征，可表现为运动性不安(烦躁、坐立不安、踱步、搓手等)，常伴有植物神经功能紊乱症状(头晕、胸闷、心慌、气短、口干、尿频、尿急、出汗、震颤等)。

急性焦虑发作是指患者突然出现极度恐惧的心理，并感到心慌、胸疼、气急、窒息感，或者感到自己马上就要疯掉或失去理智的控制，临床上称为濒死感或失控感。急性发作具有不可预测性，或者由特定的场景(如封闭空间)诱发，一般持续几分钟到半小时，但很少超过 1 小时。患者看上去症状很重，如果不加以鉴别，极易被误诊为"心脏病"，其特征是患者大声呼救或自己拨打"120"急救电话，但是相关检查结果正常或非疾病状态。发作后患者仍极度恐惧，担心自身病情，往往辗转于各大医院各个科室，要求做各种各样的检查，既耽误了治疗也造成了医疗资源的浪费。

2) 产生原因

青少学生中常见的焦虑症是考试焦虑，产生的原因是统考与升学的持久的、过度的压力；家长对子女过高的期望；学生个人过分地争强好胜；学业上多次失败的体验等。某些人具有容易诱发焦虑反应的人格基础，比如，遇事易紧张、胆怯，对困难情境做过高程度估计，对身体的轻微不适过分关注，在发生挫折与失败时过分自责等，这些人格倾向可称作焦虑人格。

3) 辅导方法

心理辅导方面可以采用呼吸放松训练、渐进式肌肉放松训练、想象放松训练等，放松效果不佳时，可使用生物反馈仪辅助进行放松。此外，认知调整以及积极自我暗示方法都是非常有效的心理辅导，使学生在考试前以及考试中使用正向的自我对话，如"我能应付这个考试""成绩并不重要，学会才是重要的""我只要尽力就好，不管考试结果如何"，对于缓解学生的考试焦虑，都有较好的效果。

焦虑症状严重者要去精神专科就诊，明确诊断必须由精神科医师完成，遵医嘱服用药物。

2. 强迫症

1) 典型表现

强迫性神经症，简称强迫症，是一种以强迫思维和强迫动作为主要临床表现的疾病，最典型的特点是有意识的强迫和反强迫并存。患者意识到这种来自自身的强迫观念、意向或动作是不必要的，反复多次试图加以控制，但都以失败告终；症状影响到正常的学习、工作、生活，患者为这些强迫症状所焦虑、苦恼和不安；患者有良好的自知力(对自己的疾病状态的认识能力)，主动求治；可仅有强迫思维或强迫动作，或两者并存，有学者认为强迫动作是患者为了减轻焦虑不安而产生的仪式性活动，带有一定的迷信色彩。

常见的强迫思维有：强迫联想、强迫怀疑、强迫回忆、强迫性穷思竭虑、强迫性对立思维、强迫性害怕丧失自控力，等等。常见的强迫动作有：强迫洗涤、强迫检查、强迫计数、强迫性仪式动作，等等。

2) 产生原因

强迫症病因复杂，尚无定论，目前认为主要与心理、社会、个性、遗传及神经—内分泌等因素有关。部分强迫症患者病前具有一定程度的强迫人格，其特征为：过分谨小慎微、追求完美、严格要求、注意细节、犹豫不决、刻板、缺乏灵活性、缺乏安全感等。凡能造成长期紧张、焦虑不安的社会心理因素或带来沉重精神打击的意外事故均是强迫症的诱发因素。另外，大量研究发现强迫症存在一定的遗传倾向，在神经—内分泌方面也存在功能紊乱，造成诸如 5-羟色胺、多巴胺等神经递质失衡，无法正常发挥其生理功能。

3) 辅导方法

心理辅导方面可以试用精神分析疗法、认知行为主义疗法、森田疗法，具体请参考相关专业书籍。对于怀疑是强迫症的青少年，要去精神专科医院就诊，必要时服用药物。

3. 恐怖症

1) 典型表现

恐怖性神经症，简称恐怖症，以过分和不合理的惧怕外界客体或处境为主要表现，患者明知恐惧不合理、不必要，但却无法控制，为减轻恐惧和痛苦，不得不对恐惧对象采取回避行为，严重妨碍其社会功能，恐惧时常伴有植物神经功能紊乱症状。

恐怖症依据恐惧对象分为以下几种。

(1) 场所恐怖：害怕使用公共交通工具，如汽车、火车、地铁、飞机；害怕到人多拥挤的场所，如剧院、大型超市、百货公司等；害怕狭小、密闭空间，如电梯、小屋、地下室等；害怕高处、旷野；害怕独自外出；害怕排队等候等。场所恐怖的关键特征是害怕在这些情境中一旦发生问题无法救助或没有即刻可用的出口，患者常回避进入这些场所，或需要家人、亲友陪同。

(2) 社交恐怖：害怕在众目睽睽的场合大家注视自己，害怕当众说话或表演，或害怕自己当众出丑，当众写字时控制不住地手发抖，在社交场合说话结结巴巴或不能作答。社交恐怖又可细分为许多种，其中最常见的有赤面恐怖、视线恐怖。例如，赤面恐怖见人脸红，害怕被别人看见；或坚信自己脸红，已被别人看到，因而惴惴不安。视线恐怖害怕与别人对视，或自认为眼睛的余光在窥视别人，因而惶恐不安者。害怕当众进食，害怕去公共厕所解便，等等。

(3) 特定恐怖：对某些特殊物体、情境或活动害怕。例如，害怕某些动物(狗、猫、老鼠、蜘蛛、鸟、蟑螂、蛇等)，某些锐器(刀、剪、针等)，某些自然现象(雷电、风暴)，害怕鲜血等。

2) 产生原因

恐怖症病因复杂，多数人认为行为主义学派的条件反射和社会学习理论较有说服力，主要与既往创伤经历(恐惧对象有关)密切相关，与个性特征(高度内向、胆小、害羞、幼稚、依赖性强)密不可分，还可能与遗传因素有关。

3) 辅导方法

青少年中可以见到各种恐怖症，最常见的是社交恐怖症，包括与异性交往的恐怖。行为治疗是恐怖症的主要心理治疗方法，常用的有系统性脱敏、暴露或冲击疗法，此外，认知疗法、精神分析疗法也可以使用。

恐怖症的明确诊断必须由精神科医师完成，紧张、焦虑症状严重者可以考虑服用相应药物。

4. 抑郁症

1) 典型表现

抑郁症又称抑郁障碍，以显著而持久的情绪低落、思维迟缓、意志活动减少(三低)为主要临床特征的一种情绪、情感障碍，每次发作持续至少 2 周以上，多数病例有反复发作的倾向。情绪的低落可以从闷闷不乐到悲痛欲绝，甚至悲观厌世，可有自杀企图或行为。严重者甚至发生抑郁性木僵，表现为不语、不动、不吃、不喝，整个身体呈僵硬状态。有的患者可伴有幻觉、妄想等精神病性症状，还有的病例表现为激越性抑郁(觉得一切都不顺心，容易发怒，经常大发雷霆，不能为家人及同事理解)。

抑郁症患者还存在一定的认知功能损害。主要表现为近事记忆力下降、注意力障碍、反应时间延长、学习困难、语言流畅性差、空间知觉、眼手协调及思维灵活性等能力减退。

抑郁症还常伴有各种躯体障碍及植物神经功能紊乱，主要有睡眠障碍、躯体疼痛、性欲减退、阳痿、心慌、胸闷、食欲减退、恶心、呕吐、便秘、腹泻、出汗等。睡眠障碍主要表现为早醒，醒后不能再入睡，这对抑郁发作具有特征性意义。以各种躯体障碍为主要表现形式的抑郁症，往往不容易被早期诊断，所以，临床上称之为隐匿性抑郁症。

抑郁症状的测评可使用专业的心理测验，如汉密尔顿抑郁量表(HAMD)、抑郁自评量表(SDS)，必须说明的是，不能仅依据测验结果做出抑郁症的诊断。

2) 产生原因

抑郁症的病因不明，截至目前各界的共识是：生物、心理与社会环境诸多因素参与了其发病过程。生物学因素主要涉及遗传、神经生化(5-羟色胺，去甲肾上腺素)、内分泌等方面；心理因素主要是易感个性特征(抑郁质)；社会环境因素主要是指来自工作、学习、生活的压力及应激性事件，这些压力和事件是抑郁发作的重要触发条件，常被称为"扳机事件"。需要指出的是，以上这些因素并不是单独起作用的，抑郁发作是各种因素协同作用的结果。

3) 辅导方法

抑郁症的诊断必须由精神专科医生做出，必须严格参照诊断标准并结合临床症状、病史、精神检查、躯体及实验室检查结果，方能做出。抑郁症的治疗必须遵照医嘱按时服药，最大限度地减少自杀率和病残率，在抑郁症状缓解后，辅助进行心理咨询，提高生存质量，恢复社会功能。

(1) 自杀问题的预防。对于许多抑郁症患者来讲，自杀是他们解决问题的最后办法，有调查显示，40%～70%的抑郁症患者出现过自杀意念，25%的患者有过自杀行为，15%的患者最终死于自杀。所以，预防自杀是抑郁症治疗的难点和重点，识别自杀前兆是首要任务。抑郁症患者的自杀前兆主要有以下几种：前兆一，流露自杀意图。他们会对亲近的人表达出不想活或者觉得生活没有意思的念头，表达方式可能是言语、书信等，有的会反复述说，而有的只会不经意中提及。前兆二，情绪反常。情绪突然好转，像突然之间变了个人似的；情绪突然变得焦躁不安、狂暴、行为怪异等；陷入更深的抑郁状态，不愿与人说话，严重失眠，对一切都失去兴趣。前兆三，自我封闭，拒绝与外界沟通。前兆四，交代后事。向身边人告别，反省自己之前做过的事情，交代身后事等。

以上四种前兆是抑郁症患者发出的高度危险信号，是自杀的第一步；接下来进行的是尝试性自杀，他们会尝试药物剂量、绳索力度与强度、切割深度、求生本能的反应强度，等等；决意自杀是第三步，他们感觉世间已没有什么可以值得留恋，活着只是增加痛苦，唯有死去才是解脱，是解决问题的唯一办法。以上三步被称为"自杀三步曲"，作为心理辅导人员，必须非常清楚自杀者的心理变化过程，一般来说，做出自杀决定的过程是非常痛苦和漫长的，但一旦决意自杀之后，患者就会感觉一切都释然了，不再苦恼，异常冷静，会为自己的离去做好准备。

(2) 抑郁症的心理辅导。抑郁症的心理辅导前提是患者遵医嘱按时、足量服药，抑郁症状以及自杀意念及行为得以有效控制。心理辅导的目标是提高生存质量，恢复社会功能。常用的方法有：支持性心理治疗、认知行为治疗、团体治疗、婚姻和家庭治疗、精神动力学治疗等，具体方法参见相关专业书籍。此外，有一点必须说明，很多人错误地认为，为了使抑郁症患者尽快康复，增加他们的自信心，应该不断给予鼓励。正确地做法是给予适当地鼓励，耐心等待他们的康复，否则，太多的鼓励就成了压力，反而不利于康复。

5. 人格障碍

1) 典型表现

人格障碍又称病态人格，是指个体的行为方式明显偏离正常，具有适应不良、难以纠正的特点，其人格在内容上、质上或整个人格方面异常。病人的思维方式常常显得与人格格不入，病人因此遭受痛苦和/或使他人遭受痛苦，给个人或社会带来不良影响。病人也不能从失败、痛苦中吸取教训，显得屡教不改。人格的异常也妨碍了他们的情感和意志活动，破坏了其行为的目的性和统一性，给人以与众不同的特异感觉，在待人接物方面表现尤为突出。人格障碍通常开始于童年、青少年或成年早期，并一直持续到成年乃至终生。

青少年中常见的人格障碍主要有以下几类。

(1) 偏执型人格障碍：典型特点是敏感、多疑、固执己见。患者对别人无意的、中性的，甚至是友好的行为妄加猜测，常常误解为敌意，常常猜疑周围人在利用他，对他搞阴谋；对既往较小的侮辱、伤害不能宽恕，耿耿于怀；过于敏感，过分自尊，追求权力，自我评价太高，认为自己一贯正确。病人的敏感、多疑和固执很难被人说服，也不能用事实加以说服。

(2) 分裂样人格障碍：典型特点是观念和行为奇特、对人情感淡漠、性格孤僻、不休边幅。患者常常沉溺于幻想，思维方式奇特；好独来独往，没有亲密、可信任的朋友；人际交往被动，对人冷漠；以自我为中心，对别人的表扬与批评毫不在乎；行为古怪，个人卫生差。

(3) 反社会型人格障碍：又称悖德型人格障碍，典型特征是行为不符合社会规范，损人而不利己，无责任感，屡教不改。患者经常做损害公共利益的事情(如破坏路灯，折断小树)，但又不以自己为目的；行为不符合社会规范，拒绝承担社会责任；撒谎、欺骗、伤害他人等行为习以为常，缺乏内疚、罪责感，也有无羞耻之心，却强词夺理，为自己辩解；不能从错误中吸取教训，惩罚也难以令其悔改。

(4) 冲动型人格障碍：又称爆发型人格障碍或攻击型人格障碍，典型特点是易冲动、暴怒，不计后果。患者遇事往往做出爆发性反应，稍不如意就火冒三丈、大发雷霆、动手伤人；行为无计划，不可预测，不计后果，事后又经常后悔；情绪反复无常，易与他人冲突和争吵；经常变换职业和酗酒。

(5) 表演型人格障碍：又称癔症型人格障碍，典型特征是过分情感化和用夸张的言行吸引注意，以达到目的。患者以自我为中心，总想吸引别人的注意，渴望他人的同情和赞扬；表情和动作显得做作和夸张，富于表演色彩；思维、情绪和行为都易受自我暗示和别人暗示的影响；情感体验肤浅、幼稚、脆弱；喜欢要挟、操纵、挑逗和依赖他人。

(6) 强迫型人格障碍：典型特征是做事犹豫不决，思虑甚多；做事要求十全十美，反复核对，注意细节而忽视全局；过于严肃、认真、谨慎，缺乏幽默感；循规蹈矩，缺少创新与冒险精神；坚持己见，要求别人按他的规矩办事。

(7) 自恋型人格障碍：典型特征是对自我价值感的夸大和缺乏对他人的共情。患者的人际关系非常差，认为自己很有成就，世界唯他独尊，拥有几乎无限的权力、聪明和美貌，可以对别人颐指气使，为了他的利益，别人做出牺牲是应该的，遇到比他们更成功的人就产生强烈嫉妒心，他们的自尊非常脆弱，过分关心别人的评价，对批评则感到内心的愤怒和羞辱，但外表以冷淡和无动于衷的反应来掩饰。

2) 产生原因

人格障碍的病因不明，但普遍认为生活经历、教育环境、教养方式等因素影响着人格障碍的形成。

3) 辅导方法

人格障碍的诊断必须由精神专科医生做出，而且年龄要满18岁。

对于人格障碍，目前尚无有效的治疗药物。心理辅导的目的之一就是帮助患者建立良好的行为模式，矫正不良行为习惯。前述的各种行为疗法都可以使用，要有爱心、诚心、耐心帮助他们。

阅读资料15-2

自卑情结

自卑是苦恼和痛苦的，因此，自卑者总是想方设法要去掉这个心病。阿德勒(A.Adler)关于自卑的学说是现代心理学史上的一件大事。心理治疗的实践也反复证实，心理冲突者几乎都是自卑的。

心理冲突者掩盖自卑的办法，一般是极力追求优越感，即争强好胜，力图超过别人。其实，争强好胜本身并非坏事，优秀运动员没有一个不是勤学苦练，非夺冠军不可的。然而，我们还必须看到优秀运动员的另一种可贵品质，就是不怕挫折，不怕失败，失败了绝不沮丧气馁。而自卑者却是争强好胜而又输不起的人，这是他们致命的弱点。为什么输不起呢？因为一旦失败，清楚地看到自己不如人，自卑便再也掩盖不住而在意识里显现出来，这使他难以忍受。

自卑者一般是勤奋的。为了有把握超过别人，自卑者对自己要求很高，甚至往往达到自我苛求的地步。这样便带来两种不利的效应。

(1) 在努力的过程中很难体验到轻松愉快，甚至感到紧张，当然，也就兴味索然。这种人并非对所学所做的事本身感兴趣，唯一目的在于超越别人，体验优越的快感，或得到别人的夸奖才感到愉快。

(2) 由于所定的标准太高，往往导致挫折感和失败感，使其更加痛苦。

很多神经症病人诉述患病的原因是学习或工作过度紧张，这种说法是不对的。

健康的人具有张弛自调节能力，这就是说，在必要时(如遇意外紧急情况，或任务困难)

可以使自己紧张起来，而一旦紧急情况过去了或者事情暂告一段落，又能使自己松弛下来。所谓过度紧张，是指持续紧张而不能松弛。学校有课间休息，工厂也有工间休息，并且总有吃饭睡觉的时间是完全可以松弛的。如果客观情况允许和要求放松休息，仍然感到紧张，这种过度紧张绝不是得病的原因，而是别的原因造成的结果，是已经得了病的症状表现，是张弛自调节的正常功能已经出了故障。

为什么会过度紧张呢？最常见的是担心失败，害怕落在别人后面，归根到底是自卑感在作怪。

(资料来源：许又新. 心理治疗基础. 贵阳：贵州教育出版社，1999)

复习思考题

1. 简述心理健康的定义及常用的心理健康的标准。
2. 如何区分心理正常与心理异常。
3. 影响青少年心理健康的因素有哪些？
4. 简述心理健康教育实施的原则及常用的方法。
5. 结合实际，举例说明青少年常见心理困扰有哪些？辅导要点是什么？
6. 结合实际，举例说明常见心理障碍有哪些？典型表现是什么？
7. 材料题。

小磊是一位又矮又瘦的高二男生。他总觉得自己长得没有男子汉的形象，平时害怕与女生交往，觉得女生看不起自己，与女生交往会遭到拒绝。看到别的男生都能和女生很自然的交往，他很苦恼。为此，他也想改变自己的不良境况。一次，他在做几何题时遇到了一道难题，他就鼓足勇气，带着几分紧张向一位学习好的女生请教。碰巧这位女生有急事要走，就让他等她回来再一起探讨。小磊觉得没面子了，他索性以后不再与女生交往了。

问题：①小磊在交往上存在何种心理问题？②怎样对小磊进行心理辅导？

教师资格证考试真题再现

1. (2012年3月)某生近期情绪低落、思维迟缓、活动减少，容易自我否定，甚至产生自杀念头。他的主要问题是(　　)。

   A. 焦虑　　B. 强迫　　C. 抑郁　　D. 恐怖

2. (2012年3月)心理辅导老师通过帮助李晓明建立焦虑等级，让他想象引起焦虑的情境，进行放松训练，从而缓解他的考试焦虑。这种心理辅导的方法是(　　)。

   A. 强化法　　B. 系统脱敏法　　C. 理性—情绪疗法　　D. 来访者中心疗法

3. (2012年11月)汪娟最近有一个毛病，写作业时总觉得不整洁，擦了写，写了又擦，反反复复。她明知这样做没有必要，就是控制不住，她可能出现了(　　)。

   A. 抑郁症　　B. 焦虑症　　C. 强迫症　　D. 恐怖症

4. (2013年3月)学生张亮在课堂上出现怪异行为时,老师和同学都不予理睬,他的这种行为便逐渐减少了,这种行为矫正法称为( )。
   A. 强化法　　　B. 脱敏法　　　C. 消退法　　　D. 惩罚法

5. (2013年11月)反复出现自己不能控制的动作,表现的神经症属于( )。
   A. 恐惧症　　　B. 焦虑症　　　C. 抑郁症　　　D. 强迫症

6. (2013年11月)晓红是韩老师班上的学生,孤僻、羞涩。当他能主动与同学交谈或者请教老师时,韩老师就给予肯定和鼓励。韩老师采用的心理辅导方法是( )。
   A. 强化法　　　B. 系统脱敏法　　C. 理性—情绪疗法　　D. 来访者中心疗法

7. (2013年11月)反复出现自己不能控制的动作,表现的神经病属于( )。
   A. 恐惧症　　　B. 焦虑症　　　C. 抑郁症　　　D. 强迫症

8. (2014年3月)孙斌经常想:"人为什么是两条腿",一天想好几次,明知没有必要却无法控制,以致影响学习和生活,他的心理问题属于( )。
   A. 强迫症　　　B. 焦虑症　　　C. 抑郁症　　　D. 恐怖症

9. (2014年3月)小颖以为做事应该尽善尽美,绝不允许任何差错,因而平时稍有失误就极度焦虑,张老师通过改变认知偏差来帮助她克服这种焦虑,这种心理疏导( )。
   A. 强化法　　　B. 系统脱敏法　　C. 消退法　　　D. 合理情绪治疗法

10. (2014年11月)小燕近期非常苦闷,一提到学习就心烦意乱,焦躁不安,对老师有抵触情绪,成绩也明显下降,小燕存在的心理问题是( )。
    A. 焦虑症　　　B. 神经衰弱症　　C. 强迫症　　　D. 抑惧症

11. (2014年11月)小华最近遇到了一些困难,心理辅导老师引导他梳理了错误观念,使其形成了正确的认识;解决了问题,小华所接受的这种心理辅导方法是( )。
    A. 行为分析法　　B. 合理情绪疗法　C. 系统脱敏法　　D. 来访者中心疗法

12. (2014年11月)简述增进师生沟通的心理学原则。

附录A 心理效应

心理效应在教育教学中有着不可低估的作用。如果我们在班级管理、教育教学中恰当运用心理效应，不仅能够提高教育工作的艺术性，而且也会增强教育教学的效果。通常说，"没有教不会的学生，只有不会教的老师"，一方面，作为教师我们应该明白，那些所谓"学不会"的学生只是在学习中暂时遇到困难而已；另一方面，学生必须在心理领域超越学习的各种障碍，才有可能真正地改善教学效果。这就意味着，教师的任务不仅是按照教学进度推进教学，而且要时刻帮助学生消除负面、消极的学习心理，战胜各种心理障碍，真正提高教学效率。

下面笔者试举几种心理效应及其在教育教学中的作用，希望能带给大家一些有益的启示。

A.1 罗森塔尔效应：真诚期待

"罗森塔尔效应"产生于美国著名心理学家罗森塔尔的一次有名的实验中：他和助手来到一所小学，声称要进行一个"未来发展趋势测验"，并煞有介事地以赞赏的口吻，将一份"最有发展前途者"的名单交给了校长和相关教师，叮嘱他们务必要保密，以免影响实验的正确性。其实他撒了一个"权威性谎言"，因为名单上的学生根本就是随机挑选出来的。8个月后，奇迹出现了，凡是上了名单的学生，个个成绩都有了较大的进步，且各方面都很优秀。

显然，罗森塔尔的"权威性谎言"发生了作用，因为这个谎言对教师产生了暗示，左右了教师对名单上学生的能力评价；而教师又将自己的这一心理活动通过情绪、语言和行为传染给了学生，使他们强烈地感受到来自教师的热爱和期望，变得更加自尊、自信和自强，从而使各方面得到了异乎寻常的进步。

在这里，教师对这部分学生的期待是真诚的、发自内心的，因为他们受到了权威者的影响，坚信这部分学生就是最有发展潜力的。也正因如此，教师的一言一行都难以隐藏对这些学生的信任与期待，而这种"真诚的期待"是学生能够感受到的。

其实，罗森塔尔的这个实验是受希腊神话启发的，这个神话的大意是说："塞浦路斯国王皮格马利翁性情孤僻，为回避塞浦路斯妓女而一人独居。他善雕刻，孤寂中用象牙雕刻了一座表现他理想中女性的美女像，久久依伴，竟对自己的作品产生了爱慕之情。他祈求爱神阿佛罗狄忒赋予雕像以生命。阿佛罗狄忒为他的真诚爱情所感动，就使这座美女雕像活了起来。皮格马利翁遂称她为伽拉忒亚，并娶她为妻。"在这个故事中，皮格马利翁的期待也是真诚的，没有这种真诚，自然无法打动爱神。

罗森塔尔效应是很多教师都非常熟悉的心理学中的一个典型现象。不少教师已开始在教学实践中尝试对其加以运用，注意在教学活动的各个环节中表现出对学生的充分信任，并给予学生更多的肯定与鼓励，使学生树立起极大的学习信心，从而获得理想的教育效果。

然而，也有不少教师抱怨说，自己已给予学生不少的表扬与肯定，但学生就是不能长久地被激励下去。问题到底出在哪里？是"罗森塔尔效应"失效了吗？我想，这些教师可能是忽略了一个问题，即"罗森塔尔效应"需要有一个先决条件——真诚期待。

那么，如何才能使自己的期待变得真诚呢？除了要树立正确的教育观和学生观外，教师必须从下面三个方面入手。

1. 蹲下身子看一看

不同的学生，其发展现状及发展潜力都是不一样的。教师如果高高在上，居高临下，以成人的要求、特优生的标准看待一般的学生，看到的永远只能是一无是处的学生。在这种情况下，要对学生真诚期待，谈何容易？

如果我们蹲下身子仰视学生，我们就会发现，其实学生是多么的了不起：他们由一无所知的孩子，渐渐掌握了许许多多的知识，懂得了许许多多的道理；他们不但能够把课堂上学到的知识运用到日常生活中，还能把课外学到的知识运用起来；他们能够发现未知领域里的东西，等等。

如果教师真能蹲下身子看一看，那学生在教师的心目中就会变得高大。有了这种感觉，教师对学生的肯定、鼓励就会发自内心，对他们的期待就会非常真诚，学生自然就能从教师的言谈举止中感受到这种真诚。

2. 换个角度想一想

学生都是有个性的，其发展的能力、方向都不完全相同，对于同样的问题，或是同样的结果，放在不同的学生身上，其价值是不一样的。就是在同一个学生身上，教师如果换个角度想一想，就会发现学生还真是那么出色。

比如，在小组合作学习中，一个小组中的几个成员，虽说存在着不少差异，在合作的过程中有的表现得非常活跃，有的则似乎默默无闻，但如果教师换个角度想一想，就会发现，学生还是各有特点的，如有的学生善于组织，有的学生善于表达，有的学生善于表演。换句话说，有的学生是帅才，有的学生则是将才，还有的学生是军师。

这样一想，教师对学生的看法自然是欣赏，对学生的期待也就是真诚的了。

3. 搭个台子试一试

"没有教不好的学生，只有不会教的老师"，每一个学生都是具有发展潜力的，只是我们有时缺少伯乐的眼光，没有发现学生的种种潜质；我们也缺少可供千里马自由驰骋的天地，学生的才能无法得以展示。

教师必须为学生搭建展示自己的平台，让学生在这些舞台上大显身手，这样，学生的才能就能充分地展示出来，教师对学生的认识会更深一层，就会对学生增添更多的欣赏与喝彩，减少轻视与指责，在我们的一言一行中充分流露出对学生的信任。

A.2　"破窗理论"与细节暗示

美国心理学家詹巴斗曾经做过一个"偷车实验",将两辆一模一样的轿车分别放在一个环境很好的中产阶级社区和环境比较脏乱的贫民区,结果发现贫民区的车很快被偷走了,而另一辆几天后仍然完好无损;如果将中产阶级社区的那辆车的天窗玻璃打破,几个小时后,那辆车也被偷了。

后来,在此实验基础上,美国政治学家威尔逊和犯罪学家凯林提出了有名的"破窗理论":如果有人打坏了一栋建筑上的一块玻璃,又没有及时修好,别人就可能受到某些暗示性的纵容,去打碎更多的玻璃。

"破窗理论"体现的是细节对人的暗示效果,以及细节对事件结果不容小视的重要作用。事实证明,"破窗理论"也确实能够指导我们的生活。

18 世纪的纽约以脏乱差闻名,环境恶劣,同时犯罪猖獗,地铁的情况尤为严重,是罪恶的延伸地,平均每 7 个逃票的人中就有一个通缉犯,每 20 个逃票的人中有一个携带武器者。1994 年,新任警察局长布拉顿开始治理纽约。他从地铁的车厢开始治理:车厢干净了,站台跟着也变干净了,站台干净了,阶梯也随之整洁了,随后街道也干净了,然后旁边的街道也干净了,后来整个社区干净了,最后整个纽约变了样,变整洁漂亮了。现在纽约是全美国治理最出色的都市之一,这件事也被称为"纽约引爆点"。

破窗效应在教育中有着很重要的借鉴意义。如果一名学生因为成绩不好或有些不良的行为习惯,就给他贴上一个"差生"或"坏学生"的标签,那么人们就会带上有色眼镜看他,只要他犯了一点小错,就抓住不放,乱扣帽子,因为既然是破的东西,让他再破一些也无妨,所谓"墙倒众人推",说的也是这个意思。

而这样做的结果,是使所谓的"差生"的逆反心理越来越强,反正你们都不拿我当好人看,我索性就跟你对着干,坏就坏到底吧!他自己就会出现这种破罐子破摔的想法。所以教育工作者应该不要轻易认定哪扇窗破了,要注意保护学生的自尊心,及时修好被打碎的窗户玻璃才是明智之举。

还有一个被称为校园里的"破窗现象":班里新来了一个留级生,由于他的勤奋努力,使得原本想混日子的同学受到震动,学习气氛开始转好,有时老师反复强调的重点,有的人或许不以为然,但是他的一句话——这个内容要考试——便会立即引起同学们的高度重视,留级生的话比老师的话还有效!这说明及时修好第一扇被打破的玻璃,能有效阻止"破窗现象"于萌芽状态。

将"破窗理论"中的玻璃换成人,它变成了另一种说法,也是我对"破窗理论"的触动:一个人给别人留下什么样的印象,取决于他在一些细节上的表现。

- ➢ 随地吐痰,暗示一个人缺乏必要的修养;
- ➢ 在公共场合大声说话,暗示一个人喜欢表现自己;
- ➢ 穿什么样的袜子,暗示一个人的品位如何;
- ➢ 在背后说别人坏话的人,暗示他不可信任;

> 对任何事都怀疑的人，暗示他是一个悲观主义者；
> 对任何事都不满的人，暗示他是一个愤世嫉俗者；
> 不贪小便宜的人，暗示他很正直……

每件大事都由无数小事——也就是细节构成，将细节尽量做到完美，将来的结果才有可能完美。人的一生也由无数细节组成，将小事做好，给他人留下美好印象，将来才会更美好。

A.3 鲶鱼效应——适时的压力会成为动力

挪威人爱吃沙丁鱼，尤其是鲜活的沙丁鱼，渔民们如能将活的沙丁鱼带到市场，不仅能吸引人们争相购买，而且还可以卖出高价。为此，许多渔民想尽办法，但总不成功。然而有一条渔船让沙丁鱼成功地活了下来，由于该船船长将其视为秘密，不准船员外泄，所以外人一直不知道其做法。待他去世后，奥秘才被揭开。原来他们在鱼槽中放了一条以沙丁鱼为食的鲶鱼，当刚捕捞上船的沙丁鱼放入鱼槽后立即发现了鲶鱼，非常紧张，于是左冲右突，跳跃不停，这么一来，沙丁鱼活蹦乱跳地被运回渔港，从而使人们大饱口福，也使渔民有了丰厚的回报。这就是著名的"鲶鱼效应"。

"鲶鱼效应"在管理心理学中说明了人员流动的必要性和重要性。对于个人来讲，人员流动有助于激发人的干劲和潜力。一个人老是局限在一个单位，难免闭目塞听，思想僵化，盲目自满，长期停留在一个水平上，甚至会产"磨""疲""油"。流动则会逼人开创新局面，做出新的成绩。许多人都是带着开拓精神流动到另一个单位去的，到了新单位以后往往会大显身手，充分展示自己的才能。对于群体来说，人员流动有助于激发群体成员的活力和竞争意识，从而提高工作效率。一个单位如果人员长期固定，就少了新鲜感和活力，容易产生惰性。加入一些"鲶鱼"制造一种紧张空气，自然就生机勃勃了。"鲶鱼效应"给我们的企业管理以及打破传统的用人观念大有启迪意义。

"鲶鱼效应"在家庭教育中的效果也是非常明显的。对孩子而言，有适当的压力，才会激发起他的斗志。

美国人在教育、培养孩子的优良品质和个性方面，有许多值得我们借鉴的做法与经验。有的做法尽管对我们中国父母来说还有些不可思议甚至"残酷"，但在培养孩子独立、自立的个性方面有很大作用。比如：让婴幼儿从小单独睡觉，无父母陪护；一些年轻父母把几个月的婴儿赤身裸体扔进水中，让其学会游泳；孩子跌跤，父母不管，让他自己爬起来；父母要几岁的孩子做家务劳动，如洗碗、扫地、洗衣服等；即使家庭经济状况很好，也鼓励孩子用自己的双手劳动挣钱，让孩子自己支付部分学习费用及其他费用；绝大多数18岁以上的孩子，都靠自己挣钱读书。有的人把钱赚够了才进学校读书，也有人一边打工，一边读书，或读读停停，用十几年时间拿个博士学位。孩子们认为，长这么大还伸手向父母要钱，很不光彩，会被人家瞧不起，说你无能。所以，必须找工作，做到经济上独立；在用钱上，就是那些出身于中产阶级家庭的孩子，对自己也很"吝啬"，与人交往也不"大方"；父辈一般不会给孩子财产继承权。

我们国家的孩子为什么这么脆弱，这是因为我们进行的激励教育和挫折教育还不够，培养"吃苦耐劳"精神以及面对挫折的忍耐能力太差。据英国报纸推销站联合会统计，全英国约有 50 万送报童。稍大一些的中学生打工也是寻常现象，而且都得到父母的支持。

科学家计算过，倘若地球上的鱼 1 年之内产的鱼仔都能成活，都能顺利长成成鱼，可以把地球上江河湖海都塞满，然而事实却不是这样，从鱼仔到成鱼，要经历千百次的自然和自身的淘汰，最优秀的和最适应的才能留下来。自然界要维持其自身的平衡功能，都是在各种压力下完成的，否则生物就会逐步退化。孩子的成长也应该如此，适当、适时的压力也是孩子成长的强大动力。

A.4 同体效应

同体效应也称自己人效应，是指学生把教师归于同一类型的人，是知心朋友。学生对"自己人"的话更信赖，更易于接受。管理心理学中有句名言："如果你想要人们相信你是对的，并按照你的意见行事，那就首先需要人们喜欢你，否则，你的尝试就会失败。"

因此，教师首先要学会把学生当成自己人，做学生的知心朋友，与之处于平等的地位，这样才能提高教师的影响力。

同体效应的合理运用，能缩短师生间的心理距离，引起师生情感上的共鸣。在学生心目中，教师成了自己人，是知心朋友，于是学生对教师教的课也就产生了兴趣。倘若教法得当，学生的成绩自然而然地会逐步提高。

A.5 摩西奶奶效应

美国艺术家摩西奶奶，至暮年才发现自己有惊人的艺术天赋，75 岁开始学画，80 岁举行首次个人画展。摩西奶奶效应告诉我们，一个人如果不去挖掘自己的潜在能力，它就会自行泯灭。

在教学的过程中要帮助学生正确地认识自己，引导学生坦然地面对学习中出现的各种问题。正像格拉宁所说："如果每个人都能知道自己干什么，那么生活会变得多么好！因为每个人的能力都比他自己感觉到的大得多。"

我们的教育对象是有无限发展潜力的学生，充分发掘他们的潜力，培养他们的创新能力，使他们产生"摩西奶奶效应"，学生的潜能就能得到巨大的发挥。

A.6 瓦拉赫效应

奥托·瓦拉赫是诺贝尔化学奖获得者，他的成才过程极富传奇色彩。瓦拉赫在开始读中学时，父母为他选择的是一条文学之路，不料一个学期下来，老师为他写下了这样的评语："瓦拉赫很用功，但过分拘泥，这样的人即使有着完善的品德，也绝不可能在文学上发挥出来。"此时，父母只好尊重儿子的意见，让他改学油画。可瓦拉赫既不善于构图，又不会润色，对艺术的理解力也不强，成绩在班上是倒数第一，学校的评语更是令人难以接受："你是绘画艺术方面的不可造就之才。"面对如此"笨拙"的学生，绝大部分老师认为他已成才无望，只有化学老师认为他做事一丝不苟，具备做好化学实验应有的品格，建议他试学化学。父母接受了化学老师的建议。这下，瓦拉赫的智慧火花一下被点着了。文学艺术的"不可造就之才"一下子就变成了公认的化学方面的"前程远大的高才生"。

瓦拉赫的成功，说明这样一个道理：学生的智能发展都是不均衡的，都有智能的强点和弱点，他们一旦发现自己智能的最佳点，使智能潜力得到充分的发挥，便可取得惊人的成绩。这一现象人们称为"瓦拉赫效应"。

每位学生都有自身的闪光点，教师平时应多观察，想方设法找到发挥学生潜能的最佳点和学生发展的优势方向，并创造一定的学习条件，就可能点燃学生的智慧火花。

A.7 蝴蝶效应

蝴蝶效应是美国麻省理工学院气象学家洛伦兹(Lorenz)于 1963 年提出来的。为了预报天气，他用计算机求解仿真地球大气的 13 个方程式。为了更细致地考察结果，他把一个中间解取出，提高精度再送回。当他喝了杯咖啡以后回来再看时竟大吃一惊：本来很小的差异，结果却偏离了十万八千里！计算机没有毛病，于是，洛伦兹发现了微小差异导致的巨大反差，他用一个形象的比喻来表达这个发现：一只南美洲亚马孙河流域热带雨林中的蝴蝶，煽动几下翅膀，可能在两周后在美国德克萨斯引起一场龙卷风。这就是混沌学中著名的"蝴蝶效应"。其原因在于：蝴蝶翅膀的运动，导致其身边的空气系统发生变化，并引起微弱气流的产生，而微弱气流的产生又会引起它四周空气或其他系统产生相应的变化，由此引起连锁反应，最终导致其他系统的极大变化。此效应说明，事物发展的结果，对初始条件具有极为敏感的依赖性，初始条件的极小偏差，将会引起结果的极大差异。

"蝴蝶效应"在社会学界用来说明：一个坏的微小的机制，如果不加以及时地引导、调节，会给社会带来非常大的危害；一个好的微小的机制，只要正确指引，经过一段时间的努力，将会产生轰动效应。

我们可以用在西方流传的一首民谣对此作形象的说明。这首民谣说：

丢失一个钉子，坏了一只蹄铁；

坏了一只蹄铁，折了一匹战马；

折了一匹战马，伤了一位骑士；

伤了一位骑士，输了一场战斗；

输了一场战斗，亡了一个帝国。

马蹄铁上一个钉子的丢失，本是一个十分微小的变化，但其"长期"效应却是一个帝国存与亡的根本差别。这就是军事和政治领域中的所谓"蝴蝶效应"。

一个明智的父母一定要从源头抓起，有时候，一件微不足道的小事带来的可能是极大的失败，也可能是巨大的成功。

美国一位心理学家在全美选出 50 位成功人士和 50 名有犯罪记录的人，分别给他们去信，请他们谈谈母亲对他们的影响。

一位来自监狱的犯人在信中这样写道：小时候，有一天妈妈拿来几个苹果，红红绿绿，大小各不相同。我一眼就看出中间的一个又红又大，十分喜欢，非常想要最大最红的一个。这时弟弟抢先说出我想说的话。妈妈听了瞪他一眼，责备他说："好孩子要学会把好东西留给他人，不能总想着自己。"于是我灵机一动，改口说："妈妈，我想要那个最小的，把大的留给弟弟吧。"妈妈听了，非常高兴，在我的脸上亲了一下，并把那个又红又大的苹果奖励给了我。因为我不择手段，直到现在我被送进了监狱。

另一位来自白宫的著名人士这样写的：小时候，有一天妈妈拿来几个苹果，红红绿绿，大小各不相同。我和弟弟们都争着要大的，妈妈把那个最大的苹果举在手上，对我们说："这个苹果最大最红最好吃，谁都想要它。很好，现在让我们来做个比赛。我把门前草坪分成三块，你们三人一人一块，负责修剪好，谁干得最快最好，谁就有权得到它。"我们三人比赛锄草，结果，我赢得了那个最大的苹果。我非常感谢母亲，她让我明白一个最简单而又最重要的道理：要想得到最好的，就必须努力争第一。你想要什么想要多少，就必须为此付出多少努力和代价！

那个犯人之所以成为犯人，是因为小时候那次分苹果，他从母亲手里取走苹果时，同时还取走了撒谎、欺骗和投机取巧。

那个白宫的著名人士之所以成功，是妈妈把苹果和诚实、勤奋以及对未来生活的一种信念、斗志一起给了他。

一件分苹果的小事，却成就了一个卑微的人和一个伟大的人。蝴蝶效应在他们身上的效果多么显著啊。

"蝴蝶效应"之所以令人着迷、令人激动、发人深省，不但在于其大胆的想象力和迷人的美学色彩，更在于其深刻的科学内涵和内在的哲学魅力。

在孩子的成长道路上必然会遇到各种问题，这是成长的需要。作为父母，一定要注意并检查家教中的细枝末节，如果引导得好，弱小的蝴蝶也能掀起狂风巨浪；如果引导得不好，一颗小小的马蹄钉也会灭亡一个帝国。

A.8 配套效应——给孩子合适的"睡袍"

18世纪，法国有个哲学家叫丹尼斯·狄德罗。一天，朋友送他一件质地精良、做工考究、图案高雅的酒红色睡袍。狄德罗非常喜欢，可他穿着华贵的睡袍在家里寻找感觉，总觉得家具颜色不对，地毯的针脚也粗得吓人。于是为了与睡袍配套，旧的东西先后更新，书房终于跟上了睡袍的档次，可他却觉得很不舒服，因为"自己居然被一件睡袍胁迫了"。200年后，美国哈佛大学经济学家朱丽叶·施罗尔在《过度消费的美国人》一书中，把这种现象称作为"狄德罗效应"，亦称作为"配套效应"，也就是人们在拥有了一件新的物品后不断配置与其相适应的物品以达到心理平衡的现象。

在家教中，对孩子要设置合理的目标。过高或过低的目标都不是一件合适的"睡袍"，适时、适当的"睡袍"，才能让孩子的行为和语言与这件"睡袍"出现一致的配置，这样也就不会因"睡袍"的不合身而让孩子无所适从，适时抛给孩子的"睡袍"，还能激发起孩子自我转化的内在动机，主动实现前后一致的良好表现。

英国诺丁汉大学校长、原复旦大学校长、全国政协委员杨福家说，在中学时代自己淘气，不好好学习，由于恶作剧被学校劝退，转到另一所中学，由于教师的正确引导，特别是看了《钢铁是怎样炼成的》，感到过去那样太无聊了，太没有意思，从书中感悟到了人生的意义和价值，发愤学习，到高三已经是一个十分优秀的学生了。阅读《钢铁是怎样炼成的》成为杨校长大悟的"睡袍"。

另外，从孩子的成长过程看，无论是好的行为还是不良的习惯，都可以找到引起这一行为的一件"睡袍"。比如，高考过程中，有的学生高度紧张，有的同学冒虚汗，有的左顾右盼，有的不停地看表，有的考生已经进入考场还要求上厕所，更有甚者拿笔的手颤抖不听使唤，静不下心来。

这个问题产生的"睡袍"并不是在高考时才出现的。这些学生在平时考试时就常常心理焦虑，最主要是他们的父母给了他们一件"睡袍"：父母对孩子过度关心，对分数过多关注。孩子得到这个"睡袍"，为了使自己的分数、成绩能和这件睡袍相"配套"，不得不在考试时"严格要求"自己去满足父母对他们的期望。一个明显的结果是，越是担心考不好，就越有可能考不好。于是，这演变成一个恶性循环，孩子一到考试就焦虑，一焦虑反倒更考不好。日积月累，到了高考时，他们的心理状态急剧恶化。

A.9 齐加尼克效应

齐加尼克是法国心理学家，他曾做过这样一种实验：将一批受试者分为两组，让他们同时完成20项工作，其中一组顺利完成了全部工作，而另一组却未完成任务。虽然所有受试者接受任务时都呈现一种紧张状态，但其中顺利完成任务者，紧张状态逐渐消失；未完成任务者，紧张状态持续存在，他们的思想总是被那些尚未完成的工作所困扰，结果影响了以后任务的完成。这种现象被称为"齐加尼克效应"。

"齐加尼克效应"在教育教学中也比较容易出现，如果学生长期处于紧张状态，学习效果就会受到影响。因此在教育教学中，教师要学会给学生松绑，尊重学生的个性发展，创设宽松和谐的教学氛围，让孩子自由发展；在教学中实施分层次教学，减轻学生负担，使教育教学活动有张有弛；同时也要注意对有上进心的同学施加安慰，让他们抬起头来走路。

A.10 超限效应

美国著名作家马克·吐温一次在教堂听牧师演讲。最初他觉得牧师讲得很好，使人感动，准备捐款。过了10分钟，牧师还没讲完，他有些不耐烦了，决定只捐一些零钱。又过了10分钟，牧师还没有讲完，于是他决定一分钱也不捐了。到牧师终于结束了冗长的演讲开始募捐时，马克·吐温由于气愤，不仅未捐钱，还从盘子里拿了2元钱。这个故事说明了刺激过多、过强和作用时间过久，会引起人们心理的极不耐烦或反抗。这种现象被称为"超限效应"。

"超限效应"在学生教育过程中，尤其在家庭教育中时常发生。当孩子不用心而没考好时，父母会一次、两次甚至多次重复对一件事的批评，导致孩子从内疚不安到不耐烦，最后到反感厌恶的地步，甚至出现"我偏要这样"的反抗心理和行为。人们常说"磨刀不误砍柴工"，但如果每天都磨，甚至每节课都磨，不仅占用了砍柴的时间，而且会将砍刀磨成薄片，失去砍柴的功能。

因此，家长对孩子、老师对学生的批评，不能超过限度，应本着"犯一次错误，只批评一次"的原则。即使非要再次批评，也应换一个角度，换一种说法，不要简单地重复，这样才有利于学生接受批评，改正错误。

另外，教师在讲课时也应努力避免"超限效应"发生。不该反复重复的问题不要过多重复，不然学生就会认为你啰唆。上课拖堂也是令学生很讨厌的事。事实上，拖堂时间内讲的知识没有几个学生能听进去、记得牢的。

A.11 过度理由效应

有这样一个有趣的故事：

"一位老人在一个小乡村里休养，但附近却住着一些十分顽皮的孩子，他们天天互相追逐打闹，喧哗的吵闹声使老人无法好好休息，在屡禁不止的情况下，老人想出了一个办法。"

"他把孩子们都叫到一起，告诉他们谁叫的声音越大，谁得到的报酬就越多，他每次都根据孩子们吵闹的情况给予不同奖励。到孩子们已经习惯于获取奖励的时候，老人开始逐渐减少所给的奖励，最后无论孩子们怎么吵，老人一分钱也不给。结果，孩子们认为受到的待遇越来越不公正，认为'不给钱了谁还给你叫'，再也不到老人所住的房子附近大声吵闹。"

这就是由于社会心理学上所说的"过度理由效应"。每个人都力图使自己和别人的行为看起来合理，因而总是为行为寻找原因。一旦找到足够的原因，人们就很少再继续找下去，而且，在寻找原因时，总是先找那些显而易见的外在原因。因此，如果外部原因足以对行为做出解释时，人们一般就不再去寻找内部的原因了。

行为如果只用外在理由来解释，那么，一旦外在理由不再存在，这种行为也将趋于终止，因此，如果我们希望某种行为得以保持，就不要给它足够的外部理由。希望孩子努力学习的家长，不能用太多的金钱和奖品去奖励孩子的好成绩，而要让孩子觉得自己喜欢学习，学习是有趣的事。

A.12 苏东坡效应

古代有则笑话："一位解差押解一位和尚去府城。住店时和尚将解差灌醉，并剃光他的头发后逃走。解差醒时发现少了一个人，大吃一惊，继而一摸光头转惊为喜：'幸而和尚还在。'可随之又困惑不解：'我在哪里呢？'"

这则笑话一定程度上印证了诗人苏东坡的两句诗："不识庐山真面目，只缘身在此山中。"即人们对"自我"这个犹如自己手中的东西，往往难以正确认识。从某种意义上讲，认识"自我"比认识客观现实更为困难。所以，鲁迅有一句人们都认可的名言："人贵有自知之明。"社会心理学家将人们难以正确认识"自我"的这种心理现象称为"苏东坡效应"。

我们教师在教育教学过程中，常常被强调要了解学生，但却很少被要求要了解自己。这其实是一个误区：了解学生固然重要，了解自己也同样重要，因为只有既了解学生也了解自己，才能有助于增进师生之间的关系，才能找到更适宜的教育教学方法。那么，教师要如何了解自己呢？

第一，要跳出"自我"这个圈子，突破"自我"的局限，"以人为镜"，通过与别人的行为及优缺点的比较，来获得对"自我"的认识。

第二，利用别人对自己的评价来消除认识"自我"的"盲区"。一般来说，认识别人比认识"自我"容易，即所谓"当局者迷，旁观者清"。这就要求自己要能够广泛地收集来自上下左右对自己的各种评价，并通过认真分析和判断来认识"自我"。

第三，要掌握一些分析和判断的方法。因为这与正确认识"自我"密切相关。这些分析和判断的方法主要有：能一分为二地看待问题；能既善于听取别人的劝告，又不会被别人操纵；遇事能够冷静理智，不会感情用事，等等。

第四，多参加各种有益的、展示才华和能力的实践活动。通过各种有益的、展示才华和能力的实践活动，可以检测自己的才华和能力，从而达到认识"自我"的目的。

A.13 瓦伦达心态

瓦伦达是美国一个著名的商业走钢丝表演者，却在一次重大的表演中不幸失足身亡！事后，他的妻子说："我知道这次一定要出事，因为他在出场前就这样不断地说，'这次太重要了，不能失败。'以前每次成功的表演，他只是想着走好钢丝这事的本身，不去管这件事可能带来的一切。"后来，人们就把专心去做某事，而不去管这件事的意义，不患得患失的这种心态，叫作"瓦伦达心态"。

所以，我们在做事情的时候，有时我们不必去思虑的太多。不去多想，马上去做，打断反复去思维的逻辑和习惯，走出一步，往往做事情的勇气就随之产生了。这就是由"瓦伦达心态"产生的效应。

A.14 暗示效应

一个人会不自觉地接受暗示，并按暗示做出行为反应的心理现象叫暗示效应。1985年，在美国洛杉矶举办了一场具有较大影响的足球赛，观众有数千人。在比赛期间，有6人反映胃部不适，有的说肚子疼，有的说想呕吐。赛场的服务人员通过了解情况，猜想他们是因为喝了台下出售的某种软包装饮料所致，于是立即通过广播通知大家不要再饮用这种包装饮料。不料广播后，场内相继有 200 多人出现食物中毒症状被送往医院。经医院认真化验，该软包装饮料完全合乎卫生标准。于是通过广播宣布该饮料"无罪"。此消息传开，抬进医院的 200 多名"患者"便不治而愈，停止了中毒反应又跑回赛场继续看比赛。第一次广播是个暗示，后来为软包装饮料"平反"的广播又是个暗示，两个广播的暗示效应作用恰好相反，这是暗示效应的绝好例子。

催眠术实际上就是利用暗示效应使人进入催眠状态的。当然并不是每个人都能被催眠，只有暗示性强的人，才有可能被催眠。一般来说，女性的暗示性强，情感脆弱，容易接受暗示，进入催眠状态；而男人，特别是坚毅的、胆汁质的男人，则很难令其进入催眠状态。

儿童比成人更容易接受暗示，在家教中，家长就可以应用一个"抽象诱导语"的暗示策略使孩子产生暗示效应。如家长带孩子到医院去打针，故意指着别的大吵大闹的孩子说："有个孩子不勇敢，怕打针。"接着孩子说："我勇敢，我不怕打针！"果然，在打针时，他能忍住疼痛不哭叫，这就是由暗示引起的意志行为。除用诱导语之外，也可以使用手势、眼色、击桌、停顿、提高音量或放低音量等。有经验的家长常有这样的体会：为了改变孩子偏食的习惯，可采用非言语的暗示方法，自己吃得津津有味，于是孩子就会不由自主地受到暗示跟着慢慢吃；如果同桌的其他孩子吃得很香，那对这个孩子的暗示作用就会更大，这就是为什么"吃抢食特别香"的道理。也有些家长还常常针对孩子的某一缺点和错误，选择适当的电影、电视、文学作品同孩子边看边议论，或给孩子讲一些有针对性的故事，都能产生较好的心理效应。

A.15 罗密欧与朱丽叶效应

莎士比亚的名剧《罗密欧与朱丽叶》描写了罗密欧与朱丽叶的爱情悲剧，他们相爱很深，但由于两家是世仇，感情得不到家里其他成员的认可，且双方的家长百般阻挠。然而，他们的感情并没有因为家长的干涉而有丝毫的减弱，反而相爱更深，最终双双殉情而死。

在现实生活中，也常常见到这种现象，父母的干涉非但不能减弱恋人们之间的爱情，反而使感情得到加强。父母的干涉越多，反对越强烈，恋人们相爱就越深，这种现象被心理学家称为"罗密欧与朱丽叶效应"，也称为"禁果效应"。

为什么会出现这种现象呢？这是因为人们都有一种自主的需要，都希望自己能够独立自主，而不愿意自己是被人控制的傀儡，一旦别人越俎代庖，代替自己做出选择，并将这种选择强加于自己时，就会感到自己的主权受到了威胁，从而产生一种心理抗拒，排斥自己被迫选择的事物，同时更加喜欢自己被迫失去的事物，正是这种心理机制导致了罗密欧与朱丽叶的爱情故事一代代地不断上演。

心理学家的研究还发现，越是难以得到的东西，在人们心目中的地位越高，价值越大，对人们越有吸引力，轻易得到的东西或者已经得到的东西，其价值往往会被人所忽视。我国民间流行这样一种说法"妻不如妾，妾不如偷，偷不如偷不着"，说的也就是这个道理。婚外恋如果受到干涉，双方反而相爱越深，恨不得天天厮守在一起才好，然而，如果与婚外恋的情人如愿以偿，生活在一起，又会觉得情人也不过如此，妻子或许还好一些。

某中学初一年级的两位学生由于相互吸引而走到了一起,一开始,老师和家长都竭尽全力干涉,然而,这种干涉反而为两个孩子增加了共同语言,他们更加接近,俨然一对棒打不散的鸳鸯。后来,校长改变了策略,他将孩子和老师都叫去,没有批评孩子们,反而说老师误会了他们,把纯洁的感情玷污了。过后,这两个孩子还是照样来往,但是没过多久,他们就因为缺乏共同点而渐渐疏远,最终,由于发现对方与自己理想中的王子和公主相差太远而分道扬镳。

A.16 得寸进尺效应

美国社会心理学家弗里得曼做了一个有趣的实验:"他让助手去访问一些家庭主妇,请求被访问者答应将一个小招牌挂在窗户上,她们答应了。过了半个月,实验者再次登门,要求将一个大招牌放在庭院内,这个牌子不仅大,而且很不美观。同时,实验者也向以前没有放过小招牌的家庭主妇提出同样的要求。结果前者有 55%的人同意,而后者只有不到 17%的人同意,前者比后者高 3 倍。"后来人们把这种心理现象叫作"得寸进尺效应"。所谓得寸进尺效应是指,假如我们能让别人接受自己提出的小要求,则以后让其接受更大、更不客气的要求的可能性,会比以前不曾要求过的人可能性大。

心理学认为,人的每个意志行动都有行动的最初目标,在许多场合下,由于人的动机是复杂的,人常常面临各种不同目标的比较、权衡和选择,在相同情况下,那些简单容易的目标容易让人接受。另外,由于人们想整饰出前后一贯、首尾一致的印象,一旦表现出助人为乐的言行,即使别人的要求有些过分,可为了维持印象的一贯性,也会继续帮助下去。

上述心理效应告诉我们,要让他人接受一个很大的,甚至是很难的要求时,最好先让他接受一个小要求,一旦他接受了这个小要求,他也就比较容易接受更高的要求。差生作为一个特殊群体,其身心素质和学习基础等方面都低于一般水平。转化差生,也要像弗里得曼一样善于引导,善于"搭梯子",使之逐渐转化;应贯彻"小步子、低台阶、勤帮助、多照应"的原则,注意"梯子"依靠的地方要正确,间距不宜太大、太陡,做到扶一扶"梯子"、托一托人。

但要注意,要求也要有一个界限,如果变本加厉、贪得无厌,就会超出对方的容忍程度而遭到拒绝。这正如《渔夫和金鱼的故事》中的老太婆,她刚开始提出的要木盆、木屋及变成财主婆的要求都得到了满足,但她得寸进尺,最后竟然要做海上的女霸王,终于超出了金鱼的容忍度而被收回了一切。在生活、交往及工作中,人们应正确运用这一心理效应,比如,老师对学生的要求应逐步提出;对两个人关系的发展应逐步深入,不能操之过急,否则欲速则不达。当然,利用这种心理效应去牟取个人私利的做法是不可取的。

A.17 沉锚效应

鲁迅先生曾于 1927 年在《无声的中国》一文中写下了这样一段文字:"中国人的性情总是喜欢调和、折中的,譬如你说,这屋子太暗,要在这里开一个天窗,大家一定是不允许的，但如果你主张拆掉屋顶，他们就会来调和，愿意开天窗了。"这种先提出很大的要求，接着提出较小、较少的要求，在心理学上被称为"沉锚效应"。

如你想让你的朋友陪你出去玩，若说："陪我出去玩好吗？"朋友不一定去。但如果说："出去走走，随你的便，是去喝咖啡，唱卡拉OK，还是逛书店？"他很可能选定他最喜欢的，如"逛书店"而陪你出门。

再如早上喝豆浆时，如果服务员问："先生要不要加鸡蛋"，"加"与"不加"即是"沉锚"。但若问"请问先生，加一个鸡蛋还是两个鸡蛋？"则"一个"或"两个"便是"沉锚"了。显然第二个问题更有利于促销，这就是沉锚效应在起作用。

一对未确定关系的情人，如果说"我们相处一段，看是否合适"，就不如说"相互关爱吧，我们能走到一起"具有沉锚效应。

研究沉锚效应是人际交往、谈判与经商中不可缺少的课程。

A.18　巴奴姆效应

心理学家巴奴姆曾做过一个有趣的实验：他在报纸上刊登广告，声称自己是占星术家，能够遥测每个不相识者的性格。广而告之后，信件纷至沓来。这位心理学家根据读者来信寄出了数百份遥测评语。有二百多人回信感谢，称赞他的遥测准确、十分灵验。谁料心理学家寄出的竟是内容完全相同的标准答案："您这个人非常需要得到别人的好评，希望被人喜欢和赞赏，不过并非每个人都如此对您；您的想象力丰富，有很多美好的理想，其中也包括一些脱离现实的幻想；您想做成许多事情，身上蕴藏的潜力无穷，相比之下，已经发挥出的却不多；在某种情况下，您会产生烦恼，甚至犹豫动摇，但到关键时刻，您的意志还是坚定不移的……"

这样的评语怎么会不"灵验"，因为谁不想被人喜欢和赞赏？谁不会有美好的憧憬？谁会说自己的潜力已充分发挥？所以，这种几乎适合任何人的评语每个人都会乐意接受。心理学家把人们乐于接受这种概括性的性格描述的现象称为"巴奴姆效应"。

巴奴姆效应告诉我们，不管每个学生过去和现在的表现多么差，其内心深处总会多少有点积极向上的念头。教师的责任在于点燃学生埋藏在心灵深处的希望之火，激发他们潜在的能量。

A.19　林格尔曼效应

"林格尔曼效应"源自德国的林格尔曼所做的一个实验：他把男大学生分成2人、4人、6人各一组，要他们大声喊叫，并记录各人的音量。结果发现，虽然团体喊叫的总音量随人数的增加而增加，但个人的音量却随团体人数的增加而降低。

也许每个参加过合唱团的人都会有这样的体会。这说明的确存在所谓的"社会浪费"，即在团体作业中个人工作效率随团体人数增加而下降的现象。

在班级管理工作中，我们可以尝试利用"林格尔曼效应"。比如，在打扫教室和清洁区卫生、组织集体劳动、开展学习比赛等活动中，应该将劳动任务或学习目标分解到小组直至个人，从而充分调动学生个体的积极性，提高工作和学习效率。即使在必须由集体共同完成的活动中，也应该将问题解剖为几个相关的任务或目标，并分解到小组或个人，使成员之间分工明确，职责固定，这样才能激励每一个人发挥水平，确保任务完成。

A.20 名片效应

有一位求职青年，应聘几家单位都被拒之门外，感到十分沮丧。最后，他又抱一线希望到一家公司应聘，在此之前他先打听该公司老总的历史，通过了解，他发现这个公司老总以前也有与自己相似的经历，于是他如获珍宝，在应聘时，他就与老总畅谈自己的求职经历，以及自己怀才不遇的愤慨，果然，这一席话博得了老总的赏识和同情，最终他被录用为业务经理。这就是所谓的名片效应。也即两个人在交往时，如果首先表明自己与对方的态度和价值观相同，就会使对方感觉你与他有更多的相似性，从而很快地缩小与你的心理距离，更愿同你接近，结成良好的人际关系。在这里，有意识、有目的地向对方所表明的态度和观点如同名片一样把你介绍给对方。

恰当地使用"心理名片"，可以尽快促进人际关系的建立，但要使"心理名片"起到应有的作用，首先，要善于捕捉对方的信息，把握真实的态度，寻找其积极的、你可以接受的观点，"制作"一张有效的"心理名片"。其次，寻找时机，恰到好处地向对方"出示"你的"心理名片"，这样，你就可以达到目标。掌握"心理名片"的应用艺术，对于人际交往及处理人际关系具有很大的实用价值。

A.21 马太效应

《新约·马太福音》有个故事：天国主人要外出，临走前把家产分给3个不同才干的仆人，分别是5000、2000和1000。那个领5000的随即去做买卖，又赚了5000；领2000的也赚了2000，唯独那个领1000的把银子埋到地里。主人回来，对前两位大加赞赏，用原数奖励他们，却把第三位仆人的一千两银子收回来奖给了第一位。随后告诉他们：凡是有的，还要加给他，让他有余；没有的，连他所有的也要夺回来。这就是马太效应。

马太效应即是说一个人有了成绩，出了名，随之而来的好处越来越多。这也是当今社会上常见的心理现象：歌星越唱越有名，越有名出场费越来越高。而一些无名歌手如没有好的机遇，就永远不被人重视。

赵本山本是辽宁铁岭的一个土生土长的农民，他爱唱二人转，并且极富幽默表演才干，善于模仿，在当地出了名。后来他的才干被央视知道，让他在春节联欢晚会上演了个小品《相亲》，从此轰动全国。几乎每年春节联欢晚会都有他的节目。他的表演天才和聪明才智又在电视剧《刘老根》中得到充分发挥。赵本山成为幽默界的"国宝"，被选为全国人大代表。赵本山由一个普通农民成为幽默大师，就是马太效应在起作用。

反之，河南周口的一位农民，初中毕业，不甘心在农村种地，又无一技之长，只好随乡亲到海南淘金。但海南的日子并不好混，他找不到工作，只好与乡亲一起买了部推车，贩卖水果。每天只能挣一二十元，有时水果卖不出去，烂了，还赔钱。于是他总也富不了，住在烂尾楼里，马太效应在他身上也起了作用。

应该说，得益于马太效应的人，并不单单靠机遇，而靠的是心地和本领。赵本山爱农民，有表演天赋，才会闪光，被人发现，越来越红；而那位周口农民厌恶农村，却又无一技之长，只想发财，并无发财之道，自然越来越不景气。

上帝之所以让富者更富，是因为他看准了富者的才智；让穷者更穷，也是发现他"朽木不可雕"，上帝是公正的。

当然我们的分配制度管理机制存在不少漏洞，使有些人钻了空子，越来越富，实干的知识分子反而发不了财，这是马太效应的负面、消极效应。只有法制健全体制合理，才能发挥马太效应的积极面，克服马太效应的消极面，逐步缩小贫富的悬殊，防止两极分化。但无视马太效应的积极面，不鼓动人们的积极性，又是一种失策。

A.22　共 生 效 应

自然界有这样一种现象：当一株植物单独生长时，显得矮小、单调，而与众多同类植物一起生长时，则根深叶茂，生机盎然。人们把植物界中这种相互作用、相互促进的现象，称之为"共生效应"。事实上，我们人类群体中也存在"共生效应"。英国"卡迪文实验室"从 1982—1901 年先后出现了 25 位诺贝尔获奖者，便是"共生效应"一个杰出的典型。

A.23　责任分散效应

1964 年 3 月 13 日夜 3 时 20 分，在美国纽约郊外某公寓前，一名年轻女子在结束酒吧工作回家的路上遇刺。当她绝望地喊叫："有人要杀人啦！救命！救命！"听到喊叫声，附近住户亮起了灯，打开了窗户，凶手吓跑了。当一切恢复平静后，凶手又返回作案。当她又喊叫时，附近住户又打开了电灯，凶手又逃跑了。当她认为已经无事，回到自己家上楼时，凶手又一次出现在她面前，将她杀死在楼梯上。在这个过程中，尽管她大声呼救，附近住户至少有 38 位到窗前观看，但无一人来救她，甚至无一人打电话报警。这件事引起纽约社会的轰动，也引起了社会心理学工作者的重视和思考。人们把这种众多的旁观者见死不救的现象称为责任分散效应。

对于责任分散效应形成的原因，心理学家进行了大量的实验和调查，结果发现：这种现象不能仅仅说是众人的冷酷无情，或道德日益沦丧的表现。因为在不同的场合，人们的援助行为确实是不同的。当一个人遇到紧急情境时，如果只有他一个人能提供帮助，他会清醒地意识到自己的责任，对受难者给予帮助，若他见死不救便会产生罪恶感、内疚感，需要付出很高的心理代价。而如果有许多人在场的话，帮助求助者的责任就由大家来分担，造成责任分散，每个人分担的责任很少，旁观者甚至可能连他自己的那一份责任也意识不到，从而产生一种"我不去救，由别人去救"的心理，造成"集体冷漠"的局面。如何打破这种局面，这是心理学家正在研究的一个重要课题。

A.24　触摸的心理效应

心理学家弗尔德对早产儿进行过每天 45 分钟的抚摸实验。一般认为，早产儿应该生活在一个隔离的，犹如子宫般的环境中，抚摸只会给他们压力感，会有碍他们的生长。然而他对 20 个早产儿每天做 3 次、每次 15 分钟的舒缓而有力的抚摸。10 天中，接受抚摸的婴儿比没有得到抚摸的婴儿平均重 47%，而且睡眠和灵敏性也都有很大改善。到第八个月末，他们的体质和智力都有明显提高。最值得注意的是，接受抚摸的婴儿离开保育箱的时间比其他婴儿平均提前了 6 天。弗尔德说："抚摸能有规律地刺激生长激素的分泌，进而促进消化吸收功能。"

A.25　霍桑效应

在美国芝加哥市郊外的霍桑工厂是一个制造电话交换机的工厂，具有较完善的娱乐设施、医疗制度和养老金制度等，但工人们仍愤愤不平，生产状况也很不理想。为探求原因，1924 年 11 月，美国国家研究委员会组织了一个由心理学家等多方面专家参加的研究小组，在该工厂开展一系列试验研究。

这一系列试验研究的中心课题是生产效率与工作物质条件之间的相互关系。这一系列试验研究中有个"谈话试验"，即用两年多的时间，专家们找工人个别谈话两万余人次，规定在谈话过程中，要耐心倾听工人对厂方的各种意见和不满，并做详细记录；对工人的不满意见不准反驳和训斥。这一"谈话试验"收到了意想不到的结果：霍桑工厂的产量大幅度提高。这是由于工人长期以来对工厂的各种管理制度和方法有诸多不满，无处发泄，"谈话试验"使他们这些不满都发泄出来，从而感到心情舒畅，干劲倍增。社会心理学家将这种奇妙的现象称为"霍桑效应"。

"霍桑效应"给我们的启示是：人在一生中会产生数不清的意愿和情绪，但最终能实现能满足的却为数不多。对那些未能实现的意愿和未能满足的情绪，切莫压抑克制下去，而要千方百计地让它宣泄出来，这样对人的身心和工作都有利。

现实生活中，面对一节又一节课，一门又一门作业，一场又一场考试，学生们承受的心理压力越来越大，这些压力会积聚成学生的不满和懈怠。对此，教师应该运用"霍桑效应"，积极营造师生之间的交流机会。

教师首先应该学会当一个平等、耐心的倾听者，有时只需耐心听完即可；有时只需表示理解和同情就够了；有时可给予认真的引导和说服。事实上，最让学生感动的是能够受到教师的真正重视。此时学生会正视自己，树立信心，从而产生精神动力，努力完成学习任务。

附录 B 心 理 测 验

B.1 症状自评量表(SCL-90)

【指导语】以下列出了有些人可能会有的问题，请仔细地阅读每一条，然后根据最近一星期以内下述情况影响您的实际感觉，在每个问题后标明该题的程度得分。其中，"没有"选1，"很轻"选2，"中等"选3，"偏重"选4，"严重"选5。

1. 头痛。   1-2-3-4-5
2. 神经过敏，心中不踏实。   1-2-3-4-5
3. 头脑中有不必要的想法或字句盘旋。   1-2-3-4-5
4. 头昏或昏倒。   1-2-3-4-5
5. 对异性的兴趣减退。   1-2-3-4-5
6. 对旁人责备求全。   1-2-3-4-5
7. 感到别人能控制您的思想。   1-2-3-4-5
8. 责怪别人制造麻烦。   1-2-3-4-5
9. 忘记性大。   1-2-3-4-5
10. 担心自己的衣饰整齐及仪态的端正。   1-2-3-4-5
11. 容易烦恼和激动。   1-2-3-4-5
12. 胸痛。   1-2-3-4-5
13. 害怕空旷的场所或街道。   1-2-3-4-5
14. 感到自己的精力下降，活动减慢。   1-2-3-4-5
15. 想结束自己的生命。   1-2-3-4-5
16. 听到旁人听不到的声音。   1-2-3-4-5
17. 发抖。   1-2-3-4-5
18. 感到大多数人都不可信任。   1-2-3-4-5
19. 胃口不好。   1-2-3-4-5
20. 容易哭泣。   1-2-3-4-5
21. 同异性相处时感到害羞不自在。   1-2-3-4-5
22. 感到受骗，中了圈套或有人想抓住您。   1-2-3-4-5
23. 无缘无故地突然感到害怕。   1-2-3-4-5
24. 自己不能控制地大发脾气。   1-2-3-4-5
25. 怕单独出门。   1-2-3-4-5
26. 经常责怪自己。   1-2-3-4-5
27. 腰痛。   1-2-3-4-5

28. 感到难以完成任务。		1-2-3-4-5
29. 感到孤独。		1-2-3-4-5
30. 感到苦闷。		1-2-3-4-5
31. 过分担忧。		1-2-3-4-5
32. 对事物不感兴趣。		1-2-3-4-5
33. 感到害怕。		1-2-3-4-5
34. 您的感情容易受到伤害。		1-2-3-4-5
35. 旁人能知道您的私下想法。		1-2-3-4-5
36. 感到别人不理解您、不同情您。		1-2-3-4-5
37. 感到人们对您不友好,不喜欢您。		1-2-3-4-5
38. 做事必须做得很慢以保证做得正确。		1-2-3-4-5
39. 心跳得很厉害。		1-2-3-4-5
40. 恶心或胃部不舒服。		1-2-3-4-5
41. 感到比不上他人。		1-2-3-4-5
42. 肌肉酸痛。		1-2-3-4-5
43. 感到有人在监视您、谈论您。		1-2-3-4-5
44. 难以入睡。		1-2-3-4-5
45. 做事必须反复检查。		1-2-3-4-5
46. 难以做出决定。		1-2-3-4-5
47. 怕乘电车、公共汽车、地铁或火车。		1-2-3-4-5
48. 呼吸有困难。		1-2-3-4-5
49. 一阵阵发冷或发热。		1-2-3-4-5
50. 因为感到害怕而避开某些东西、场合或活动。		1-2-3-4-5
51. 脑子变空了。		1-2-3-4-5
52. 身体发麻或刺痛。		1-2-3-4-5
53. 喉咙有哽塞感。		1-2-3-4-5
54. 感到前途没有希望。		1-2-3-4-5
55. 不能集中注意。		1-2-3-4-5
56. 感到身体的某一部分软弱无力。		1-2-3-4-5
57. 感到紧张或容易紧张。		1-2-3-4-5
58. 感到手或脚发重。		1-2-3-4-5
59. 想到死亡的事。		1-2-3-4-5
60. 吃得太多。		1-2-3-4-5
61. 当别人看着您或谈论您时感到不自在。		1-2-3-4-5
62. 有一些不属于您自己的想法。		1-2-3-4-5
63. 有想打人或伤害他人的冲动。		1-2-3-4-5
64. 醒得太早。		1-2-3-4-5

65. 必须反复洗手、点数目或触摸某些东西。	1-2-3-4-5
66. 睡得不稳不深。	1-2-3-4-5
67. 有想摔坏或破坏东西的冲动。	1-2-3-4-5
68. 有一些别人没有的想法或念头。	1-2-3-4-5
69. 感到对别人神经过敏。	1-2-3-4-5
70. 在商店或电影院等人多的地方感到不自在。	1-2-3-4-5
71. 感到任何事情都很困难。	1-2-3-4-5
72. 一阵阵恐惧或惊恐。	1-2-3-4-5
73. 感到在公共场合吃东西很不舒服。	1-2-3-4-5
74. 经常与人争论。	1-2-3-4-5
75. 单独一个人时神经很紧张。	1-2-3-4-5
76. 别人对您的成绩没有做出恰当的评价。	1-2-3-4-5
77. 即使和别人在一起也感到孤单。	1-2-3-4-5
78. 感到坐立不安心神不定。	1-2-3-4-5
79. 感到自己没有什么价值。	1-2-3-4-5
80. 感到熟悉的东西变成陌生或不像是真的。	1-2-3-4-5
81. 大叫或摔东西。	1-2-3-4-5
82. 害怕会在公共场合晕倒。	1-2-3-4-5
83. 感到别人想占您的便宜。	1-2-3-4-5
84. 为一些有关性的想法而很苦恼。	1-2-3-4-5
85. 您认为应该因为自己的过错而受到惩罚。	1-2-3-4-5
86. 感到要很快把事情做完。	1-2-3-4-5
87. 感到自己的身体有严重问题。	1-2-3-4-5
88. 从未感到和其他人很亲近。	1-2-3-4-5
89. 感到自己有罪。	1-2-3-4-5
90. 感到自己的脑子有毛病。	1-2-3-4-5

计分方法： SCL-90 测验结果处理

因 子	因子含义	项 目	T 分=项目总分/项目数	T 分
F1	躯体化	1、4、12、27、40、42、48、49、52、53、56、58	/12	
F2	强迫	3、9、10、28、38、45、46、51、55、65	/10	
F3	人际关系	6、21、34、36、37、41、61、69、73	/9	
F4	抑郁	5、14、15、20、22、26、29、30、31、32、54、71、79	/13	
F5	焦虑	2、17、23、33、39、57、72、78、80、86	/10	
F6	敌对性	11、24、63、67、74、81	/6	

续表

因 子	因子含义	项 目	T分=项目总分/项目数	T分
F7	恐怖	13、25、47、50、70、75、82	/7	
F8	偏执	8、18、43、68、76、83	/6	
F9	精神病性	7、16、35、62、77、84、85、87、88、90	/10	
F10	其他	19、44、59、60、64、66、89	/7	

正常成人 SCL-90 的因子分常模

项 目	$\bar{X} \pm SD$	项 目	$\bar{X} \pm SD$
躯体化	1.37±0.48	敌对性	1.46±0.55
强迫	1.62±0.58	恐怖	1.23±0.41
人际关系	1.65±0.61	偏执	1.43±0.57
抑郁	1.50±0.59	精神病性	1.29±0.42
焦虑	1.39±0.43	阳性项目数	24.92±18.41

B.2 A型行为问卷

【指导语】请回答下列问题，凡是符合您的情况的答"是"，凡是不符合您的情况就答"否"。每个问题必须回答，答案无所谓对与不对、好与不好。请尽快回答，不要在每道题上做太多思索。回答时不要考虑"应该怎样"，只回答您平时"是怎样的"就行了。

1. 我常力图说服别人同意我的观点。
2. 即使没有什么要紧事，我走路也很快。
3. 我经常感到应该做的事情很多，有压力。
4. 即使是已经决定了的事，别人也很容易使我改变主意。
5. 我常常因为一些事大发脾气或和人争吵。
6. 遇到买东西排长队时，我宁愿不买。
7. 有些工作我根本安排不过来，只是临时挤时间去做。
8. 我上班或赴约会时，从来不迟到。
9. 当我正在做事时，谁要是打扰我，不管有意无意，我都非常恼火。
10. 我总看不惯那些慢条斯理、不紧不慢的人。
11. 有时我简直忙得透不过气来，因为该做的事情太多了。
12. 即使跟别人合作，我也总想单独完成一些更重要的部分。
13. 有时我真想骂人。
14. 做事喜欢慢慢来，而且总是思前想后。
15. 排队买东西，要是有人加塞，我就忍不住指责他或出来干涉。

16. 我觉得自己是一个无忧无虑、逍遥自在的人。
17. 有时连我自己都觉得，我所操心的事远远超过我应该操心的范围。
18. 无论做什么事，即使比别人差，我也无所谓。
19. 我总不能像有些人那样，做事不紧不慢。
20. 我从来没想过要按照自己的想法办事。
21. 每天的事情都使我的神经高度紧张。
22. 在公园里赏花、观鱼等，我总是先看完，等着同来的人。
23. 对别人的缺点和毛病，我常常不能宽容。
24. 在我认识的人里，个个我都喜欢。
25. 听到别人发表不正确见解，我总想立即就去纠正他。
26. 无论做什么事，我都比别人快一些。
27. 当别人对我无礼时，我会立即以牙还牙。
28. 我觉得我有能力把一件事情办好。
29. 聊天时，我也总是急于说出自己的想法，甚至打断别人的话。
30. 人们认为我是一个相当安静、沉着的人。
31. 我觉得世界上值得我信任的人实在不多。
32. 对未来我有许多想法，并总想一下子都能实现。
33. 有时我也会说人家的闲话。
34. 尽管时间很宽裕，我吃饭也快。
35. 听人讲话或报告时我常替讲话人着急，我想还不如我来讲呢。
36. 即使有人冤枉了我，我也能够忍受。
37. 我有时会把今天该做的事拖到明天去做。
38. 人们认为我是一个干脆、利落、高效率的人。
39. 有人对我或我的工作吹毛求疵时，很容易挫伤我的积极性。
40. 我常常感到时间晚了，可一看表还早呢。
41. 我觉得我是一个非常敏感的人。
42. 我做事总是匆匆忙忙的，力图用最少的时间办尽量多的事情。
43. 如果犯错误，我每次全都愿意承认。
44. 坐公共汽车时，我总觉得司机开车太慢。
45. 无论做什么事，即使看着别人做不好我也不想拿来替他做。
46. 我常常为工作没做完，一天又过去了而感到忧虑。
47. 很多事情如果由我来负责，情况要比现在好得多。
48. 有时我会想到一些坏得说不出口的事。
49. 即使受工作能力和水平很差的人所领导，我也无所谓。
50. 必须等待的时候，我总是心急如焚，"像热锅上的蚂蚁"。
51. 当事情不顺利时我就想放弃，因为我觉得自己能力不够。
52. 假如我可以不买票白看电影，而且不会被发觉，我可能会这样。

53. 别人托我办的事，只要答应了，我从不拖延。
54. 人们认为我做事很有耐性，干什么都不会着急。
55. 约会或乘车、船，我从不迟到，如果对方耽误了，我就恼火。
56. 我每天看电影，不然心里不舒服。
57. 许多事本来可以大家分担，可我喜欢一个人去干。
58. 我觉得别人对我的话理解太慢，甚至理解不了我的意思似的。
59. 人说我是个厉害的暴性子的人。
60. 我常常比较容易看到别人的缺点而不大容易看到别人的优点。

【计分及评估方法】

A 型行为问卷 60 题分三类，TH 为时间紧迫感，CH 为无端敌意各 25 问，L 为掩饰分 10 问，若 L 分过高则应考虑问卷无效。

L＝　　　　TH＝　　　　CH＝

L10 问，即答 8、20、24、43、56 的"是"和 13、33、37、48、52 的"否"各记 1 分。

TH25 问，即答 2、3、6、7、10、11、19、21、22、26、29、34、38、40、42、44、46、50、53、55、58 的"是"和 14、16、30、54 的"否"各记 1 分。

CH25 问，即答 1、4、5、9、12、15、17、23、25、27、28、31、32、35、39、41、47、57、59、60 的"是"和 18、36、45、49、51 的"否"各记 1 分。

CH 加 TH 得分超过 28 分者为 A 型行为倾向。

B.3　气质类型问卷

【指导语】下面 60 题可大致确定人的气质类型，在回答下列问题时，若与自己的情况"很符合"记 2 分，"较符合"记 1 分，"一般"记 0 分，"较不符合"记-1 分，"很不符合"记-2 分。

1. 做事力求稳妥，不做无把握的事。
2. 遇到可气的事就怒不可遏，把心里话全说出来才痛快。
3. 宁肯一个人干事，不愿很多人在一起。
4. 到一个新环境，很快就能适应。
5. 厌恶那些强烈的刺激，如尖叫、噪声、危险镜头等。
6. 和人争吵时，总是先发制人，喜欢挑衅。
7. 喜欢安静的环境。
8. 善于和人交往。
9. 羡慕那种善于克制自己感情的人。
10. 生活有规律，很少违反作息制度。
11. 在多数情况下情绪是乐观的。
12. 碰到陌生人感觉很拘束。

13. 遇到令人气愤的事，能很好地自我克制。
14. 做事总是有旺盛的精力。
15. 遇到问题常常举棋不定，优柔寡断。
16. 在人群中从不觉得过分拘束。
17. 情绪高昂时，觉得什么都有趣；情绪低落时，又觉得什么都没有意思。
18. 当注意力集中于一事物时，别的事情很难使我分心。
19. 理解问题总是比别人快。
20. 碰到危险情景时，常有一种极度恐慌感。
21. 对学习、工作、事业怀有很高的热情。
22. 能够长时间做枯燥、单调的工作。
23. 符合兴趣的事情，干起来劲头十足，否则就不想干。
24. 一点小事就能引起情绪波动。
25. 讨厌做那种需要耐心、细致的工作。
26. 与人交往不卑不亢。
27. 喜欢参加热烈的活动。
28. 爱看感情细腻，描写人物内心活动的文学作品。
29. 工作学习时间长了，常感到厌倦。
30. 不喜欢长时间谈论一个问题，愿意实际动手干。
31. 宁愿侃侃而谈，不愿窃窃私语。
32. 别人说我总是闷闷不乐。
33. 理解问题常比别人慢些。
34. 疲倦时只要短暂休息就能精神抖擞，重新投入工作。
35. 心里有话，宁愿自己想，不愿说出来。
36. 认准一个目标就希望尽快实现，不达目的，誓不罢休。
37. 同样和别人学习、工作一段时间后，常比别人更疲倦。
38. 做事有些莽撞，常常不考虑后果。
39. 老师或师傅讲授新知识、技术时，总是希望他慢些，多重复几遍。
40. 能够很快地忘记那些不愉快的事情。
41. 做作业或完成一件工作总比别人花的时间多。
42. 喜欢运动量大的剧烈体育活动，或参加各种文艺活动。
43. 不能很快地忘记那些不愉快的事情。
44. 接受一个任务后，就希望把它迅速解决。
45. 认为墨守成规比冒风险强些。
46. 能够同时注意几件事物。
47. 当我烦闷的时候，别人很难使我高兴起来。
48. 爱看情节起伏跌宕、激动人心的小说。
49. 对工作抱认真严谨、始终一贯的态度。

50. 和周围的人们关系总是相处不好。
51. 喜欢复习学过的知识，重复做已经掌握的工作。
52. 希望做变化大，花样多的工作。
53. 小时候会背的歌词，我似乎比别人记得清楚。
54. 别人说我"出语伤人"，可是我并不觉得这样。
55. 在体育活动中，常因反应慢而落后。
56. 反应敏捷，头脑机智。
57. 喜欢有条理而不甚麻烦的工作。
58. 兴奋的事常常使我失眠。
59. 教师讲新概念，常常听不懂，但是弄懂以后就很难忘记。
60. 假如工作枯燥无味，马上就会情绪低落。

【确定气质类型的方法】

(1) 将每题得分填入下表相应"得分"栏内。
(2) 计算每种气质类型的总得分数。
(3) 气质类型的确定。

① 如果每类气质分明显高出其他三种，均高出4分以上，则可定为该类气质。此外，如果该类气质得分超过20分，则为典型型，如果该类得分在10～20分，则为一般类型。

② 两种气质类型得分接近，甚至差异低于3分，而且又明显高于其他两种，高出4分以上，则可定为这两种气质的混合型。

③ 三种气质得分均高于第四种，而且接近，则为三种气质的混合型。

四种气质类型得分栏

	题号															
胆汁质	题号	2	6	9	14	17	21	27	31	36	38	42	48	50	54	58	总分
	得分																
多血质	题号	4	8	11	16	19	23	25	29	34	40	44	46	52	56	60	总分
	得分																
粘液质	题号	1	7	10	13	18	22	26	30	33	39	43	45	49	55	57	总分
	得分																
抑郁质	题号	3	5	12	15	20	24	28	32	35	37	41	47	51	53	59	总分
	得分																

B.4　考试焦虑综合诊断量表

【指导语】①该测验共有50题，请仔细阅读每一道题，看看这种陈述是否反映出你应试时的真实情况。如果该题目符合你的真实情况，或者你对该题目所陈述的问题表示赞同，那就请你在该题左边的横线上画"√"；如果不符合或不赞成，则不用做任何标志；如果真得难以确认，则在该题目左边的横线上画"0"备查，因为它可能表明了某种潜在的问题。②当你答题的时候，不需花太多的时间反复思考，要尽可能按你看完题目后的第一印象来回答。③如果你真想了解你在考试情境下思想、行为与感情，那就请你一定如实回答。

____1. 我希望一参加考试便能取得成功。
____2. 在一次考试中取得好分数，似乎不能增加我在其他考试中的自信心。
____3. 人们(如：家人、朋友等)都期待我在考试中取得成功。
____4. 考试时间，有时我会产生许多对答题毫无帮助的莫名其妙的想法。
____5. 重大考试前，我不想吃东西。
____6. 对喜欢对学生冷不防进行考试的教师，我总感到害怕。
____7. 在我看来，考试过程不应搞得太正规，因为那样容易使人紧张。
____8. 一般来说，考试成绩好的人，将来必定在社会上取得更好的地位。
____9. 重大考试之前或考试期间，我常常会想到，其他一些应试者比自己强得多。
____10. 如果我考糟了，即使我不会老是记挂着它，也会担心别人将如何看待我。
____11. 对考试结果的担忧：在考试前妨碍我准备，在考试中干扰我答题。
____12. 面对一项必须参加的重大考试，紧张得我晚上睡不好觉。
____13. 考试时，如果监考人来回走动注视着我，我便无法答卷。
____14. 如果考试能够被废除，我想我的功课实际上会学得更好。
____15. 当了解到考试结果将在一定程度上影响我的前途时，我心烦意乱。
____16. 我知道，如果自己能集中精力，考试时便能超过大多数人。
____17. 如果我考得不好，人们将怀疑我的能力。
____18. 我似乎从来没有对应试进行过充分的准备。
____19. 考试前，我的身体不能放松。
____20. 面对重大考试，我的大脑好像凝固了一样。
____21. 考场中的噪音(如日光灯的响声，暖气或冷气装置发出的声音，其他应试者的声音，等等)使我烦恼。
____22. 考试之前，我有一种空虚、不安的感觉。
____23. 考试使我对能否达到自己的目标产生了怀疑。
____24. 考试实际上并不能反映出一个人对知识掌握得究竟如何。
____25. 如果考试得了低分数，我不愿把自己的分数确切地告诉任何人。
____26. 考试前我常常感到还需要再充实一些知识。
____27. 重大考试之前，我的胃不舒服。

____28. 有时，在参加一次重要考试的时候，一想起某些消极的东西，我似乎觉得就要垮了。
____29. 在即将得到考试结果之前，我会感到十分焦虑或不安。
____30. 但愿我能找到一份不需要考试便能被录用的工作。
____31. 如果在这次考试中我考得不好，我想那就意味着自己并不像原来所想象的那样聪明。
____32. 假如我的考试分数低，我的父母将会感到非常失望。
____33. 对考试的焦虑简直使我不想进行充分准备，而这种想法又使自己更加焦虑。
____34. 考试时，我常常发现自己的手指轻轻颤动，或者双腿在轻轻摇晃。
____35. 考试完毕，我常常感到本来我应考得更好一些。
____36. 考试时，我情绪紧张，注意力不集中。
____37. 在某些试题上我考虑得多，脑子也就越乱。
____38. 如果我考糟了，且不说别人可能对我有看法，就连我自己也会失去信心。
____39. 考试时，我身上某些部位的肌肉很紧张。
____40. 考试前，我感到缺乏自信，精神紧张。
____41. 假如我考试分数低，我的朋友们将会对我感到失望的。
____42. 在考前，我所存在的一个问题就是不能确切知道自己是否做好了准备。
____43. 当我不得不参加一次确实很重要的考试时，我常常感到十分恐慌。
____44. 我希望主考人能够觉察，在参加考试时一些人比另一些人更为紧张；我还希望在评价考试结果的时候能够考虑这一事实。
____45. 我宁可写一篇论文，也不愿参加考试。
____46. 公布我的考分之前，我想打听打听别人考得怎样。
____47. 假如我得了低分数，某些人将会感到快活，这使我心烦意乱。
____48. 我想，如果能为我单独举行考试，或者没有时限压力的话，我的成绩将会好得多。
____49. 考试成绩直接关系到我的前途和命运。
____50. 考试期间，有时我非常紧张，以至于忘记了自己本来知道的东西。

【计分及评估方法】

考试焦虑综合诊断量表由三部分组成。

(1) 测查你的考试焦虑的来源或原因，其中包括四个方面。

① 担心考糟了他人对你的评价(所属题号 3，10，17，25，32，41，46，47)。
② 担心你的自我意象受到伤害(所属题号 2，9，16，24，31，38，40)。
③ 担心你未来的前途(所属题号 1，8，15，23，30，49)。
④ 担心对应试准备不足(所属题号 6，11，18，26，33，42)。

(2) 分析你的考试焦虑的表现，其中包括两个方面。

① 身体反应(所属题号 5，12，19，27，34，39，43)。

② 思维障碍(所属题号 4，13，20，21，28，35，36，37，48，50)。

(3) 测量你的一般性考试焦虑是由其他原因引起的(所属题号 7，14，22，29，44，45)，可作为应试时缺乏自信心的信号。为防止你在答题时具有倾向性，测查题的编排各部分内容的题号做了混合。

把你对测查题的选择情况(即把打"√"号的题号)依次填入考试焦虑自我诊断表内，题号属于哪种类别就填入该类别后的题号一栏里。填完后你便可以对照测查题做进一步的分析判断。例如，①我对考试焦虑的第一种来源或原因反应强烈的方面是"我不想使我的父母失望"。②我对考试焦虑的第二种来源或原因反应最强烈的方面是："我期望在考试中得到最高分，我不能忍受在考试成绩上没有名列前茅"。

根据答题情况和自己的概括依次类推，就能找出导致你考试焦虑的主要原因，同时也就能抓住你考试焦虑的主要表现，从而得出一个准确的诊断结果，为下一步的自我调控和治疗打下一个可靠的基础。

类 别	测查内容	所选择的题号
考试焦虑的来源	担心考糟了他人对你的评价	3，10，17，25，32，41，46，47
	担心你的自我意象受到危害	2，9，16，24，31，38，40
	担心你未来的前途	1，8，15，23，30，49
	担心对应试准备不足	6，11，18，26，33，42
考试焦虑的表现	身体反应	5，12，19，27，34，39，43
	思维障碍	4，13，20，21，28，35，36，37，48，50
其他	一般性考试焦虑	7，14，22，29，44，45

B.5　内外向性格类型测定

【指导语】请回答下列问题。如果问题内容适合于您的情况，就选择 A；如果不适合，就选择 B；如果介于适合和不适合之间，就选择 C。回答时不要考虑应该怎样，而只回答你平时是怎样的。每个答案无所谓正确与错误，因而没有对你不利的题目。请尽快回答，不要在每道题目上太多思索。

内外向性格类型测定(A 是、B 否、C 不确定)。

1. 对细小的事情也忧虑不已。
2. 能当机立断。
3. 处理重大的事情很啰嗦费时。
4. 能中途改变决心。
5. 比起想，更喜欢做。
6. 忧郁。
7. 对失败耿耿于怀。

8. 从容不迫。
9. 不爱说话。
10. 好动感情。
11. 喜欢热闹。
12. 情绪容易变化。
13. 热衷于事情。
14. 忍耐力强。
15. 爱讲小道理。
16. 议论问题容易过激。
17. 小心谨慎。
18. 动作敏捷。
19. 工作细致。
20. 喜欢干引人注目的事。
21. 不顾一切地工作(对工作入迷)。
22. 是空想家。
23. 过于洁癖。
24. 乱扔物品。
25. 浪费多。
26. 说话过多。
27. 性情不随和。
28. 喜欢开玩笑。
29. 容易受怂恿。
30. 固执。
31. 经常感到不满。
32. 担心对自己的评论。
33. 敢于批评别人。
34. 自己的事情能放心托别人办。
35. 不愿接受别人指导。
36. 居于人上能很好管理。
37. 老老实实地听取别人的意见。
38. 机灵。
39. 好隐瞒。
40. 同情别人。
41. 过于信任别人。
42. 不忘记怨恨。
43. 腼腆羞怯。
44. 喜欢孤独。

45. 交朋友尽心尽力。
46. 在别人面前能随便地说话。
47. 在惹人注目的地方退缩不前。
48. 和意见不同的人也能随便地交往。
49. 好管闲事。
50. 慷慨地给别人东西。

【内外向性格类型测定计分方法】

该量表外向性题的编号是：2、4、5、8、10、11、12、18、20、21、24、25、26、28、29、34、36、37、38、40、41、46、48、49、50。

外向性指数=(外向性反应总数+1/2回答"不确定"的总数)×4

外向性反应总数是指所有做外向反应的题数。

外向性指数大于115，则性格类型属于外向型；

外向性指数小于95，则性格类型属于内向型；

外向性指数在95～115之间，则属于中间型。

B.6 个性成熟度测验

【指导语】 下面有25道题，每道都有5个备选答案。请根据自己的实际情况，在题目下面圈出相应的字母，每题只能选择一个答案。请注意这是测验你的实际想法和做法，而不是问你哪个答案最正确。因此请不要猜测"正确的"答案，以免测验结果失真。

1. 我的单位领导(或学校的老师)对待我的态度：
   A. 老是吹毛求疵地批评我
   B. 我一做错什么事，马上就批评我，从不表扬我
   C. 只要我不犯错误，他们就不会指责我
   D. 他们说我工作或学习还是勤恳的
   E. 我有错误他们就批评，我有成绩他们就会表扬我

2. 如果在比赛中我或我的一方输了，我通常的做法是：
   A. 研究输的原因，提高技术，争取以后赢
   B. 对获得胜利的一方表示赞赏
   C. 认为对方没啥了不起，在别的方面自己(或自己的一方)比对方强
   D. 认为这类比赛的输赢微不足道，很快就忘记了
   E. 认为对方这次赢的原因是运气好，下次自己的运气好也能赢对方

3. 当生活中遇到重大挫折(如高考失败)时，我便会感到：
   A. 自己这辈子肯定不会幸福
   B. 我可以在其他方面获得成功，加以补偿
   C. 我决心不惜付出任何代价，一定要实现自己的愿望

D. 没关系，我可以更改自己的计划或目标

   E. 我认为自己本来就不应当抱有这样的期望或抱负

4. 别人喜欢我的程度是：

   A. 有些人很喜欢我，其他人一点也不喜欢我

   B. 一般人都有点喜欢我，但都不以我为知己

   C. 没有人喜欢我

   D. 许多人都在一定程度上喜欢我

   E. 我不知道

5. 我对谈论自己受挫折经历的态度是：

   A. 只要有人对我受挫折的经历感兴趣，我就告诉他

   B. 如果在谈话中涉及，我就无顾忌地说出来

   C. 我不想让别人怜悯自己，因此很少谈论自己受挫折的经历

   D. 为了维护自尊，我从不谈自己受挫折的经历

   E. 我感到自己似乎没有遇到过什么挫折

6. 通常情况下，与我意见不同的人都是：

   A. 想法古怪、难以理解的人

   B. 缺乏文化知识修养的人

   C. 有正当理由坚持自己看法的人

   D. 生活背景和我不同的人

   E. 知识比我丰富的人

7. 我喜欢在游戏或竞赛中遇到的对手是：

   A. 技术很高超的人，使我有机会向他学习

   B. 比我的技术略高些的人，这样玩起来兴致更高

   C. 技术显然比我差的人，这样我就可以轻松地赢他，显示自己的实力

   D. 和我的技术不相上下的人，这样就可以在平等的基础上展开竞争

   E. 一个有比赛道德的人，不管他的技术水平如何

8. 我喜欢生活社会环境是：

   A. 比现在更简单、平静的社会环境

   B. 就像现在这样的社会环境

   C. 稳步向好的方向发展的社会环境

   D. 变化很大的社会环境，使我能利用机会发展自己

   E. 比现在更富裕的环境

9. 我对待争论的态度是：

   A. 随时准备进行激烈争论

   B. 只对自己有兴趣的题目，才喜欢争论

   C. 我很少与人争论，喜欢自己独自思考各种观点的正确与否

   D. 我喜欢争论，但避免争论

E. 我不讨厌争论
10. 受到别人批评时，我通常的反应是：
    A. 分析别人为什么批评我，自己哪些地方有错
    B. 保持沉默，对他记恨在心
    C. 也对他进行批评
    D. 保持沉默，毫不在意，过后就置之脑后
    E. 如果我觉得自己是对的，就为自己辩护
11. 我认为亲属的帮助对一个人事业成功的影响是：
    A. 总是有害的，这会使他在无人帮助的时候面对困难一筹莫展
    B. 通常是弊大于利，常常帮倒忙
    C. 有时会有帮助，但这不是必需的
    D. 为了获得事业的成功，这是必须的
    E. 对刚从事某一职业的人有帮助
12. 我认为对待社会生活环境的正确态度是：
    A. 使自己适应周围的社会生活环境
    B. 尽量利用生活环境中的积极因素发展自己
    C. 改造生活环境的不良因素，使生活环境变好
    D. 遇到不良的社会生活环境，就下决心脱离这个环境，争取调到别的地方去
    E. 自顾生活，不管周围生活环境是好是坏
13. 我对死亡的态度是：
    A. 从来不考虑死的问题
    B. 经常想到死，但对死不十分害怕
    C. 把死看作是必然要发生的事情，平时很少想到
    D. 我每次想到死就十分害怕
    E. 一点也不怕，觉得自己死了就轻松了
14. 为了让别人对自己有好的印象，我的做法是：
    A. 在未见面时就预先想好自己应当怎样做
    B. 虽很少预先准备，但在见面时经常注意给人一种好的印象
    C. 很少考虑应给人一个好的印象
    D. 我从来不做预先准备，也讨厌别人这么掩盖自己的本来面目
    E. 有时为了工作和生活上的特殊需要，认真考虑如何给人以良好的印象
15. 我认为要使自己生活得愉快而有意义，就必须生活在：
    A. 关系融洽的亲属们中间
    B. 有知识的人们中间
    C. 志同道合的朋友们中间
    D. 人数众多的亲戚、同学和同事们中间
    E. 不管生活在什么人中间都一样

16. 在工作或学习中遇到困难时，我通常是：
    A. 向比我懂得多的人请教
    B. 只向我的好朋友请教
    C. 我总是尽自己最大努力去解决，实在不行，才去请求别人的帮助
    D. 我几乎从不请求别人来帮助我
    E. 我找不到可以请教的人

17. 当自己的亲人错误地责怪我时，我通常是：
    A. 很反感，但不吱声
    B. 为了家庭和睦，违心地承认自己做错了事
    C. 当即发怒，并进行争论，以维护我的自尊
    D. 不发怒，耐心地解释和说明
    E. 一笑了之，从不放在心上

18. 在与别人的交往中，我通常是：
    A. 喜欢故意引起别人对自己的注意
    B. 希望别人注意我，但不想明显地表示出来
    C. 喜欢别人注意我，但并不主动去追求这一点
    D. 不喜欢别人注意我
    E. 对于是否会引起注意，我从不在乎

19. 外表对我来说：
    A. 非常重要，常花很多时间修饰自己的外表
    B. 比较重要，常花不多的时间做修饰
    C. 不重要，只要让人看得过去就行了
    D. 完全不重要，我从不修饰自己的外表
    E. 非常重要，但我花在修饰上的时间不多

20. 我喜欢与之经常交往的人通常是：
    A. 异性，因为他们(或她们)更容易合得来
    B. 同性，因为我和他们(或她们)更容易相处
    C. 和我合得来的人，不管他们(或她们)与我的性别是否相同
    D. 我喜欢与家庭以外的人多交往
    E. 我只喜欢与少数合得来的同性朋友交往

21. 当我必须在大庭广众中讲话时，我总是：
    A. 会因发窘而讲不清楚
    B. 尽管不习惯，但还是做出泰然自若的样子
    C. 把这看成是一次考验，毫不畏惧地去讲
    D. 喜欢对大家讲话
    E. 坚决推辞，不敢去讲话

22. 我对用相面、测字算命的看法是：
    A. 我发现算命能了解过去和未来，而且很准

B. 算命人多数是骗子

  C. 我不知道算命到底是胡说，还是确实有道理

  D. 我不相信算命能知道人的过去和未来

  E. 尽管我知道算命是迷信，但还是半信半疑

23. 在参加小组讨论会时，我通常是：

  A. 第一个发表意见

  B. 我只有对自己所了解的问题才发表看法

  C. 当我说的话比别人的有价值时，我才发言

  D. 我从来不在小组会上发言

  E. 我虽然不带头发言，但总是发言的

24. 我对社会的看法是：

  A. 社会上到处都有丑恶的东西；我希望能逃避现实

  B. 在社会上生活，要想永远保持正直、清白是很难的

  C. 社会是人生的大舞台，我很喜欢研究社会现象

  D. 我不想去了解社会，只希望自己能生活得愉快

  E. 不管生活环境如何，我都要努力奋斗，无愧于自己的一生

25. 当我在生活道路上遇到考验(如参加高考、承担风险工作)时，我总是：

  A. 很兴奋，因为这能体现我的力量

  B. 视作平常小事，因为我已经习惯了

  C. 感到有些害怕，但仍硬着头皮去顶

  D. 很害怕失败，常放弃尝试

  E. 听从命运的安排

【计分与评价】

　　根据你的答案，对照计分表，累计自己总得分。计分过程中，负分数与绝对值相等的正分数可以相互抵消。这个总分就是你的个性成熟度指数。

题 号	选 项				
	A	B	C	D	E
1	−3	−2	+4	0	+6
2	+4	0	−3	+8	−4
3	−4	+10	0	+5	−3
4	0	+3	−3	+8	−2
5	−3	+8	+4	−2	0
6	−3	−2	+8	+4	0
7	−2	+6	−3	0	+8
8	−5	0	+6	+4	−3
9	−4	+8	0	−2	+3

续表

题 号	选 项				
	A	B	C	D	E
10	+8	-4	-4	0	+4
11	-2	0	+8	-4	+6
12	-2	+4	+8	-4	0
13	0	+2	+10	-4	-3
14	-1	+8	0	-3	+4
15	0	+6	+4	-2	-4
16	+8	0	+4	-2	-4
17	-2	0	-4	+8	+4
18	-2	0	+8	-3	+4
19	-2	+6	0	-3	+4
20	-2	0	+8	-3	+4
21	-2	+4	+8	+2	-4
22	-5	+3	-2	+10	0
23	0	+8	-1	-4	+4
24	-3	-2	+6	0	+10
25	+4	+8	0	-4	-1

　　计分表上每道题目的 5 个答案中，得分为正值的答案代表处理该问题时的合理做法，得分越高，说明该做法越妥当，是个性成熟者的通常做法。相反，得分为负值的答案均代表了不妥当的或幼稚的做法，反映了个性不成熟。因此，你可以观察一下你在每道题目上的得分，看看自己在哪些题目上的得分较高，自己在处理哪些问题时较为成熟和老练；自己在哪些题目上得了负分数，自己在处理哪些问题时还不成熟，较为妥当的做法是哪一种。经过这种仔细分析，你可以看出自己处理社会问题的长处和短处，使自己尽快地成熟起来。

　　总分可以用来判断你整体的个性成熟程度。总分越高，说明你的个性越成熟；总分越低，说明个性越不成熟。

　　如果你的测验总分在 150 分以上，这说明你是个很成熟老练的人。在青年中像你这样成熟的人不多。

　　如果测验总分在 100~149 分，这说明你是较为成熟的人，在大部分事情的处理上你是很得体的。你能够很好地适应社会，建立起较良好的人际关系。

　　如果测验的总分在 50~99 分，这说明你的个性成熟程度在青年群体中属于中等水平。你的个性具有两重性：一半老练；另一半是幼稚的，还需要在社会生活实践中成熟起来。

　　如果测验总分在 0~49 分，这说明你的个性还欠成熟。你还不善于观察影响问题的各种复杂因素，不能准确地预见自己行为的结果，还不能很好地适应复杂的社会生活。

　　如果你的测验总得分是负数，说明你还十分幼稚。处理社会生活问题仍像小孩子那样不成熟。你喜欢单凭个人粗浅的直觉印象和一时的感情行事，好冲动，莽撞，不能顾全大局。或者相反，即遇事退缩不前，生怕抛头露面，孤独而自卑。你容易得罪人，也容易被人欺骗，在社会生活中到处碰壁，无法实现自己的理想和目标。这种状况与现代社会生活对青年的要求很不适应。你必须设法使自己尽快地成熟起来。

要使自己成熟起来或进一步老练起来，应当注意以下几点。

(1) 做事应三思而行，切忌莽撞冲动。应当考虑到处理同一个问题可能有的各种行为方式，并考虑到这些方式可能造成的结果，加以综合比较，再做出抉择。在这里，最主要的是对自己行为的后果要有预见性。

(2) 注意学习个性成熟者的行为方式。观察他们是如何处理各种社会生活问题的，并加以模仿或参考。

(3) 要敢于实践，生活是最好的教科书。遇事不要胆怯退缩，要大胆地去迎接生活的各种考验。如果老是畏缩不前，你将永远也不会成熟起来。要善于分析自己遭到失败和挫折的原因，从中吸取教训，成熟起来。

B.7 创造力测验

【指导语】美国普林斯顿创造力研究所对招聘科技人员有一整套测试方法。以下是从中选出的45个问题，只要求按题真实、坦率地做出你的选择，全部答毕，再看后面每题的得分，将总分相加。

【开始测验】

1. 我在学习、工作时总是用正确的方法解决问题。
   A. 非常同意   B. 一般同意   C. 模棱两可
   D. 不同意   E. 强烈反对

2. 如果知道提出问题没有希望得到答案而依然提出问题，这是浪费时间。
   A. 非常同意   B. 一般同意   C. 模棱两可
   D. 不同意   E. 强烈反对

3. 我认为解决问题的最好途径是循序渐进。
   A. 非常同意   B. 一般同意   C. 模棱两可
   D. 不同意   E. 强烈反对

4. 有时我明知我的有些意见提出之后别人会不感兴趣，我仍然要提出我的看法。
   A. 非常同意   B. 一般同意   C. 模棱两可
   D. 不同意   E. 强烈反对

5. 我花费很多时间考虑别人对我的看法。
   A. 非常同意   B. 一般同意   C. 模棱两可
   D. 不同意   E. 强烈反对

6. 我认为做一件事主要是自己觉得应该去做，而不是为了赢得别人的赞同。
   A. 非常同意   B. 一般同意   C. 模棱两可
   D. 不同意   E. 强烈反对

7. 我能长时期盯住困难问题不放。
   A. 非常同意   B. 一般同意   C. 模棱两可
   D. 不同意   E. 强烈反对

8. 有时我会对某些事物显得过分热情。
   A. 非常同意   B. 一般同意   C. 模棱两可
   D. 不同意   E. 强烈反对

9. 我经常在无所事事之时获得灵感。
   A. 非常同意   B. 一般同意   C. 模棱两可
   D. 不同意   E. 强烈反对

10. 解决问题的过程中，分析问题很快，而综合得到的信息却很慢。
    A. 非常同意   B. 一般同意   C. 模棱两可
    D. 不同意   E. 强烈反对

11. 我有搜集某些物品的嗜好。
    A. 非常同意   B. 一般同意   C. 模棱两可
    D. 不同意   E. 强烈反对

12. 幻想是我的许多设想的源泉。
    A. 非常同意   B. 一般同意   C. 模棱两可
    D. 不同意   E. 强烈反对

13. 如果现在让我在医生和勘察人员两种职业中任选一种，我则选择前者。
    A. 非常同意   B. 一般同意   C. 模棱两可
    D. 不同意   E. 强烈反对

14. 我在同行面前比在其他人面前显得更为自信。
    A. 非常同意   B. 一般同意   C. 模棱两可
    D. 不同意   E. 强烈反对

15. 我具有高度的美感。
    A. 非常同意   B. 一般同意   C. 模棱两可
    D. 不同意   E. 强烈反对

16. 直觉的预感对解决问题并不可靠。
    A. 非常同意   B. 一般同意   C. 模棱两可
    D. 不同意   E. 强烈反对

17. 我对提出新的设想比兜售它更感兴趣。
    A. 非常同意   B. 一般同意   C. 模棱两可
    D. 不同意   E. 强烈反对

18. 我力图避免处于对自己可能不利的场合。
    A. 非常同意   B. 一般同意   C. 模棱两可
    D. 不同意   E. 强烈反对

19. 在评价信息时，我着重研究它的来源，而不是内容本身。

A. 非常同意　　　　B. 一般同意　　　　C. 模棱两可
   D. 不同意　　　　　E. 强烈反对

20. 一个人的自尊远比别人对他的尊重重要。
   A. 非常同意　　　　B. 一般同意　　　　C. 模棱两可
   D. 不同意　　　　　E. 强烈反对

21. 我认为追求尽善尽美的人是不明智的。
   A. 非常同意　　　　B. 一般同意　　　　C. 模棱两可
   D. 不同意　　　　　E. 强烈反对

22. 我喜欢做对他人有一定影响的工作。
   A. 非常同意　　　　B. 一般同意　　　　C. 模棱两可
   D. 不同意　　　　　E. 强烈反对

23. 我认为每件事各得其所是很重要的。
   A. 非常同意　　　　B. 一般同意　　　　C. 模棱两可
   D. 不同意　　　　　E. 强烈反对

24. 那些愿意考虑"古怪念头"的人是不切实际的。
   A. 非常同意　　　　B. 一般同意　　　　C. 模棱两可
   D. 不同意　　　　　E. 强烈反对

25. 我愿在一些新的设想上花时间,即使实际上会毫无收获。
   A. 非常同意　　　　B. 一般同意　　　　C. 模棱两可
   D. 不同意　　　　　E. 强烈反对

26. 如果思考某一问题的进展停步不前,我能很快把我的思想转变方向。
   A. 非常同意　　　　B. 一般同意　　　　C. 模棱两可
   D. 不同意　　　　　E. 强烈反对

27. 我不愿意提出显得自己无知的问题。
   A. 非常同意　　　　B. 一般同意　　　　C. 模棱两可
   D. 不同意　　　　　E. 强烈反对

28. 转变志趣方向的能力比转向适合自己工作的能力强。
   A. 非常同意　　　　B. 一般同意　　　　C. 模棱两可
   D. 不同意　　　　　E. 强烈反对

29. 不能解决问题往往是由于提错问题。
   A. 非常同意　　　　B. 一般同意　　　　C. 模棱两可
   D. 不同意　　　　　E. 强烈反对

30. 我能经常预见问题的答案。
   A. 非常同意　　　　B. 一般同意　　　　C. 模棱两可
   D. 不同意　　　　　E. 强烈反对

31. 分析失败的原因,这是浪费时间。
   A. 非常同意　　　　B. 一般同意　　　　C. 模棱两可

D. 不同意　　　　　　E. 强烈反对

32. 只有糊涂的思想家才会求助于隐喻和比拟。
    A. 非常同意　　　B. 一般同意　　　C. 模棱两可
    D. 不同意　　　　E. 强烈反对

33. 在某些工作刚开始时，我往往只能朦胧预感到一些，还不能说出什么。
    A. 非常同意　　　B. 一般同意　　　C. 模棱两可
    D. 不同意　　　　E. 强烈反对

34. 我会经常忘记人的姓名、街道、公路以及小镇的名字。
    A. 非常同意　　　B. 一般同意　　　C. 模棱两可
    D. 不同意　　　　E. 强烈反对

35. 我认为成功之路在于刻苦工作。
    A. 非常同意　　　B. 一般同意　　　C. 模棱两可
    D. 不同意　　　　E. 强烈反对

36. 我有约束自己内心冲动的能力。
    A. 非常同意　　　B. 一般同意　　　C. 模棱两可
    D. 不同意　　　　E. 强烈反对

37. 我感到自己对事业可以做出很大的贡献。
    A. 非常同意　　　B. 一般同意　　　C. 模棱两可
    D. 不同意　　　　E. 强烈反对

38. 我厌恶那些变化不定和无法预测的事情。
    A. 非常同意　　　B. 一般同意　　　C. 模棱两可
    D. 不同意　　　　E. 强烈反对

39. 我在工作中愿意和别人一起干，不喜欢独闯。
    A. 非常同意　　　B. 一般同意　　　C. 模棱两可
    D. 不同意　　　　E. 强烈反对

40. 许多人之所以烦恼，主要是他们过于认真。
    A. 非常同意　　　B. 一般同意　　　C. 模棱两可
    D. 不同意　　　　E. 强烈反对

41. 我经常被问题迷住而不能自拔。
    A. 非常同意　　　B. 一般同意　　　C. 模棱两可
    D. 不同意　　　　E. 强烈反对

42. 我能为了最终目标而很快地放弃暂时的收益。
    A. 非常同意　　　B. 一般同意　　　C. 模棱两可
    D. 不同意　　　　E. 强烈反对

43. 如果我现在是大学教授，我宁可讲授一些实际性的课程，而不是讲理论性的课程。
    A. 非常同意　　　D. 一般同意　　　C. 模棱两可
    D. 不同意　　　　E. 强烈反对

44. 我寄望于直观性的预感或感觉上的"好""坏"来逐步解决问题。
   A. 非常同意   B. 一般同意   C. 模棱两可
   D. 不同意   E. 强烈反对
45. 我对人生充满信心。
   A. 非常同意   B. 一般同意   C. 模棱两可
   D. 不同意   E. 强烈反对

【计分方法】

凡 4, 6, 7, 8, 9, 12, 15, 17, 20, 25, 26, 29, 30, 33, 34, 35, 37, 40, 41, 42, 43, 45 题选答 A 者得 +2 分，B 者得 +1 分，C 者得 0 分，D 者得-1 分，E 者得-2 分。

其余各题答 A 者得 -2 分，B 者得 -1 分，C 者得 0 分，D 者得+1 分，E 者得+2 分。

请统计一下你的总分。

【答案与分析】

总分在 70～90 分之间，恭喜你！你非常富有创造力；你的思路非常独特而且想象力丰富，遇到问题能想很多解决的方法。你一定被朋友们认为是非常聪明的家伙。

总分在 50～69 分之间，很不错，你已超过了平均创造力水平；你一般不为生活中的难题吓倒，总是能想出解决之道。

总分在 30～49 分之间，还可以，你已经达到了创造力的平均水平；你具有一般人对事物的正常反应。

如果你的总分在 10～29 分之间，比较糟糕，你低于平均的创造水平；不过没关系，只要加强努力，就能提高自己的创造性，而你的生活将受益匪浅。

如果得分在 10 分以下，很不幸，你要好好加强改善你的创造力。笨鸟先飞，勤能补拙。只要在这方面训练，就能改善眼下这种落后局面。

总之，人的性格、爱好、才能都是后天培养的，这个小测验，只是为了帮助你分析自己的不足和指明今后努力的方向。只有当你发扬长处，并不断克服自己的短处之后，创造的才能才会不断增强。

B.8 职业适应性测验

【指导语】选择正确的人生道路是人生的一件大事。本测验能帮助你发现和确定自己的职业兴趣和能力特长，从而更好地做出就业、升学进修或职业转向的选择。

本测验共有 8 个部分，每部分测试都没有时限，但你应尽快地做。

【第 1 部分】你心目中的理想职业(专业)。

对于未来的职业(或升学进修的专业)你也许早有考虑，它可能很抽象、很朦胧，也可能很具体、很清晰。不管是哪种情况，现在都请你把你最想干的 3 种工作或最想读的 3 种专业，按顺序写下来。

1._____。

2._____。
3._____。

好,第 1 部分已完成。现在请继续做第 2 部分。

【第 2 部分】你所感兴趣的活动。

下面列举了一些十分具体的活动。这些活动无所谓好坏,如果你喜欢去参加(包括过去、现在或将来),就请在"是"一栏的方框内画个"√",如果不喜欢就请在"否"一栏的方框内画"√"。注意,这一部分测验主要想确定你的职业兴趣,而不是让你选择工作,你喜欢某种活动并不意味着你一定要从事这种活动。答题时不必考虑过去是否干过和是否擅长这种活动,只根据你的兴趣直接判断即可。请务必做完每一道题。

一、R 型

	你喜欢做下列事情吗	是	否
1	装配修理电器	□	□
2	修理自行车	□	□
3	装修机器或机械零件	□	□
4	做木工活	□	□
5	驾驶卡车或拖拉机	□	□
6	开机床	□	□
7	开摩托车	□	□
8	上金属工艺课	□	□
9	上机械制图课	□	□
10	上木工手艺课	□	□
11	上电气自动化技术课	□	□

"是"一栏打"√"的总数:_____

二、I 型

	你喜欢做下列事情吗	是	否
1	阅读科教书刊		
2	在实验室工作	□	□
3	研究某个科研项目	□	□
4	制作飞机、汽车模型	□	□
5	做化学实验	□	□
6	阅读专业性论文	□	□
7	解一道数学或棋艺难题	□	□
8	上物理课	□	□
9	上化学课	□	□
10	上几何课	□	□
11	上生物课	□	□

"是"一栏打"√"的总数:_____

续表

三、A 型

你喜欢做下列事情吗	是	否
1 素描、制图或绘画	☐	☐
2 表演戏剧、小品或相声节目	☐	☐
3 设计家具或房屋	☐	☐
4 在舞台上演唱或跳舞	☐	☐
5 演奏一种乐器	☐	☐
6 阅读流行小说	☐	☐
7 听音乐会	☐	☐
8 从事摄影创作	☐	☐
9 阅读电影、电视剧本	☐	☐
10 读诗写诗	☐	☐
11 上书法课、美术课	☐	☐

"是"一栏打"√"的总数：_____

四、S 型

你喜欢做下列事情吗	是	否
1 给朋友写信	☐	☐
2 参加学校、单位组织的正式活动	☐	☐
3 加入某个社会团体或俱乐部	☐	☐
4 帮助别人解决困难	☐	☐
5 照看小孩	☐	☐
6 参加宴会、茶话会或联欢晚会	☐	☐
7 跳交谊舞	☐	☐
8 参加讨论会或辩论会	☐	☐
9 观看运动会或体育比赛	☐	☐
10 寻亲访友	☐	☐
11 阅读与人际交往有关的书刊	☐	☐

"是"一栏打"√"的总数：_____

五、E 型

你喜欢做下列事情吗	是	否
1 对他人做劝说工作	☑	☐
2 买东西与人讨价还价	☑	☐
3 讨论政治问题	☐	☐
4 从事个体或独立的经营活动	☐	☐
5 出席正式会议	☐	☐
6 作演讲	☐	☐
7 在社会团体中做一名理事	☐	☐

续表

五、E型

		是	否
8	检查与评价别人的工作	☐	☐
9	结识名流	☐	☐
10	带领一群人去完成某项任务	☐	☐
11	参与政治活动	☐	☐

"是"一栏打"√"的总数：_____

六、C型

	你喜欢做下列事情吗	是	否
1	保持桌子和房间整洁	☐	☐
2	抄写文件或信件	☐	☐
3	开发票、写收据或打回条	☐	☐
4	打算盘或用计算机计算	☐	☐
5	记流水账或备忘录	☐	☐
6	上打字课或学速记法	☐	☐
7	上会计课	☐	☐
8	上商业统计课	☐	☐
9	将文件、报告、记录分类与归档	☐	☐
10	为领导写公务信函与报告	☐	☐
11	检查个人收支情况	☐	☐

"是"一栏打"√"的总数：_____

【第3部分】你所擅长或胜任的活动。

下面从6个方面分别列举一些十分具体的活动，以确定你具备哪一方面的工作特长。回答时，只需考虑你过去或现在对下列活动是否擅长、胜任，不必考虑你是否喜欢这种活动。如果你认为自己擅长从事某一活动，就请在"是"一栏的方框内打"√"，如果不擅长，就请你在"否"一栏的方框内打"√"。

注意，你如果从未从事过某一活动，那就请考虑你将来是否会擅长从事该项活动。请你务必做完每一个题目。

一、R型

	你擅长或胜任下列事情吗	是	否
1	使用锯子、钳子、车床、砂轮等工具	☐	☐
2	使用万能电表	☐	☐
3	给自行车或机器加油使它正常运转	☐	☐
4	使用钻床、研磨机、缝纫机等	☐	☐
5	修整木器家具表面	☐	☐
6	看机械、建筑设计图纸	☐	☐

续表

一、R 型

7	修理结构简单的家用电器	☐	☐
8	制作简单的家具	☐	☐
9	绘制机械设计图	☐	☐
10	修理收录音机的简单部件	☐	☐
11	疏通、修理自来水管或水槽	☐	☐

"是"一栏打"√"的总数：_____

二、I 型

你擅长做或胜任下列事情吗		是	否
1	了解真空管的工作原理	☐	☐
2	知道三种以上蛋白质含量高的食物	☐	☐
3	知道一种放射性元素的"半衰期"	☐	☐
4	使用对数表	☐	☐
5	使用计算器或计算尺	☐	☐
6	使用显微镜	☐	☐
7	辨认 3 个星座	☐	☐
8	说明白血球的功能	☐	☐
9	解释简单的化学分子式	☐	☐
10	理解人造卫星不会落地的道理	☐	☐
11	参加科技竞赛或科研成果交流会	☐	☐

"是"一栏打"√"的总数：_____

三、A 型

你擅长做或胜任下列事情吗		是	否
1	演奏一种乐器	☐	☐
2	参加二重唱或四重唱表演	☐	☐
3	独奏或独唱	☐	☐
4	扮演剧中角色	☐	☐
5	说书或讲故事	☐	☐
6	表演现代舞或芭蕾舞	☐	☐
7	人物素描	☐	☐
8	油画或雕塑	☐	☐
9	制造陶器，捏泥塑或剪纸	☐	☐
10	设计服装、海报或家具	☐	☐
11	写得一手好文章	☐	☐

"是"一栏打"√"的总数：_____

续表

四、S型

你擅长做或胜任下列事情吗		是	否
1	善于向别人解释问题	☐	☐
2	参加慰问或救济活动	☐	☐
3	善与人合作、配合默契	☐	☐
4	殷勤待客	☐	☐
5	能深入浅出地教育儿童	☐	☐
6	为一次宴会安排娱乐活动	☐	☐
7	帮助他人解决困难	☐	☐
8	帮助护理病人或伤员	☐	☐
9	安排学校或社团组织的各种集体事务	☐	☐
10	善于观察人心或善于判断人的性格	☐	☐
11	善与年长者相处	☐	☐

"是"一栏打"√"的总数：_____

五、E型

你擅长做或胜任下列事情吗		是	否
1	学校里当过班干部并且干得不错	☐	☐
2	善于督促他人工作	☐	☐
3	善于使他人按你的习惯做事	☐	☐
4	做事具有超常的经历和热情	☐	☐
5	能做一个称职的推销员	☐	☐
6	代表某个团体向有关部门提出建议或反映意见	☐	☐
7	担任某种领导职务期间获过奖或受表扬	☐	☐
8	说服别人加入你所在的团体(俱乐部、运动队、工作或研究组等)	☐	☐
9	创办一家商店或企业	☐	☐
10	知道如何做一位成功的领导人	☐	☐
11	有很好的口才	☐	☐

"是"一栏打"√"的总数：_____

六、C型

你擅长做或胜任下列事情吗		是	否
1	一天能誊抄近1万字	☐	☐
2	能熟练地使用算盘或计算器	☐	☐
3	能够熟练地使用中文打字机	☐	☐
4	善于将书信、文件迅速归档	☐	☐
5	做过办公室职员工作且干得不错	☐	☐
6	核对数据或文章时既快又准确	☐	☐

续表

六、C 型

		是	否
7	会使用外文打字机或复印机	☐	☐
8	善于在一段时间内分类和处理大量文件	☐	☐
9	记账或开发票时既快又准确	☐	☐
10	善于为自己或集体作财务预算(表)	☐	☐
11	能迅速付清贷方和借方的账目	☐	☐

"是"一栏打"√"的总数：_____

好，第 3 部分已完成。现在请继续做第 4 部分。

【第 4 部分】你所喜欢的职业。

下面列举了许多职业，对这些职业的基本情况你或多或少都有所了解，并在此基础上形成了自己的评价态度。如果你对某项职业喜欢的话，请在"是"一栏中打"√"，如果不喜欢则请在"否"一栏中打"√"。这一部分测验也要求每题必做。

一、R 型

	你喜欢下列职业吗	是	否
1	飞行机械技术人员	☐	☐
2	鱼类和野生物专家	☐	☐
3	自动化工程技术人员	☐	☐
4	木工	☐	☐
5	机床安装工或钳工	☐	☐
6	电工	☐	☐
7	无线电报务员	☐	☐
8	长途汽车司机	☐	☐
9	火车司机	☐	☐
10	机械师	☐	☐
11	测绘、水文技术人员	☐	☐

"是"一栏打"√"的总数：_____

二、I 型

	你喜欢下列职业吗	是	否
1	气象研究人员	☐	☐
2	生物学研究人员	☐	☐
3	天文学研究人员	☐	☐
4	药剂师	☐	☐
5	人类学研究人员	☐	☐
6	化学研究人员	☐	☐
7	科学杂志编辑	☐	☐

续表

二、I型

		是	否
8	植物学研究人员	☐	☐
9	物理学研究人员	☐	☐
10	科普工作者	☐	☐
11	地质学研究人员	☐	☐

"是"一栏打"√"的总数：_____

三、A型

	你喜欢下列职业吗	是	否
1	诗人	☐	☐
2	文学艺术评论家	☐	☐
3	作家	☐	☐
4	记者	☐	☐
5	歌唱家或歌手	☐	☐
6	作曲家	☐	☐
7	剧本写作人员	☐	☐
8	画家	☐	☐
9	相声演员	☐	☐
10	乐团指挥	☐	☐
11	电影演员	☐	☐

"是"一栏打"√"的总数：_____

四、S型

	你喜欢下列职业吗	是	否
1	街道、工会或妇联负责人	☐	☐
2	中学教师	☐	☐
3	青少年犯罪问题专家	☐	☐
4	中学校长	☐	☐
5	心理咨询人员	☐	☐
6	精神病医生	☐	☐
7	职业介绍所工作人员	☐	☐
8	导游	☐	☐
9	青年团负责人	☐	☐
10	福利机构负责人	☐	☐
11	婚姻介绍所工作人员	☐	☐

"是"一栏打"√"的总数：_____

续表

五、E型

你喜欢下列职业吗		是	否
1	供销科长	☐	☐
2	推销员	☐	☐
3	旅馆经理	☐	☐
4	商店管理费用人员	☐	☐
5	厂长	☐	☐
6	律师或法官	☐	☐
7	电视剧制作人	☐	☐
8	饭店或饮食店经理	☐	☐
9	人民代表	☐	☐
10	服装批发商	☐	☐
11	企业管理咨询人员		

"是"一栏打"√"的总数：_____

六、C型

你喜欢下列职业吗		是	否
1	簿记员	☐	☐
2	会计师	☐	☐
3	银行出纳员	☐	☐
4	法庭书记员	☐	☐
5	人口普查登记员	☐	☐
6	成本核算员	☐	☐
7	税务工作者	☐	☐
8	校对员	☐	☐
9	打字员	☐	☐
10	办公室秘书	☐	☐
11	质量检查员	☐	☐

"是"一栏打"√"的总数：_____

【第5部分】你的能力类型简评。

下面两张表是你在6个职业能力方面的自我评分表。你可以先与同龄人比较一下自己在每一方面的能力，然后经斟酌以后对自己的能力做一评价。评分时请在表中适当的数字上画圈。数字越大表示你的能力越强。

注意，请勿全部圈画同样的数字，因为人的每项能力不可能完全一样。

表1

机械操作能力	科学研究能力	艺术创作能力	解释表达能力	商业洽谈能力	事务执行能力
7	7	7	7	7	7
6	6	6	6	6	6
5	5	5	5	5	5
4	4	4	4	4	4
3	3	3	3	3	3
2	2	2	2	2	2
1	1	1	1	1	1

表2

R型 体力技能	I型 数字技能	A型 音乐技能	S型 交际能力	E型 领导能力	C型 办事技能
7	7	7	7	7	7
6	6	6	6	6	6
5	5	5	5	5	5
4	4	4	4	4	4
3	3	3	3	3	3
2	2	2	2	2	2
1	1	1	1	1	1

好，第5部分已完成。请继续做第6部分。

【第6部分】你所看重的东西——职业价值观。

这一部分测验列出了人们在选择工作时通常会考虑的10种因素(见所附工作价值标准)。现在请你在其中选出对你最重要的两项因素，以及最不重要的两项因素，并将序号填入下边相应的空格上。

最重要：＿＿＿＿＿＿。最不重要：＿＿＿＿＿＿。

次重要：＿＿＿＿＿＿。次不重要：＿＿＿＿＿＿。

附：工作价值标准

(1) 工资高福利好。

(2) 工作环境(物资方面)舒适。

(3) 人际关系良好。

(4) 工作稳定有保障。

(5) 能提供较好的受教育机会。

(6) 有较高的社会地位。

(7) 工作不太紧张、外部压力少。

(8) 能充分发挥自己的能力特长。

(9) 社会需要与社会贡献较大。

(10) 能从事自己感兴趣的工作。

【评分与解释】

请将第 2 部分至第 5 部分的全部测验分数按前面已统计好的 6 种职业倾向(R 型、I 型、A 型、S 型、E 型、C 型)得分填入下表,并作纵向累加。

请将表 3 中的 6 种职业倾向总分按大小、顺序依次从左到右重新排列:

_____型、_____型、_____型、_____型、_____型、_____型。

最高分:_____;你的职业倾向性得分:_____;最低分:_____。

得分最高的职业类型意味着最适合你的职业。比方说,假如你在 I 型上得分最高,说明你适合做自然科学方面的研究工作,如气象研究、生物学研究、天文学研究等,或科学杂志编辑。其余类推。

表 3

测 试	R 型	I 型	A 型	S 型	E 型	C 型
第 2 部分						
第 3 部分						
第 4 部分						
第 5 部分(A)						
第 6 部分(B)						
总分						

如果最适合你的工作和你在第 1 部分所写的理想工作之间不太一致,或者在各种类型的职业上你的能力和兴趣不相匹配,那么请你参照第 6 部分——你的职业价值观来做出最佳选择。比方说,假如第 2 部分你在 I 型上得分最高,但第 3 部分你在 A 型上得分高,那么请参考你最看重的因素;假如你最看重(8)能充分发挥自己的能力专长或(2)工作环境舒适,那么 A 型工作最适合你;假如你最看重(10)能从事自己感兴趣的工作或(4)工作稳定有保障,那么 I 型工作最适合你;假如你最看重的是其他因素,那么请向 A 型或 I 型职业方面的专家咨询,选择和你的职业价值观最接近的工作。

B.9 焦虑自评量表(SAS)

【指导语】以下列出了有些人可能会有的问题,请仔细地阅读每一条,然后根据最近一星期以内下述情况影响您的实际感觉,在每个问题后标明该题的程度得分。其中,"从无或偶尔有"选 1,"很少有"选 2,"经常有"选 3,"总是如此"选 4。

1. 我觉得比平常容易紧张或着急。   1-2-3-4
2. 我无缘无故地感到害怕。   1-2-3-4
3. 我容易心里烦乱或觉得惊恐。   1-2-3-4
4. 我觉得我可能将要发疯。   1-2-3-4

5. 我觉得一切都很好，不会发生什么不幸。　　　　1-2-3-4
6. 我的手脚发抖打颤。　　　　　　　　　　　　　1-2-3-4
7. 我因为头痛、劲痛和背痛而苦恼。　　　　　　　1-2-3-4
8. 我感觉容易衰弱或疲乏。　　　　　　　　　　　1-2-3-4
9. 我觉得心平气和，并容易安静地坐着。　　　　　1-2-3-4
10. 我觉得心跳得很快。　　　　　　　　　　　　　1-2-3-4
11. 我因为一阵阵头晕而苦恼。　　　　　　　　　　1-2-3-4
12. 我有晕倒发作或觉得要晕倒似的。　　　　　　　1-2-3-4
13. 我吸气呼气都感到很容易。　　　　　　　　　　1-2-3-4
14. 我的手脚麻木和刺痛。　　　　　　　　　　　　1-2-3-4
15. 我因为胃痛和消化不良而苦恼。　　　　　　　　1-2-3-4
16. 我常常要小便。　　　　　　　　　　　　　　　1-2-3-4
17. 我的手脚常常是干燥温暖的。　　　　　　　　　1-2-3-4
18. 我脸红发热。　　　　　　　　　　　　　　　　1-2-3-4
19. 我容易入睡并且一夜睡得很好。　　　　　　　　1-2-3-4
20. 我做恶梦。　　　　　　　　　　　　　　　　　1-2-3-4

【结果分析】

SAS 的 20 个项目中，第 5，9，13，17，19 条共 5 个项目的计分，必须反向计算。将 20 个项目的各个得分相加，即得粗分，粗分乘以 1.25 以后取整数部分，就得到标准分。

B.10　抑郁自评量表(SDS)

【指导语】 以下列出了有些人可能会有的问题，请仔细地阅读每一条，然后根据最近一星期以内下述情况影响您的实际感觉，在每个问题后标明该题的程度得分。其中，"从无或偶尔有"选 1，"很少有"选 2，"经常有"选 3，"总是如此"选 4。

1. 我感到情绪沮丧、郁闷。　　　　　　　　　　　1-2-3-4
2. 我感到早晨心情最好。　　　　　　　　　　　　1-2-3-4
3. 我要哭或想哭。　　　　　　　　　　　　　　　1-2-3-4
4. 我夜间睡眠不好。　　　　　　　　　　　　　　1-2-3-4
5. 我吃饭像平时一样多。　　　　　　　　　　　　1-2-3-4
6. 我的性功能正常。　　　　　　　　　　　　　　1-2-3-4
7. 我感到体重减轻。　　　　　　　　　　　　　　1-2-3-4
8. 我为便秘烦恼。　　　　　　　　　　　　　　　1-2-3-4
9. 我的心跳比平时快。　　　　　　　　　　　　　1-2-3-4
10. 我无故感到疲劳。　　　　　　　　　　　　　　1-2-3-4
11. 我的头脑像往常一样清楚。　　　　　　　　　　1-2-3-4
12. 我做事像平时一样不感到困难。　　　　　　　　1-2-3-4

13. 我坐卧不安，难以保持平静。　　　　　　　　1-2-3-4
14. 我对未来感到有希望。　　　　　　　　　　　1-2-3-4
15. 我比平时更容易激怒。　　　　　　　　　　　1-2-3-4
16. 我觉得决定什么事很容易。　　　　　　　　　1-2-3-4
17. 我感到自己是有用的和不可缺少的人。　　　　1-2-3-4
18. 我的生活很有意义。　　　　　　　　　　　　1-2-3-4
19. 假若我死了别人会过得更好。　　　　　　　　1-2-3-4
20. 我仍旧喜爱自己平时喜爱的东西。　　　　　　1-2-3-4

【评分方法】

　　20个条目中有10项(第2、5、6、11、12、14、16、17、18和20)是用正性词陈述的，为反序计分，其余10项是用负性词陈述的，按上述1～4顺序评分。抑郁严重程度指数按下列公式计算：抑郁严重程度指数＝各条目累计分/80(最高总分)。指数范围为0.25～1.0，指数越高，抑郁程度越重。

参考文献

1. [奥]阿德勒，著．心理与生活．叶颂姿，刘乐群，译．上海：上海三联书店，2010
2. [美] 戴维·迈尔斯(David Myers)，著．社会心理学(第11版)．侯玉波，乐国安，张智勇，等，译．北京：人民邮电出版社，2016
3. [美] 理查德·格里格，菲利普·津巴多，著．心理学与生活(第19版)．王垒，等，译．北京：人民邮电出版社，2014
4. [美]布罗克等，著．中小学生注意缺陷多动障碍——识别、评估和治疗．滕川，沈瑜，译．北京：中国轻工业出版社，2012
5. [美]罗杰·霍克，著．改变心理学的40项研究(第5版)．白学军，译．北京：人民邮电出版社，2010
6. [美]伍尔福克．教育心理学(第12版)．北京：清华大学出版社，2014
7. [苏联]M. H. 鲍特文尼克，等．神话辞典．北京：商务印书馆，2015
8. [英]艾森克，著．心理学——一条整合的途径．阎巩固，译．上海：华东师范大学出版社，2005
9. 蔡笑岳．心理学(第3版)．北京：高等教育出版社，2014
10. 车文博．西方心理学史．杭州：浙江教育出版社，1998
11. 陈琦，刘儒德．教育心理学(第2版)．北京：高等教育出版社，2011
12. 陈永明，张侃，李扬，等．20世纪影响中国心理学发展的10件大事．心理科学，2002
13. 冯忠良，伍新春，姚梅林，等．教育心理．北京：人民教育出版社，2010
14. 高觉敷．中国心理学史．北京：人民教育出版社，2009
15. 郭本禹．西方心理学史(第二版)．北京：人民卫生出版社，2013
16. 郭秀艳，杨治良．实验心理学．北京：人民教育出版社，2009
17. 何兰芝，罗萍．心理学．武汉：华中师范大学出版社，2015
18. 黄希庭．心理学导论(第2版)．北京：人民教育出版社，2007
19. 教师资格认写考试编写组．教师资格认证及师范类毕业上岗考试辅导教材：教育心理学．北京：北京师范大学出版社，2008
20. 兰继军．心理学概论．徐州：中国矿业大学出版社，2010
21. 李伯黍，燕国材．教育心理学(第三版)．上海：华东师范大学出版社，2010
22. 李小平．新编基础心理学．南京：南京师范大学出版社，2005
23. 梁宁建．心理学导论．上海：上海教育出版社，2006
24. 林崇德．发展心理学(第2版)．北京：人民教育出版社，2009
25. 林丰勋．教育心理学．济南：山东大学出版社，2008
26. 林丰勋．教育知识与能力(中学)．济南：齐鲁书社，2015
27. 刘昌．生理心理学．北京：高等教育出版社，2012
28. 吕炳君，何兰芝．在新课标关照下关注学习策略的教学．西安：陕西师范大学出版社，2012
29. 莫雷．教育心理学．北京：教育科学出版社，2010
30. 莫雷．心理学．北京：北京师范大学出版社，2014
31. 彭聃龄．普通心理学(修订版)．北京：北京师范大学出版社，2004

32. 皮连生．教育心理学(第 4 版).上海：上海教育出版社，2011
33. 全国十二所重点师范大学联合编写．心理学基础(第 2 版)．北京：教育科学出版社，2008
34. 沈德立，阴国恩．基础心理学(第 2 版)．上海：华东师范大学出版社，2010
35. 沈政，林庶芝．生理心理学．北京：北京大学出版社，2014
36. 汤宜朗，许又新．心理咨询概论．贵阳：贵州教育出版社，1999
37. 唐钺．西方心理学史大纲．北京：北京大学出版社，2010
38. 王甦，汪安圣．认知心理学(第 2 版)．北京：北京大学出版社，2006
39. 王有智，欧阳仑．心理学基础——原理与应用(修订第 2 版)．北京：首都经济贸易大学出版社，2006
40. 许又新．神经症(第 2 版)．北京：北京大学医学出版社，2008
41. 许又新．心理咨询与治疗原理及实践．北京：北京大学医学出版社，2007
42. 叶浩生．西方心理学史．北京：开明出版社，2012
43. 叶奕乾，何存道，梁宁建．普通心理学(第 4 版)．上海：华东师范大学出版社，2010
44. 叶奕乾，祝蓓里，谭和平．心理学(第 5 版)．上海：华东师范大学出版社，2016
45. 叶奕乾．现代人格心理学．上海：上海教育出版社(第 2 版)，2011
46. 张承芬．教育心理学．济南：山东教育出版社(第 2 版)，2010
47. 张春兴．现代心理学——现代人研究自身问题的科学(第 3 版)．上海：上海人民出版社，2009
48. 张大均．教育心理学．北京：人民教育出版社，2005
49. 郑雪．人格心理学．广州：暨南大学出版社，2007